Bernhard Sommerfeld

Hallo World ;-)

Eine Reise durch die digitale Revolution

42 Lektionen, Passagen, Etappen und Energie
aus den Pionierjahren des Internets

Bernhard Sommerfeld

Hallo World ;-)

Eine Reise durch die digitale Revolution

42 Lektionen, Passagen, Etappen und Energie aus den Pionierjahren des Internets

lehmanns media

Impressum

Bibliografische Information der Deutschen Nationalbibliothek
Die Deutsche Nationalbibliothek verzeichnet diese Publikation in der Deutschen Nationalbibliografie; detaillierte bibliografische Angaben sind im Internet unter http://www.dnb.de abrufbar.

Helmholtzstr. 2-9
10587 Berlin
Umschlaggestaltung: Jasmin Plawicki, Leipzig
Satz & Layout: LaTeX(Libertinus) Volker Thurner, Berlin
Druck und Bindung: Totem • Inowrocław • Polen

ISBN 978-3-96543-518-6 www.lehmanns.de

Overview

Douglas Adams („Per Anhalter durch die Galaxis") formulierte in *The Salmon of Doubt* drei Regeln, wie wir auf neue Technologien reagieren:

1. Anything that is in the world when you're born is normal and ordinary and is just a natural part of the way the world works.
2. Anything that's invented between when you're fifteen and thirty-five is new and exciting and revolutionary and you can probably get a career in it.
3. Anything invented after you're thirty-five is against the natural order of things.

Was ChatGPT im literarischen Modus so übersetzt:

1. Alles, was in der Welt existiert, wenn du das Licht der Welt erblickst, erscheint dir als normal, gewöhnlich und als selbstverständlicher Teil des Laufes der Dinge.
2. Alles, was zwischen deinem fünfzehnten und fünfunddreißigsten Lebensjahr erschaffen wird, wirkt frisch, aufregend und bahnbrechend – und es bietet dir vielleicht sogar die Möglichkeit, darin deinen Lebensweg zu finden.
3. Alles, was nach deinem fünfunddreißigsten Lebensjahr erfunden wird, scheint die natürliche Ordnung der Dinge zu stören.

Im Urban[1]. Valentinstag.

Der tätowierte, trainierte Pfleger schiebt mich in den OP-Bereich.
Die Anästhesistin zieht die Spritze auf.
Propofol. An was Schönes denken…
Ich kann noch antworten: ja, die Siebziger, Achtziger, Neunziger waren…
Das Letzte, was ich höre:
Ach, meine Generation beneidet euch so um diese Zeit.

[1] Krankenhaus in Berlin-Kreuzberg

Kapitel 1

Nachtlichter

Unterwegs. Oben, im 19er Bus, murmele ich den Zauberspruch: *Loslassen!* Mein Umzug, frei von Überflüssigem. *Weniger ist mehr...* Genau. Doch der handgemalte Äthiopische Kalender an der Wand muss natürlich mit. Die Königin von Saba, Kaufleute aus Jerusalem, König Salomon, Legenden des Orients von vor über zweitausend Jahren, das Vermächtnis Makeda. Irgendwann werde ich auch die Netzwerke am Nil verstehen.

In Gedanken schon, über/wegs in eine ferne Zeit. Helle Orte. Wunderbare Utopie:

ALLES wird möglich. Lichtblaue Gedanken. Wellen. Text schreibt sich trotzdem. Wie im Bild sehe ich den gewählten Ausschnitt, erkenne ihn mit einem Blick.

Gegen 10, vom Erinnerungsstrom retour, endet diese Story im März 2013 mit dem Umzug nach Mitte zwischen Himmel und Spree. Nachbarinnen sind Nofretete und Angela Merkel. In Berlin kann man im Zentrum wohnen, ohne reich zu sein.

Die Rochade bietet Gelegenheit, mich von angesammeltem Ballast zu befreien: Stereoanlage, Disketten, Mix Tapes, Steckerleisten, Postkarten, all den verstaubten Überfluss der alten Welt. Verschollenes, inzwischen ohne materiellen Wert, aus undatierten Jahren. Papier war beständiger als CD-ROMs. Mein allererstes Mac Powerbook, ein Museumsstück, immer beherrschbar, will ich noch einmal starten.

Diffuse Nostalgie. Rasterzeilen. Da sind noch Texte, Bilder, alte Mails von 1993 bis 1996, von meiner Arbeit, importierbar, ganz ohne Passwortschutz. Es gibt uralte Dateien zur Entstehung von Linux und zu jenem unentdeckten Terrain, als die Datenautobahn nur etwas für Komputerfrieks war – und wir dann schrittweise in Computer umgezogen sind. Hier sind meine Beiträge im Usenet, die visionäre Kraft der Communities, nächtliche Odysseen im unerforschten Netzwerk-Niemandsland.

Verklärte Wiederentdeckungen, Relikte aus jenen Jahren. Alte E-Mails, Software, unzählige Hyperlinks. Die meisten Links sind erloschen, viele Accounts und Domains gibt es längst nicht mehr. Der Anblick einer ~ rührt mich, ebenso die Schlichtheit meines jungen Herzens. Schöne Wagnisse vergangener Zukunft, das wärmende Gefühl, ein Teil des Guten zu sein. Details fügen sich zögerlich.

Endlich jung! Ich puste den Staub weg, lasse mich mitreißen von der Energie, die sich hinter den Dateien verbirgt. Auch Schachspieler gehen nach einer Partie noch einmal nüchtern ihre Züge durch. Lauter lachende Frauen... Auf dem Weg vom Alphabet zu Nullen und Einsen.

Wir sind Reisende mit Blick in Richtung Zukunft. Langsam...

> Das Wichtigste sind die Bezüge. Sie sind alles.
>
> *(Johann Wolfgang von Goethe)*

Kapitel 2

Oki-Doki. Zugezogen

Es muss ein guter Sommer gewesen sein. Mein Login in die 80er ist ein Sprung in ein warmes, ungemachtes Bett. Zum Anfang, mein Gespür, *City Lights*, grell beleuchtete Passagen, Hunger, Farben, Bewegung, Staunen, entfesselte Grenzen. Wiederkehrende Tage, Wochenenden. Die Vielfalt zielloser Gedanken fliegen vorbei.

Stell den Kalender ein halbes Leben zurück. Hatte es schon in den 70er Jahren begonnen, widerständig, trügerisch? Sich der Kontrolle entziehen, Jahre herausfordern. Durchblick mit Hermann Hesse, rollenden Rs, sanfter Wildheit, lange Sommer, Orange, helles Braun. Die Unbekümmertheit, die dunklen Haare, länger tragen als die Mädchen. Bücherwelten. Leichtfüßige Träume.

Zukunftsängstliche Menschen werden sich kaum vorstellen, wie wir Langhaarigen um Discokugel, Jimi Hendrix, LSD und Aldous Huxley Bürgerliche schreckten, um sich ein für alle Mal vom *„Keine Experimente!"* abzugrenzen.

Wir schlugen uns an den Rändern durch ein muffiges Land, Glücksmomente frei von Überwachungskameras, es genügte der aufmerksame Blick des Milieus vom Fensterbrett. Lärm aus röhrenverstärkten Gitarren, Bässen und Schlagzeug, großzügige Achtziger, lockere Neunziger, *No Future*, längst passé. Verschüttet in Archiven. Antidepressiva, und Karrierepläne – unbekannt. Es gibt oben, unten, Geld verdirbt den Charakter. Die Sonne noch umsonst, mit farblosem Beton verdienen andere ein Vermögen. Risiko, Blaulicht, Leidenschaften, Langeweile in

Endlosschleife, kaum etwas eignet sich besser zur Verklärung dieser Geschichte.

Gleichgeschaltet frei: Eine orange gewandete Sannyas-Bewegung lärmt mittags vom Treibhaus den Ku'damm runter. Oshos Sinnsuchende verkaufen tanzend die Bücher ihres Gurus. Wäre ich ein Mädchen, sähe mein Leben anders aus…

Déjà-vu der kommenden Schreibwerkstatt

Der lange nicht genutzte Rechner erwacht, fährt langsam hoch, vertraut surrende, knarzende Arbeitsgeräusche. Der Lüfter der Schaltkreise, die in der Festplatte rotierenden Scheiben. Der graue Bildschirm-Hintergrund, vertraute Icons werden sichtbar. Stromaufwärts im Datenstrom. Was sich einst cool anfühlte, sieht im Licht der Gegenwart recht *retro* aus. Ich öffne alte Mails. Damals ähnliche Fragen: Datenschutz, Digitale Stadt, Roboter, Informationsfreiheit Überwachung. Keiner weiß, was passiert, dennoch, es passiert.

Unglaublich, welche Zuversicht uns junge Weltentdecker in Europas heller Mitte bewegte. Eine neue Vermessung der Welt, Werkzeug der Revolution?

Gedankensprünge, Seifenblasen. Einiges fehlt, die leisen Stimme im Kopf, horchend, freundlich dem Zeitgeist verhaftet. Gebannt zoome ich mich heran. Sichtbare Patina, wie in schwarzen Tee getunkt, auflösende Ränder vom intensiven Gebrauch. Unsortierte Wirklichkeit. / Unwiederbringlich.

Blinde Räume verschmelzen. Magisch oder Rätselhaft, einiges von Ursache und Wirkung hatte ich nicht verstanden… Zuerst erzähle ich es mir selbst: Meine Stadt, meine Maloche, meine Faust, meine Flucht vor drohender Langeweile.

Kurze Absätze, vier, fünf Zeilen lang, fahren wie kleine Züge übers Papier.

Knappe Sätze, die an bestimmten Stellen unvermittelt abbiegen. In welcher Fiktion leben wir?

Konzentration auf einzelne Wörter. Beim nächtlichen Aufnehmen am Weltempfänger lernte ich, auch hundertmal gehörte Kassetten haben zwei Seiten. Zurück- und vorgespult, jeder kann jetzt unterwegs seine Musik hören. Und wieder mal passt das letzte Stück des Titels nicht vollständig auf das Band. Der Moderator quatscht wieder in den neuen Cocteau Twins Song ... ◀◀ ■ ▶▶

Ich vertraue meinem Freiheitsdrang, per Anhalter, mehr Wille als Talent, schnell wie ein Pfeil. Als einer, der seine Freiräume sucht, war ich wohl nicht der Einzige auf Erden, der auf ein Signal wartet...

Darum geht es. Die Welt der Worte, die uns prägt: Passwörter, Nicknames, Profile, Uploads, Cache, Host, Relaunch und Status-Meldung. Jede der Tasten, die wir drücken, erzählt eigene Geschichten. Auch die Leerstelle. Lehne dich nun zurück, versuche entspannt den analogen 80ern, mit ihrer gespielten Radikalität, nachzuspüren. Spirit und Rausch dröhnender Jahre und heller Stunden. Vom absoluten Anfänger bis zur digitalen Weltkultur, immer mit dem Vertrauen auf das Glück. Bleierne Periode, eine, die für Weichenstellungen entscheidend war, und die mit all ihren Umwegen ins Hier und Jetzt führt.

Im vorgestellten Raum werden die Toten gesprächig, die Vergangenheit lebendig, die Schrift wird wahr, die Zeit aufgehoben. Seit Jim Knopf und Lukas der Lokomotivführer bin ich gerne gereist. Tintin mit Struppi haben es längst zum Mond geschafft. 66 Jahre, nachdem die Gebrüder Wright den Flug des Menschen erfunden hatten.

Wir schreiben inzwischen das Jahr Zweitausendundirgendwas.

Eine stabile Erdachse bewahrte uns vor heftigen Schwankungen.

Sie wollen wissen, wie das damals war? Nochmal in die alten Klamotten steigen? Ich bin hier. Wach.

Einatmen. Dem Leben auf der Spur. Folgt mir!

Aufbruch in eine neue Zeit.

Es geht vorwärts, ruckwärts... ins analoge Erdenzeitalter.

Kapitel 3

Das Signal

Aktionen

TUWAT, TXT Version

Daß die innere Sicherheit erst durch Komputereinsatz möglich wird, glauben die Mächtigen heute alle. Daß Komputer nicht streiken, setzt sich als Erkenntnis langsam auch bei mittleren Unternehmen durch. Daß durch Komputereinsatz das Telefon noch schöner wird, glaubt die Post heute mit ihrem Bildschirmtextsystem in „Feldversuchen" beweisen zu müssen. Daß der „personal computer" nun in Deutschland dem videogesättigten BMW-Fahrer angedreht werden soll, wird durch die nun einsetzenden Anzeigenkampagnen klar. Daß sich mit Kleinkomputern trotzalledem sinnvolle Sachen machen lassen, die keine zentralierten Großorganisationen erfordern, glauben wir. Damit wir als Komputerfrieks nicht länger unkoordiniert vor uns hinwuseln, tun wir wat und treffen uns am 12.9.81 in Berlin, Wattstr. (TAZ-Hauptgebäude) ab 11.00 Uhr. Wir reden über: internationale Netzwerke - Kommunikationsrecht - Datenrecht (Wem gehören meine Daten?) - Copyright - Informations- u. Lernsysteme - Datenbanken - Encryption - Komputerspiele - Programmiersprachen - processcontrol - Hardware - und was auch immer.

Tom Twiddlebit, Wau Wolf Ungenannt(» 2)

Am Anfang diese Info. Die Initiatoren des Kongresses waren von der Wirkung des Aufrufs überrascht. Großes Gedränge. Prominente aus Frankreich sind gekommen: Foucault, Gilles Deleuze. Es läuft

Musik von Ton Steine Scherben. Und mit dem Aufruf **„Tuwat.txt“** im Spätsommer 81 beginnt auch die Legende des Chaos Computer Clubs. Diese Bewegung der undogmatischen Linken bietet Vernetzung, Beweglichkeit, Selbstbestimmung – in den Tagen, als das World Wide Web noch nicht erfunden war... Tanz in der überquellenden Nacht.

Kein Fahrschein

Als ich jung war, in der alten Welt, hatten Elektronengehirne Schrankgröße. Die mit Lochkarten oder Lochstreifen gefütterten Monster galten als denkende Maschinen. Damals unvorstellbar, wie wichtig ihre Nutzung in der Blütezeit der Heimcomputer einmal werden wird. Wären früher alle Computer ausgefallen, hätte das kaum einer bemerkt.

14-jährig verlasse ich arbeitssuchend das Hunsrückdorf, ziehe in den Ruhrpott, lerne dort den Beruf des Werkzeugmachers. Dann, nach leichtsinnigen Sommern im überschaubaren Bonn, wies mich mein Meister nach der Nachtschicht darauf hin, dass ich, der Kriegsdienstverweigerer, gerade am Leitwerk einer Rakete gefeilt habe.

Die Freunde gehen nun an ferne Unis, ich kündige den Job und ziehe im Sommer 1975 mit Habseligkeiten in die Frontstadt Berlin, in ein neues Leben. 596 km östlich, Richtung Königsberg.

DDR-Grenzer: *„Bücher, Funkgeräte, Waffen?“*

Nein, nur den *Spiegel*.

Wer den ersten Winter in Berlin schafft, der schafft hier ein Leben. Ringsum Mauer, Platanen, Kastanien, Litfaßsäulen, der Durchgang am S-Bahnhof Savignyplatz. Die Sommergäste in der „Schaubühne“, ein Insel-Provisorium mit Doppelleben. Erste Lektionen: Transitstrecke, 2 000 Mark Abstand, Steckschlüssel, Gartenhaus, selbst renovieren. Miete schlappe 140 Mark, kein Telefon. Meine draufgängerische Ente bekommt einen neuen Besitzer, da man hier auch ohne Fahrschein fährt. Ich bin kein Bundesbürger mehr, finde neue Bande. Kein Problem, sogar Rotkäppchen und der Wolf schlafen hier im WG-Bett.

Nach dem Besuch in einer rußigen Kellerwohnung in der Mariannenstraße, Hinterhaus, stolpere ich, auf der Suche nach langhaariger Gesellschaft, Motorradfahrerinnen mit Palästinensertüchern, in den *Jodelkeller*. Da es bei der Begrüßung gleich eng wird, warte ich am Tresen bei dem alten Mann mit Bart und Mantel. Zwei Bier später in Schwaden von Zigarettenrauch, die sich in der Erinnerung noch immer nicht aufgelöst haben, und ich seine Frage nach meinem Familiennamen etwas deutlicher beantworte, jodelt er erfreut: „*Bist auch a Jud!? Hab 'ne scheene Wohnung für dich, nich teuer*" Den Kopf vernebelt von Wünschen, frage ich nicht mal nach seinem Namen. In der Woche habe ich schnell Gefährten gefunden. Der erste, Jürgen M., jung, unangepasster Linker, hatte harte Jahre in Bautzen am eigenen Leibe erlitten. Schulter an Schulter marschieren wir nun befreit durch den wilden Berliner Sommer. Wir kennen die Nacht wie den Tag, er weiß viel besser als ich, wie dieses Land funktioniert. Die fremde Stadt ist groß, das wilde Leben die halbe Wahrheit. Handverkäufer tingeln mit druckfrischen Zeitungen durchs Berliner Nachtleben.

Berlin, dein Gesicht hat Sommersprossen, singt Hildegard Knef. / Geräusche einer einfahrenden U-Bahn.

Unordnung im hungrigen Herzen

Juninacht. Es herrscht Ruhe im Land. In extravaganten Sonntagskleidern, mit schwarz/rotem Stern am Hals, jung, links, verdächtig wie ein ungebundenes Atom, das allen Konsum distanziert beobachtet, bin ich in die Welt gezogen.

Grenzen sprengen, Mutproben bestehen, den Sirenenklängen des Leichtsinns nachgeben. Wein aus der Pulle am Kreuzberg. Mehr teilen als Kebab für Einsfuffzig am Görlitzer. An allen Partys und radikalen Veränderungen des Planeten teilnehmen. Ratzfatz aufs bunte Karussell mit Schlafgelegenheit aufspringen. Von Zukunft keine Vorstellung, keinerlei Spur eines Masterplans. Die Energie des Begreifenwollens zirkuliert. Kneipenbegegnung. Am Rande der Nacht wandeln sich lose Gedanken zu festen Bildern: Mit schlechten Karten, riskant spielen!

Verschwitzte Pullover, pickelige Gesichter. Nach der Qual ist *alles* gut im *Treibhaus*. Schritt für Schritt dem Herzschlag der Stadt verbunden. Braucht es mehr als Motorradführerschein und den Bibliotheksausweis? Papierene Textwelten werden langweiliger, die Mädchen hübscher. Es gelten die Gesetze der Schönheit. Umgekippte Mülltonne, vollgepisste Matratze. Was Berlin sympathisch machte: Es gab keine Möchtegernschickeria wie in Düsseldorf. Ist so ein Bürgersöhnchen reich, protzt er hier nicht. Die Paradiesvögel fliegen gegen den Wind.

Auf dem Passfoto lächle ich wie Jesus. Lese gespannt Dieter Duhm: *Angst im Kapitalismus.* Es ist nicht das Buch, das dem Leben in diesen Tagen eine neue Richtung verspricht. Eine kleine Karikatur, die sofort zündet, mit wenigen Strichen gezeichnet: Ein Fuchs auf dem Pferd eilt der Hetzjagd locker davon. Chancengleichheit, *Gerechtigkeit!* Jung und neugierig aufs Subversive, mit Druckerschwärze von Kunzelmanns frischen Flugblättern an den Händen.

Zum regelmäßigen Stöbern fahre ich zur Wohlthat'schen Buchhandlung und später zu Zweitausendeins, wo immer ein Merkheft aus dünnem Papier bereit lag.

Monika Dörings[2] platinblonder Haarschopf sitzt nachts an der Kasse der Music-Hall, Ina Deter sprayt „*Neue Männer braucht das Land*" an jede Häuserwand. Berlin ist jung für das, was man hier schon erlebt hat. Von KPD bis BVG, von Roter Hilfe, von Zeitgeist, Peepshows, Selbstfindung, gespielter Lässigkeit bis zum bestreikten ABM-Programm und eisigem Wind aus Sibirien, solange kein Größerer hier das Sagen hat, wird mich das bunte Durcheinander munter unterhalten. Im Armeeladen finde ich feste Stiefel, eine Armee-Jacke, und nach einer Anti-Dings-Demo vorbei an „*Mampes Gute Stube*", dann, als ich noch nichts von später wusste, kaufte sich ein rebellisches Ich die kleine rote Mao-Bibel am Bahnhof Zoo-Kiosk: „*Einen Finger kann man brechen, fünf Finger sind eine Faust*". Vielleicht kommt ein Sturm auf... / Nico „All Tomorrows Parties".

Widerstand und Begehren. Angst vor Absturz. Beim Klettern auf dem Wasserfall, oben, weiß ich: nicht mit dem Elend anfangen! Ein Schicksal wie bei Franz Biberkopf will ich keinesfalls erleben. Der kam im wahrsten Sinne unter die Räder, touchiert verlor er jeden Halt. Aus „*Ick kieke, staune, wundre mir*" im *Alexanderplatz* wird „*Kommste, kiekste, weeste Bescheid*". Det Berlinerische is leicht wie det Rheinische. Im Westen selten, im Osten, och bei die Intellektuellen, gern genutzt. Nur, det nach Bestätigung verlangende „*wa*" – mit dem wir aber auch jeden Satz beenden – ist auch im Westen obligatorisch.

Wir sind bereit.

Gestalten

Die blauhaarige Königin der Nacht, Patschuliduft und Pagenschnitt, setzt die Regeln des Tages außer Kraft und verspricht dem mürrischen Geschmack, beiläufig, ihre Tochter zur Frau. Körpererfahrung, Berührung verwandelt – *alles*, worauf ich mich einlasse, bildet

[2] Monika Döring (* 1937; † 2024) Mit dem „Loft" in den 1980er-Jahren prägend für die Avantgarde-Musikszene West-Berlins.

mich. Zarathustra, noch dreimal schlafen, und die Sonne geht auf. Asphalt-Cowboys. Suche nach Irgendwas, überklebte Plakate, geniale Klo-Sprüche, Kneipen. Schmucklose Häuser haben mit ihrem Stuck auch ihre Würde verloren. Meine Idee, ein Stadtmagazin zu machen – vergessen. Hier gab es erst den *Hobo*, dann *Tip* und später *Zitty*. Die Ausbildung dafür habe ich auch nicht. Die Wilmersdorfer Fußgängerzone ist eröffnet. New-Wave-Mauerstadt-Bohème der Goltzstraße. Dort werde ich auch sitzen, wenn ich alt bin. Auch wenn man sich auf Schleichwegen verlaufen kann, am Alfred-Döblin-Platz sind die nach Schwefel und Kohl müffelnden Häuser schon zu Ende. Ruhelose Wege enden im Nichts, im Nebel. Zum Forum Steglitz oben im gelben Doppeldecker. Gefeierte Endzeitstimmung, wie eine gefangene Fliege in der Bierflasche?

Erste Experimente hatte ich bei LSD-Cliquen in der Düsseldorfer Altstadt und Amsterdam erlebt. Weder schluffimäßiges Getue, noch *No-Future-Gefühl & Hertie mit* Befreiungspathos sind mein Ding. Und nicht jeder Arsch ist gleich auch ein Macho oder Fascho. Kreuzberg, Steglitz: harte Punk-Rhythmen rennen gegen Mauern, die morscher sind als wir erahnen. Trash. Tanz auf Ruinen. Endlich hell.

Hoffnungsvoll gründet man im alten West-Berlin die Alternative Liste. Meine Generation will es endlich wissen, im Tagesspiegel steht ja nicht viel. Und dass die Welt anders aussieht, als man uns vormacht, ist unübersehbar: Grönland erschien auf der allgemein genutzten Mercator-Projektion optisch größer als Afrika. Doch die stereotyp als „dunkler Kontinent" bedachte Masse war größer als die USA, China, Indien, Japan und Europa zusammen! Kennen wir afrikanische Künstler oder Autoren? Die Magie Afrikas, später… / im Herzen barfuß.

Berlin Rebel High

Tapetenwechsel. Mein schemenhaft-dunkles Afrika-Bild als Schüler. Schwarze Menschen im roten Staub. Große wilde Affen und Tarzan, der aus dem Urwald in die Savanne heraustritt. Mein Vater schenkte mir das große Buch von Bernhard Grzimek. Die lebenslange Bücherliebe habe ich von ihm.

Bei selbstgerechten Ideologien vorsichtig geworden, gebe ich zu, dass ich zeit-weise ordentlich daneben lag. Es gibt Dinge, die man nicht sieht. Angewohnheiten sind vergessen, neue nicht angenommen. Endlose Vergangenheit verstreicht.

Beweglich sein. Das Spiel der Kräfte. Wir sind mit der Stadt schnell per Du, überleben eine lärmende Übergangsgesellschaft mit großen Hunden, dunklen Grooves, rauchen filterloses Kraut und hänseln Gretel. Latzhosen-Frauen, die hart mit rasierter Muschi das Kamasutra trainieren. Aus Hippies werden kleine Punker. Die *Linie 1*, weltberühmt, die Fehlfarben singen: *„Wir tanzten bis zum Ende/zum Herzschlag der besten Musik/jeden Abend, jeden Tag/Wir dachten schon, das ist der Sieg."* Zahltag. *Eindeutig ist nichts.* Da mir das Leben wohlgesonnen scheint, gelingt es mir, mit Hilfe einer bezaubernden Gisy, hinderliche Schatten der Enge wie eine Haut abzustreifen.

Jugendbewegung, Lebenswandel, vieles ändert sich, Schlag auf Schlag. Sie gibt mir den Mut, in der selbstverwalteten *„Schule für Erwachsenenbildung"* in Kreuzberg erst die Mittlere Reife, danach das Abitur nachzuholen. Hier im trutzigen Mehringhof schlägt das revolutionäre Herz einer vergessenen Hauptstadt. Zweihundert Jahre, nachdem französische Rebellen blutige Geschichte schrieben, bekommt mein Leben, auf Abwegen, auf Umwegen, Halt und Fortsetzung. Den Mut dazu hat auch Hermann Kants anekdotischer, leichthändiger Roman „Die Aula" über die DDR-Arbeiter- und Bauernfakultät gemacht, *(Kantiges, Entschlossenes)* den ich in der großen Buchhandlung Unter den Linden erstanden hatte. Unser Bildungssystem fördert eher die *Égalité* der Reichen. Ist mein vorbestimmter Bildungsweg doch noch nicht zu Ende? Nach oben ist der Lehrplan wieder offen. Hefte, Papier, Stifte, Fotos, Texte, die Welt des Wissens. Nun bemerke ich die kleinen Anzeigetafeln der Fernuniversität – des Berlin-Kollegs –, überall auf dem U-Bahnsteig. Warum sind sie mir vorher nicht aufgefallen? Wir umrunden einmal im Laufe des Jahres die ferne Sonne. Zum Erinnern gehört erleichterndes Vergessen. / Korrektur.

BTW: Der ausgezeichnete Film *„Berlin Rebel Hight School"* gibt einen Einblick in Deutschlands angeblich rebellischste Schule, die SFE. *Next Level !!*

Iggy Pops „The Passenger" via Kassette. Rückseite: Violent Femmes. John Cale

Wie vor der babylonischen Sprachverwirrung

Das Echo entfernt. Sprungbereit. Hineindenken in den Rausch der Tage. Rhythmisch, fließend, mal hierhin, mal dorthin, Lesen, Schreiben,

Lesezeichen. Erinnerungen breiten sich dabei aus. Aus *nich*ts, auf weißem Zellstoff, entsteht Gedankenwelt, bekannte, unbekannte Figuren, Regionen. Worte vermehren sich. Sätze voller Zuversicht. Je vielfältiger die Texte, desto eher scheint es möglich, mich selbst von fernen Standpunkten aus zu betrachten. Unmöglich, alles Bedeutsame aus den Texten herauszulesen – regellos hier und da.

Verborgene Bezüge. Zwischen den Zeilen. Auf der Suche nach dem richtigen Schlüssel, der B-Seite des Lebens, in einem zeitlosen Raum mit grenzenlosen Büchern. Bis zum wachen Morgengrauen auf der Suche nach der universellen *Verbundenheit*, der mächtigeren Version meiner selbst – vergeblich. Niemand weiß, was kommt...

Wir haben die Kunst, damit wir nicht an der Wahrheit zugrunde gehen.

(Friedrich Nietzsche)

Entdeckung der Langsamkeit

Es ist immer was los. Man muss nur auf die Straße gehen. Siebenundneunzigster Tag. Preußisches Kulturerbe. Grenzenlose Neugier. So viele Wege locken. Vom Rand ausgehend zur Mitte. Bin hier. *Niemand hat die Absicht...*

Männer lassen sich die Haare schneiden, eine Mutter streitet mit dem Kind, Türken freundlicher als Deutsche. Die Zigarette wandert von einer Hand zur nächsten. Ich beobachte. Wo mich das Leben hinführt? Unscharfe Momente, weil ich bei einigen Büchern nicht mit Bestimmtheit sagen kann, ob ich sie selbst je gelesen habe.

Die erste Zeitreise ist es nicht. Sehnsüchtig finde ich Orte, wo ich nie gewesen bin. Havanna, New Orleans, Tokio, Buenos Aires, in den Dschungel des Amazonas, ins dunkle Herz Afrikas, 52 Tage auf dem Rücken eines Kamels nach Timbuktu oder dem Marsch zu den glutheißen Felsen des Zabriskie Point in der Mojave-Wüste. Fiktive Reisen zu interstellaren Zivilisationen. Suche nach Identität, Herkunft. KIC 8462852, eine Galaxie Lichtjahre entfernt von unserer Epoche, unserem Sonnensystem, wo nie zuvor ein Mensch gewesen ist. Was nur erinnert da an die erfundene, ferne Ringwelt des Science-Fiction-Schriftstellers Larry Niven?

Apple Park, ein kreisrundes Hauptquartier, erbaut im nächsten Jahrhundert? Eine künstlich geschaffene Welt, die einen Stern ringförmig umgibt und von der Rasse der *Pak* in grauer Vorzeit erbaut wurde… / galaktische Epik.

Flüchtige Lektüre: *Sten Nadolny, Die Entdeckung der Langsamkeit.*

Wendepunkte

Zentrum. Monotonie. Gewöhnung. Kaffee. Blinde Jahre in Reihenfolge. Mit Blick auf das Potential, hinter Verletzlichkeit und Wut fühlt sich das Leben wieder hoffnungsvoll an. Aufbruch, Befreiung, frischer Wind. Alternativ gebildet, mitteilungsfreudig. Trage nun schwarz, statt bunte afrikanische Hemden, gehe in schwarzen Rollkragenpullis, Lederhose, glänzend wie Pech.

Anstatt ein Studium für Umwelttechnik zu beginnen, entscheide ich mich für eine Buchhändlerlehre. Das Plastik, den giftigen Smog, den sauren Regen und das Artensterben werden andere bekämpfen. Der schwere Schnee, mit dessen Räumung die Verantwortlichen kaum hinterherkommen, kann die Kluft kaum ansehnlicher machen. Die vom Weltkrieg gezeichneten Straßen wirken jämmerlich.

Mit dem nächsten Job kommt der Wendepunkt. Als Ehepaar mieten wir eine Wohnung inmitten heller Birken im neuerrichteten IBA-Bau. Adresse: *Am Berlin Museum 25.* Nicht weit von hier zieht sich der Todesstreifen durch die Stadt, den wir ignorieren. Vor dem Angriff des Bombengeschwaders war die *Ritterstraße* das Exportviertel, die goldene Meile der Stadt. Nach Heil-Rufen – weggebombt. Jeder Atemzug hier, trotzige traurige Berliner Trümmergeschichte.

Gleichgeschaltet an der Mauer, letzte Ruinen und Bunker, ehemalige Schauplätze der Macht. Wo die Gestapo blutig verhörte und folterte, schlummert heute eine verwilderte Brache, auf der das Autodrom des Straps-Harry residiert.

Später befindet sich dort die Ausstellung *Topographie des Terrors.* Um die Ecke, in der Stresemannstraße, entwickelte Franz Kafka die Idee zum Roman *„Der Prozess“.* Abends bieten Kreuzberger Raubdrucker in den Kneipen ringsum ihre Werke an. Gedankenwelt der Bücher. Verlockende Großstadtprosa mit all den bürgerlichen Nebenwirkungen. Nach und nach tut sich eine weitere Ebene auf: peu à peu reift in mir der Plan, im eigenen Laden ausgewählte Literatur und die dazu passenden Weine anzubieten… Schon als Schüler las ich beflügelt Passagen, Weltliteratur, Heftchen, Rückseiten gelber Maggi-Flaschen. Begierig, fordernd. Realität aus anderen Perspektiven zu betrachten.

Geschichten regen an, schaffen fantastische Räume, schärfen den Blick für die losen Zusammenhänge.

Bücher, Schätze ohne Risiken. Abenteuer und Freiheit. Es war wie in einer erweiterten, euphorischen Welt, wenn ich aus Geschichten zurückkam. Ich lese Montaigne: *„Wir bestehen aus Stücken; und diese sind so uneinheitlich zusammengefügt, dass jeder einzelne Bestandteil, zu jeder Zeit wieder anders, seine Rolle für sich spielt; zwischen dem, was wir heute sind, und dem, was wir ein andermal sind, ist der Unterschied ebenso groß wie der Unterschied zwischen uns und anderen Menschen".*

Ich fühl mich gut, ich steh auf Berlin…

Berlin, Blicke. Zeitgemäß von Müll übersät. Wie an jedem Wochenende. Flugblätter werden verteilt, Zettelbotschaften kleben in der U-Bahn. Man geht in einen Hinterhof, und in den nächsten. Dunkle Ecken, dunkle Gedanken.

Unerklärliches. Die *Lokomotive Kreuzberg* nennt sich *Nina Hagen Band*, später *Spliff*. Musik ist, was John Peel bei BFBS spielt. Ich verbringe unsortierte Nächte mit Popliteratur, NewWave, und Jazz, die wiederkehrenden Tage im traditionellen Buchhandel. *Mehr als das Gold hat das Blei die Welt verändert"*, verkündete Georg Christoph Lichtenberg, ein Freund der Schwarzen Kunst, er meint das Blei im Setzkasten der Drucker. Niemand hat im diffusen Kneipenlicht geahnt, dass die Anforderungen an die Sortimentsbuchhändler dreißig Jahre später ganz anders aussehen: „Technikaffinität, Offenheit, Flexibilität, Kommunikationsfähigkeit und vor allen Dingen branchenübergreifendes Denken. Wer diese neuen Eigenschaften mitbringt, entspricht nun den heutigen Wunschvorstellungen des Börsenvereins des Deutschen Buchhandels für seine Auszubildenden." Von Materie umströmt, erwartet uns ein schöner Sommer. Es geht voran, dieser Sound gehört uns allen! Ideal, Berlin, 1980. *„Nachts um elf auf'm Kurfürstendamm läuft das Touristen-Kulturprogramm. Teurer Ramsch am Straßenstand. Ich ess' die Pizza aus der Hand. Ein Taxi fährt zu Romy Haag, Flasche Sekt 150 Mark. Für 'nen Westdeutschen, der sein Geld versäuft. Mal sehen, was im Dschungel läuft…"*

Berlin, Überbleibsel der alten Reichshauptstadt, frei vom Hinterland, mit Geisterbahnhöfen, antiautoritären Spontis, kaum Touristen. Zum Haare schneiden gehen wir, wenn überhaupt, spät am Abend zu Tanja. Ihr blassblauer Zettel hängt an der TU-Pinnwand. Sie braucht jeden Zehnmarkschein, um in London eine Ausbildung als Maskenbildnerin zu finanzieren. Wir warten am langen Esstisch in ihrer Küche, dem sogenannten Berliner Zimmer. Hier gibt es einen Sitzplatz, im Kühlschrank kühles Engelhardt mit Schusterjungen. Tanjas Nummer wird an Freunde weitergereicht, die Haare werden kürzer. Ich warte. Mit den Haaren schwindet auch immer etwas Selbstbewusstsein. / Einstürzende Neubauten

Zur Probe anvertraut

Warum nicht gleich so? Telefonnummer notiert. Heinrich-Heine-Buchhandlung, Bahnhof Zoo, Brockmann. Er findet das blaue Büchlein, ich überspringe die erste Klasse, mit Goethezeit und Schillers Werten, ewig dieselben. Meine Lehre in der kleinen Buchhandlung Schaaf, mit Galerie, dann die frühe Feuerwehrübung im Pausenhof der Wrangelstraße. Mauerkinder, Raucherecke. *Wat ham wa jelacht.*

Uwe Johnsons *„Jahrestage"* war komplett erschienen, danach ist er gestorben.

Vom Lehrer gibt's freitags preiswerte Theaterkarten. Beim Prüfungsgespräch zum Abschluss der Lehre: *Herr Sommerfeld, erklären Sie den Begriff Kybernetik!* – war ich, noch ohne Computer, auf der sicheren Seite. *Regelung beruht wesentlich auf der Weitergabe von Nachrichten... die den Zustand des Systems ändern.*

Gründe, dass man diesen Planeten verändern muss, gibt es immer. Ernüchtert nach kritischer Kalkulation der angebotenen Mietverträge in den bevorzugten Lagen mit vielen gebildeten Lesern, begrabe ich meine Pläne meines ganz eigenen Buchladens.

Geld einwerfen. Jobsuche: Elwert und Meurer oder Buchkollektiv am Savignyplatz? Während Madonnas *„Like A Virgin“* im Radio rauf und runter dudelt und manche Frisuren eher an Barock als an spätes 20. Jahrhundert erinnern, finde ich mich am Ende der Chaostage in der Bücherwelt der Fachbuchhandlung am Steinplatz wieder, direkt gegenüber der TU Berlin. Hereinspaziert! Ich erkundige mich nach der ausgeschriebenen Stelle und seit 1985 betreue ich die entstehende Computer-Abteilung. Ein ungewöhnlich langes Solo für einen wilden Vogel.

Als ich den Laden betrete, hätte ich im Traum nicht daran gedacht, dass ich es hier, bodenständig, 28 Jahre aushalte. Der Standort war geschickt gewählt: Zwischen Bahnhof Zoo und Ernst-Reuter-Platz gab es die Buchhandlung Kiepert, in der ich ein paar Monate gejobbt hatte. IT-Firmen und Institute in der Nachbarschaft. Beim Vorstellungsgespräch ist meine Lehre im Blaumann ausschlaggebend. Viel hatte ich ja nicht vorzuweisen. Im Laden dominiert kräftiges Grün und Blau. Ein Kaktus sorgt für Stille. Chef im Poloshirt, ein ruhiger, fast überkorrekter, Pfeifenraucher – gutes Zeichen. Ein lebensgroßes Skelett, es riecht nach Radiergummi, angestaubten Buchseiten. In den ersten Wochen soll ich die eingehenden Bestellungen, viel Handgeschriebenes mit Bleistift schnell notiert, in Katalogen bibliografieren, die Verlage ermitteln. Manche unleserliche, ausdrucksstarke Handschrift, schon auf dem Kuvert, würde ein Grafologe wie in einem aufgeschlagenen Buch lesen. Ich rätsele, frage, lerne. Am schattigsten Eingang, über der Kasse, ein selbstgemaltes Plakat: Charlie Brown versucht liebevoll zögernden Besuchern ihre Schwellenangst zu nehmen: *„It‘s a Big World.“* / Kreisverkehr am Ernst-Reuter-Platz.

Das Buch, ein gutes Versteck

Die Tinte trocken, das Leben führt uns dorthin, wohin wir nie zu träumen gewagt hätten. Der schlafende Raum. *Leben wie Gott in Frankreich und so.* Dario Fos satirische Provokation in der Schaubühne, *„Bezahlt wird nicht“* – ein wahres Vergnügen, das subventionierte, anarchistische Theater zu erleben. Eine Farce, in den Achtzigern muss man Sozialist sein. Wo immer es möglich ist, hält man sich im Freien auf. Dieses milde Sonnenlicht lässt Menschen lebendiger erscheinen. Noch verloren im Tag, legt die Märzsonne freundlich die dilettantische Tätowierung einer Punkerin frei. *Ramones.* Seelenruhig blättert sie im abgegriffenen Reclam-Heftchen, *Kleider machen Leute*, und verschwindet schnell hinter ihrem Grinsen. Was habe ich hier zu suchen? Im Laden herrscht heilige Ruhe, die Kolleginnen sitzen divenhaft an Schreibtischen, auch ich versuche Eindruck zu machen. Ob meine Schnöseligkeit das Wissen, das respekteinflößend, streng geordnet, nebeneinander, Buchrücken an Buchrücken, in hohen Regalen döst, jemals begreift? Medizin, Physik, Chemie, Bedienungsanleitungen, schwere Lehrbücher, Elektrotechnik, Maschinenbau und viel Unbekanntes. Bildung und Wissen unter hohen Decken. Dunkle Materie?

Zu Hause, in der dicht bestückten Bücherwand, finde ich Bowles und Koeppen mit geschlossenen Augen, hier wirkt vieles fremd. Erstmal eine Selbstgedrehte vor der Tür. Grüner Filzstift. Unschlüssig. Meine Selbsteinschätzung, ich werde dieses Technikkauderwelsch nie kapieren, geht unter bei der täglichen Maloche.

Neugierig lerne ich Routinen, vertrautes *Du* liegt mir eher als ein unförmliches *Sie*. Menschen, die den Wandel vorantreiben, sind hilfsbereit.

Volksbildung: Erschrocken über die eigene Blindheit, ist es wichtig zu erwähnen, dass ich annahm, Informatik hätte nichts mit Menschen, sondern mit Computern zu tun. Es kam anders. Ausgerechnet in dieser verstaubten Papierwelt wird man gravierende technische, und damit verbundene gesellschaftliche, Veränderungen erleben. Beziehungen knüpfen. Aus Verlegenheit glätte ich meinen unlogischen Lockenwirbel. Programmiert auf Arbeit, stehe ich gerade, Schulter zurück, und augenblicklich verdreifacht sich das Selbstvertrauen. Direkt neben der kleinen EDV-Abteilung ein großes Ökologie-Regal. Themen: Luftverschmutzung, Saurer Regen, Waldsterben, Klimawandel. Die Natur war hier keine schöne Kulisse, und die grünen Lehmanns-Kataloge waren gefragt. Die EDV noch nicht… / *kreatives Mitgestalten!*

Bestseller der Zeit: Anna Wimschneider mit ihrer Autobiografie *„Herbstmilch“*.

Umberto Ecos *„Der Name der Rose“* und Michael Endes *„Unendliche Geschichte“*.

Stillstand ist langweilig

Ich betrachte meine Hände. *Berührt, geführt!* Anlauf. Abend. Halbe Nächte mit Büchern alter Männer, in Wolldecken gewickelt, verlottert zu Hause. Eingelebt, Geborgenheit. Älterwerden in unbeschwerten Zeiten.

Störrisch? Macht. Neununddreißigneunzig! In der zweiten Woche, konzentrierte Warteschleifen im Laden. Fisch im Aquarium. Tun als ob. Angst vor dem Ungewissen, nicht mithalten zu können mit all dem wohlsortierten, messerscharfen Wissen, nicht mal am Fotofix-Automaten komme ich Ungeduldiger zurecht. Es gab Dinge, die ich nie gelernt hatte, Schreibmaschine, richtig Planen, nicht mal das Englisch der Songtexte habe ich verstanden. Unser Chef schenkt uns allen Kalender.

Deutsche Feiertage und Ferien waren eingetragen. Die leeren Seiten, mit Tagen, Wochen, Monaten füllen sich nun täglich mit Terminen und Aufgaben. Das erste Jahr füllt sich, ein Jahr wie das andere...

Montags muss ich den Spiegel nicht mehr auf dem Klo lesen, es ist keine Schande ihn auf dem Schreibtisch zu sehen. Keine Angst vor Langeweile. Auch wenn ich subtile Veränderungen in der Umwelt nicht unmittelbar bemerke, in den Büchern und Magazinen kann man erste Wissensfetzen erlesen: Eine andere Zeitspur.

Als junger Spiegelleser fühlte ich mich schon immer wie an einem Fensterplatz. Buchempfehlungen sind mir wichtig. Dann überraschte uns 1970 der Gesellschaftsfuturologe Alvin Toffler mit seinem Buch *„Der Zukunftsschock"*.

Darin zeichnet er Entwicklungen voraus, die noch nicht und für niemand absehbar sind Das Buch lässt uns aus allen Wolken fallen, prognostiziert den Niedergang der Familie als feste Institution, prophezeit die zukünftige Gesellschaft: Neben NGOs werden Mäzene, Superreiche und Philanthropen zunehmend die Geschicke der Erde bestimmen...

Ich erinnere mich. Die Artikel im Spiegel wurden konkreter. Fesselnd beschrieben ist ein Wettbewerb zwischen konkurrierenden Teams bei der Kreation der neuen *Dream Machines* bzw. neuer Prozessoren von Tracy Kidder in *„Die Seele einer neuen Maschine"*. Mein geliebtes Taschenbuch über technische Entwicklungen, der Autor bekommt 1982 dafür den Pulitzerpreis (siehe auch S. 349.). Rowohlt bringt die neue Serie: *rororo computer*, dann die Reihe *Grundkurs Computerpraxis*.

Behutsam blätternde Besucher. / Beobachterposition

> Nun waren wir am Zug, und wir standen einfach nur da und warteten darauf, dass etwas geschieht, ganz wie aufrechte Kriegsdienstverweigerer, die darauf warten, für einen rein symbolischen Akt bestraft zu werden...
>
> *(Dave Mitchel)*

Mächtiger als LSD

Früher Abend, Schlüsselbund, Mitternacht noch Stunden entfernt. Endhaltestelle. Bulgakows tiefschwarzer Kater im Geleit. Neugier, was passiert im Orwell-Jahr? Big Brother ein Bote, unten aus der alten Welt. Noch während wir das solidarische Gefühl genießen, Kaffee von den Kleinbauern aus Nicaragua zu trinken, packt Steve Jobs in Cupertino hastig den mitgebrachten Beutel aus und präsentiert, mit Blitz und Donner im Bunde, dem erstaunten Publikum seinen allerersten Macintosh.

Inspiriert hat ihn angeblich eine Führung durch die Firma Xerox-Parc in Palo Alto.

Dort präsentierte ihm Adele Goldberg auf Anweisung ihrer Chefs zögerlich die intuitive Benutzeroberfläche. Statt Buchstaben und Zahlenkolonnen tauchen auf ihrem Monitor Grafiken, Symbole in Fenstern auf. Das ist für Jobs mächtiger als LSD, denn bisher hatte der Entwurf von Apple nicht mal Icons. Beeindruckt, obwohl nur als einfaches Programmierwerkzeug für Kinder konzipiert, nimmt er diese wertvollen Anregungen von Goldberg mit, ahnt, dass die primitiven Rechner von 1984 bald mächtig sein können. Und so steht er hier nun, der kleine Apple-Rechner, der noch große Neugier auslösen wird.

Ich begreife nichts. Schwebezustand. Worte können ansteckend sein, imitieren sich gegenseitig. Spuren. Bin ich einem Geheimnis auf der Spur?

Rechtzeitig, fast unbemerkt, gründen der MIT-Professor Nicholas Negroponte und Jerome Wiesner das Media Lab am Massachusetts Institute of Technology (MIT), um dort das Verschmelzen von Computertechnik, Literatur und Rundfunk wissenschaftlich zu begleiten. – Allerdings gilt der Computer allen misstrauischen *Achtundsechzigern* als abzulehnendes Unterdrückungs- und Herrschaftsinstrument. *Einfache Formel: IBM-Computer = Großkapital + Zentralismus = Big Brother.*

Technik und Design sei etwas, was uns entfremdet, heißt es verpönt. Doch dann, es muss so gegen Ende der Achtzigerjahre gewesen sein, beginnt eine neue Epoche. Ein paar alte Zeitungsartikel belegen, noch im Laufe der Achtzigerjahre haben sich Menschen wach der Frage gestellt, inwieweit man diese neuen Technologien auch für einen besseren Informationsaustausch nutzen könnte...

Meine überreizte Generation, in der man Glück in attraktiver Vorwegnahme sucht, nicht im Graben der Vergangenheit Gesagtes. Das ist gar nicht lustig, um ehrlich zu sein. Mit offenen Ohren höre ich auf mich allein. Unsicherheit, Zweifel aushalten. Offener Umgang, direktes, durchdachtes Entscheiden, Handeln. Auch wenn man damit Feinde schafft... / Mit jedem Wort in eine neue Welt eintauchen.

Dinge anpacken

Ischweissja, Turbo Pascal, Software – klingt gegenwärtig nach angestaubten Disketten, abgelegen Klamotten. Ein Rückspulgeräusch. Katapultiert in frühe IT-Welten, ein Buch im Anschlag, erstaunt, dass das Ansehen der Bits-und-Bytes-Maschinen in den Achtzigerjahren ausgesprochen negativ war. Wenn auch die Meinung verbreitet ist, dass Computer, man spricht vom „Elektronengehirn", uns mal Denken sowie die ungeliebte Arbeit abnehmen würde, sollte, könnte... Gerade die politische Linke tat sich mit technologischen Dingen, diesem Kontrollinstrument, sehr schwer. Auch unser Betriebsrat ist strikt gegen die Anschaffung eines Rechners für die Warenwirtschaft, ohne eine Betriebsvereinbarung abgeschlossen zu haben. Bereits Anfang der 80er Jahre mussten Karteikarten sinnlos in ein IBM Terminal übertragen werden mit dem Ergebnis, dass hinterher nichts funktionierte und die Rechnungen weiter mit der Schreibmaschine geschrieben werden mussten. Diese Aktion war so ziemlich das Gegenteil eines gefährlichen Jobkillers und begründete die Haltung: *Die braucht doch kein Mensch.*

Als Gewerkschafter sehe ich die Gefahren und kann die Argumente nachvollziehen. *„Der Computer löse Probleme, die man ohne ihn nicht hätte"...* Dieser Spruch ist so präsent wie die Schaukästen am Ku'damm. Die Stiftung Warentest, die ein Jahr zuvor auch mal Computer testete, befand diese Geräte bestenfalls für überflüssig. Und doch, im Laden gibt es den Allwissenden, der sie bedienen kann. Er weiß, was fdisk ist. Als ich ihm beim Einrichten zusehe und ihm zur Hand gehe, weiß ich, das ist eher *nichts* für *mich.* Eindeutig. Keine

Magie des ersten lichten Moments, nur total komplexe Bürokratie, nix dahinter. Einstellungssache. Als es noch Flipper gab, liebte ich meine alte Lederjacke, doch eine graue Kiste? *„Break on through to the other side"*, locken die Doors, doch ob wir wollten oder nicht, Computer und Informatik wirkten längst in weite Teile der Gesellschaft hinein, lösen folglich auch den von Gewerkschaften befürchteten Rationalisierungsschub aus. Und ich gerate hinein wie in einen durchdringenden Regenguss. Regen entlastet.

Die Ära Nixdorf geht mit dem Tod Heinz Nixdorfs (s. S. 39) ihrem Ende entgegen. Zu Beginn der 80er brachte IBM seine Rechner IBM PC, AT, PS/2 auf den Markt, die zum Standard für kommende Systeme wurden. Das Betriebssystem DOS stammt von Microsoft und wird an IBM lizenziert. Der 28-jährige Bill Gates taucht erstmals auf dem Cover des *Time Magazine* auf, untertitelt mit dem schönen Satz, *„Computer Software – Die Magie im Inneren der Maschine"*. Er prophezeit: *„Hardware wird viel weniger interessant, der eigentliche Job ist die Software, und wir werden in der Lage sein, große, fette Programme zu schreiben."* Er erkennt, dass man Hardware und Software, die man bis zu diesem Zeitpunkt nur zusammen verkauft, voneinander trennen muss. Hat sich mein täglicher Gang zum Zeitungsladen also doch wieder gelohnt… / neuer Zustand.

Forverts

Die Nachwelt naht schnellen Schrittes. Bei der Suche nach verpassten Augenblicken gerät man ins Fahrwasser: Gehen mit der Zeit. Ich bin, war, wurde, als wäre das eine Probe. Mensch der Großstadt. Habitat. Ich folge – *nicht* dem Mainstream. Außer bei Latzhosen, Multikulti, Flokati und Yucca-Palmen. Obwohl ich zur entspannten Münzfernsprecher-Generation gehöre, soll ich einer rasanten Entwicklung, ihrem Koordinatensystem, nahekommen. Ahne eine Zukunft beim Umblättern der Seiten. Nicht, dass mir die kleinen Programme imponieren, die Kluge der Generation 8-Bit auf ihrem C64 für den grauen Alltag schreiben.

Als Zuschauer, immun gegen die Prozessorgeneration, die vom ersten PC bis zum Game Boy die Computererfahrung von Millionen Menschen und Freunde prägte. Die Moral von der Geschichte: Rückblickend im Mikrochip-Krieg wissen wir, das 8-Bit-System war längst Teil unserer Kultur geworden… / *dreaming machines.*

Coming soon

Kaffee am Morgen. Kulisse: Bücherreihen, unendliches Wissen. Es ist still. Verschmelzen im Fluss der Tätigkeiten, während ich die Zeit vergesse. Mein Spielfeld in Vollzeit. Ich versuche hier, vom Moment der Übergabe an, ein professionelles Sortiment für die akademische Kundschaft aufzubauen.

Ein Energiefeld des Wissens mit Dienstplan. Mit dem einzigen Merksatz: *„Mach High-Level!"*, hat sich mein kluger Vorgänger verabschiedet, mir unverhofft die entstehende Abteilung überlassen. Meistern einfache Faustregeln etwa ein halbes Leben? Ich will nicht inkompetent wirken, bin aber gleich für den Aufbau einer kompletten Informatik-Abteilung verantwortlich. Und die Vorschauen der Verlage versprechen oft mehr, als ihre Werke für anspruchsvolle Leser halten.

Wichtig im Fachbuchhandel ist, in der Masse verschiedenster Artikel darf möglichst *nichts* Wertvolles im Alltag untergehen. Alphabet, Alphabet. Tausende ausgewählte Titel hat man „auf Lager", der große Rest ist schnell bestellbar. So ein Buch hat seine Chance, wenn es in Fachzeitschriften besprochen wird, wenn das Thema neu und gefragt ist. Ich weiß, was eine ISBN, eine *gemischte Partie*, *Standing Order* und *zA*[3] bedeuten. Dem kritischen Blick der Kassenkollegin entgeht *nichts.* Doch seit ich erfahren hatte, dass sie mal die Sekretärin von Wolfgang Neuss war, einer, der per Zeitungsannonce den Mörder einer TV-Krimiserie verraten hat, bekam ich sofort Respekt. / Lernpfade – einfacher als erwartet.

Resonanz

Anfänger. Arbeitsstunden. Glück und „Gespür für den richtigen Stoff". Beim ersten Klingeln gehe ich ran, kann vieles mit mir ausmachen, selbst, Ermessenssache. Nur fehlt jemand, der mir bei Ungereimtheiten beratend zu Seite steht. Das muss ich ausgleichen, das Netz der Gelegenheiten, in dem glückliche Zufälle sich verfangen, breit auswerfen. Ein neues Gesicht, einer, der etwas weiß, andere, die wissen wollen. Die Fähigkeit, sich in die Lage derer hineinzuversetzen; Was macht jemanden zu einer Person, mit der man sich gerne unterhält? Ein gutes Sortiment ohne Hilfe der Kunden aufzubauen, schwer. Was erwartet man in der Fachbuchhandlung? Fragezeichen waren das erste Mittel,

[3] Zur Ansicht

um herauszufinden, was in den Köpfen des Fachpublikums vorgeht. Eine Art verbales Domino-Spiel am front desk. Danke! Viel Wissen und Erfahrung der Leser werden Einzug halten, ein angemessenes Entscheidungssystem soll kommen…

Debatten über kommende Künstliche Intelligenz. Als Bibel der Computerkultur, kiloschwer, erscheint Douglas Hofstadters ungewöhnliches *„Gödel Escher, Bach"*, steht in der *Zeit*, nachdem ich bereits Dutzende verkauft habe.

Tatsächlich, einige haben das *Endlos-Geflochtene-Band* gelesen, wie man lobenden Kommentaren entnehmen kann. Das Buch bekommt einen Fensterplatz, den Pulitzer-Preis und steht in deutscher Übersetzung 19 Wochen an der Spitze der Spiegel-Bestsellerliste. Schnell noch beim Presse-Grosso Computerzeitschriften, zum Verkauf, zum Blättern und zur Bereicherung bestellen. Keiner erwartet, Antworten auf alle Fachfragen zu haben, wenn ich nur weiß, wo ich danach suchen kann.

Je mehr Wissensdurstige mit Fragen kommen, desto sicherer fühle ich mich. Wir sind nicht so verschieden. Ein *„du"* führt zu produktiven Gesprächen. Ein Händedruck, Wissen und Erfahrung, ist leicht ausgetauscht. Inzwischen eingewöhnt, spüre ich eine Bindung an meinen Schreibtisch. / With a Little Help

Pizza für alle!

Oh, wirklich? Schrittgeschwindigkeit. Schalterschluss. Rege mich auf. Mit den noch feuchten Bildern der Fotokabine habe ich Zeit, um im Plattenladen nach verborgenem *Modern Jazz* zu kramen. Den Wochen in Kieperts Belletristik trauere ich nicht mehr nach. Ein letztes Pizzaessen mit den Kolleginnen bei *Amigo* in der Knesebeckstraße. Pizza-Katastrophe mit Rotkohl und Ei. Irgendwie essbar. Wir witzeln über Ratgeberbücher für Verunsicherte. Blicke vom Nachbartisch. Den nächsten Wein muss ich auf Italienisch bestellen: *mezz-o lit-ro vi-no bian-co!* Den indianisch aussehenden Kellner, der seit Ewigkeiten dort bedient, beeindruckt das wenig, in Gedanken… Bevor wir aufbrechen, fragt Thomas, ob jemand Lust hat zum Schwimmen, Schlachtensee. Argumente: gutes Wasser, kein Eintritt, nettes Volk und die Aussicht auf einen Sonnenaufgang. Am Morgen spüre ich das samtene Wasser auf meiner Haut. / Schlaf – *„Non si fa*

Begegnungen verändern

Worte kommen. Gespannt folge ich. Gehend mit Zukunftsblick. Von Berlinzulage bis Subvention, die vom Schicksal geplünderte Stadt, eine Insel voller Widersprüche, immer mit einem Fuß in wechselvoller Aufbruchsstimmung, voller Fahrbahnschäden, Stolpersteinen. Ohne Stadtplan finde ich die verspielte Mengenlehre-Uhr. Die City, mit ihrer Traufhöhe, unübersichtlich. Nach und nach entdecke ich die verlockenden Zutaten des Großstadtcocktails und offenes Gelände. In den unsicheren Mauerjahren hatten sich Siemens, Lufthansa, Banken und der Film mit ihrer Energie und ihrem Bruttosozialprodukt auf den Weg nach München, Frankfurt oder Düsseldorf gemacht. Geflohen vor Erinnerungen. Menschen aus der Ostzone flüchteten abenteuerlich in den Westen. Nur wenig ist übrig im Zoo der Hauptstadt; Karajan, seine Philharmonie, imposante Friedhöfe, das KaDeWe, einige Museen. Auf nächtlichen Straßen unbekannte Gesichter, ihre Geschichten.

Die hierher kommen sind anders, suchend. Es ist leicht, mit anderen Zugereisten in Kontakt zu kommen. Im Nu finde ich hinter Seyfried-Plakaten, im Schatten, die Kneipen, in deren Dunst sich das Leben abspielt. Bis die Stühle hochgestellt werden. Nahe Savignyplatz und S-Bahnbogen finde ich das Schwarze Café, Diener Tattersall *(ehemalige Fassbinder-Stammkneipe)*, Cour Carrée, Florian, Schell, Gainsbourg, ZWIEbELFISCH. Croissantgetränktes Flair erinnert mich an Ecken von Paris. Linkes Bildungsbürgertum und vietnamesische Boat-People haben sich hier angesiedelt. In der *Kant*straße leben mehrere Völker im friedlichen, bunten Miteinander. Die *Kant Kino Music Hall*, ein legendärer Ort. Da gibt es neben ausgewählten Filmen auch Konzerte. Iggy Pop, Joy Division.

Nachhauseweg von der Arbeit, vor dem Beherbergungsbetrieb Sophia, wo heute das Brel auf Gäste wartet, wartet standhaft die dunkelhaarige Schönheit mit Nebel in den Augen auf Freier. In der Nummer 152, über der neuen, mit Bildern zugehängten, Paris-Bar, leitete einst Carl von Ossietzky die Redaktion der Weltbühne. Er wurde mit jüdischen Nachbarn verhaftet und ins KZ verschleppt. Baader und Ensslin sind angeblich oft in der Dicken Wirtin.

Rudolf Diesel, der Erfinder des Dieselmotors, wohnte und arbeitete hier. Dort war der berüchtigte Groschenkeller. Legendäre Bälle des avantgardistischen Kunstsammlers Alfred Flechtheim, Ereignisse. Vor dem Quasimodo geht es eine Treppe empor, die Delphi-Terrassen.

Geschmack von Ferne. Das ehemalige Stummfilm-Kino wird mein Platz, als Helen Schneider aus heiterem Himmel im Café auftaucht. Augen wie Neonreklame mit Pagenschnitt. / Verweilen.

Die Muster der Sonne auf Beton

Jahre sind vergangen. Angekommen. In der Frühlingssonne unter Marmorsäulen. Die Stadt ist hungrig wie wir. Angenehme Lautstärke. Schwebend auf Zigarettenlänge. Gegenüber sitzt die Sängerin aus New York, Mundwinkel leicht angehoben, ohne Zähne zu zeigen, summt sie leise eine Melodie, fabelhaftes Lächeln.

Unglaublich, dass der Delphi-Palast hier, in den 30er/40er Jahren, eines der beliebtesten Tanzlokale der preußischen Metropole gewesen ist. Vertrauter Marihuana-Duft verbindet sich mit Gefühl von Hunger. Verstand und Bauch sind nicht einer Meinung, in's nahe Schwarze Café, oder *schnell ne Curry* am Savigny-Platz? Oder besser im magischen HdK-Garten mit alten Kastanienbäumen, oder die Kantine oben in der Oberfinanzdirektion? Steak und Fritten, ein Desaster. Man kann in die Reihe der Gedeck- oder Stamm-Esser in die TU-Mensa gehen. Hier habe ich schon Rio Reiser mit den „Ton, Steine, Scherben" gesehen und den übervollen *TUNIX*-Kongress nach dem langen Sommer der Theorie besucht. Es war einfach, an eine Mensa-Card zu kommen.

Ich erinnere mich an den Geruch von Erbsensuppe. Halbzwölf, beim täglichen Gang nach gegenüber, begegnen mir TU-Mitarbeiter und Kunden. Nicht alle kenne ich namentlich, doch viele vom Gesicht. Eigene Menschenkenntnis ist mangelhaft, doch unvollständige Sätze der Kunden kann ich bald selbst zu Ende bringen…

Architekten, Anwälte oder Ärzte lassen sich nicht selten schon an ihrem Aufritt erkennen. Neben all den positiven Gefühlen, beim stoßweisen Kundenandrang fühlt es sich zuweilen ganz schön stressig an. / Weitermachen

42 Verbotene Bücher

Dann ich. Wenn der Moment gekommen ist. Schlafende Stadt. Dankbarer Blick, zu schön, um wahr zu sein. Die Arbeitswochen erscheinen überschaubar, mit fester Routine, Ironie und frischem Kaffee. Einer sucht ein Buch für sein Referat und wir entdecken beim jungen Taschen-Verlag den Bestseller, den wir ehrbaren Kaufleute über unglaubliche 800-mal verkauften. Alle sind verrückt nach M.C. Escher, dem holländischen Baumeister vollkommen unmöglicher Bilderwelten...

Lange bevor uns die ersten, am Rechner hergestellten, 3D-Bilder in ihren Bann ziehen, ist Escher ein Meister der Dimensionen. Er konfrontiert uns mit dimensionalen und perspektivischen Illusionen bis zu den Grenzen unserer Sinneswahrnehmung.

Treppen, die nach unten und oben zugleich führen, faszinierend, gleichzeitig verwirrend. Man sieht den Wald vor lauter Bäumen nicht. Ich versuche nach einer unscheinbaren Zahl Ausschau zu halten. Einige wissenschaftlichen Dinge verstehe ich, solange ich nicht versuche, sie zu beschreiben. Meine Fiktion, ein Kontakt mit außerirdischer Intelligenz. Dinge anders sehen. Wir, die unentdeckten Aliens auf einem wunderbaren blauen Planeten.

Gedanken wiederholen sich. Unentwickelte Filmrollen. Wovon träumen arbeitende Menschen? Vom Wochenende, einer Ausstellung in der schwerelos schwebenden *Neuen Nationalgalerie*! Nach der unerwarteten Frage: *„Steht das Buch noch auf dem Index?"*, wollen wir nur zum Spaß Bibliotheken besuchen, um die Ausgaben von *„1984"* zur Gegenwartsliteratur umzuräumen. Wer zuerst dort war, wartete auf die anderen. Zugegeben, nicht nur Schüler wussten, Aldous Huxleys „Schöne Neue Welt" und George Orwells „1984" waren längst Klassiker. *„Die Menschen redeten viel über Freiheit, aber sie waren nicht frei. Die einen haben befohlen, die anderen mussten gehorchen. Und ein paar haben rebelliert. Heute nennt man solche Leute Ketzer, Verschwörer, Gedankenverbrecher. Damals nannte man sie Schwärmer, Idealisten, Weltverbesserer. All die Worte, die heute ausgestorben sind."*

Als das Leben noch fast umsonst war, landete man oft im Athena-Grill, dem Treff am Lehniner Platz, wo man spät nachts noch günstig und lecker essen konnte. Und da fährt, wie eh und je, jener Rolf Eden in seinem Rolls-Royce den Ku'damm rauf und runter. / Kurze Augenblicke des Glücks.

Home-PCs

Wolken und Kastanien. Der große Sommer ist zu Ende. Lesezeit ist kostbar. Eine Träumerei provoziert andere. Durchschlafen, danach, während ein Lou-Reed-Song läuft, Haare waschen. Den Geruch von Widersprüchen vertreiben. Noch nicht trocken. Besorgter Blick, immer noch 8:21. Langsam registriere ich, ausgerechnet vor Arbeitsbeginn, im Morgengrau, wenn steife Gedanken noch wirr und keine Anrufe eingegangen sind, hat meine Digitaluhr, irgendwo in verborgenen Schaltkreisen, den Geist aufgegeben. Digital braucht Strom und Ladung, das altmodische Tick-Tack, stetige Zuwendung. Wenn die erlebte Zeit gefangen, im Rad, unbeirrt sich nur im Kreise dreht. Der Rest ist Science-Fiction...

Bald wird man wissen, zum fortgeschrittensten Medium nach dem verkommenen Erdöl-Zeitalter, „*License to kill*", entwickelt sich der Heimcomputer, der später, per Modem an ein Telefonnetz angeschlossen, die Verbindung mit unzähligen anderen Rechnern ermöglicht. Hier baut sich eine ganz neue Industrie auf. Mit der Hilfe von Zeitschriften, vertrauten Gesprächen und Buchbestellungen der Kunden suche ich langsam ein innigeres Verhältnis zur undurchsichtigen EDV-Branche zu bekommen. Das Dr. Dobb's Journal hat die Computerentwicklung begleitet. War der C64 hauptsächlich ein Spielzeug, war er dennoch der am meisten verkaufte Heimcomputer aller Zeiten. Für viele Kids der 80er- und 90er-Jahre ist er der erste Einstieg. Der Amiga, 1985 auf der CeBIT vorgestellt, kann schon Multitasking, was bei anderen Standard-PC-Betriebssystemen erst Jahre später eingeführt wird. Und der Amiga begeistert auch Soundtüftler. Plötzlich können damit auch „Unbefugte" Musik am Computer generieren. Apple hat eher Fans unter den Grafikern. War es wirklich genauso? / Wow, cool, wie geht das?

Originalsoftware

Auf der Leiter stehend, räume ich. Während Programme wie Visi-Calc auf die Büro-PCs ausgerichtet sind, gibt es Gründe für den Einsatz von Home-PCs, Textverarbeitung, Spiele. Zunächst gibt es das Tabellenkalkulations-Programm nur auf dem Apple II, aber VisiCalc ist als Anwendung so bestechend nützlich, dass es bald auf vielen Rechnern läuft. Wegen des noch überschaubaren Angebots an Software „von der Stange" ist der Anteil der Selbst-Programmierer ungewöhnlich hoch. Die Ära der Maschinensprachen. Einzelkämpfer schrieben Programme in ihrer Freizeit, oft nachts. Kopien davon werden per Post mittels Disketten getauscht oder später per Modem und Telefonleitung verschickt. Nutzer, die damit zufrieden sind, werden gebeten, einen bescheidenen Geldbetrag zu überweisen, um die Entwicklung zu fördern und an die Updates zu kommen. Diese Idee findet in Nullkomma-nichts einen Namen: *Shareware.* Man braucht keine Verpackung, kein Marketing und das Handbuch ist eine Textdatei auf Diskette. Die Programme sollen möglichst oft kopiert und verbreitet werden. Auch kleine Firmen entdecken das Geheimnis der Programme für wenig Geld. Sogar das CAD-Programm CADI-Draw der Berliner Tommy Software. Später werden wir CD-ROMs als Speichermedium für den Vertrieb nutzen. / Langsam.

Freeware, Shareware, Public Domain

Blaues Dämmerlicht am Steinplatz. *Wo gibts hier'n Kaffee?* Die Berliner Stadtreinigung, früh unterwegs, mein Arbeitstag beginnt auch gleich.

Am geräumigen Schreibtisch in den grünen VLB-Bänden und Katalogen blättern, Neuerscheinungen nachrücken, nachbestellen, nach Suchenden Ausschau halten: Wünsche in Umsätze verwandeln. Briefumschläge öffnen, stapelweise, per Post gesendete, handschriftliche Instituts-Bestellzettel, teils noch in *Sütterlin* oder *Kurrentschrift* entziffern. Viele asiatische und iranische Namen, fast nie türkische.

Mein Blick fällt vor Aufregung auf einen kleinen Artikel im Börsenblatt. Die Eröffnung des Bielefelder „Gemini"-Medienhaus eröffnet dem altehrwürdigen Literaturbetrieb eine ganz neue Richtung. Auf dreitausend Quadratmetern mitten im Einkaufszentrum sollen neben Büchern auch Schallplatten, Zeitschriften, Poster, Software und Videokassetten angeboten werden. *Passt!* Software, Medien passen perfekt zur Fachbuchhandlung. Unbeschwert wird kommerzielle Software untereinander getauscht, nicht selten direkt im Kaufhaus bei Hertie und Karstadt.

Nicht legal, dennoch sehr beliebt. Ein Kopierschutz soll das verhindern, und der ist nicht mehr so leicht wie bei zirkulierenden Kassetten mit einem einfachen Tesa-Streifen zu umgehen... Zu den Anwendungs-Highlights gehören die Programme des jungen Marco Börries aus Lüneburg. Hat er doch mit knapp 16 Jahren eine bemerkenswerte Textverarbeitung programmiert, eine sehr günstige Alternative zu Microsofts Word, die er Starwriter nennt und aus der dann StarOffice, später OpenOffice.org entsteht. / David gegen Goliath

IBM

Wissen in kleinen Bissen. Wannsee. Was wäre, wenn…? Auch wenn ich eine Vorstellung habe, wie diese Geschichte überdauert, überblicke ich nicht die Pfade, die zum vorgesehenen Ende führen. Charlottenburg ist das Zentrum der Berlinale, und dank Helmut Kohl und seinem Kumpel Leo Kirch, mit tatkräftiger Unterstützung des Postministers Schwarz-Schilling, gibt es nun Kabelfernsehen mit Kupferkabel statt Glasfaserausbau, wie es Helmut Schmitt mal geplant hatte. Doch die Technologie ist eher auf unserer Seite. Die Textverarbeitung wurde für viele die Initialzündung und der Einstieg ins Digitale. Bei der Hardware hatte IBM längst den Standard gesetzt, auch wenn viele Nutzer mit der Leistung dieser Kisten unzufrieden sind. Was den IBM-PC zum Verkaufsschlager macht, war der Name IBM, der allein als seriöser Begriff gilt. Den „IBM-Kompatiblen" folgen bessere und preiswertere Nachbauten von Compaq & Co. Die Preise fielen immer weiter, besonders als IBM seinen Großhändlern günstige Staffelpreise anbot.

Diese kauften große Mengen auf und gaben die überzählige Ware günstig an kleinere Händler weiter. Auf diese Weise entstanden Firmen wie Dell. An der Universität Stanford entwickelte die Firma SUN (Stanford University Network) mit Andreas von Bechtolsheim eine Workstation, die die üblichen Großrechner von IBM ersetzen könnten. Das werden die Netzwerkrechner (Server) für die erste Boomphase des Datenhighways. Bechtolsheim, der in der Branche schlicht als „Andy" bekannt ist und auf das „von" im Namen verzichtete, wird von vielen Kunden als einer der besten Computerkonstrukteure bewundert. SUN ging 1986 an die Börse und war bald richtig reich. / Computerliebe…

Papierkram

Wenn einer kommt, mir einen Begriff an den Kopf wirft, muss ich wissen, wovon er spricht. Raschelndes Papier, schlanke Finger zwischen Buchseiten, huschende Schritte. Die Volkshochschulprogramme liegen griffbreit an der Kasse. Das Jahr 1986 hat mehr zu bieten als die Raumfähre Challenger, die kurz nach dem Start dramatisch zerbricht. Im Frühjahr die erste *CeBIT* in Hannover. CeBIT= *„Centrum der Büro- und Informationstechnik"*. Desktop-Publishing ist in aller Munde. Ich muss in die Leibniz-Stadt, Bücher verkaufen und mich nebenbei über

Neuheiten informieren. Davon gibt es für Neulinge im Heerlager der EDV-Firmen derer hoch drei: Pagemaker und Postscript-Laserdrucker, ambitionierte Anwendungen nach dem WYSIWYG-Prinzip[4]. Jeder kann am PC jetzt selbst Drucksachen entwerfen.

Heinz Nixdorf, der Computer-Pionier aus Deutschland, verstirbt auf der Messe an einem Herzinfarkt. Hatte er das Angebot eines unbekannten Gründers abgelehnt, Apple-Rechner in Paderborn zu bauen? Nixdorf glaubte nicht an den PC. „Wir bauen keine Goggomobile", soll der gestandene Westfale, der lieber IBM überholen wollte, dazu gesagt haben. Vertane Chance, doch die rasante Entwicklung des PCs beginnt ja gerade. Intel bringt den 386-Prozessor heraus. Man fragt mich täglich nach Büchern zum *besseren und schnelleren Intel 80386* und dem neuen 32-Bit-Prozessor. Da keine geplant sind, frage ich den Herrn am Stand von Intel, ob ich diese dickleibigen Handbücher, die da vor mir lagen, auch unserem Fachpublikum anbieten könne. Er schaut verwundert, gibt mir seine Karte und raunt knapp: *Ruf mich nächste Woche mal an…!* Cooles Nicken, Gelassenheit vortäuschen, und siehe da, die ersehnten Intel-Handbücher werden geliefert. Ohne Preis und ohne Rabatt, und doch sehr begehrt...

Bestseller: *„Understanding Computers and Cognition"* von Winograd und Flores.

Intel inside

Melodie jener Jahre. Rawums! Ein wahres Energiefeld eröffnet die Achtziger. Von hier nach dort und von damals nach übermorgen. Ich knete die Hände, nichts hat sich geändert. Der Augenblick ist mein. Auf der Straße des 17. Juni zieht eine Truppenparade der Alliierten von der Siegessäule Richtung Ernst-Reuter-Platz.

Gefragt im Laden, ein paar hundert Meter weiter, sind Computerbücher – von CP/M, Atari oder C-64 bis zu Unix und den Lehrbüchern zu PASCAL, SPSS, Smalltalk-80, Modula 2 oder Oberon… Die 16 Farben des Rechners klar vor Augen machen die Welt bunt. Ich stehe inmitten eines Biotops gewachsener einheimischer Gelehrter: ältere It-Freaks, Programmierer, Mathematiker, Esperanto-Schüler, Studenten, Freifunker, Spieler mit Stöpseln in den Ohren, Neugier, die nie endet. Manche, einsilbig beim Computern, haben sich gegen die Freundin

[4] What You See Is What You Get

entschieden. Intelligenz, Status und Mode sind relativ, Menschen mit Tech-DNA. Viele kommen regelmäßig. Stöbern ist Ritual. Neuerscheinungen für die Community stapeln sich auf dem Boden. Zum Publikum zählen Dozenten, serbische Open-Source-Programmierer, nigerianische Sysadmins, unbekannte Hacker, Grafikerinnen, ungarische Gelehrte, ein koreanischer Raumfahrtexperte, ein Apple-Supporter, zwei Spieleentwickler, der Sicherheitsbeauftragte, die Professorin für Mathematik, der kurdische IT-Firmen-Gründer, wechselnde Gruppen Programmierer aus der Automobilindustrie, Realschullehrer, selbstständige Software-Ingenieure, die Absolventen der Informatik. Manche sind hilfreich bei der Suche nach relevanten Themen für die wachsende Buchabteilung. Ich danke, vertraue, rede keinen mit Herr Professor an.

Sie machen meine Arbeit leicht. Freundliche Fragen, verbindlicher Gesichtsausdruck, viele Probleme scheinen schnell gelöst. Die Leute des Elfenbeinturms gegenüber kennen den Namen, *„Sommerfeld, ach, wie der bekannte Physiker“*. Andere ulken, es gäbe gewisse Ähnlichkeiten mit dem jungen Peter Handke. Auch okay. Bald geht es neben dem täglichen Input nicht nur um das schlichte „Bücher-Verkaufen“. Wer gezielt in so eine Buchhandlung geht, der hat ein Problem – oder Fragen, wofür es hier möglicherweise das richtige Buch geben soll. Oft genügt ein kurzes Gespräch. Versuche dich an die Klugen zu halten, lerne durch Zuhören. Pläne verwirklichen, mit anderen teilen. Noch immer weiß ich, wer mich inspiriert hat. Andere Dinge der Buchhandlung bleiben verborgen. Kundenadressen, Lieferwege, Verlagsbedingungen. Spruch: *„Berliner Partie und Zahlungsziel bis die Mauer fällt…“* Dann tritt urplötzlich Tschernobyl aus seiner Namenlosigkeit hervor. / Schreibmaschinengeklapper im Kabuff des Chefs. „For eyes only“

Dienstag. Blaues Arbeitsheft. Das Szenario. Fehlende Beweise. Wegradiert. Nicht alle sind mitteilsam… Per Brief kommen regelmäßig Listen mit umfangreichen Bestellungen einer kleinen Firma. Die Titel sind schon recht speziell, Laser- und Satellitentechnik, Computer- und Nachrichtentechnik. All das persönlich an der Kasse abzuholen. Eher ungewöhnlich, sobald die Herren untereinander flüstern, hört es sich nach einer osteuropäischen Sprache an, vielleicht Bulgarisch?

Die beiden Schatten, rötlicher Schlamm an den Schuhen, halten sich diszipliniert zurück. Das Quartett lässt mich an Geheimdienstler denken. Mein Gespür ist nicht so falsch, nach einer Weile entpuppt sich, dass hinter dieser unscheinbaren Adresse ein ausländischer „Dienst" steckt. Nach einem halben Jahr sind alle gewünschten Hi-Tech-Bücher bezahlt und abgeholt. Damit hörte dieses lukrative Geschäft genauso schlagartig auf wie es begann. Die rasch wachsende Kundschaft reicht von der betreuten Gefängniszelle bis zum ehemals schärfsten RAF-Anwalt, der später unser Innenminister sein wird, jedoch mit leibhaftigen Agentenbesuchen habe ich nicht gerechnet... / Fehlermeldungen.

Kontinuum verschiedenster Absichten

Ahnungen, Annahmen, Schubladen. Erst der Monat, dann der Tag. Die Eins hat keine Nase, die Sieben ist ohne Bauchstrich. Da einige Amerikaner regelmäßig im Laden erscheinen und ihre NSA-Field-Station auf dem Teufelsberg nicht unbekannt ist, nehme ich an, dass die Stadt immer noch eine internationale Drehscheibe der Geheimdienste ist. Geheimnisse, gleich nebenan.

Das Europäische Buch, mit riesigen Kellern, das der staatstragenden Partei Ostberlins gehört. Enttarnte Spione werden dann zwischen den USA und den Sowjets an der Glienicker Brücke um Mitternacht, bevorzugt bei Vollmond, feierlich ausgetauscht. / angenehmer Pfeifenduft.

Spielräume der Local Heroes

Freibad. Ravioli. Eine halbvolle Flasche 86er Wein für später. Als Berlin wild ist, lebe ich mit tausend Unschärfen. Computer, Technik, bescheiden anfangen? IT-Wissen ist im Buchhandel kaum verbreitet. Keine Kollegin kommt freiwillig in die EDV. Versuche, technische Erklärungen von erfahrenen Kunden zu begreifen, gelingen nicht immer, mein Gespür ist wachsam. Obwohl selbst noch Beta-Version, bietet mir Addison-Wesley, *The Sign of Excellence,* überraschend eine sehr verlockende Stelle in Bonn an. Soll ich bei diesem renommierten Verlag Neues ausprobieren? Berlin verlassen, richtig Geld verdienen, mit weiterreichenden Möglichkeiten? – Nee, ick hab doch Schluss gemacht mit der westdeutschen Provinz, dem hügeligen Kleinstadtleben, das Diplomaten oft lächerlich fanden. Ein Zufall hat mich dorthin gespült, fühle ich unscharf. Längst huldige ich dem Leben hier an der Spree. In der geteilten Stadt, voller Ruinen und Schusslöchern.

Berliner Spleen. Hier leben die, die es nirgends sonst gibt: Rio Reiser, David Bowie, sein Kumpel Iggy. Es gibt wilde Dancefloors, keine

Türsteher. Berlin ist anders, kein Amüsierviertel, androgyn, kaum Spießerkram. / goto BERLIN.

Distanz halten

Die Figuren stehen auf dem Feld. Ohne Vorkenntnisse. Ich kann mein Glück kaum fassen. Licht und Bewegung, als hätte ich die Welt vergessen. Was für eine Nacht, was für ein Kater. Bindung und Luft zum Atmen.

Diese Sommer werden Weltanschauung, keiner kommt auf die Idee, Fotos zu machen. Ohne Zwänge und Plan B schien ALLES möglich. In den Tag hinein zu träumen, ist mein Ding nicht. Mit Freunden ging es hier höllisch bergab. Einer landet in Bonnies Ranch[5], andere gehen durch schmutziges Heroin libanesischer Dealer verloren. Der Ritt auf der Rasierklinge beherrscht die täglichen Schlagzeilen mit trauriger Todesstatistik. Trostlose Schlangen von wartenden Junkies in der U-Bahn-Station Kurfürstenstraße. Weg, ich will endlich Aufbruchstimmung spüren. Kurze Begegnungen locken auf falsche Fährten. Das nächste Wochenende steht bevor. *„We can beat them, just for one day"* singt David Bowie mit tröstlich schöner Stimme. Warum dieses Heroin-Hero-Lied, Major Tom? / Schnitt.

Die Bourne-Connection

Lautes Nachdenken über eine neue, eigene Welt. Trotz erheblicher Selbstzweifel, machen wir es! Ist lange her. Er nimmt lakonisch die Zigarette, zieht tief, erzählt: Der erste EDV-Buchladen in Köln, Zülpicher Strasse 251. Ende der Siebziger vom Kollegen Frank für Naturwissenschaft und Technik eingerichtet. Die EDV war noch kein Thema und Naturwissenschaft und Technik waren von drei anderen Läden am Platz abgedeckt. Schwierige Ausgangslage.

Es gab einen engen Kontakt zu den Vertretern der Auslandsverlage, intensive Importbuch-Beziehungen. Unter den Verlagsvertretern ist der junge Günter Fuhrmeister mit klassischer Buchhandels-Ausbildung. Er lädt Frank ein, bei einer IT-Konferenz in Bonn einen Stapel vielversprechender Bücher zu verkaufen, zum Thema Informatik. Ohne große Ahnung von der Materie erhält er 100 Buch-Exemplare von S.R. Bourne (AT&T) mit ein paar anderen US-Titel und fährt damit nach

[5] Karl-Bonhoeffer-Nervenklinik

Bonn zur Konferenz. Am Abend des ersten Tages sind alle hundert Bourne-Bücher verkauft und er fährt mit 10.000 DM in der Tasche nach Hause.

Noch während der Veranstaltung ruft er bei Günter in Bonn an, bestellt weitere 150 Exemplare per *super fast express*, die kommen am nächsten Tag, so gegen elf Uhr. Da sind es noch 90 Minuten bis Konferenzende. Das reicht, um alle Bücher zu verkaufen. Berauscht davon, dass sich ein UNIX-Buch so rasend verkauft, fährt er beseelt mit weiteren 15.000 DM wieder in den Laden und dann zur Bank mit 25.000 DM in einer alten Tragetasche. All das aus anderthalb Tagen Buchverkauf fast nur eines einzigen Titels. So baut er die erste IT-Abteilung auf und wird zum Vorbild. Auch wenn Frank nicht mehr in der Abteilung arbeitet, die Kölner Kollegen werden zu den vertrauten Ansprechpartnern, wenn es um das Thema Unix geht. Auch wenn sich so mancher über die Unix-Begeisterung wundert, am Ende des Tages bin ich der Buchhändler, der gute Geschichten mag.

Die Frage blieb, ob diese Vorliebe wirklich so ein kluger Schachzug war, wo doch zu diesem Zeitpunkt bereits viel Geld in Richtung PC floss und Unix eher ein Betriebssystem für Wissenschaftler und Ingenieure und deren größere (und teurere) Rechner war. Reine Inspiration, von Methode keine Spur.

Kapitel 4

Karteikästen und Buchlaufzettel

Ich bleibe stehen und schaue mich um. Berliner Tempo. Subversion und Subvention. Unermüdlich. Unzuverlässiges Zeitgefühl. Vorübergehendes. Schau nicht auf die Uhr, so vergehen die Stunden schneller. Nervende Geschwätzigkeit, ein weiterer Arbeitstag. Nie an Vorschriften halten.

Mittwochs haben die Arztpraxen zu, behandlungsbedürftige Patienten gehen ohne Rezept in ihre Buchhandlungen. Schwelende Tage, schiere Langeweile, der Schreibtisch wird zu eng. Ich muss, um ein wenig Bewegung zu bekommen, unter Menschen. In der Mittagspause schlendere ich durch die *Autorenbuchhandlung* in der Carmerstraße oder zur Romanischen an der Ecke oder besuche Dorothea. Zum Laden gehört immer eine Mischung aus Herumschweifen, Blättern und Lesen, dieses Eintauchen in Zufälligkeiten, die ein ganzes Leben verändern können. In den Siebzigern, den fetten Achtzigern war Kiepert (Bücher für alle) größter Buchhändler Deutschlands. Kiepert ist bei belesenen Studenten sehr beliebt.

Ein Labyrinth von magischer Literatur – die mit sieben Siegeln gibt's nicht. Und am Freitag um eins, macht jeder nur seins. Wochenende.

Unsere Fahrer kommen von der letzten Auslieferungstour retour. Wie es damals üblich war, haben die Damen von der Bestell-Abteilung vorher die neuen Importe bearbeitet. Diese Stapel kann ich vor Sonnabend in die grünen Regale einräumen, sofern ich dazu überhaupt komme.

Zur Verwaltung der Bücher gab es das traditionelle System der Lauf- und Stammkarten. Auf den Stammkarten stehen der Standort, Autor, Titel, Auflage, ISBN, der kalkulierte Preis, zudem die Bestelldaten und Bemerkungen.

Karteikästen, in Fünferreihe um meine große, grüne Schreibtischunterlage, zeigen, ob und wo das Buch im Regal steht. Buchlaufkarten mit den einkaufsbezogenen Daten werden hinten ins Buch gelegt und beim Verkauf an der Kasse entnommen. Überall fand man diese hölzernen Kästen. So war auch ohne IT Lagerhaltung und planvolles Nachbestellen möglich. / Im Einkauf liegt der Gewinn.

Freitags...

Stimmengewirr. Wer spricht? Im Auge behalten. Freitagsnachmittags, wenn die Lesehungrigen von der Uni oder Arbeit kommen, Nachschub fürs Wochenende suchen, ist Träumen nicht möglich. Vielstimmigkeit. Ein verhängnisvolles Chaos entsteht. Bald gehe ich sanftmütig ins Bestellbuch, so nennt sich die Abteilung, um wartende US-Importe so früh wie möglich dort abzuholen. Diese Stapel mit Neuheiten im Laden sind für viele Suchende interessanter als alle Regale. Erstaunt sehe ich, dass genau diese Unordnung auch zum Wohlfühlsein beiträgt...

Du kapierst's einfach nicht. Man muss die richtigen Codes kennen, es gibt Spielregeln. Ungeduld, Leichtsinn und das lockere Überschreiten von Grenzen mögen die Kolleginnen nicht, auch wenn ich Schokolade mitbringe. Allerdings kommen Leser so früher an die begehrte Ware, auch wenn eine Buchlaufkarte noch nicht im Buch steckt. Kunden beachten diese Karten natürlich kaum, weil keiner von ihnen unser Lagerhaltungssystem kennt. Ich beginne nun darauf hinzuweisen, welche Bedeutung die Karten für unsere Verwaltung haben. Das ist gleich verstanden. Und nun schauen nicht wenige auf die Karten hinten im Buch und auf handschriftliche Einträge. Wenn das Buch auf der abgegriffenen Karte laut meiner Einträge in den letzten Monaten 30-mal verkauft war, muss es ein wichtiger Bestseller sein. So entsteht, bar jeder Absicht, ein eigenes Empfehlungssystem ;-) Danach geht alles wieder seinen Gang.

Eine normale Bestellung per Brief aus den USA dauerte damals unglaubliche 4–8 Wochen. Gerade für ein sehr gefragtes Buch, das sich schon nach wenigen Tagen wieder verkaufte, ist das zu lang. Wie kann ich die Umschlaggeschwindigkeit bei Büchern, die von neuen Versionen und Auflagen abhängig sind, sinnvoll erhöhen? Der Lagerbestand soll ja möglichst klein bleiben, auch weil das Zurückschicken nicht verkaufter Bücher kostenaufwendig, bei Verlagen äußerst unbeliebt und ins Ausland ohnehin ausgeschlossen ist. Noch funktioniert Buchhändlerarbeit ohne Rechenautomaten. Menschen, freundliche Umgebung, Begegnungen übers Buchregal hinaus. Da kommt Bewegung in die Haare.

Hätte ich studieren sollen? Schade, dass ich nie Saxofon und Französisch gelernt habe. Die fünfzehn Jahre alten Cowboy-Stiefel gebe ich zur Reparatur und kann sie übermorgen abholen. / poor lonesome Cowboy.

Wartezustand

Hoffentlich bald. Nicht umdrehen. Warten auf den Bus, nicht mein Ding. Vom Berlin-Museum zum Ernst-Reuter-Platz, vom Rathaus Schöneberg nach Friedenau, von der Bergmannstraße zur Roten Harfe am Heinrichplatz, von der Schaubühne am Halleschen Ufer zum Südstern, vom Nollendorfplatz zum besetzten Ufa-Gelände von Juppi, vom Mai bis Oktober – halb Berlin ist auf der Spur zu den richtigen Plätzen. Trotz Kahlschlagsanierung und Hausbesetzungen, der *Bimbes* ist Kanzler. Wieder. Dünndeutig und Un-Ordnung. Die Uniform der Autonomen ist anarchoschwarz, unverwundbar. Schwarz stellt alle Farben in den Schatten. Seit Ewigkeiten läuft die *„Rocky Horror Picture Show“* ununterbrochen, erst im Tali, dann im Moviemento; wir sehnen uns nach Veränderung, ohne Popcorn. Die Zeit vergeht morbide, ganz nebenbei. In der Linie 1 singen sie: *„Ja, wir Wilmersdorfer Witwen verteidigen Berlin, sonst wär'n wir längst schon russisch, chaotisch und grün…“*

Ungeschliffene Jahre

Selbst beim stärksten Regen sieht man Fahrradfahrer. Kann Bäume atmen hören, Lichtstreifen wandern über himmlischen Bücherregalen. Wieder mal das Ende des Sommers verpasst? In der EDV gibt es täglich Neues, Unverständliches, vielleicht weltverändernde Gedanken. Systhema, Data Becker, Markt & Technik, oder Sybex produzieren regelmäßig Neuerscheinungen und Programme, meist für Hobbyisten. Data Beckers zahlreiche Atari-Monographien waren eine Folge der Freundschaft mit Jack Tramiel. Manche dieser Werke sind laienhaft, schlecht, ohne professionelles Lektorat gemacht. Ich beschränke mich auf die wichtigen Titel dieser Verlage. Die Büchermenge wächst, zudem wird nicht nur in Deutsch produziert. Die Namen der urdeutschen Technikverlage wie Franzis und Data Becker, von jungen Kunden weltmännisch auf Englisch ausgesprochen, irritieren mich nicht mehr. So wenig wie die Pfeife samt Pfeifenreiniger auf dem Regal ;-) Deutsche Computerbücher werden ein boomender Bereich, nur die internationalen Verlage scheinen mir professioneller für eine Uni-Buchhandlung.

Unwissend, was Profis an Fachliteratur und verwandten Themen lasen, entdeckte ich pragmatisch – entnahm Hinweise aus dem Bearbeiten der Kundenbestellungen.

Das waren eine Menge Tipps. Das muss ratzfatz gehen. Irgendwann vertauschen sich Buchstaben in den Katalogen innerhalb der englischen Wörter von vorne nach hinten... H... Eine willkommene Unterbrechung, wenn dann ein Wissenschaftler eine Geschichte aus seinem Gebiet erzählt. / next level, neue Tür.

Richard Stallmans nerdige Produktionsmittel

Nichts Neues. Monotonie. Gähnende Leere, Notizen. Weiter mit der Arbeit. Ein normaler langweiliger Tag soll kommen, doch schlagartig bin ich hellwach! Zwei Kunden überreichen mir selbstgemachte Manuals, frisch geheftet, aus dem Kopierer. Inspiriert von der einleuchtenden Logik der Free-Software des Richard Stallman und seinen Entwicklern, lernt jemand wie ich gerade die Gründer der „Contributed Software“ kennen – Sascha Zumbusch, Heiko Blume und Thomas Kaulmann, im Netz bekannt als *thomax*. Sie sind in der Graefestraße mit ersten digitalen Ideen beschäftigt, haben in den Achtzigerjahren die GNU-Software im geteilten Deutschland vertrieben und supported. Freimütig schenken sie mir eine Hand voller Aufkleber mit angebissenem Apfel und anspruchsvollem Spruch, *„Keep the Layers out of my computer!“*...

Faszinierend! Damit gewinnt *Contributed* mit mir gleich einen begeisterten Vertriebspartner für die Manuals der Free-Software-Foundation. Auch wenn wir die aktuellen Manuals mühsam im Kopierladen erstellen und ich mir an der scharfen Kante des Papiers blutig in die Finger schneide, die Nutzer entdecken die GNU-Literatur schnell und kaufen. Die GPL[6] stellt den Grundpfeiler von Freier- und Open-Source-Software dar. Dabei ist die Abkürzung „GNU" ein Gag, ohne Bedeutung – ihre Auflösung lautet „GNU's Not Unix". Richard Stallman ist der eigenwillige Vordenker diese Software-Befreiung und beschreibt seine weitsichtige Idee folgendermaßen:

> *„Der fundamentale Akt von Freundschaft unter denkenden Wesen besteht darin, einander etwas beizubringen und Wissen gemeinsam zu nutzen. Dies ist nicht nur ein nützlicher Akt, sondern es hilft, die Bande des guten Willens zu verstärken, die die Grundlage der Gesellschaft bilden und diese von der Wildnis unterscheidet. Dieser gute Wille, die Bereitschaft, unserem Nächsten zu helfen, ist genau das, was die Gesellschaft zusammenhält und was sie lebenswert macht. Jede Politik oder jedes Rechtssystem, das diese Art der Kooperation verurteilt oder verbietet, verseucht die wichtigste Ressource der Gesellschaft. Es ist keine materielle Ressource, und es ist dennoch eine äußerst wichtige Ressource".*

Seine Idee trägt grundlegend zum Erfolg des offenen Betriebssystems und der Emanzipierung der Software gegenüber der Hardware bei. Die Offenheit der Systeme, der freie Austausch und die Verbreitung passen zu dieser Zeit zu mir. Bei jeder Gelegenheit versuche ich diese Eingebungen zu verbreiten; Unsere Buchhandlung soll eine Tür zu einer smarteren Welt sein...

Die Softwareindustrie

Welten schaffen. Sonnenblumen. Ein Wort wird hell. Selbstkorrektur, Klarheit schaffen! *„In der Informatik geht es genauso wenig um Computer, wie in der Astronomie um Teleskope"*, dieser Ausspruch von Professor Edsger W. Dijkstras verwirrt. Informatik soll dazu dienen, unser aller Leben zu erleichtern – nun kann ich lernen, was CPU, Maschinensprache, Assembler, Treiber, Compiler, Debugger und die verschiedenen Programmiersprachen der neuen Generation so machen. Die einzige Sprache, die ein Prozessor versteht, sind

[6] General Public License

Binärzahlen. Und anspruchsvolle Programme, wie Spiele, werden in einer Programmiersprache geschrieben. Dieses Lernen ist analog, nicht vererbbar – und bekannte Entwickler und Autoren wie Michael Jackson, Tom de Marco und Ed Yourdon muss man kennen. Die damaligen Programme wurden hauptsächlich auf Großrechnern verwendet, welche in Forschungsanstalten standen. Hier gab es eine beschleunigte Entwicklung. Programmiersprachen wurden standardisiert. Der unterschätzte Wert von Software wird mehr und mehr erkannt. Mit der Folge, dass sie nun nicht mehr nur an den Unis weitergegeben, sondern kommerziell auch von neu gegründeten Firmen mit eigenen Lizenzmodellen entwickelt wird. Geld damit zu verdienen, das ist inzwischen grundsätzlich okay. Dagegen hat sich mit dem Beginn der Achtziger ein neues Phänomen etabliert: *Freie Software.* Die Ideen freier Software entstanden im MIT, dem Mekka der Informatik. Es war leicht, Programme ohne zu zögern unter den Mitarbeitern weiterzureichen. Jeder bekommt den Quellcode mitgeliefert. Der darf studiert und modifiziert werden, es ist erlaubt, daraus ein ganz neues Programm zu schaffen…

Open Source nennt sich die Software, deren Quellcode so jedermann frei zur Verfügung steht. Richard Stallman programmierte im Laufe seiner Jugend den GCC-Compiler und den Debugger GDB und fand dabei weitere Mitstreiter. Ja, Mitstreiter, der Begriff passt, gab es doch bei jeder nicht korrekten Aussage gleich den akademischen Streit um die richtigen Formulierungen. Als Buchhändler war ich eher großzügig und genoss die neue Freiheit. Richard M. Stallman gründete die *Free Software Foundation* mit dem Ziel der Förderung des freien Austauschs von Software und Informationen und leichterem Zugang zu Computern für alle. / *Alles* geht anders.

„Free Software, Free Society"

Leidenschaft fürs Offene und leichten Herzens. Obwohl hinter Stallman kein großer Bruder oder eine PR-Agentur steht, verbreiten sich seine Ideen, dosiert, seit 1984 zunehmend. Die Entscheidung für oder gegen freie Software ist eine ethische, soziale Entscheidung. Der Gründer der Free Software Foundation (FSF), Richard Stallman, definiert seine Idee so: *Freie Software räumt ihren Nutzern vier essenzielle Freiheiten ein. Freiheit 0 ist die Freiheit, das Programm zu jedem Zweck, den die Nutzer wollen, ausführen zu können. Freiheit 1 ist die Freiheit, den Quellcode einzusehen und zu bearbeiten, damit er ihren Wünschen entspricht. Freiheit 2 ist die Freiheit, das Programm zu verbreiten. Freiheit 3 ist die Freiheit, modifizierte Versionen des Programms zu verbreiten und damit der Community zu helfen. Werden den Nutzern diese Freiheiten nicht eingeräumt, haben sie keine Kontrolle…*

Dieser Mechanismus sorgt dafür, dass die derart lizenzierte Software frei verfügbar bleibt. Das Copyleft sichert das öffentliche, nicht das private Eigentumsrecht. Die Copyleft-Lizenz besagt, Änderungen und Weiterentwicklungen einer Open-Source-Software dürfen nur unter der gleichen Lizenz als „Freie Software“ weitergegeben werden. Programmierer müssen diese Dinge oft erklären, denn Open Source unterschiedet sich von der im Gemeinbesitz befindlichen „Freeware“ und „Public Domain Software“. Bei der populären Freeware handelt es sich um „freie“ im Sinne von kostenloser Software. „Quelloffen“ sind sie nicht. Die Unterstützung von „Open Source“ bedeutet allerdings nicht, Urheberrechte abzulehnen. Im Gegenteil, diese Lizenz verpflichtet alle Nutzer ausdrücklich zur Einhaltung der Bedingungen, zum Beispiel die Weitergabe des Quellcodes. / Ein Fotokopierer.

Unix

Spielplanänderung. Dunst der Begriffe. Im Frühjahr schaffe ich es, tagelang der Enge des Ladens zu entkommen, darf über den *Messeschnellweg* mit zur CeBIT, die erstmals als eigenständige Messe stattfindet. Eiligst aufgebaut, schon stehen auf unserem elitären Büchertisch die neuesten EDV-Titel. Die ersten 32-Bit Rechner, die den INTEL Prozessor 80 386 benutzen, werden vorgestellt. Mit ihm kommt die Wende auf dem PC-Markt. Computer werden genutzt, manche als Spielkonsole. Die erste Version von Windows erscheint, EDV-Literatur blüht.

Wichtige Werke für Programmierer kommen oft aus den USA und England. Einige amüsieren sich über mehr „Kopfbewegung“ beim Lesen der vielen Buchrücken, Kopf nach links für deutsche, Kopf nach rechts für englische Buchrücken. In den Regalen gibt es immer mehr Übersee. Alle da, die sich auf unserem Spielfeld tummeln – von O'Reilly, Prentice-Hall, Addison-Wesley, Wiley, MIT-Press, Elsevier, Sybex, Simon & Schuster oder McGraw-Hill fehlt keiner der namhaften Verlage. Der erste große Bestseller ist das Buch zur Bourne-Shell. Und der um den wirtschaftlichen Erfolg besorgte Chef von Addison-Wesley Deutschland macht die Kollegen aus Köln im rheinischen Tonfall eindringlich darauf aufmerksam. Es gab den Beschluss der US-Regierung, den Einsatz von offenen Systemen, also TCP/IP und Unix, in staatlichen Organisationen und geförderten Projekten vorzuschreiben.

Unix verlässt die Bell Labs[7], wird von AT&T kommerzialisiert und boomt, was (unfreiwillig) zu einer Reihe von unabhängigen Weiterentwicklungen führt, wie z. B. BSD, das an der Berkeley Universität entwickelt wurde. Um ein weiteres Ausfransen zu verhindern, wurde das POSIX-Standardisierungsprojekt ins Leben gerufen mit der Aufgabe, eine einheitliche Schnittstelle für Unix zu definieren. Schließlich wurde 1988 der Standard POSIX.1 veröffentlicht, der vom IEEE[8] übernommen wird. Weltläufigkeitsgetue...

Das nebulöse INTERNET vor Augen

Ich war begeistert und angeregt durch das Wort Internet. Ich hatte eine Ahnung, dass es irgendwo existiert. Die Vorstellung eines grenzenlosen Raums für alle – oder eine verbotene Zone, spannend und mit dem Gefühl, mit Unix auf einem gutem Weg zu sein. Dass Unix ein Grundpfeiler des Internets bilden würde, wer wollte das schon erkennen. Deutsche Forschungsstellen wie das BMFT lehnen die TCP/IP-Protokolle ab und bedauern dann später das Scheitern der ISO/OSI-Standards gegenüber dem praktischeren TCP/IP. Trotz vieler Fördermillionen stehen sie am Schluss mit leeren Händen da... / *„Faszinierend“*, würde Mr. Spock dazu sagen.

Der Flughafen

Ein weiter Weg. Hundert Hände. Nebenbei. Einrichten des neuen Geräts. Ich lerne, wie ich abgucke. Halte Seiten ins Licht: Ken Thompson, Dennis Ritchie und Joseph Ossanna von den Bell Labs entwickeln 1969 ein erstes rudimentäres UNIX-System. Das Projekt kommt nicht so recht vom Fleck, doch Dennis Ritchie (Physiker) und Brian Kernighan entwickeln im selben Zeitraum. ebenfalls an den Bell Labs, die Programmiersprache C. Das neue, in C programmierte

[7] Forschungslabor von AT&T

[8] Institute of Electrical and Electronics Engineers, „i triple e". Der größte technische Berufsverband der Welt, unterhält zahlreiche Standardisierungsgremien. Sitz: USA

Betriebssystem, erweist sich als Renner und läuft auf vielen Uni-Rechnern.

Von 1974 an verbreitet es sich rasant, da der Quellcode kostenlos zu haben ist, was viele Studenten zur Weiterentwicklung einlädt. Eines der bedeutenden universitären Entwicklungszentren ist Berkeley, wo in den späten Siebzigern BSD Berkeley Unix entsteht, das im Wesentlichen den heutigen modernen Versionen zugrunde liegt. Nichtsdestotrotz ist UNIX bald international registriertes Warenzeichen von AT&T und die Manual Pages werden mit einem Copyright geschützt. Da AT&T in Unix später kein Geschäftsfeld mehr sieht, wird der Sourcecode des Systems an Interessenten herausgegeben unter den Maßgabe – *No bug fixes, no support.* Zahlreiche Newsgruppen widmen sich der Entwicklung von Unix-Systemen und entsprechender Applikationssoftware. Mit der Entwicklung dieses Betriebssystems entstehen dann auch die ersten Internet-Programme.

E-Mail ist sogar älter als das Internet selbst. Erste E-Mails wurden seit Beginn der Sechzigerjahre auf Großrechnern, die sich die Benutzer teilten, verschickt. Viele der Unixer tragen T-Shirts, Sandalen, manche Bart. Die vielfältige Bedeutung von Unix erscheint mir klar, als bei einem unserer Vorträge ein Redner folgende Geschichte schildert: Ein Vater lässt sich von seinem Sohn, dem Computerfreak, über Betriebssysteme aufklären.

Vater: *„Sag mal, wie ist das mit diesen Betriebssystemen?"*

Sohn: *„Also stell dir einen riesigen Flughafen vor. Eine Concorde startet – und stürzt neben dem Flughafen ab. Das ist Windows. Dann rollt ein halbleerer Airbus an, es wird daran herumgewerkelt, repariert, dann hebt er ab, dreht eine Runde und muss notlanden. Das ist OS/2. Und dann hebt ein uraltes Ding ab, mit vielleicht zwei oder drei Passagieren, es ist extrem langsam, kommt aber am Zielflughafen an. Das ist DOS."*

Vater: *„Und – was ist dann UNIX?"*

Sohn: *„Ich sag doch, stell dir einen riesigen Flughafen vor..."*

Der berühmte, vollständig kommentierte Quellcode von UNIX erschien in „Lions Commentary on UNIX 1977" / /dev/null

Kapitel 5

Der Chaos Computer Club

Eines Morgens rieche ich Herbst. Fiktion beginnt zu wirken. Hellhörig trete ich einen Schritt beiseite. Ein Hollywoodfilm zeigt uns die Macht, der vernetzten Heimcomputer. In „*War Games*“ bringt der junge David mit seinem Heimcomputer und Akustikkoppler anschaulich die Welt an den Rand der atomaren Vernichtung. Ehe er sie heldenhaft retten kann, indem er mit dem Computer *Tic Tac Toe* spielt. Bekannt wird Bruce Sterlings Buch *The Hacker Crackdown – Recht und Unordnung im Elektronischen Grenzland*; auch, weil dieser Text in digitaler Form im Netz zu lesen ist.

Bruce Sterling beschreibt die Hacker-Szene der späten Achtziger und gilt neben William Gibson als Mitbegründer des *Cyberpunk*. Steven Levy veröffentlicht 1984 sein Buch „*Hackers: Heroes of the Computer Revolution*“ und formuliert erstmals eine Hackerethik:

„Der Zugang zu Computern und allem, was einem zeigen kann, wie diese Welt funktioniert, sollte unbegrenzt und vollständig sein.“

Doch wer damals laut über Datenschutz, Verschlüsselungstechniken und sichere Kommunikation nachdenkt, gilt als versponnener Exot. Wer ahnte schon, dass das Datenklo ein Selbstbau-Akustikkoppler des Chaos Computer Clubs ist? Technische Bauanleitung und einiges mehr gibt es in der berühmten Hackerbibel. Diese findet eine unheimliche Verbreitung in verschiedenen Auflagen, nicht nur in unserem Buchladen.

„Im Computer-Raum flimmern die Bildschirme. Unerklärliche Zahlenkolonnen auf laufendem Meter. Vor jedem der 20 Monitore sitzt/steht eine Traube Neu-Gieriger. Jungs tauschen Disketten…“ All das in retro-futuristischem Stil gehalten.

Kurzer Blick auf den Zeitungsständer: Wau Holland, der Mitbegründer des Clubs, und sein Freund Steffen Wernéry führten vor, wie man eine Bank über BTX ausraubt, der deutsche Hacker-Club ist über Nacht bekannt.

„Einbrecher müssen inzwischen nicht mehr mit Schneidbrenner und Stemmeisen arbeiten. Sie haben es leichter, wenn sie ihren Heim-Computer benutzen“, berichtete auch das ZDF dem staunenden Publikum. Vorstände und Bänker waren beunruhigt, die aufgescheuchte Presse hat ein neues Angst-Thema: Cyber-Attacken und Digitale Sicherheit. Bei den Behörden besann man sich nun darauf, das Wissen der Hacker besser zu nutzen, als sie zu kriminalisieren. / Umwege.

Sie nannten es „Datenschleuder“

Netzgeschichten treffen den Nerv. Als Schule der jungen Hacker gilt der Nasa- und CERN-Server. Software-Fehler in den VAX-Großrechnern der Forschungseinrichtungen macht es den Eindringlingen verlockend leicht.

Na, Berni, allet im Griff? Der junge Andy Müller-Maguhn, seit 1990 Sprecher des Clubs, bietet mir an, dass ich etwas für die Verbreitung der *Datenschleuder*, das wissenschaftliche Fachblatt für *Datenreisende*, tun kann. Ich drücke die Zigarette aus, Ehrensache. Er ist seit 1986 dabei, einer von den „Guten“, und kauft hier seine Bücher. Und der CCC, eine Art NGO des digitalen Zeitalters, ist inzwischen nicht nur bei Hackern und Experten bekannt. Was Andy sich in den Kopf gesetzt hat, funktioniert. Sieh an, die komplette Auflage der *Datenschleuder* ist in unseren Läden schon nach wenigen Wochen ausverkauft. Nach Möglichkeit kommt Andy selbst mit seinem Nachschub vorbei. Und wir schleppen dann die Pakete mit den Datenschleudern eiligst aus seinem kurzgeparkten Wagen.

He said captain, I said wot,
He said captain, I said wot,
He said captain, I said wot,
He said captain, I said wot d'ya want..

Volkszählung

Widerspenstig, im Halbschlaf, einem Zustand, wo der Geist gerade wach wird, der Körper noch schläft. Dunkelheit. Anfangs zumindest. Sartre sitzt im Café Flore, da fällt mir die bedrohliche Begegnung vor Jahren wieder ein. Auf dem Nachhauseweg von einer Demo, lässig in Schwarz, hatte ich das Gefühl, verfolgt zu werden. Die *Kaiserin-Augusta-Allee* roch heute nicht nach Erbseneintopf oder Kohlroulade, nein es ist Kaffeeröstag. Ich beschleunigte meine Schritte und wurde noch vor der Haustür, wie im Agentenfilm, von drei Männern hinten im VW-Bus festgehalten. Gruselig, Handschellen und sehr persönliche Fragen, direkt und beiläufig zugleich, ließen mich an die DDR-Staatssicherheit denken.

Gedanken überfluten mich, so viele, dass ich keinen davon verarbeiten kann. Was machen die denn hier im Westen? Warum wird mein Ausweis fotografiert?

Unsere täglichen Schlagzeilen befassten sich mit der anstehenden Volkszählung, die Teile der Bevölkerung einfach nicht unterstützen wollen, da eine Einschränkung der Bürgerrechte befürchtet würde.

Es geht um den neuen maschinenlesbaren Personalausweis und den Versuch einer Kriminalisierung der wachsenden Hacker-Szene. Nicht nur der CCC betrachtet die Volkszählung kritisch, einige sehen sie als Vorbereitung eines autoritären Regimes.

Als sich im September 1981 der Chaos Computer Club am Tisch der Kommune 1 in den Redaktionsräumen der taz in Berlin gründet, hätte niemand gedacht, wie bedeutend Wau Hollands Vision ist. Kaum ein politischer Kongress in Deutschland zieht regelmäßig so viele Menschen an, und die Datenschleuder ist wieder einmal ausverkauft. / Themen, Themen, Themen...

Tempomacher. Ich verschwinde im Licht. Schnell blättert man zurück. Hat man etwas überlesen? Beim Versuch verharrend, mein

Berlinbild zu ordnen, sehe ich bemalte Mauern, Brachen, Lücken. Luft holen. Auf der Potsdamer Straße, zwischen Kebab Bude und Schöneberger Tabledance-Bar siedelt sich überraschend Kunst an. *Hallo Schätzchen, Lust auf…?* Dass ich in diesem Moment noch nicht sehe, dass der Text, den ich ganz ohne Fußnoten schreibe, in meiner Hand einen autobiographischen Charakter annimmt…Weiter! Sich selbst umprogrammieren?

Im Jahr 1979 kamen zwei Studenten auf die Idee, eine freie Alternative zum ARPANET zur Übertragung von Nachrichten auszuprobieren. Man verband zwei Unix-Rechner an der University of North Carolina und der Duke University und tauscht Daten über eine herkömmliche Telefonleitung per UUCP[9] aus. Das Usenet, ursprünglich Unix User Network, nimmt damit seinen Anfang. Schon bald werden weitere Rechner in das Netz integriert und um 1980 besteht dann die Möglichkeit, sich neben dem Versenden und Empfangen von E-Mails auch in öffentlichen Foren auszutauschen. Zu den Newsgroups gehören unter anderem die Themen Computer, Science, Social, Talk und News.

Schnell breitet sich das Konzept über die Grenzen der jungen Programmierer-Community hinaus aus. Neue Themen kommen hinzu. Die Eingeweihten verbindet in erster Linie Begeisterung für neue Technologien, ihr Ansinnen, ein komplexes System zu verstehen und auseinanderzunehmen. Sie treten ein für eine Gesellschaft, in der jeder freien Zugang zu Informationen hat und Wissen uneingeschränkt geteilt wird. Hacker sehen zum einen die Risiken, die der Gebrauch aktueller Technologien mit sich bringt, halten jedoch eine generelle Ablehnung neuer Entwicklungen für fatal. Erst wenn man lernt, mit der Maschine umzugehen, macht sie uns weniger Angst. / Komprimierte Erinnerungssätze.

Fernmeldegeheimnis

Hatte ich je darüber nachgedacht? Ja, das damalige Telekommunikationsgesetz war einmalig, weil es einfach all das verbot, was nicht explizit erlaubt war. Und der CCC begann, seine aufklärerische Rolle für den bewussten Umgang mit den Daten-Räumen zu übernehmen und setzt sich als „anerkanntes Expertengremium“ für digitale Bürgerrechte ein.

[9] Unix to Unix Copy Protocol

Die Bereitschaft an Elbe und Spree war groß, es mit der ganzen Branche aufzunehmen. Noch hat das FTZ[10] die Hoheit über die Kommunikationsmittel. Im Unterbewusstsein wissen wir es besser. Dann, zu den glorreicheren Zeiten des Internets, tauchen solche Fragen auf: Wie sicher sind übertragenen Daten vor Manipulation, wie kann man sich vor feindlichen Abhörmaßnahmen schützen? Was, wenn man gesammelte Daten ganz neuen Verwendungszwecken zuführt?

Ende-zu-Ende-Verschlüsselung war US-Behörden schon immer ein Dorn im Auge. In den USA hergestellte Software mit der Möglichkeit, Daten zu verschlüsseln, muss für den Export modifiziert sein. Und zwar so, dass in der internationalen Version der Software ein anderes, weniger sicheres Verschlüsselungsverfahren verwendet wurde.

Hartnäckig hielten sich die Gerüchte, dass die NSA[11] dem Verschlüsselungsstandard DES[12] nur deshalb eine so kurze Schlüssellänge verpasst hat, weil die Herrscher in Crypto-City bereits über so leistungsfähige Rechner verfügte, um jeden beliebigen Datensatz wieder zu entschlüsseln. / *„What the hell is it good for?“ – Beep-Beep.*

Ich gehe Parallelstraße

Auf ins Grüne, losgelöst. Fröhlicher Sommerregen. Spiegelnde Pfützen. Entlang des Landwehrkanals zur Admiralsbrücke. In ruhigen Momenten, danach, liege ich mit teuflisch süßem Whiskey auf der ledernen Chaiselongue und höre Radio.

West-Berlin wartet auf den Probebetrieb der Magnetschwebebahn. Zukunftsbaustelle, vom Gleisdreieck zum leeren, einst legendären Potsdamer Platz. Eine elende Steppe, von Unkraut überwuchertes Niemandsland. Eine kurze Fahrt der Zukunftstechnologie im abgelegenen Teil der mutlosen Stadt.

Am Gleisdreieck herrscht Stagnation, Stillstand. Endstation. Westberlin, mit oder ohne Bindestrich, ein großer Abenteuerspielplatz. Nirgends ist *Drüben* so nahe wie im alten SO36. Graffitis mit subversiven fetten Farben verzaubern unüberwindliche Mauern. Mittendrin, voll auf Empfang, schwarzer Tee und Sesamkringel, doch hier in den Parallelstraßen höre ich *meine Sprache* kaum noch, nichts passt zusammen. Bolle war abgebrannt. Am Görlitzer verrostete, längst stillgelegte

[10] Fernmeldetechnisches Zentralamt in Darmstadt
[11] National Security Agency
[12] Data Encryption Standard

Bahngleise führten ins Nichts. Das *Bronx*. Vorm *Ballhaus Naunynstraße* eine Gruppe aufgeplusterter Kopftücher hinter Kinderwagen. Nur Achselzucken. Aller Charme, alle gelernten türkische Worte versagen, bevor ich sie ausspreche. Unterwerfung der Nomadenreligion, ohne Fahrrad, Haare, Namen. Nüchternheit. Zwischen eingewanderter Machokultur, Tausendundeine Nacht und Kreuzberger Mischung, ahnte ich, in einer Sackgasse gelandet zu sein... / Die Nashörner.

1987 – Aufziehender Rauch über Kreuzberg

Abends nach der Arbeit, als die Sonne untergeht, ist es schlagartig saukalt. Beschleunigte Schritte. Hin und Her. Litfaßsäule. Unschlüssig an der Straßenkreuzung. Kleine Umwege erhöhen die Ortskenntnis. Freitag bis Montag, auf beiden Seiten der Mauer bietet die Stadt kaum Orte zum ruhigen Nachdenken. Orte, an denen die Welt wieder auf Null gestellt wird. Bullenwinkel, Wannsee. Berge, Täler gab es nicht, halbverwilderte Friedhöfe mit bekannten Personen der Zeitgeschichte viele.

Umschwirrt vom Unabsehbaren. Man lebt hier mit stickigem Smog und zwei Versionen der Wahrheit, je nach Standort, Perspektive und Interessen. Im Westen, im Osten, festbetoniert für alle Zeiten. Dachten wir so. Wir konnten nicht wissen, was uns noch erwartet. Bis die „Air Force One" in Tempelhof landet und Ronald Reagan vor dem verrammelten Brandenburger Tor die Aufforderung des Jahres 1987 seines Skript-Schreibers John Kornblum ausspricht, die um die Welt geht: *„Mr. Gorbatschev, tear down this wall!"*. Die anwesenden Fünfundzwanzigtausend waren Zeugen. Echos, Zitate.

Alle verfügbaren Polizeieinheiten müssen Reagan gegen die gewaltige Demo schützen. Hochbahn. Die Angst wechselt die Seite, die BVG stellt den Verkehr nach SO36 ein. Blaulicht. Kreuzberg ist abgeriegelt. Polizeikontrollen mit vorgehaltenen Maschinenpistolen, aufziehender Rauch von auflodernden Feuern und Tränengas hängt in der Luft, Geschäfte sind schon am frühen Nachmittag geschlossen. Molotowcocktails, Randale und Ohnmacht, bis ein reinigendes Sommergewitter die Gemüter kühlt. Den Kornblum-Spruch gibt es noch, die Protagonisten sind längst verschwunden. Nach der ganzen Aufregung zählte ich die Essensmarken und beschloss, Steaks und Wurst bei unserem Metzger zu holen. / Fehler, die einem aufgezwungen werden?

Abgefahren!

Selbsttäuschung. Punkt. Rückkehr. Habe mich durchschaut. Nach dem verschleierten *„Nein“* stolpere ich schnurstracks in einige vergangene Sommer.

Näherkommen. Elias Canettis *„Die Stimmen von Marrakesch“* ist mein zuletzt gelesenes Buch, dann *„Paare, Passanten“* von Botho Strauß. Ein Flaneur, Beobachter, schreibt über den Beziehungsmarkt und Kulturpessimismus. Fast so spannend wie *„Der Steppenwolf“* und Michel de Montaigne. Ich misstraue mir allein und befürchtete, so zu sein wie alle.

Am europäischen Himmel erscheint die neue A320, das erste Flugzeug per Joystick gesteuert. Im gleichen Jahr stellt Apple ein Programm namens Hypercard vor. Damit kann man sich durch Texte, Bilder und sogar Klänge klicken und so auf völlig neue Art lesen, zum Beispiel eine Musikrezension. Hypertext ist keine neue Idee, dennoch gibt es nur wenige, die sich große Anwendungsgebiete für Hypertext vorstellen konnten. Durch einen Insider und seine Begeisterung war auch ich angesteckt, obwohl ich noch keinen Mac besaß. Sogleich Recherche nach Hyperxxx* Büchern für unser Sortiment. Nach und nach bekomme ich einen Blick über die gesamte EDV-Literatur und die wichtigen Entwicklungen. Kluge Kunden haben sich die Computer aus unterschiedlichen Gründen längst nutzbar gemacht.

Nur Apple-Literatur gibt es quasi nicht, obwohl Nachfrage bestand. Cupertino ist extrem restriktiv gegen Verlage, was Beschreibungen der Software oder Bilder von seinen Produkten betrifft. Sie wollten ihr System selbst in ihrer Hand behalten und beschäftigten mehr Anwälte als Programmierer, klagten Kunden verärgert. Dabei lieben doch

Kreative diese schönen Macs. Mitreißend der großartige Werbespot „*1984*“, mit dem Apple den Rechner beim Super Bowl bewarb... Dieser Spot genügte, um mir das mächtige Gefühl zu geben, zu verstehen. Einmal anhand nur von Details plötzlich die ganze Welt... / Spätabends, nahe am Gefrierpunkt.

Apple – 1984

Aufgeladenes Wechselspiel, Blick erwidert, kühler Kopf, Ärmel hochkrempeln. Das Arbeitsleben verläuft wie ein Möbiusband, weder Vorder- noch Rückseite. Alte und neue Welt leben nebeneinander... Musik hilft.

Ich will mich nicht an *alles* erinnern, aber so was hatte ich nie gesehen: Der mehrfach ausgezeichnete Spot, ein Meilenstein der Werbebranche, zeigt, angelehnt an George Orwell, eine öde Dystrophie, Konformität von IBM und Microsoft-Sklaven, die Apple mit der Einführung des Macintosh durchbrechen will. Eine Hammerwerferin holt zum Befreiungsschlag aus gegen den „Großen Bruder“, der am riesigen Monitor agitatorisch zur Masse graugesichtiger Arbeitsdrohnen spricht. Nie hatte ich solch einen befreienden Werbespot erlebt. Ich bin Zeuge einer Legende.

Ridley Scotts Spot, der Kampf gegen Big-Brother-Überwachung, lief sogar im russischen Fernsehen. Ein mildes Lächeln verrät mehr als Worte. Keine technischen Daten, kein Preis, nur befreiende Botschaft. Leute, die sich nicht mit Computer beschäftigen wollten, brauchten unbedingt so einen göttlichen Mac. Der Film wurde nur ein einziges Mal gezeigt. Klischeehaft, ob Fiction oder Realität, eine solche Zukunft erträumte ich mir. Dann war es wie immer.

Pure Magie

Im richtigen Augenblick. Ein befreiendes, schlichtes *„Hello"*, das dieser Mac von sich gab, hatte den Nerv getroffen und eine Revolution ausgelöst. Bildschirm und Rechner stecken in einem grauen kantigen Gehäuse. Apple hat viel Wert auf Ästhetik und die Benutzerfreundlichkeit gelegt. Einfache Bedienung ist ein Meilenstein. Und trotz des guten Starts wird der Mac nie ein Bestseller. Steve Jobs, der wie einst Moses sein Volk führt, verlässt enttäuscht das Unternehmen.

Hello. Again, das Ende? Viele sehen Cupertino kritisch. Ist es tatsächlich so, dass die kalifornischen Konzern-Chefs lieber teure Anwälte als Programmierer beschäftigten? Keiner will eine Klage riskieren, wegen unerlaubter Abbildungen oder Verwendung des Apfel-Logos.

Passt das zusammen? Bin ich arrogant, unorthodox, misstrauisch gegenüber Autoritäten. Abends erst mal *„Chili con Chocolate"* kochen, bevor sie im Fernsehen heftig über die wahre Literatur streiten. Morgen werden wir dank *Literarischem Quartett* gute Umsätze machen… / Wie schön wir waren.

Lichtverhältnisse, Matrix

ENABLE: Next Generation. Hier ging die mal Post ab. Erhellende Hinweise, visionäre Vorstellung zwischen den Zeilen. In der frühen Online-Szene treffen sich Science-Fiction, Pioniergeist und eine anarchistische Lust an technischer Revolution. Viele träumen vom Szenario einer weltweiten Vernetzung zum Wohle des Gemeinwesens. Das System, unsichtbar, was es umso eindrucksvoller macht. Vom Weltuntergang fühlen wir uns gerade nicht bedroht – und durch Software und Roboter wollen wir in der Zukunft von unnötiger, lästiger Arbeit befreit werden. Keiner soll täglich mehr als vier Stunden arbeiten. Unsere Vision einer gebildeten, gleichberechtigten hoch entwickelten Welt. Alles Wissen soll es in den abgelegensten Orten geben. In der Literatur gibt es das längst, als Verhältnis von Simulation zu Realität. Es lag in der Luft und diese Literatur beflügelte.

Eine Symbiose von Mensch–Maschine in einem globalen Datennetz wie in *„Neuromancer"* von William Gibson. *„Cyberspace"*ist seine Wortschöpfung in der Kurzgeschichte *„Burning Chrome"* von 1982. Neuromancer berichtet über die Bewohner einer künftigen, von einem riesigen Computernetz überzogenen Welt: *„Sie hatten begonnen zu glauben, dass es eine echte Welt hinter dem Bildschirm gab."* Die Menschen vertrauen all ihre Daten einer großen Institution an, die dann als „Big Data" über sie wacht und für sie sorgt. / Berechnetes Schweigen beim Jahrgang 1982.

Möglichkeitsräume

Sogenannte Text-Adventures entstehen, erleben auf Homecomputern ihre Hoch-Zeit, als die grafischen Möglichkeiten dieser Computer noch recht begrenzt waren. Die Spielumgebung kann man im eigenen Kopf „sehen", sie wird mit Worten beschrieben. Ich tippe in die Tastatur: „Gehe zwei Schritte nach vorn", eine Warnung: „GEFAHR!" blinkt auf, weitergehen?

Ich tippe: „Gehe nach Norden" und verlasse den Raum durch einen Tunnel auf dem Weg in das Unbekannte des nächsten Raumes.

< — > … —- > !

Genauso kann man nur mit Textbefehlen antworten, ob man an der Weggabelung im verwunschenen Tal rechts oder links weiter marschieren, ob man mit den Trollen kämpfen oder lieber schnell davonrennen sollte. Text-Adventures sind die ersten interaktiven Bücher. Der Spieler muss lesen, und er kann mit dieser beschriebenen Scheinwelt interagieren. Die SF-Autoren besitzen eine Menge Fantasie, oft ein Gespür für zukünftige Entwicklungen. Als Schöpfer möglicher neuer Welten inspirieren sie Ingenieure, solche Erfindungen auch zu realisieren.

Viele dieser digitalen Utopien und Maschinenintelligenzen sind düster, bedrohlich, obgleich doch gut vorstellbar. Am ehesten schienen die jungen Cyber- und Solar-Punks zu wissen, wie wir zukünftig leben können. Sie tragen verspiegelte Sonnenbrillen, Lederjacken und sind, anders als die Hippies oder Rocker, totale Technikfreaks. Und keine vorübergehende Erscheinung wie Punks oder Yuppies. Auch keine Roboter, vor deren Maschinen-Rationalität man vage Ängste empfindet. Sie sind die Verschlüsselungsrebellen des Cyberspace…

Das geht schon damit los, dass Programme wertvoller werden, je mehr man sie benutzt. Würde man das menschliche Gehirn scannen, am Computer duplizieren? Noch dreht sich der gute Stern auf dem

Europacenter zweimal in der Minute. / Es gibt Dinge, die sind wie sie sind.

Eine großartige kybernetische Zeitoase

Schöne Tage. Und Schein. Klammer auf. Doch die Welt verändert sich. Eröffnung. Erwachend blendet Licht, ein Echo vibriert. Der neue Stolz des Westens ist dieses silbrig glänzende Aluminium-Raumschiff, genannt ICC. Vor dem Eingang steht ein beeindruckender Riese, sieben Meter hoch, von Jean Ipoustéguy, *„Der Mensch baut eine Stadt."*

Staub war nicht der einzige Feind der Buchhändler. *Auf den Schirm. Pong! Pong!*

Auf Monitoren kämpfen sich begeisterte Spieler mit Space Invaders durch unendliche Weiten, besiegen Monster und Außerirdische, mit Happy End. Schüler verbrachten die Nachmittage in den Computerabteilungen der Kaufhäuser, hatten Spaß dabei, sich mit den Maschinen zu messen. Pechschwarzer Raum, durchzogen von grellen Punkten, kantigen Linien. Futuristische Laser-Kriege auf Knopfdruck.

Eine coole Vorbereitung auf die digitalisierte Welt. Mir macht der Wettbewerb mit den Maschinen wenig Spaß. Ungeduldig, fürchte mich vor der Hingabe. Tastatur und Games erinnern mich zu sehr an Mechanismen und Bedrängungen der Arbeitswelt. Zudem spielten die Kids aus einer bestimmten, egozentrischen Perspektive. Taste W, A, S und D / Unsere Absichten sind friedlich. Meine Kollegin layoutet einen Katalog im Klebeumbruch. Klingt simpler, als es ist. Kuchen wird verteilt. Habe ich ein Studium zu früh in den Wind geschrieben?

Die Medientheorie-Studiengänge in Berlin boomen. Aber zu allen verlockenden Jobs braucht es ein abgeschlossenes Studium. Die spekulative Zukunft, *theoretisch* im Hörsaal. War es zu spät für Barthes, Chomsky und McLuhan?

Der Schockwellenreiter

On Time. Augen ruhen auf – die bequemen Eindeutigkeiten von einst – Arbeit. Wiederholungen. Selbstironie. Ich kann mit einem NEIN leben, möchte es nicht hören. Wie üblich, bei der Arbeit, beim Essen, überhaupt. Locker bleiben!

Aufschlussreich und spannender ist ein Buch, der SF-Roman *„Schockwellenreiter"* des Briten John Brunner. Ein jugendlicher Hacker setzt sein Programmiertalent gegen das globale Netzwerk eines übermächtigen Kontrollstaates ein. Er befreit heimliche Informationen – wie Julian Assange und Edward Snowden.

Schockwellenreiter nennt sich dann auch das Weblog des geschätzten Jörg Kantel. Gleichzeitig mit dem Buch erscheint der erste Band der Trilogie *„Illuminatus!"*. Darin muss sich Hagbard Celine mit den Illuminati herumschlagen, einer Organisation, deren Geschäft die Täuschung ist.

Diese Bücher beeinflussten die Hackerkultur und wir EDV-Buchhändler wissen, in welchem Regal sie zu finden sind. Ich bin sicher, dass diese futuristische SF auch die Zukunft beeinflusst. Vermutlich ahnen wenige, die in der Zeit aufmerksam Science-Fiction lasen, woher die Welt-Herrscher die Ideen für die Überwachung und der Abschaffung der Privatheit hatten.

Realistische Science-Fiction handelt vom sozialen Wandel. Und der wirft neue, weitergehende Fragen auf. Würde die Idee einer Gesellschaft, wie wir sie aus unserer Geschichte kennen, auch weiterhin existieren? Gibt es gar unterschiedliche Zukünfte? / halbwegs treffend meine Zweifel.

1984

Mutiger Krieger, lege den Stift nicht aus der Hand. Zu Diensten, ins Gelingen verliebt, ständige Neugier treibt mich an. Mehrere tausend Meilen entfernt, im Januar 1984, beginnt gerade die Erfolgsstory von Apple mit der Vorstellung des Macintosh. George Orwell zeigt in „1984" eine Gesellschaft, in der das Alleinsein abgeschafft, das Individuum ausgemerzt war.

Frühmorgens, im kalten Dunst, Machtsicherung. Die allmächtige *Gedankenpolizei* überwacht die gesamte Bevölkerung. Je unfreier und autoritärer ein Staat sich gibt, desto mehr Wert legt er auf die *„Gemeinschaft"*. Nichtangepasste Einzelgänger werden diskreditiert. Die Hacker der Cyberpunkliteratur sind bewundernswerte Figuren hinter blinkenden Bildschirmen. Silizium-Zukunft eine Bedrohung.

Der Autor Robert Jungk steht beispielhaft für die bedrohliche Dimension des Kommenden. Ich sammele mit Leidenschaft alle SF-Bücher von Herbert W. Franke aus dem Suhrkamp-Verlag. Er hat einen klaren, nüchternen Stil und beschreibt die ausweglose Situation der Menschen in zunehmend technisierten, totalitären Welten. Die

Landschaften dort haben Marken-Namen. Ich träume von endlosen Wüstenfahrten durch Barclay's Land und die Drachenflüge über Hitachi...

> Tomorrow belongs to those who can hear it coming
>
> *(David Bowie)*

Ypsilon minus

Über 30 Jahre ist das nun her. Zwischen Spiel und Leben. Lesespuren. Bei *„Ypsilon minus"* geht es um eine Welt, in der alle Menschen auf soziale Normen kontrolliert werden, besonders die, die von der vorgeschriebenen Linie abweichen. Einige Erinnerungen sind dennoch nicht vergessen. Ben Erman, ein Kontrolleur, der diese Abweichungen überwacht, und alle, die dem Raster nicht entsprechen, mit Y– bewertet, erhält den Auftrag, sich selbst zu kontrollieren.

Ein Irrtum der Maschine? Ein raffinierter Schachzug einer neuen Intelligenz? Die Wissenschaft war treibende Kraft hinter den Fortschritten der künstlichen Intelligenz. Aber wird die Menschheit irgendwann eine KI erschaffen, die sich so beschleunigt entwickelt, dass der Mensch überflüssig ist? Könnte man neue Schachfiguren erfinden? Spielfiguren flink hin- und hergeschoben. Im Rausch der Gleichzeitigkeit macht es Spaß, über mögliche Situationen nachzudenken. Neonblau, kalt, noch hing der KI etwas Phantastisches an.

Selbst einen Computer zu besitzen, spielt noch keine Rolle. In Ausnahmefällen darf ich die alte Schreibmaschine im Büro benutzen, mal für Bücherlisten, mal um einen Brief an einen Verlag zu tippen. Wenn man an dem Gerät ungeübt war, übernahm das eine Kollegin. Geübter Papiereinzug, sanft-hämmerndes Klappern. Einzug, Raatttsch – fertig. / Grandioser Sonnenuntergang.

Am Terminal

Statt Suchmaschinen kennt man Karteikästen. Das Konzept des Cyberspace wurde erstmals 1964 von Stanislaw Lem beschrieben. Dann Mitte der wilden Achtziger setzt ein Science-Fiction-Boom mit Gedankenexperimenten ein.

Verrücktes Zeug, doch vielfach ist es die Furcht vor einer Allmachtregierten Welt. Computer als *Weltgehirn*, ganz ohne jedes anarchische Moment.

Zukunftszenarien scheinen Jahrzehnte entfernt. Spielen wir in 20 Jahren noch Schach? Per Telepathie? Ich streiche mir sorgfältig die langen Haare hinter die Ohren und setze mich lustlos an den alten Schach-Computer. Blicke auf Feld c5, auf eines von je 32 schwarzen und weißen Quadraten, ohne eine Figur zu bewegen.

Nach den Regeln darf jeweils immer nur ein Zug ausgeführt werden, und es gibt es zwei Arten zu verlieren, Schachmatt gesetzt werden oder aufgeben. Andere sagen, beim Schach kann man gar nicht verlieren. Wer das Spiel nicht gewinnt, gewinnt an Erfahrung... Die Bauern stehen unten, lautlos in der ersten Reihe, wer schafft es hoch zur 8. Reihe? Zwei Türme entfalten mehr Kraft als eine Dame. Und wer zieht die Figuren? Wer wird auf dem Brett herumgeschoben? Egal, nach dem Spiel landen alle Figuren doch immer in der gleichen Kiste.

Schachspiel

Die Eröffnung ist auch ein prima Password: p/q2–q4! *En garde*, 1985, das Jahr der Spione. Auch die Supermächte spielen Schach gegeneinander. Es lebe der König, vor allem, wenn er aus Holz ist. Auch ohne ihn geht das Spiel weiter. Die politische Zermürbungstaktik ist allemal besser als ein Krieg. Sie halten sich in Schach, sagt man. Soll ich ein riskantes Damenopfer wagen? Ein geschickter Zug, oder das, was Eingeweihte dafür halten? Mag sein. Schach ist ein offenes Spiel, man sieht die Figuren, die Aufstellung des Gegners. Noch immer keine ungestörte gelbe Telefonzelle...

Im Laden organisiere ich, wegen der verstärkten Nachfrage aus der Industrie, zwei zusätzliche Regale zu den Themen *„KI"* und *„Expertensysteme"*. Beim Thema Machine Learning entwickelt sich Berlin zum wichtigen Standort.

Die Zahlen unserer Geschäftsleitung ergeben im letzten Jahr 42 % Unikunden, 31 % Firmen- und 27 % Private. Zufrieden. Auch wenn inzwischen die Rechnungen am Computer geschrieben und verwaltet und an einem weiteren Rechner Fachbuch-Kataloge produziert werden, geht es ansonsten ohne Rechner-Leistung.

Buchinformationen recherchieren wir per Hand im dicken mehrbändigen *„Verzeichnis lieferbarer Bücher"* oder den weniger umfangreichen

Katalogen der Barsortimente[13]. Englischsprachige Titel werden im Bowker (USA) oder im Whitaker's Books in Print (UK) nachgeschlagen. Die Barsortimente bieten seit Mitte der 70er Jahre Terminals an, mit deren Hilfe Bestellungen elektronisch erfasst und zu festen Zeiten von extern abgerufen werden. Bestellungen, die nach dieser individuellen Abrufzeit eingehen, wurden telefonisch bestellt. Als Berliner Besonderheit unterhielten vor allem größere Verlage in Berlin eigene Lager und konnten so zumindest einen Teil der Titel ebenfalls recht schnell liefern. / Dunkel, fast Nacht.

Disketten-Zeitalter

Ausatmen mit Schwung! Weiter! Bevor die Nacht beginnt. Die Gedanken in der Ferne, in unentdeckten Räumen. Mail und Usenet gibt es, wenn auch nicht flächendeckend, zum Orts- bzw. Nah Tarif, per UUCP, per Mailbox (BBS, Fido, Z-Netz, MAUS). Entsprechend geht es anfangs hauptsächlich um Computerthemen. Fast unbemerkt entwickeln die Sub-Kulturen der MUDs, wo Rollenspiele auf einem Server laufen und sich mehrere Spieler gleichzeitig einloggen. Selbstorganisierte Gemeinschaften des Usenet entstehen und unzählige Chat-Kontakte auf IRC-Kanälen. Dienste wie Telnet, FTP und E-Mail locken. Gemeinsam lassen sich Ideen entwickeln, indem man sich gegenseitig inspiriert und mehrere Blickwinkel in die Überlegungen einfließen lässt. Modems und Akustikkoppler helfen, binäre Daten über das analoge Telefonnetz zu übertragen.

Dazu werden die Daten vom Sender aufeinander folgend in schneller Folge in Pfeiftönen unterschiedlicher Frequenz „*moduliert*“ und übertragen. Das empfangende Modem wandelt (demoduliert) die Töne und produziert daraus wieder digitale Daten. Piepende *Handshakes*. Anfangs gab es keine Modems, sondern nur Akustikkoppler. Erste Knackgeräusche eines 2 400-Modems im Ohr, überlege ich mir, auch einen Computer anzuschaffen. Weder Amiga, Atari noch die Brotkiste Commodore haben jedoch Programme, die mich locken. Auch wenn bei Partys die selbstgemachten Demos am Amiga einfach cool waren.

Ein IBM-Kompatibler war mir, selbst wenn er vom Star-Designer Luigi Colani gestylt war, schlicht viel zu hässlich. Erst später kaufe ich mir den kleinen Mac mit Modem. Als Dankeschön war ich stolz, mit dem

[13] Buchgroßhändler

Powerbook Bewohner des kleinen digitalen gallischen Dorfes zu sein, wie Peter Glaser treffend formulierte. Es war *nichts* Überraschendes, Unvorhersehbares oder Ungewöhnliches, im Gegenteil, ich hatte mit einem beherrschbaren Mac gerechnet, ihn seit Jahren erwartet. Und es war nicht der Rechner oder die Technik die mich fesselte. Nicht die Spiele mit Pacman und Mario zum Zeitvertrieb. Fasziniert von „Künstlicher Intelligenz“ und Computer-Netzwerken tröste ich mich vorerst noch arrogant an Science-Fiction.

Wir sind die Ro-bo-ter: Hau rein!

Wach. *Leichtigkeit.* Erinnerung kommt retour. Durchtanzte Nächte. *Creamcheese.* Elektronische Tanzmusik. Aus Boxen einsetzender Rhythmus von Creams *„White Room“*. Wir kriegen uns auf dem Podest. *Kraftwerk*, Düsseldorf, flackernd-grünes Neonlicht an der Decke, mächtiges Gefühl der Menge, *Ratinger Hof*, unterm Sternenhimmel, drogenerleuchtet, *ab-ge-ha-ckt*, Roboter tanzen. Ich verliebe mich in eine Schaufensterpuppe in der Mata-Hari-Passage, trinke am Tresen. Loslabern, Um fünf wird das Licht angehen. Mit dem Maschinensystem im Kollektiv zum Super-Bewusstsein verschmolzen, sehen wir die Generation der *tekkno-tanzenden* Roboter praktisch schon vor der Tür stehen.

Auch wenn es schwer vorstellbar war, ob diese lebendige Software jemals ein menschliches Bewusstsein entwickelt. Software soll geschaffen werden, um unser Leben und unsere Arbeit zu erleichtern. Computer, weiß man, können nicht mehr als die Programmierer, die ihnen ihre Anweisungen eingeben – Maschinen tun nur das, was man ihnen befiehlt – gnadenlos, keine Gefühle, alles in Nullen und Einsen aufzulösen. Und als ich die umliegenden Bücher wieder in die Regale eingeordnet hatte, fällt mir auf, wie beruhigend etwas Ordnung sein kann. / Ja lüg ich denn?

Risikobereitschaft

Loyalität, Arbeit, Essen, Schlafen, Montag, Dienstag, Mittwoch, Donnerstag, Freitag. Fließbandgespräche. Kommen und Gehen. Ich lasse den Kugelschreiber aufs Papier fallen und höre am Radio, so gut sei die Berliner Luft gerade ganz und gar nicht. Harald Juhnke macht keine Werbung für Müller-Milch mehr.

Die Gedanken, längst woanders, *„Houston, wir haben ein Problem."* Warum auf Übersetzungen warten, wenn man das Original lesen kann? Da ich zunehmend Import-Bücher verkaufe, wird die freie Preisgestaltung der US-Verlage eine Herausforderung. Das Mark-Up, der erhöhte Export-Preis außerhalb der USA, ist uns ein alltägliches Ärgernis. Keine Strategie hilft wirklich, vom Einkaufsbüro in New York City bis zum Sammeleinkauf.

Letztendlich gibt es eine resignierende Order, US-Buch-Importe aufs Allernötigste zu reduzieren. Dabei haben die führenden Informatik-Verlage, Addison-Wesley und Prentice Hall, die spannendsten Ankündigungen seit langem, Titel, die sich vom Thema her zu absoluten Bestsellern entwickeln könnten. Ich treffe mich mit dem Verlagsvertreter Steven Steinkraus, dem späteren Heise-Chef, und schaue, was Sache ist. Nach dem zweiten Bier handeln wir den Deal aus.

All-in verpflichtet mich, unseren Import erheblich zu steigern, und sobald die vereinbarten Umsätze erreicht sind, gibt es bessere Konditionen. Ein gewagter, eigenmächtiger Deal. Das Jahr vergeht, die neuen Lehrbücher von Andrew S. Tannenbaum, Maurice J. Bach, Brian W. Kernighan, Dennis Ritchie und Donald E. Knuth werden tatsächlich die Top Bestseller der Informatik. Der Plan geht auf. C wird zur Standard Programmiersprache in nahezu allen Bereichen, von der System- bis zur Anwendungsprogrammierung. Und *„The C Programing Language"* wird zum einflussreichen Standardwerk in der Informatik.

Durch den Verkaufserfolg gibt es für uns die besseren Konditionen. Somit haben wir annähernd gleiche Chancen wie die US-Konkurrenz. Unsere Importumsatz verdoppelt sich nun fast jährlich, die Gesichtszüge der Chefetage entspannen sich. Erfolge machen mutig. Trotz dieser eigenmächtigen Deals darf ich Aufgaben weitgehend in eigener Initiative und Verantwortung erfüllen. Vertrauen ist gut, Selbstvertrauen ist besser...

Eine Gehaltserhöhung gibt es obendrauf. Mein Informatik-Wortschatz erweitert sich. Anfangs fremd klingende Begriffe: Server, Ethernet, Tilde, Cursor, Icons, Booten, RAM, Slot, Formatieren, Backslash, Telnet, THC, Motherboard oder Mainframe, lösen inzwischen vertrautere Gefühle aus. Wohin nur mit all den Büchern? Im Regal gab es erste Unix-Titel auf Deutsch: Brian W. Kernighan, Rob Pike: „Der Unix Werkzeugkasten – Programmieren mit UNIX". Hanser Verlag, München 1986. Anwender und Programmierer bevorzugten weiterhin die fehlerfreien, englischen Originalausgaben, es gab Fälle, dass versehentlich Quellcode ebenfalls „übersetzt“ worden ist. OSI oder TCP/IP?

Fraktale?

Sternstunden. Da sein. Mai, Juni, Juli. Macht Platz für den Sommer. Verheißungsvoll die Technik und ihre Prophezeiungen. Der legendäre Ventura Publisher ist das meistgenutzte DTP-Programm. Computergrafik wird populär und schafft es, durch *Chaosforschung* ein breites Publikum geradezu zu elektrisieren. Ein Ziel der Forschung ist, eine verlässliche Wettervorhersage über einen Zeitraum von mehr als fünf Tagen zu erreichen. Das Buch von Peitgen „*The Beauty of Fractals*“ erschien bei Springer. Es zeigt in zahlreichen, bezaubernden Bildern Mandelbrotmengen und Fraktale, durch Verfahren der Computergrafik errechnet.

Leistungsfähige Rechner generieren aus einer simplen mathematischen Formel so komplexe Bilder, die so nicht einmal in der Phantasie der Mathematiker existiert haben. Begrenzte Speicherkapazität auf Datenträgern, hin und her, auf vielen Gebieten findet man nun Fraktale. Die Softwareanwendungen können gar zur Unterstützung medizinischer Diagnose- und Therapieverfahren dienen.

Peitgen wird zum wissenschaftlichen Popstar, sein Buch verkauft sich weltweit. Bei seiner überlaufend besuchten Veranstaltung abends in der TU-Berlin stehe ich begeistert am Büchertisch. Damit wir uns im Laden nicht streiten, gibt's das Buch sowohl in der Mathe- als auch in der Computer-Abteilung. Wie so oft, wenn spannende Themen aufeinandertreffen. Zufrieden, mit wunderbaren Fraktalen im Kopf, spüre ich den Herzschlag der Welt und gehe ins *Linientreu* in der Budapester Straße. Underground, Sound, Lebensgefühl tanzen, Energie fühlen.

Das Beben beginnt erst nach Mitternacht, noch ist es halb leer. Irgendwer entdeckt Fraktale in der Struktur von .... / Burning Down the House

Volle Regale

Mittwoch, *tba.* Statt mit den anderen zu gehen, will ich noch was tun. Ein junger Tätowierer blättert lange in dicken Wälzern, auf der Suche nach neuen Motiven und zündet sich eine Zigarette an. Es ist die Zeit, in der Menschen keine vier Paar Schuhe, aber eine kleine Bibliothek ihr Eigen nennen, mit Büchern leben.

Freitagabend und Sonnabend kommen Entwickler in endloser Folge, kaufen dann bei jedem Besuch oft mehrere Titel. In Sandalen bekleidete Studenten kommen unter der Woche, in Gruppen. Viele bevorzugen die typisch lockeren, unterhaltenden US-Autoren. Die sture alphabetische Ordnung im Regal lockere ich zuweilen auf, ahnend, es gibt Bücher, die sich sehr mochten. *„Hey, Hast du neues zu LISP?“* Mir wird anhand des Unvermögens der Römischen Zahlschrift erklärt, warum gerade LISP die geeignetste Programmiersprache sei und die Römer zur Entwicklung der Mathematik daher überhaupt nichts beitragen konnten. Blicke. Ich bedanke mich. Mittags balanciere ich mit zwei riesigen Stapeln Neuerscheinungen mühsam die Treppe Richtung Alphabet, muss geschickt neugierigem Publikum ausweichen, um heil mit all den Stapeln an den Schreibtisch zu gelangen. Kaum habe ich abgesetzt, neigen sich nahende Köpfe seitlich, um die Buchrücken zu entziffern. Programmierer sind sektiererisch, der Bedarf nach guter EDV-Literatur wächst.

Allein die TU gegenüber war mit 28 Informatik-Professuren ausgestattet. Unverständlich, ja zu blöd-überrascht schaut mein Gesicht, als der Professor des GMD-Forschungszentrums Informationstechnik meint, er will *„einen Handapparat einrichten“*. Langsam bitte. Mir bleibt keine Zeit, den letzten Gedanken zu Ende zu denken; keine Spur was er da von mir will – bis er mir eine Liste mit Informatik-Büchern überreicht. Rasch ging ich die Liste ein zweites Mal durch und erkannte die Titel. / Codes erkennen

Wächter-Modus

Unter Strom. Nutze den glücklichen Moment. Ein neues Buch aufschlagen – ein Erlebnis. Ich weiß nicht mehr, wann ich begriff, dass ich Glück hatte, in der Begegnung mit Menschen. Der, der, der und die. Körpersprache. Ein aufgeklapptes Buch. Zweimal im Jahr erscheint mein Refugium Schauplatz eines Ereignisses, das ganze Andacht verlangt. Zum Semesterbeginn kommt die Palette kommentierter und unkommentierter Vorlesungsverzeichnisse. Eine Liste angelegt, mit relevanten Dozenten der TU, FU, TFH, vielbesuchte Vorlesungen, empfohlene Lehrbücher und ein übersichtliches Semester-Schaufenster gestaltet.

Die jägermeistergrüne BreitCord-Hose, der chinablaue Nicki, gewaschen, innere Melodien. Studenten, eingeübt im Benutzen von kiloschweren Nachschlagewerken, kommen, suchen. *Schönfelder, Sartorius*, die man dann tagtäglich in die Vorlesung schleppt. Viele der teureren „Backsteine" wurden auf Bestellung von Junkies mit verdächtig weiten Mänteln geklaut und direkt auf dem Campus abgeliefert.

Suchende Blicke auf die Preisetiketten erkenne ich oft schnell und verhindere die Plünderung der geleerten Regale. Bis einmal, als ich teure Wälzer streng zurückfordere, ein Verzweifelter ein Messer zieht und auf mich los geht... / Handschlag.

Mensaessen

Vor Hunger wäre ich fast in Ohnmacht gefallen. Unruhiger Blick wandert vom Fenster zur Uhr, Zeit für den täglichen Mensa-Gang. Ein Gast vor mir. Während wir abwarten, was die Köche bereiten, entsteht ein Fachgespräch über verschiedene Kulturen und ihre Tabus.

Aufgrund religiöser oder gesellschaftlicher Vorschriften verschmähen einige tierische Nahrungsmittel, obwohl sie aus biologischer Sicht durchaus bekömmlich wären. Inder werden nie eine Kuh verspeisen, Juden und Muslime finden Schwein unrein. Das liegt hauptsächlich daran, dass sich die Region vor tausenden Jahren durch die Abholzung der Wälder dramatisch verändert hat und somit das Schwein, anders als die Wiederkäuer, ein schädlicher Nahrungskonkurrent des Menschen wurde. Vorher, so bewiesen Knochenfunde, war das Schwein als Nahrungsmittel so bedeutend und beliebt wie überall. An der Spree spricht niemand von Frikadellen, hier verputzt man Buletten. Oder Eisbein, Bratwurst, Schnitzel, Kotelett, Gulasch, Kassler oder Maultaschen. Ihr Kleid verrutscht, und ich, und ich, und ich versuche, nicht auf ihre Schenkel zu starren. / Take it easy!

Systemanforderungen

Es ist spät am Abend – Erster Mai... Kostenlose Demo anfordern? Langeweile kommt auf, man bevorzugt das Bekannte. Firmen schafften sich IBM-PCs an, und innerhalb von wenigen Jahren entsteht ein Standard, der lange die Welt der persönlichen Computer beherrscht. Unsere geheimen Bestseller Ende der Achtziger sind eindeutig die Bücher zur Programmiersprache C, aber auch Betriebssysteme wie

Minix und *Coherent*, Unix-Derivate, die auch auf einem einfachen, bezahlbaren IBM-PC laufen.

„*Coherent*" ist der erste bezahlbare Unix-Clone aus Chicago und verwandelt den PC in eine mächtige Workstation. Beim Bestellen der Ware bin ich inzwischen wagemutig, auch wenn ich selbst mal zum Hauptzollamt an den Columbiadamm muss, um die Ware abzuholen. Als dann FRANS MAAS die neue Ware bringt, ist unsere Laderampe einmal bis zum Hof hin mit Paketen voll gestellt. Kiloschwer sind die gedruckten, umfangreichen Manuals – mit der Software fest *verbundelt.* Fest verbundelt war bei dieser Coherent-Version (3.0) auch die Tastaturbelegung, nämlich auf amerikanisch – was etwas Umgewöhnung erforderte. Der Chef, angesichts der Menge sichtlich beunruhigt, fragt genauso streng wie vorher die Zollbeamten, was da genau geliefert wurde. Netterweise half er mir dann beim Verstauen der Sendung und hatte so seine sehr tragende Rolle... / ein geschickter Schachzug.

Der neue Hugendubel

Hochsommer, Bullenhitze. Blitze in orange. Der Berthold schafft es gerade noch mit seinem Stapel Zittys zu uns in die beengte Kulisse. *Hugendubel* eröffnet in Frankfurt auf 4 000 qm die größte Buchhandlung im deutschsprachigen Raum. Die ersten X11 O'Reilly-Bücher gibt es bei uns.

Dann auch bei *Staak & Beirich* in Frankfurt. Dumm allerdings, die neuen Titel sind gleich am Wochenende ausverkauft. Täglich erscheinen neue Bücher, Verlage wie Osbourne McGraw-Hill mit spannendem EDV-Programm. Das Computer-Lexikon geht stapelweise weg. Berauscht von den Umsatzzahlen der Fachbücher, schaffe ich mir kühl-entschlossen einen Taschenkalender an, um stolz die steilen Steigerungen einzutragen. Diesen IT-Trend im Fachbuch gab es in allen Städten. Irgendwann muss die Kollegin von der Technik wieder einen Teil ihrer Regal-Fläche an die wachsende Informatik-Abteilung abgeben. Weiter. Ich warte, weiß nur nicht mehr worauf. / another Story.

Flatrate – Don't Lean Out of the Window

Werde nur nicht bürgerlich! Das Signal ertönt, Türen schließen. Morgens in der Tarifzone AB sehe ich immer die gleichen Gesichter, abends bei der Rückkehr auch. Es besteht wenig Gefahr, sich vom mitfahrenden Charme anstecken zu lassen, wir sind nicht auf Kuba. Fahren auf Schienen ist zuverlässig, gerade mit der Deutschen Bahn. Viele wollen weg. Man kauft sich ein Ticket für nur 235 DM, mit dem man einen ganzen Monat kostenlos im Zug durch Europa reisen kann. Jeder unter 21 kann damit fahren. Flugs hat das junge Europa den Rucksack gepackt und ist mit InterRail leichtfüßig unterwegs, um neue Leute und Länder kennenzulernen. Mit dem InterRail-Pass ist es für Wochen möglich, unbegrenzt viele Zugfahrten auf den überfüllten Hippie Trails zu nutzen. Die Züge sind zum Bersten voll, jeder Halt ist eine Zwischenstation ins Abenteuer.

Das spontane *Navigieren* im Schienennetz nimmt den Gedanken des *Datenhighway* vorweg, denn zu den traditionellen Reiseformen steht InterRail in ähnlichem Verhältnis wie das Internet zum gedruckten Buch – *Ströme – Pakete – Orte.* Padeluun, Protagonist in Jürgen Teipels Roman *„Verschwende Deine Jugend"*, betreibt Gegenöffentlichkeit mittels Mailbox, die im jugoslawischen Bürgerkrieg Nachrichten zwischen Serbien und Kroatien hin- und herschicken. / Europa *(Atmen Sie tief durch).*

Pioniere des Digitalen

Alan Turing: Enigma. Die Übersetzung von Rolf Herken, ein netter Kunde. Quellen sprudeln. Selbst entdeckt. Ich klappe das Buch vorsichtig zu. Es ist inspirierend. Alan Turing, der Pionier des Computerzeitalters, fragt, *„Wie kann man feststellen, ob eine Maschine denkt?"* Dieses Buch kommt umgehend in die Schaufensterauslage, um einen Kick der Begierde auszulösen.

Noch vor der Erfindung des Universalrechners hat Turing mit seiner „Turing-Maschine" ein abstraktes, mathematisches Modell für eine universelle Rechenmaschine gefunden. Turing-Maschinen, stets ein Schwerpunkt der theoretischen Informatik, beflügeln eine ganze Generation von Science-Fiction-Autoren und Informatiker gleichermaßen. Seine theoretischen Beiträge zur Informations- und Computertechnologie sind noch immer grundlegend.

Das 1954 verstorbene Mathe-Genie hat das deutsche Verschlüsselungssystem Enigma entziffert, die Erfolgsgeschichte der Informatik. Eine Sendeantenne für deutsche U-Boote stand laut Aussage eines älteren Kunden nicht allzu weit von unserem Laden, auf dem Dach eines Hauses am Steinplatz. Der als homosexuell gerichtlich verfolgte und stigmatisierte Turing wurde erst lange nach seinem Tod gewürdigt. Seine schöne Biographie von Andrew Hodges „Enigma“ (Kämmerer und Unverzagt, 1989) liegt neben den Büchern von Marshall McLuhan (Die Gutenberg-Galaxis), Joseph Weizenbaums *„Die Macht der Computer und die Ohnmacht der Vernunft“* stapelweise an der Kasse. Darin ein unvergessener Satz: *„Der Programmierer ist der Schöpfer von Universen, deren alleiniger Gesetzgeber ist er selbst.“* Und im fast vergessenen Buch *„Das egoistische Gen“* beschrieb 1976 Richard Dawkins, *die Gene, die uns programmieren.* / Ernsthaft?!

Hätteseinkönnen

Papiergeraschel, leise Schritte, gewundert hat mich das nicht. Es beginnt mit einer ganz harmlosen Bemerkung und ist schon fast Gewissheit. Auch ich glaube zuerst, der alte Herr mit silbriger Löwenmähne da mitten im Laden wäre Albert Einstein. Es war *Joseph Weizenbaum.* Er ist in Berlin zur Schule gegangen und musste als Jude vor der nationalsozialistischen Volksgemeinschaft 1936 in die USA emigrieren. In seiner Zeit am MIT veröffentlichte er ELIZA, ein Programm, mit dem er die Verarbeitung natürlicher Sprache durch Computer demonstriert.

Sein ELIZA ist ein gefeierter Meilenstein der „künstlichen Intelligenz“. Und Weizenbaum wird trotz – oder gerade wegen – seines Erfolges zum Kritiker einer gedankenlosen Computergläubigkeit.

Die Titel seiner Bücher sprechen für sich: *„Die Macht der Computer und die Ohnmacht der Vernunft“*. Er ist entsetzt, wie ernst viele Menschen dieses relativ einfache Programm nehmen, indem sie im Dialog intimste Details von sich preisgeben. Ab 1996 lebt er wieder in Mitte, engagiert sich als kritischer Aufklärer und mahnt als gern gesehener Gast bei Vorträgen den kritischen Umgang mit den Computern an. Er war der erste, der sich vom gefeierten Pionier zum IT-Skeptiker entwickelte. Doch sind ihm seitdem viele darin gefolgt. Auch Visionär Konrad Zuse, der einst in den Kellergewölben der Oranienstraße 6 an einem der ersten Rechner der Welt tüftelte, wird gesichtet. Eines Tages kam er einfach vorbei und schaut zum Fenster herein. Ein Ingenieur, der den wohl ersten programmgesteuerten Rechner gebaut hat. Seine Z3 wurde schon 1941 in Berlin in allen Komponenten funktionsfähig vorgeführt, allerdings bei einem Bombenangriff zerstört, ohne jemals produktiv gerechnet zu haben. Da der geplante Haupteinsatzzweck die

Optimierung von Gleitbomben gewesen wäre, fällt das eher unter Ironie des Schicksals. Ein Nachbau der Z1 steht im Museum für Verkehr und Technik in Berlin, ein Nachbau der Z3 im Deutschen Museum München.

Sein sympathischer Sohn Horst Zuse, ein gern gesehener und langjähriger Kunde, arbeitete an der TU Berlin.

Junge Wilde

Der tägliche Takt. Pixelige Grafiken, krächzender Sound, ruckelige Animationen. In der Welt der ratternden, stanzenden Nadeldrucker und surrenden Festplatten. Wir können die aufgezählten Dinge schon an ihrem speziellen Klang erkennen. Geräte, Prozesse sind eindeutig hörbar. Die gängige Datenbank für PCs heißt dBase, die Textverarbeitung Wordstar oder WordPerfect, die Präsentationsgraphik MS-Chart. Bei Lehmanns gibt es viel mehr als Papierbücher von der Stange. Bücher samt Software zu LaTeX zum Beispiel. Das Schreiben von wissenschaftlichen Texten mit TeX und LaTeX ist an Universitäten Standard und wird trotz fehlendem WYSIWYG, dafür perfektem Formelsatz, bei Studenten beliebt. Immer mehr machen sich Gedanken darüber, ob sie sich so einen Computer oder eine elektrische Schreibmaschine anschaffen. Die Vobis-Läden beginnen ihre Expansion in Deutschland. Pro vobis bedeutet *„für euch"*. Der Computerhersteller Theo Lieven baut in Deutschland seine eigene Marke Highscreen mit Überlegungen, auch ein eigenes Betriebssystem à la MS-DOS zu schaffen. Garantiert wäre das *nichts* für mich ;-P

Ziellos in der Mittagssonne. Vor der Hochschule der Künste am Prometheus-Brunnen bekommt die Stadt langsam ihre Konturen zurück. Schräg gegenüber, am Steinplatz, hat ein erster Apple-Laden eröffnet. Schatten wandern müde hin und her. Prometheus v1.0, der Vorausdenkende an den Fels geschmiedet. Die Strafe griechischer Götter, weil er das Feuer für die Sterblichen gestohlen hatte. Würde Gravis Macintosh mein Feuer sein? Würde ich im Computer eine schönere Welt finden? *Mental Images* und *ART+COMs* Ideen verstehen? Nein, wieder einmal traf nicht der Kopf die Entscheidung über die 4000 DM auf dem Konto.

Eine auffallend rothaarige Malerin, die sich gerade frische Farben besorgen will, zeigt mir in der HdK ihrer großformatigen Bilder. Nein, wir reden niemals einfach von Bildern, sondern von *Arbeiten*. Sie, eine ehemalige Meisterschülerin des Malerfürsten Hödicke, eine *Neue Wilde*, lädt am Wochenende in ihr Atelier ein. Im Kreuzberger Bethanien verwandelt sie weiße Leinwand mit heftigen, breiten Pinselstrichen und ohrenbetäubender Musik von *Siouxsie and the Banshees* in Kunst.

Ein hinreißender Blick. Kunst, Künstlerin. Draußen war es Nacht geworden. Dichte Marihuana-Düfte orientalisierten nun die Straße. Lange vorm letzten Glas bourgeoisen Rotweins sind wir einig. Höhe plus Breite mal Semester, das waren etwas über 4000 Mark. Als glücklicher Besitzer eines großen, afrikanischen Bildes steht mein Konto nun nahe Null. Eine tiefschwarze, tansanische Null.

Rätselhafte Vertrautheit

Alleingang. Grauzone. Fenster gehen auf. Hatte ich den Schlüssel zur Stadt gefunden? Die Stationen im Schlaf: Bülow, Nolle, Witte, Zoo, Ernst-Reuter-Platz. In der U-Bahn sieht man Typen, die es nur in Berlin gibt. In der Zugluft des Tunnels lungern Schnorrer rum. Currygeruch, Zigarettenrauch.

Schaue ungerührt auf das Gleis gegenüber. Ein Verwirrter drischt auf den Fahrkartenautomaten ein, daneben eine Gruppe adrett gekleideter Großstadtjugend auf dem Schulweg. Dann aber, kurz vor‘m Café Hardenberg, treffe ich den Sohn des Malerfürsten Karl Horst Hödicke. Der Vielleser pendelt gerade regelmäßig zwischen der Mathe- und Informatik-Abteilung. Ein weiter blauer Pullover, kein Händedruck, aber offen für meine Fragen zur Malerei.

Déjà-vu. Der Wirt des Café Hardenberg steht vor der Tür und lädt uns unerwartet auf einen Kaffee ein. Ich scharre ein wenig mit den Füßen, um Zustimmung auszudrücken. Angenehme Kunden, wie Robert, erzählen vielleicht, welche abgefahrenen Anwendungen sie gerade programmieren. Seine Fragen waren inspirierend. Abschweifung folgt auf Abschweifung.

Andere haben Innovatives aus der Computerwelt entdeckt. Und das Gute dabei ist, man will mich Nichteingeweihten gar nicht ausschließen, eher begeistern. Dafür bin ich ausgesprochen dankbar. So entstehen produktive Beziehungen, gerade zum WZB, dem Wissenschaftszentrum Berlin. Neuer Gründergeist liegt in der Berliner Luft, auch wenn die Stadt selbst weniger bunt wirkt. Bemerkenswert, wie viel Software hier in den Firmen, Instituten, von Ausgründungen der Technischen Universität entsteht. Von Telekommunikation, Videokompression,

Sprachverarbeitung und Visualisierung bis zur Rendering-Software und Computer-Games hat man hier eine Menge eigener Lösungen zu bieten. Ein Gefühl für Trends entsteht. Mein Gesicht ist den Entwicklern vertraut. Und so landet suspekte Spezial-Software in unseren Regalen, die später, vorrangig von der NSA, zu ganz eigenen Zwecken genutzt wird. Diese Sache ist mir dann nicht mehr aus dem Kopf gegangen… / Ich lese gerne.

Der schnelle Wandel

Wellen. Ungewohnt zielstrebig hat Berlin sich zu einem Zentrum der IT-Technologie entwickelt. VW, Nixdorf, Siemens und sogar die Lufthansa haben hier Softwarehäuser gegründet und nutzen dabei das breitgefächerte Know-how der Berliner Universitäten und Entwickler. Von Motorsteuerung, Steuerungs- und Überwachungskonzepten, von Expertensystemen bis zur CIM-Computer-Animation und Desktop-Publishing reichten die Anwendungen dieser großen Softwarehäuser. Oha, auch für Autos werden nun umfangreiche Software-Baukästen entwickelt. Natürlich ahnt noch niemand, dass man Dinge entwickelt, die zukünftige Diesel-Motoren bei den Abgaswerten seitwärts steuern…

Perspektiven. Als mir die Welt gehörte, gingen Bücherkisten bis nach Brasilien.

Zeit-Routinen

Am richtigen Tag die richtige Seite in der richtigen Zeitung. Das Fraunhofer-Institut in Erlangen begann in Zusammenarbeit mit der FAU Erlangen, den Bell Labs und Thomson ein Format zur Komprimierung von Audio-Daten zu entwickeln: die Geburtsstande von mp3. Es sind die Erlanger Wegbereiter, die den Fortschritt – in Deutschland bedauerlicherweise kaum wahrgenommen – einläuteten. Dank mp3 benötigen Audio-Daten nur noch ein gutes Zehntel des Speicherplatzes von unkomprimierten Audiodaten. Auch wenn das meinem ungeduldigen Geist gegen den Strich geht, es sollte noch Jahre dauern, bis sich diese Entwicklung als Standard niederschlug und so wird Karlheinz Brandenburg auch erst Jahre später als Mit-Erfinder des MP3-Standards in die „Internet Hall of Fame“ aufgenommen. Die Musikindustrie ist von dieser Entwicklung natürlich wenig begeistert. MP3-Dateien kann man nun einfach kopieren und weitergeben.

Obwohl durch staatliche Förderungen erst viele Ausgründungen und Entwicklungen ermöglicht werden, hat das Beantragen von Drittmitteln an den Unis nicht das beste Image, ist das doch stets mit extrem viel Papierkram und penibles Einhalten von als bürokratisch empfundenen Vorgaben verbunden. Als Buchhändler habe ich mit dieser Mühsal natürlich nichts zu tun und es freut mich umso mehr, wenn man mich zu den Firmengründungs-Partys einlädt. Der lockere Umgang im Laden ist inspirierend. Mit der Anerkennung wächst der Ansporn, das Sortiment weiter zu verbessern. Ich fühle mich neu formatiert, denn Sensible sind leicht gestresst...

Zielstrebig halte ich mich mit Cola munter. Schon passiert ein dummer Fehler. Das Institut hat 10 Hardcover bestellt, ich habe Paperbacks geordert und erhalten. Hin und her, der Tag ist gelaufen... Rodney Zaks „Programmierung des 6502"

Die Offenbarung

Nein. Erlebte Zeit ohne Beschwerden. Gegenwind. Geländer, Festhalten. *Wer hat sich det nur ausjedacht?* Dreckig-funkige Discomusik macht alle gleich, Banksys gab es viele, die Zeitungen berichten vom Graffiti-Vandalismus.

Knallbunte Fliesenmuster der U-Bahnstrecke Mierendorfplatz, Richard-Wagner-Platz ein psychedelischer Trip, Berliner Kids hören *HipHop*, beschmieren U-Bahn-Waggons. Man erkannte einander anhand angesagter Turnschuhe oder Kapuzen auf dem Kopf. Doc-Martens-Stiefel, wie man es gewohnt war. Nicht meine Generation. Die Spuren der ersten Graffiti-Künstler, an den Grenzsperranlagen unübersehbar und fleißig fotografiert. Spannend ja, nur interessierte mich ein anderes Thema. Nicht alle Medien berichten darüber so informativ wie die Männermagazine c't und iX. Hier las ich von The WELL[14] in USA, eine erste netzbasierte Community, deren Server auf einem Hausschiff stand.

The WELL, in Netz-Kreisen berühmt, weil es thematisch stark am Thema digitale Zukunft ausgerichtet ist – und seit 1986 auch über Compuserve erreicht wird. Stewart Brand, Biologe und Kybernetiker, war nicht nur der Verfasser des *„Whole Earth Catalog"*, er ist auch der Erfinder des Begriffs „personal computer" und installiert in den Achtzi-

[14] Whole Earth Lectronic Link

gern angeblich mit *The WELL* das erste alternative Computernetzwerk weltweit, steht da.

Es muss aber nicht alles stimmen, was in Männermagazinen steht: Nachweislich hat HP in einer Werbeanzeige schon 1968, also 6 Jahr eher, im Zusammenhang mit dem HP 9100A[15] von einem „personal computer" gesprochen.

Sein Kerngedanke, Kapitalismus und Umweltprobleme würden mit einem intelligenteren, humaneren Kapitalismus überwunden. Die Cyberculture würde sich herausbilden, sobald man Kunden bessere Informationen an die Hand gäbe, lernt, wie wir unsere Gesellschaft besser, gerechter organisieren können. Der berühmte *Whole Earth Catalog*, veröffentlicht in Menlo Park, nicht weit von der heutigen Hauptniederlassung von Facebook entfernt, funktioniert nach dem Open-Source-Prinzip. Jeder kann Artikel beitragen. Klar, dass ich dieses Buch gleich auch für unsere Leser bestelle…

Ein Jahr wird es stiller um mein Thema, doch dann berichtet einer über das gehackte Minitel in Frankreich. Diese Story löst Diskussionen bei den wenigen Insidern aus. Dann, 1988, als ein Hacker aus Hannover in Computernetze auf der ganzen Welt eindringt und die Datenschützer zusehends nervös macht. *„Was wollen, was dürfen Hacker?"*, fragen die Abendnachrichten. Warum jetzt die USA den Siemens-Deal mit der DDR-Post verhindert (um dort weiterhin ungestört zu lauschen?), erfahren Kohl und Genscher erst später durch den BND. / Zunahme der Zeichen.

Vage, spannend… utopische Räume

In English, please! Westwärts, westwärts, an den Wächtern vorbei, um die ganze Welt! Abenteuerliche Hacker-Meldungen rauschen durch den Blätterwald, wenn die Wahrheit auch… Einige der Hacker kommen vorbei, zum Stöbern oder um sich wie an einem anregenden Marktplatz zu treffen, auch auf der Pirsch nach Büchern zu Programmiersprachen, Compilern, Perl, Emacs oder Unix-Lehrbüchern. Profilächeln.

Anfangs spreche ich Wörter falsch aus, aber Tim Pritlove und Frank Rieger vom Chaos Computer Club haben etwas über ein TCP/IP-Buch im Usenet gelesen. Dort hat der Autor eine Ankündigung über den zukünftigen Kommunikations-Standard gepostet. WOW, bekommt

[15] Der HP 9100A war ein programmierbarer Taschenrechner

man jetzt diese Infos im geheimnisvollen Internet schon lange vor der Entstehung eines Buches…?

Im Sitzen erklärt Tim mit unverhoffter Leidenschaft die Technik: Es wird nicht wie beim analogen Telefongespräch eine feste Verbindung hergestellt, sondern die Daten werden gemäß dem TCP/IP-Protokoll in einen Strom von Datenpaketen umgewandelt, die auch über unterschiedliche Wege zum Empfänger gelangen können und dort wieder zusammengesetzt werden. Damit könnten Verbindungen auch über Satelliten und später über Mobilfunknetze laufen. Und das passiert schnell, unbemerkt, sicher im Hintergrund. Plötzlich blinkt Freiheit auf, es ermutigt mich, auch da Tim meine Auswahl und Buch-Empfehlungen schätzt. Berufsehre. Und was diese Jungs vom CCC mir erklären, ist eine Offenbarung für mich…

Gefährliche Gedanken

Kalte Hände. Erwartungen. Den Atem anhalten, bis der Wind nachlässt. Routinearbeit. Kommen und gehen. Das ist mein… Ich verzichte auf Fragen.

Nichts, was darauf hindeutet, dass die neue Woche anders verlaufen würde als die vorangegangene. Eigentlich ist ja fast immer etwas los. Und schon passiert das Besondere. Normalerweise wissen wir klugen Sortimenter durch die Verlagsvorschauen ein halbes Jahr im Voraus, was an neuen Büchern erscheinen wird. Ein so bahnbrechendes Buch war bei uns niemals angekündigt worden. Die letzten Vorschauen der Verlage wieder hervorzukramen, hatte keinen Sinn. Gibt es neue Regeln, neue Quellen? Ich selbst kann leider die Datenbanken der Unis nicht nutzen, da nur Studenten und Mitarbeiter mit einem Passwort Zugriff darauf haben. Ist es jetzt so, dass ausgewählte Online-Leser mehr über neue Bücher wissen als wir Buchhändler?

Ob ich nichts begreife, meine Fähigkeiten überschätze? Doch von Tims Kompliment, meine Buchauswahl betreffend, kann ich monatelang leben. Aber Internet, ein Zugang am eigenen PC, schnelles Modem mit 14.400 bps, das hört sich wunderbar an, was die beiden da über eine für mich verschlossene Welt erzählen. Effektiver und weit ungefährlicher als Bewusstseinserweiterung durch Drogen wäre der Blick in diese verlockende Welt. Im Rechenzentrum der TU, nachts an einer Sun-Workstation – ich würde gerne auf fremden Servern sein, auch wenn ich davon keine Ahnung habe und nicht wüsste, was ich da machen soll.

Doch so einfach komme ich da nicht ran. In dieser Zeit ist das Welt-Netz noch versperrt, elitäres Herrschaftswissen, nichts für neugierige Bücherwürmer. Nein, das ist eine rein akademische Angelegenheit, die von Universitäten, Forschungsinstituten und in den USA auch von militärischen und behördlichen Einrichtungen genutzt wird. Buchhändler wie mich gibt es in der Netz-Community nicht. Wäre allerdings absolut wünschenswert. / und Bildung für alle! Weltweit!

Lesen. Neugier. Auf Mails, auf neue Menschen, auf neue Ideen und neue Welten. Hände falteten sich in Gebetshaltung. *Was du denkst, zu dem wirst du. Was du fühlst, ziehst du an. Was du dir vorstellst, erschaffst du.* Ich musste mehr darüber erfahren, wie man es anstellt, Computer mit dem Telefonnetzwerk zu verbinden…

Ob Bob Marleys Spruch „*What you think, you become. What you feel, you attract. What you imagine, you create*" auch für mich galt?

Stones: „*You can't always get what you want*"

Programmer's Paradise

Schreiben auf Papier. Bei der Arbeit. Gleich bestellen, ja, zehn Exemplare! Einfach, schnell. Die Begegnung mit jungen Informatikern und dem Thema Internet ist ein Anlass, mir die neuen Titel einmal genauer anzuschauen. Die Grundidee, die auf einem dezentralen Ansatz basiert, erscheint mir als ein demokratisches Prinzip, ohne Macht-Zentrale.

Gefragte Bücher beschreiben die damals relevanten Themen: POSIX, TCP/IP Network Administration, Managing uucp and Usenet, MOTIF Programming Manual, MH & xmh: Email for Users and Programmers, Comer: Internetworking with TCP/IP und The Whole Internet User's Guide & Catalog.

Top-Autoren im Laden: Robert Sedgewick, Leslie Lamport, Edsger W. Dijkstra und Niklaus Wirth von der ETH Zürich.

TCP/IP, ein erfolgreicher Versuch, ein einheitliches Netzwerkprotokoll zu definieren. Schnell wird es zum offiziellen Standard erhoben. „The C Programming Language“ ist das erste Buch über die Programmiersprache C und wurde wegen des neuen ANSI-C-Standard 1988 aktualisiert. Der gesamte Vorrat zu O'Reillys X-Window-Serie wurde uns förmlich aus den Händen gerissen. Ich bedauere, die meisten O'Reilly T-Shirts aus den Achtzigern, nach intensivem Tragen, doch irgendwann wegwerfen zu müssen. Bei manchen Marken dachte man, man würde nie wieder etwas anderes nutzen. Bis man sich an diese nicht mal mehr erinnern kann...

Da stand dieser junge Mann hinter mir, der seinen Begleitern beseelt glaubhaft auf Schwäbisch über BTX-Hacks erzählt, ein System ist nicht hackbar, weil es gar nicht codiert ist. Er reicht mir eine aufgeschlagene Datenschleuder und tippt mit dem Finger auf eine Seite.

Ein Artikel der Datenschleuder 28 aus dem Jahr 1988

UUCP - Das Netz für Eingeweihte

UUCP (Unix to Unix Copy) wurde Ende der 70er Jahre von AT&T für eigene Zwecke aufgebaut. Es sollte im Wesentlichen vier Kriterien erfüllen: Preiswerten Datenaustausch, neben Datex auch über Telefon verfügbar (mit modernen Modems auch über 9.600 Baud), sichere Funktion und Sicherheit gegenüber Einbrüchen.
Das Interessanteste an UUCP ist ein Newsdienst – USENET, der pro Tag über 1 MB neue Nachrichten enthält. Dieser Newsdienst ist auf verschiedene Rechner verteilt.

UUCP ist wegen der universellen Verfügbarkeit auch für den Aufbau eigener Mailboxnetze interessant, wird dazu aber bisher wenig benutzt, unter anderem, da die Benutzeroberfläche zur Zeit leider noch zu unübersichtlich ist. Die Verteilung der Nachrichten erfolgt über eine Vielzahl von Knoten, die bisher explizit adressiert werden müssen. Zurzeit wird jedoch eine Software entwickelt, die es erlaubt, den Empfänger durch seinen Namen und den Zielrechmer zu adressieren.

> Zurzeit existieren in Europa, wo ein eigenes UUCP Netz aufgebaut wird, 120 Hosts mit einem eigenen News-System (zurzeit in Deutschland, Italien und der Schweiz).
>
> Die Kosten betragen zurzeit 30 Mark für einen privaten User, am neu aufzubauenden Subnet (einem UUCP angeschlossenen Netz) sollen nur 5 Mark pro Monat berechnet werden. Betreiber müssen allerdings ca. 300 Mark bezahlen. Die Nachrichten-Verteiler Software *Mailer* ist aber gratis, sie ist auch für Atari und MS-DOS Rechner verfügbar.
> Der Versand nationaler Nachrichten kostet nichts, Nachrichten innerhalb Europas kosten 30 Pfennig je 1000 Zeichen, nach den USA 1,10 DM je 1000 Zeichen. Das Geld geht an die Betreiber der Nachrichten-Verteiler-Rechner (Links oder Gateways), die die Nachrichten über gemietete Datex-Leitungen weitergeben. Der Nachrichtenversand dauert zwischen 2 und 18 Stunden.
>
> R. Monitor

Mondscheintarif

Ich wäre gerne da, wo die Action ist, vernetzt wie Gehirnzellen. 1988 geht der Piratensender Radio *UniWut* vom Dach des Telefunkenhauses am Ernst-Reuter-Platz auf Sendung – die Japaner erklären den Industrieländern den Preiskrieg und überfluten die westliche Welt mit billigen Faxgeräten. Fax ist ein Statussymbol. Die Geräte werden in der Regel von den Sekretärinnen bedient, selten von Chefs. Das papierlose Büro, eine Utopie. Anderenorts hat man längst bessere Kommunikationstechniken entdeckt. Günther Leue, mit seinem GeoNet, wird zum deutschen Online-Pionier und Ehrenmitglied des Chaos Computer Club.

Zunächst entwickelt er mit seinem Sohn und einigen Programmierern sein E-Mail-System. Er dachte über das nach, was uns inzwischen selbstverständlich erscheint, Bündelung von Sprache, Text und Bild in einem einzigen Informationskanal. Unter dem Namen IMCA-Mailbox ging sein System online. Es war eine der wenigen Mailboxen, die man über Datex-P erreichte. Datex-P stellt in den Jahren den ersten grenzüberschreitenden, für jedermann verfügbaren Zugang in ein globales Datennetz dar. Und auf Basis der ersten Mailbox mit Z80-Prozessor und dem Betriebssystem Oasis entsteht in einem zweiten Anlauf mit DEC-Hardware und OpenVMS als Grundlage das GeoNet-System, das Leue anfangs erfolgreich vermarktet. GeoNet-Knoten gab es in Deutschland und in Österreich, in England, und auch in den USA. Fast alle damaligen CCC-Mitglieder besaßen dafür einen Account, da

Leue einen besonderen Haustarif gewährt. Die Mitglieder des CCC danken es ihm auf ihre Weise. Sie produzieren ein erstes elektronisches Magazin, das für viele GeoNet-Nutzer zur Pflichtlektüre wurde. Motto: *„Die gesamte Menschheit bleibt aufgefordert, in freier Selbstbestimmung die Einheit und Freiheit des globalen Dorfes zu vollenden."* / Zugreifen

Reply All

GeoNet war in erster Linie eine Software, die auf ihre Weise Standards setzte. Die GeoNet-Syntax ist Vorbild für viele Mailbox-Systeme, etwa für Zerberus-Mailboxen. In seinen Memoiren schrieb Günther Leue: *„Der Befehlsvorrat, den das System anbot, war so ausgewählt, dass alle Operationen mit schlichten, der Umgangssprache entnommenen Worten aufrufbar waren. Es wurde dadurch eine extreme Benutzerfreundlichkeit erreicht, die sich insbesondere in der einfachen Dialogführung in der jeweiligen Muttersprache widerspiegelte. Auch im „Vergeben" bei den häufigsten Syntax-Eingabefehlern, in automatischer Korrektur und dem Anbieten von Hilfen und Alternativen, wo das System von sich aus nicht korrigieren konnte. Das Ganze war ausgelegt auf „Nicht-Computer-Fachleute", zum Beispiel Sekretärinnen. Selbst für Blinde, von denen einige von Anfang an im System waren, waren sie schnell lern- und nutzbar."*

Und im GeoNet-System ist eine Art „Instant messaging" möglich, weil der Befehl „Online" eine Liste der Teilnehmer ausgab, die gerade eingeloggt waren. Mit „Text" konnte man den Teilnehmern eine Sofort-Nachricht schreiben, mit „Dialog" startete ein Chat. Erfreulich, dass 1989 immerhin 48 Prozent von weltweit 8,6 Millionen Mailbox-Nutzern GeoNet zum besten System der Erde wählten, weit vor allen anderen Konkurrenten. Auch wenn die Übertragungsgeschwindigkeit am Anfang nur etwa doppelt so schnell war wie das gesprochene Wort...

Clifford Stoll und das Kuckucksei

Freitag. Erst das Vergnügen, und dann die Arbeit. Kids auf Skateboards. Erdbeerkuchen, Zeitungsleser, fast Urlaub. Ungeahnte Erleichterung, angehaltene Luft. Das Thema verändert sich. Der brave Soldat Schwejk sieht, die Computer-Revolution beginnt und der kalte Krieg dauert an. Das Glasfaser-Seekabel TAT-8 wird tief unten im Atlantik versenkt und erhöht die verfügbare Übertragungskapazität der populär werdenden Netze drastisch. Es ist eine risikoreiche Zeit. Außerirdische sollen in einer Wüste der USA gelandet sein. Und neben den dramatischen Ereignissen um Tschernobyl, zwischen Atari ST, dem neuen Amiga und der Musik von *„Ton, Steine, Scherben"*, sucht Clifford Stoll nach dem verborgenen Computer-Virus. Er ist 1988 an der Ergreifung des deutschen Hackers Markus Hess beteiligt, was auch die Aufdeckung des gesamten KGB-Hacks zur Folge hat. Clifford Stoll beschreibt seine aufregende Jagd nach dem Eindringling wunderbar detailliert und spannend in dem Buch „Das Kuckucksei". Das Buch ist lange, nicht nur bei Lehmanns, ein unglaublicher Bestseller. Dass es so viele Nicht-Informatiker lasen, lag wohl daran, dass es so unterhaltend und lehrreich war. Es brachte den Lesern anschaulich und ganz nebenbei die Problematik der Datensicherheit nahe. Zu der Zeit arbeitet Stoll im Rechenzentrum einer Universität an einem Auftrag, einen einfachen Abrechnungsfehler im Computersystem zu analysieren. Dank seiner investigativen Arbeit kommt er dabei Hackern auf die Spur, die immer wieder heimlich versuchen, in Computernetze einzudringen. Es dauert Monate, bis er den deutschen Hackern auf die Schliche kommt und diese dann mit Hilfe der Behörden stellen kann.

Dabei handelt es sich um keinen geringeren als Karl Koch, genannt *„Hagbard"*, der als westdeutscher Hacker für den KGB gearbeitet hat.

Das Buch „23", begleitend zum Film, beschreibt diese Geschichte um den mysteriösen Tod des Hackers authentisch. Und einer der Kunden, der regelmäßig aus Hannover zu uns anreiste, ein Wissenschaftsjournalist – war sein Chef. / Fragmente

de-facto Standards

Moment bitte, leg mal eben den Hörer hin... Ja, ich bin mir da sicher.

Viel zu spät entdeckt. Ein paar Ältere kaufen mehr Fachbücher als die Jungen. Sie kommen meistens nach beendetem Arbeitstag, entspannt und ungestört. Auch die großen Kaufhäuser haben eine üppige Buchabteilung. Karstadt, Wertheim, besonders das KaDeWe mit angesagten Geräten und Fachbüchern. Teile des Tages verbringe ich mit albernen Überlegungen, wie man das Buchgeschäft *vereinfachen* könnte.

Aufgeschnappt: Es gab eine legendäre Empfehlungsliste für junge Programmierer, *„Programmers Bookshelf"*. Im Anhang* gibt es

Beispiele davon. Für mich und für viele Programmierer allerfeinste Lese-Anregungen. Genau die richtigen Bücher.

Ich atme tief. Alle diese Empfehlungen finden sich alsbald in unseren Regalen, zeugen von geliehener Kompetenz. Der Laden gewinnt Vertrauen. Hier finden sich Fachbücher wie Charles Petzold: *„Programming Windows“* und die, die, es im Land vielleicht nirgends gibt. Das mag ich. Der Tag erledigt. Und in Ordnung.

Dass es in Berlin für Informatiker einiges zu entdecken gibt, spricht sich in anderen Städten rum. Was dazu führt, dass bei einigen Berlin-Besuchern nun auch der Laden gegenüber der TU auf der Tagesordnung steht. Jeder Nutzer, der sich ein wenig mit Betriebssystemen auskannte, hatte für *Spielkram* wie MS-DOS oft nur müdes Bedauern übrig. Linux, das in seinen Grundanlagen bereits die Vernetzungsidee in sich trägt, sowie die Unix-Derivate wurden unsere Bestseller. Und der Erfolg unserer Geschäftsleitung im wissenschaftlichen Buchhandel führt dazu, weitere Städte mit Niederlassungen zu beglücken. 1988 kommt es zur Gründung des eigenen Lehmanns Media Verlages. Ein erster Titel: Hennings/Munter, *„Künstliche Intelligenz“* / Nadeldrucker, Endlospapier, Blocksatz

<[...]> Technologietrends

Beton. Bill Gates eröffnet einen wahren Marketing-Feldzug für das Microsoft-Programm *Word 3.0*, von Konkurrenten als sehr unfair bezeichnet. Microsoft stellt es vor, lange bevor es auf den Markt kommt, und bewegt damit potentielle Anwender, nicht bei der Konkurrenz zu kaufen, sondern auf *sein* Text-Programm zu warten. Ungeachtet dessen, dass *Word* noch voller Fehler ist, führt Bill Gates es mit seiltänzerischer Sicherheit vor. Er kennt wohl die ganze Palette der Schwachstellen, die er umschifft. Bis es zum Schluss doch abstürzt.

Dessen ungeachtet gelingt es, Käufer zu gewinnen, die unwillentlich zu *Betatester* mutieren. Microsoft weiß, Geld gewinnt man, indem man *defacto* Standards setzt. Und Word wird der Standard, genauso wie die kommenden Kopfhörer & Rucksack-Mode.

Habe ich mich im Netz abgemeldet? Auf dem Chaos Communication Congress 1989 findet eine Diskussion zum Thema *Netiquette* statt. Unter der Netiquette bzw. Net Guidelines versteht man die Anstandsregeln für die Benutzung eines Netzes.

Viele reden darüber, was eigentlich in eine solche Netiquette hineingehört. Eine restlos befriedigende Antwort wird nicht gefunden, dennoch erfolgt ein produktiver Austausch. Ein Punkt dabei ist die sogenannte Signatur. Dabei handelt es sich um einen kurzen Text, der Auskunft über den Sender einer Mail bzw. Artikels geben soll. Auf UUCP waren das in der Regel vier Zeilen, mit Realnamen, Nickname, Ort, Netzadresse, Telefonnummer und oft einem kleinen Spruch. Auf allen Netzen galt der Grundsatz, den man nie vergessen soll, dass auf der anderen Seite ein Mensch sitzt. Das vergisst man leider relativ leicht. Es fällt eben viel leichter, einen Beitrag im Netz zu posten, als jemand etwas direkt ins Gesicht zu sagen. Das hat sich bis heute nicht geändert, nur kommt jetzt auch noch die Hassrede dazu. / Seinesgleichen geschieht.

Man gewöhnt sich an Gewohnheiten. Kurze Atempause. Untätig, schuldgeplagt, erwartet mich zu Hause Robert Musil, Der Mann ohne Eigenschaften: *„Gott meint die Welt keineswegs wörtlich!“*

„Viel von sich selbst zu reden gilt als dumm. Dieses Verbot wird von der Menschheit auf eigentümliche Weise umgangen: durch den Dichter!“

Mund-zu-Mund-Propaganda

Als ob nichts wäre. Sommersemester. Ein langer Sommer. Ruhe. Das Leben der Buchhändler, ein ruhiger Fluss, im Querformat. Doch bei den innovativen Computerbuchverlagen produziert man ständig neue Titel. Verlagsvertreter kontaktieren uns öfters und unregelmäßig, im Gegensatz zu den halbjährlichen Vertreterreisen anderer Verlage. Spontan erscheinen sie im Laden, um uns über geplante Neuerscheinungen zu informieren. Der deutsche Sybex-Verlag hat seine beiden Vertreter in Berlin, und nach Feierabend sitzen wir öfters beim Bier und pushen uns gegenseitig, bis die Gläser überschwappen. Daraus entwickelt sich folgerichtig ein regelmäßiger Stammtisch mit Verlagsvertretern und hiesigen Kolleginnen.

Mein wachsendes Sortiment erwirbt auch hier den Ruf, recht professionell zu sein und Kollegen schicken ihre Kunden nun gerne zu Lehmanns, wenn deren Wünsche mal komplizierter sind.

Wir lachen, über Manta-Fahrer und über blöde DAU[16]-Witze:
DAU: „Mein Monitor geht nicht."
Admin: „Ist er denn eingeschaltet?!"
DAU: „Ja."
Admin: „Bitte mal ausschalten."
DAU: „Ah, jetzt geht's..."

Kurze Momente der Aufgeregtheit. Der Autor ist der Pastor Kiki Küstenmacher. 1989 erscheint sein Buch „MS-DOS mühelos" als Cartoon-Computer-Kurs, wobei das Betriebssystem MS-DOS als elektrogelbe DOSe fungiert. Mehr als 100.000 Exemplare des Buches sollten damals verkauft worden sein. Zur Versorgung der bundesdeutschen Hochschulen mit geeigneter Software wird im gleichen Jahr die Akademische Software Kooperation ASK gegründet. Dort findet man 3000 ausführliche Beschreibungen von Programmen der verschiedenen Fachrichtungen und Public Domain für den Lehrbereich. Noch ahne ich nicht, dass dort ein paar aufgeschlossene Jungs, Martin Scheller und Klaus-Peter Boden, über einer spannenden Diplomarbeit brüten. Der Kontakt kommt bald, lange noch vor dem Erscheinen ihres Buches: *„Internet - Werkzeuge und Dienste"*.

Exxon Valdez und die Ölpest. Schock und Bewusstheitserlebnisse: Wissen, dass es Tage gibt und morgens die Sonne aufgeht. / *„What you see is what you get"*.

1989 / Netz der Universitäten

Der zweite Horizont, vom Papier ins Gedächtnis. *INTERNET* wird in den RZ-Medien erstmals erwähnt. Spannend ist in den RZ-Mitteilungen vom November 1989 zu lesen: *„Das RZ erwartet in Kürze den 400. Benutzer der auf der IBM 3090 und der SUN installierten Maildienste. Über Wählmodems oder Akustik-Koppler ist das X.25-Netz der Universität (FDN) und damit alle verbundenen Einrichtungen auch nach Dienstschluss von zu Hause aus erreichbar. Übertragungsraten von 300, 1200 und 2400 Baud sind möglich."* Und schließlich, ganz am Rande die Meldung, dass das Rechenzentrum seit dem 1.11.1989 an die von der Uni Karlsruhe eingerichtete Verbindung zum Internet angeschlossen ist und somit über 40.000 überwiegend in amerikanischen Universitäten an dieses

[16] **D**ümmster **A**nzunehmender **U**ser

Netz angeschlossene Rechner und die darauf verfügbare Software erreichbar sind.

„AutoCAD“ von Autodesk erobert den Markt für CAD-Software. Da es keine Bücher dazu gibt, kontaktiere ich die Lieferanten und frage nach ihren Handbüchern für einige Instituts-Mitarbeiter. Über Umwege bekomme ich diese auch ohne Software angeboten. Eingeweihte wissen, die Handbücher werden wegen der unzähligen Raubkopien benötigt. Es ging ihnen mit Sicherheit um größere Marktanteile am CAD-Markt, da war jede Installation hochwillkommen. Die Anwender würden auch zukünftig die Software nutzen und verbreiten. Erstaunlich, die Handbücher verkaufen sich so unglaublich schnell, dass ich regelmäßig nachbestellen muss. Ein wunderbares Geschäft für Hersteller, Vertrieb und Nutzer. Inzwischen bietet Autodesk seine professionelle Design-, Technik- und Unterhaltungs-Software weltweit für Schüler, Studenten, Lehrer und akademische Institutionen wieder gratis an, auch Programme für den 3D-Druck.

Fast forward

Als die Mädchen noch Schamhaare hatten, Claudia und Sabine heißen, ruft die Berliner Nacht aus kopierten Kassetten laut nach ihren Kindern: *Bumm Bumm Bumm.* Plötzlich waren sie da, marschierten und schallten den morschen Mauern frischen Mut ein. Beschleunigung und Befreiung sind mit DJ WestBam wieder nächtelang tanzbar. Die Akteure sind jünger. Nüchtern, beim Biss in den scharfen Kebab spüre ich die harten Bässe in den Beinen, Bauch und Brust. Der dröhnend, rhythmisch-monotone Klang erinnert angenehm an uralte afrikanische Stammesrituale. Ich spüre ein lässiges, lockeres Verlangen, schaue die Paradiesvögel aus einiger Entfernung an. Mich auf der *Loveparade* von Dr. Mottes lautem Techno-Personenkult beschallen zu lassen, ist nicht meine dringlichste Begierde. Ein paar Teilnehmer, auch Alex, der gleich hinter den Bässen den Ku'damm entlang mitlief, hat noch tagelang Probleme, ein Gespräch in normaler Lautstärke zu führen. Mich zieht es manchmal ins *Treibhaus*, später ist es das *Far Out*, oder ins *Madow* in der Pariser Straße, irgendwie war die Luft raus...

Kapitel 6

Nach meiner Kenntnis – ist das sofort, unverzüglich

Straßenbäume, Linden, Ahorn, Platanen, Kastanien. Rotfärbung. Es raschelt im Bücherherbst. Eigentlich ist 1989 nicht aufregend. Gedrängel. Erst Fernsehbilder vom friedlichen Protest aus Leipzig, dann Anfang November die Demo gegen die Wahlfälschung in Ost-Berlin. Am Alex versammeln sich Hunderttausende zu einer der größten Demos in unserer Geschichte. Die Polen, Ungarn, Perestroika haben die Deutschen mutig gemacht. Die Nachrichten bringen seit Wochen Bilderfluten von denen, die in die Botschaft flüchten. Wahnsinn. Ein Wort kann viel verändern.

Der Geist von Glasnost kam herübergeweht in die vergraute DDR, schwerelos wie Herbstlaub. Am 9. November 89 fällt die Mauer, alle westlichen Regierungen werden gerade auf dem falschen Fuß erwischt. Chinas „Solidarität", verpasst. Manchmal hilft ein blöder Zufall: Ein einfacher Satz eines Hardliners auf dem Zettel, vorgelesen in der Mohrenstraße...

Wir sprechen dieselbe Sprache und ich wohne *Am Berlin-Museum*, in Sichtweite des *Checkpoint Charlie*. Am Morgen, erwacht, erlebe ich den nicht endenden Zug Jubelnder über den nahen Grenzübergang. Die Müdigkeit ist nach wenigen Stunden Schlaf gewichen. AUSNAHMEZUSTAND.

Tausendfacher Jubel. *The sound of reunification.* Schneller Techno vibriert, Einheitssound. *Falling walls.* Das Wasser tropft von der Decke. Jubeln, Johlen. Die Welt schaut auf Berlin, verwundert, was hier Unglaubliches passiert. Ein unerwartetes, glückliches Ereignis. Das mächtige Gefühl, selbst ein Teil lebendiger Geschichte zu sein. Westberlins alter Glanz, überlaufen, der Ku'damm vorübergehend Fußgängerzone. Berliner können endlich wieder das Große Ganze entdecken. Es gibt ein Davor und ein Danach. Wir werden wieder zum Festland mit Tram, Trabis und Plastiktüte.

Rechtzeitig zur Stelle, an der Gedächtniskirche wird Coca-Cola verteilt. Deutsche Fahnen. Mauerstücke gehen als Souvenir in alle Welt. Obwohl ich schon einige Male im fernen Ostteil war, schockiert mich der Anblick der verfallenen Häuser.

Niemandsland. Schrecken, Leere. Keine Thälmannpioniere auf den Wegen, Licht staubgrau. Wie die Bilder von Gerhard Richter, schmucklos, kaputt, verlassen. Mit Wassertropfen schrieb ich Worte auf die Tischplatte, die schnell eintrocknen. Nachdenklich schaue ich auf meine Uhr. Der Rest ist unleserlich…

Is det noch ne Kohlenhandlung oder schon ne neue Kneipe?

Weine nicht, wenn der Regen fällt, Dam Dam…

Drafis Song begleitet mich zur Weidendammer Brücke. Nachwende-Winter peitscht durch die leeren Straßen. Niemand schießt auf uns. *Große Hamburger, Auguststraße, Scheunenviertel, Hackescher Markt, Alte Schönhauser, Rykestraße, Wasserturm;* ein verwunschenes Land, wie von Baluschek gemalt, tut sich auf.

Straßenbahn-Haltestellen, verlassene Wege. Hinterlassenschaften. Trümmerhaufen. Geschichte taut. Wege offen, auch wenn niemand weiß, wohin sie führen. Eine verschlafene Tram rattert herbei, während wir auf das Umschalten der Ampel warten. Kopfsteinpflaster, geschundenes Mauerwerk.

Die DDR war weg, die Leute noch da. Geruch von Trabis, Wartburgs, auch Barkas, Shigulis. Der monumentale Hochbunker Reinhardtstraße, von Zwangsarbeitern errichtet. Anschauliche Geschichte, vom Luftschutzbunker zum Gefängnis des sowjetischen Geheimdienstes, dann *Bananenbunker* für kubanische Südfrüchte, nun ein Techno-Club. Weitere offene Brachflächen.

Nostalgie-Linken und Türken ist es da nicht zum Jubeln. Für viele andere gibt es eine wackelige Tram, vom Krieg zeugende Einschusslöcher, wie tiefe Narben in Wänden, verwilderte Hinterhöfe, rußige Brandwände und reichlich alte Kachelöfen. Immerhin besser als der Wohnbeton der Neuen Heimat am Stadtrand. Wird wohl noch hundert Jahre dauern, bis das hier mal „*Weltklasse*“ ist, höre ich mich traurig denken, erleichtert, den Ausgang, das wartende blaue Schild des U-Bahn-Eingangs zu entdecken.

Blasse Robotronwerbung erinnert an CASIO oder Pulsar-Armbanduhren, in die vertraute Wärme des U-Bahn-Schachts. Fahrtrichtung. Die Stasi, in ihren langen Schatten aufgelöst, hatte hier nicht mehr das Sagen. Keine hölzernen Verhöre, langwierige, erniedrigende Grenzkontrollprozeduren bei der Einreise in die *„Hauptstadt der DDR“*. Kein unfreundlicher Ost-Grenzer spielt noch mit seiner Kinderpost und stempelt Reisedokumente mal hier, mal da. Markus Wolfs Bild taucht auf, und eine gewaltige Zeitschleuse mit surrenden Leuchtstoffröhren gibt uns frei. Wenn's nur nicht so saukalt wäre… / Wahnsinn dünn wie Papier.

Grenzenloser Morgen

Vogelgezwitscher. Die Mauer bröckelt. Die U-Bahn Linie U2 verbindet den Prenzlauer Berg mit dem Nollendorfplatz. Die Schwulen-Szenen in West und Ost liegen sich trotz AIDS feiernd in den Armen. Der „Türkische Basar“ in der Bülowstraße entschwindet nach Mitte, aus der Dimitroff- wird die alte Eberswalder. VEB-Kochklopse mit Kapern heißen wieder Königsberger Klopse. Bröckelnder Backstein, viele alte Häuser und Industriehallen im Osten stehen leer und ziehen begehrliche Blicke auf sich. Sie erscheinen auf den Steckbriefen von Investoren. Gute Möbel, für eine Ewigkeit designet, landen auf baumleeren Straßen. Der Weg zu IKEA hat sich herumgesprochen. Ein ganzes Land landet nach und nach auf dem Flohmarkt. Die altbekannten Trampelpfade von Suff und Schwof können sich nun weit nach Osten ausweiten. Stromausfall? In der dunklen Auguststraße treffe ich Freunde im lang gestreckten, vollen ici. Russische Musiker spielen ergreifende Lieder, live, vorbei an Bretterzäunen, „Galerie mit Stehausschank“. Piratenflagge. Nach dem ersten Glas bestellen wir ein zweites…

Unsere Buchhandlung ist auch ein Ziel talentierter Friedrichshainer und Pankower. Einige kommen per Fahrrad. Neben den Bankschaltern, Aldi und Beate Uhse sind die Buchregale belagert. Neue Gesichter. Das überbordende Bücher-Angebot, wochenlang bestaunt, ein Paradies für all die hungrigen Leser, Bastler und Tüftler.

Da die DDR mit ihren Liedern und roten Sternen verschwunden und West-Groschen noch nicht überall verteilt waren, nehme ich es beim Bezahlen nicht so genau.

Warteschlangen. So lerne ich nette Berliner aus *Drüben* kennen, *Micha, Roland mit Schwester, Andreas.* Eine Stadt, frei von Grenzen. Und eine neue Sprache. Im Osten sagen sie Kosmonauten statt Astronauten und Mikroprozessortechnik und Rechner, die Bezeichnung Informatik gilt als verpönter Westbegriff.

Freiflächen, Ruinen, Übergänge

Mutig, vor mich hin pfeifend, Energie aufladen. Beschleunigung. Welche Mauern fallen als nächstes? Einfahrt S-Bahnhof Friedrichstraße, letzter Halt Lehrter Stadtbahnhof vorbei am Reichstag. Junge Russen sind unbeirrt auf den Weg in den freien Westen, manche mit Musikinstrumenten. Auch arme Amis ziehen her. Die Stadt soll ihre Einwohnerzahl verdoppeln, prognostiziert man. Ein Meer aus Möglichkeiten. Doch der Weg zur Metropole ist länger als gedacht. Für die einen ist es wilde Pampa, für die anderen sind es die besten Freiflächen der Welt. Weiter. Wir sind verwundert, wie leer die Straßen sind. Zäune sind kein Hindernis. Viele Besitzverhältnisse sind ungeklärt, und anfangs wagt da kaum ein großes Unternehmen den Sprung nach Ostberlin. Wie es den Ossis mit neuen Autoritäten ging – nur leise Ahnungen. Alles bröckelt, zudem wuchs die braune Neo-Nazi-Szene drüben in der grauen Ödnis. Erst *peu à peu*, mit dem Bau großer Einkauf-Center, kamen Buchketten à la Wohlthat'sche aus dem Westen.

Die alte, stillschweigende Gebietsverteilung der großen Buchketten im Westen ist durch die Wiedervereinigung aufgehoben. Hugendubel nur im Süden, Gonski im Westen und Thalia nur im Norden der alten Bundesrepublik war *passé*.

Alle wollten nun nach Berlin, die Heimat der Zugezogenen. Große Buchhandelsketten stehen im Zenit ihres Erfolgs. Unser Chef will vor der Wende den ersten Laden in London eröffnen, geht nun aber umgehend in die ostdeutschen Universitäts-Städte. Halle, Leipzig, Ost-Berlin. Weitere folgen, erfahren wir unverhofft beim Treffen der Niederlassungsleiter in Kreuzberg, auf das ich, ganz ohne Funktion, mit meinen Ideen, ebenfalls eingeladen wurde. / Rauschzeit.

London calling

Als ich 1989 unbekümmert nach kurzem Mittagsschlaf erwache, sind Landkarten alt, unsere Eröffnung in London gescheitert, trotz Makler war dort kein geeignetes Ladengeschäft gefunden worden. Der Online-Platz ist schnell besetzt: http://www.lehmanns.co.uk/. Unsere Chefs eröffnen stattdessen nochmals in Hamburg. Viel Optimismus, mit neuen Kollegen und noch mehr Kolleginnen. Der Verdrängungswettbewerb der Handelsketten verstärkt sich. Jeder sucht seine Stärken. Da Lehmanns einen großen Anteil englischsprachiger Literatur und CD-ROMs für Medizin, Naturwissenschaft und Informatik anbietet, zieht Thalia und Boysen & Maasch mit englischsprachigem Sortiment nach. Diese Strategie nutzt natürlich dem Leser. Der Weg des Buches zum Leser ist kürzer geworden. Doch die Ausweitung des Marktes bringt auch seine negative Seite zum Vorschein, denn mit den östlichen Grenzen fallen auch die Löhne. Für immer. Dem Mauerfall und Internet folgte die Globalisierung. Ein globaler, riesiger Arbeitsmarkt entstand um uns herum – und neue ungebundene Eliten. Physiker und Mathematiker wechseln vom Militär zur Finanzindustrie. Ostbenzin. Innerhalb weniger Tagen bringen schwer gesicherte LKWs über 65 Milliarden DM in die neuen Länder.

Schnäppchen. Der OST-Einkaufsbeutel wird nach heldenhaftem Widerstand gegen die bunte Plastiktüte ausgetauscht. *„Globalisierte Kleidung"* ist kaum was wert.

Wendezeit. Ein unmöglich geglaubter Traum.

Die triste sozialistische Hauptstadt mit all ihren Brachen, zerfallenden Häusern wird zum Zentrum einer neuen Bewegung. Von den Ureinwohnern unbemerkt, passierte das Unglaubliche. Hausbesetzer, Clubbetreiber, Künstler und Galeristen eignen sich die alte Stadtmitte an und erwecken die unbeleuchtete Kastanienallee, den Hackeschen Markt und das Scheunenviertel zu neuem, subversivem Leben. Ehemalige Fluchttunnel stehen offen zur Besichtigung. / Musik: Prefab Sprout.

Die Oranienburger

Oberer Rand. Rückweg. Ausgetretene Schuhe. Dunkle Nacht in der Hauptstadt. Die kantige Trambahn-Schaffnerin uff Berlinerisch: *„Na, watt-en nu?"*.

Am Wochenende, auf Touren gebracht, gibt es für uns skeptische Westberliner wieder Gründe, den unbekannten Ostteil der Stadt zu erkunden, das Theater am Schiffbauerdamm, die Volksbühne mit Räuberrad, ein verlassenes Umspannwerk, Eisern-Union, die gespenstische Parade des Wachregiments Feliks Dzierzynski, Tierpark, den Flugsaurier im Naturkundemuseum, die Tram über die Schönhauser, verfallene Friedhöfe und das schöne graue Packpapier, mit dem gekaufte Bücher eingepackt sind. Hier scheint der Krieg gerade zu Ende zu sein, erschrocken. Unser *ici*, versteckt unter grauer Asche der DDR, kann ich an diesem Abend nicht so leicht wiederfinden. Jeden Sonntag eine Runde im verranzten Scheunenviertel: Über ständig wechselnde Grenzübergänge, Friedrichstraße hoch zur Acker-, Gips-, Sophien-, Mulack-, Wilhelm-Pieck- und Tucholsky-Straße. Schon komisch, wenn die Straße im Osten plötzlich weiterging.

Als ich die spärlich beleuchtete Oranienburger Straße nach Hause zurücklaufe, sehe ich hinter den Fassaden des *Tacheles* eine echte russische MIG, das beleuchtete Cockpit wie zum Start in die Wellenfelder des Himmels gerichtet. *Det is wohl so irgendeine Kunst-Aktion.* Die S-Bahn fährt zuverlässig, Leben spielt sich nachts ab, wenn zu Hause nur noch weißes Rauschen über den West-Fernsehschirm flimmert... Und was macht ihr am Wochenende?

Ich könnte ja mal ausgehen, die Lage peilen. Am letzten Wochenende fanden sich 400 Computer- und Medienfreaks sowie Fachleute zum *Kommunikationskongreß Kokon*, dem ersten in der noch sektorierten Stadt im Berliner Haus der jungen Talente (HdjT) ein. Eine gemeinsame Veranstaltung des HdjT-Computerclubs und des CCC zum öffentlichen Erfahrungsaustausch und zum Kennenlernen. Vortrag von Prof. Horst Völz (Ost) *„Software muss man klauen"*.

Benutzeroberflächen

Kann den Gedanken kaum zu Ende bringen, laute Leute, nein, schon gar nicht in der Buchhandlung. Überzeugt, dass wir zu langsam sind, lese ich tagsüber Computer-Magazine, Börsenblatt. Nach seinem geheimnisvollen Abgang bei Apple gründet Steve Jobs die Firma NeXT. Ich bin, wie andere, fasziniert von der Eleganz des NeXTcube, dem ersten Rechner aus dem Hause NeXT. Jobs, der Porschefan, präsentierte sein Meisterstück stolz auf der CeBIT 1990. Der 17-Zoll-Monitor zeigte Schwarz-Weiß und gegen Aufpreis auch Farbe. Der Rechner wirkt abstrakt und extravagant und arbeitet mit dem revolutionären Betriebssystem NeXTStep. Steve Jobs ließ den NeXTcube angeblich mit dem Ziel konstruieren, einen besseren Computer als den Macintosh zu bauen und er will den Computer nur an Universitäten und Studenten verkaufen. Mit Drucker und passendem 17-Zoll-Bildschirm kostet der Computer locker seine 10.000 Dollar. Ein Problem.

Für mich war PageMill[17] eh nicht mehr als ein schöner, kurzer Tagtraum. Irgendwann erfahre ich, dass genau auf solch einem Gerät ein gewisser Tim Berners-Lee seine ersten Schritte hin zum World Wide Wohnzimmer entwickelte. Er schlug im europäischen Kernforschungszentrum CERN ein Projekt vor, das auf dem Prinzip des Hypertexts beruht und weltweiten Austausch von Informationen zwischen Wissenschaftlern vereinfachen soll. Entscheidende Inspirationen bekommt er von Theodor Holm Nelson, der mit seinem Projekt Xanadu die Begriffe Hypertext und Hypermedia prägte. *Ein Hypertext mit tausenden Anschlussstellen und Verknüpfungen*! Sein Team mit dem zu oft „vergessenen“ Robert Cailliau präsentiert mundgerecht das grundlegende Konzept. „*Vage, aber interessant*“, nennt es deren Vorgesetzter Mike Sendall. Doch merkwürdigerweise merkt niemand, dass man fast alle Rechte an Uncle Sam übertragen hatte. / *Beeeeeeep.*

Absolute Beginners

Ich verdrehe die Augen, wohin nur mit all den Büchern? Haben wirklich so viele darauf gewartet? Microsoft hat mit der Windows 3.0-Version beachtlichen Erfolg. Als brauchbare Variante von Windows wird wohl erst die optimierte Version 3.11 angesehen, die dann vier Jahre später kommt. Doch die Hochstimmung hält an und Microsoft Encarta, die erste multimediale Computer-Enzyklopädie, kommt in die Läden. Damit knackt das Unternehmen erstmalig die Milliardengrenze.

Vergessen die Zeiten, als Computerfirmen mit den Privatkunden nichts im Sinn hatten und das Geschäft mit den sogenannten

[17] PageMill ist ein WYSIWYG- HTML-Editor, der 1994 von Adobe Systems entwickelt wurde.

Homecomputern Atari und Commodore überlassen. Das Ende der zu diesem Zeitpunkt legendären, gegenüber handelsüblichen PCs, leistungsfähigeren, Heimcomputer Atari und Commodore Amiga bahnt sich vorsichtig an. Vielleicht wird der leistungsfähige Amiga durch die bunten Computer-Magazine fälschlicherweise im Reich der Homecomputer angesiedelt, diese befanden sich ja bereits im Niedergang.

Obwohl Digital Research mit seiner coolen grafischen Benutzeroberfläche GEM bisher Microsoft locker eine Nasenlänge voraus war, schon der Sieg von MS-DOS als Standardbetriebssystem für IBM PC über CP/M 86 ist für einige Nutzer eine Farce mit Pixelmännchen. Man ahnt, nicht immer setzt sich das Bessere durch. Nicht mal in der EDV. Und eine Notiz an mich selbst: Für wen arbeitet dieses Schreibprogramm eigentlich?

Ja, deutlich…

Die Leistungsfähigkeit der Computer verdoppeln sich laut dem Gesetz von Gordon Moore alle zwei Jahre, das Angebot an Software weitet sich ungebremst aus. Auch wenn Sneakers noch nicht luftgepolstert sind, es werden mehr. In der Branche kommt die beliebte Mode auf, Krawatten mit fliegenden Schweinen oder Toaster zu tragen, und ebensolche Bildschirmschoner zu installieren. Die Computertürme verkaufen sich auch ohne Internetzugang. Mailbox-Systeme und BTX sind Spielereien von wenigen weltfremden Spinnern, die in der breiten Öffentlichkeit kaum eine Rolle spielen. Das "@" auf der deutschen Tastatur sucht man vergeblich.

Anlässlich der Einführung der ersten russischen Software von Microsoft MS-DOS 4.0 reist Bill Gates 1990 nach Moskau, und Marvin Minsky, der KI-Papst, spricht in Berlin euphorisch über *Artificial Intelligence.* Völlig unbemerkt wird am 3. Oktober das geheimnisvolle Land Brandenburg gegründet, mit Potsdam als Landeshauptstadt. / Nachwende.

Warte nicht auf bessre Zeiten

Wer in den Neunzigern Fernsehen geschaut hat, ahnt, dass der italienische Nachbar Angelo gar kein Auto hat und Frau Antje den Käse aus Holland direkt ins Wohnzimmer rollt. Wer was erleben will, muss aus dem Haus. Allem Vergnügen zugewandt, die Lage peilen, checken! Wie die Katze im Dunkeln, drehe ich nachts meine Runde, in der Hoffnung, dass das Heroin und die elende, zerstörerische

Beschaffungskriminalität, auf dem Rückzug wären. Ungesunder blauer Dunst vom Zweitakter-Gemisch der Trabis kommt mir entgegen. Gewöhnlich ist ein Streifen Himmel zu sehen, ohne dass man den Kopf hebt. Nicht hundeblau wie Biermann singt. Im Ostteil verschmilzt das Grau der verfallenen Häuser mit mondgrauem Oben. Erstmals wird die DDR-Volkskammer nach demokratischen Grundsätzen gewählt. Eine freie Wahl zwischen Parteien mit unterschiedlichen Zielen und Programmen. Unglaublich, Minister über die Volksarmee ist der oppositionelle Pazifist Rainer Eppelmann. Und die DDR bekommt neue Schulbücher. So geht Demokratie! Beide Teile der Stadt und ihre beiden S-Bahn-Netze werden wieder vereint, Strecken wieder verbunden. Günter Lamprecht spielt zu Hause auf der Mattscheibe den Tatort-Kommissar und islamistische Mullahs verhängen am Valentinstag eine erste Fatwa gegen Salman Rushdie, gegen sein gewaltiges Werk *Satanische Verse*. Sein Schriftstellerverband zeigte nie die Haltung, die man erwartete und vermeidet die notwendige Auseinandersetzung mit den Islamisten.

Die größte Buchhandelskette Englands nimmt Rushdies Bücher gleich ganz aus den Regalen. Angst ist spürbar. Die beginnenden Neunziger, wer mag sich erinnern, waren nicht nur eine optische Zumutung. „Kannste vergessen", wie die Berliner sagen. Vorne kurz und hinten lang. / Täter, Zeuge, Opfer?

Staff is EVERYTHING!

Erwartungen, auch an mich. Momentaufnahme. Es tut gut, die Beine zu bewegen, ein wenig frische Luft zu schnappen. Man trägt den Kopf höher, Frühlingswind geht durch die Straßen, Gedanken an das Wunderjahr 1990 wehen weit über die Reste der Mauer. Die DDR verschwindet.

Berlin bekommt die legendäre Bus-Linie 100, die attraktive Kollegin mit hochgestecktem Haar wechselt aus der Medizin in die EDV-Abteilung. Eine echte Bielefelderin, stets bereit zum Teilen ihrer Lakritzen und selbst gemachter Schmausereien. Mit vollem Mund nicht widersprechen. Sie wird von Kunden geliebt, diese *Strategen* verweilen nun noch länger zwischen den Regalen.

Von ihrer Menschenkenntnis kann man lernen, sie versteht Männer, ich bestenfalls deren IT-Probleme. Meine *Chefin* hat gerne das Sagen, ich sowieso. Wir verstehen uns. Wunderbar. Wie bei der jüngeren

Schwester von Carmen Sandiego, oder Johnny Mnemonic geben ihr unbeirrter Eigensinn oft Raum für Interpretation. Ähnlich wie die Handschriften unserer Kollegen... / Es roch nach Freiheit.

Fast hell

Perec fährt vorbei. Um 6.00 Uhr klingelt der Wecker. Morgenrituale und inspirierende Gedanken von gestern. Der Pionier auf dem Felde des Online Buchhandels für gedruckte Bücher ist zweifellos der Pariser Stadtteilbuchhändler François de Poncheville, der ausgewählte Titel lokal über den französischen Online-Dienst *Minitel* vertreibt. Die Verbreitung der Geräte in Frankreich werden unterstützt, indem man Haushalten, die auf gedruckte Telefonbücher verzichteten, das *Minitel* gratis zur Verfügung stellt. Ich bin wieder mal in Paris und überaus fasziniert vom *Minitel*, das sogar in unserer Hotelbar nutzbar ist. Natürlich auf Französisch. Warum gab es ein solches System nicht bei uns? *C'est la vie!*

Das futuristische Design der Citroën DS, die schlanke Concorde, das neue Centre Pompidou, Film noir, Montaigne und Chantals Kaffeezubereitung mit der French Press macht mich zum Gauloises rauchenden, arroganten Fan des schönen Nachbarlandes. Der alte 2CV verkörpert meine Existenzialismus-Phase. Verliebt in den lässigen Stil der Individualisten, ist es kein Problem, die Benzinpumpe der Ente umzubauen. Warum hatte ich nie Französisch gelernt, oder Akkordeon, warum kann ich kein Saxofon spielen? Nur, eine gute Portion Chauvinismus ist mir nicht ganz fremd :) / Peter Sarstedt „Where do you go to my lovely".

Pixel tröpfeln auf Informationsfenster

Engagiert, freier denn je. Glitzern in den Augen. Glorreiche Zeiten erlebt jeder anders. Überall stapeln sich Bücher. Es fühlt sich gut an, produktiv zu sein. Terminkalender: Die Band *Nirvana* spielt im überfüllten, stickigen Loft. In weißer Levi's-Jacke, heimliche Freude über meine Allmacht. Der unbarmherzige Winter hat sein eisiges Versprechen gehalten und hinterlässt trübe Spuren. In Deutschland wird der mutige Service vom ABC-Bücherdienst eingerichtet, der Bücher über BTX anbietet, bis der dann 1996 als Telebuch.de ins Web übersiedelt und dort von Amazon gnadenlos verschlungen wurde.

Bildschirmtext (BTX) war ein Informationsmedium, um Informationen abzurufen, erste Online-Bankgeschäfte zu tätigen und auch Bestellungen durchzuführen. Eingeführt wurde BTX 1983 von der Deutschen Bundespost, die Teilnahme war aber verhältnismäßig teuer, weshalb die Nachfrage deutlich bescheidener ausfiel als die Erwartung der Post. Pro empfangene Seite mit pixeligem Text verlangten die Betreiber zwischen 0,01 bis 9,99 Mark. Ursprünglich sollte BTX den Großversendern wie Quelle als *Elektrischer Fernkatalog* schmackhaft gemacht werden, nur die Nutzer fehlen. Die Post, verächtlich als *Der Gilb* bezeichnet, bietet beim Bildschirmtext trotz der Klötzchengrafik immerhin zwei klare Vorteile für den Händler: Zum einen ist der Absender erkennbar, zum anderen können Beträge direkt mit der monatlichen Telefonrechnung abgebucht werden. Aber das muss nicht stimmen. Es ist hundert Jahre her. / ‚Sag immer deine Wahrheit.

Die Wunschmaschine

Umblättern. Ich lese die Seite 083. Täglich finden Nutzer schneller via Teletext zu Wetterbericht, Kurznachrichten, und zu Fußballergebnissen als heute über die App.

Anders bei BTX, das war für mich nie eine nachahmenswerte Lösung für den Buchverkauf. Ich erträumte mir einen eigenen Weg und bin vorerst beschäftigt mit neuen Büchern wie *„Cyberspace“* von Waffender aus der Rowohlt Computer Reihe (1991) oder *„Die Wunschmaschine“* von Sherry Turkle.

Es ist schon wieder was passiert. Eine spacige Schrift zieht magisch meine überreizten Blicke an. Schon die Form der Buchstaben und Fonts versprechen uns Zukunftsverheißendes. Noch im Bett denke ich an Unerwartetes, Entdeckungen in den Verlagsankündigungen, die mich erwarten. Auf der Cebit zeigt die Firma SAP die Software R/3, an der die Entwickler seit 1987 arbeiten und die auf Basis moderner Client/Server-Technologie auf deutlich mehr Plattformen eingesetzt werden kann. Die bisherige Version R/2 war noch an Großrechner gebunden.

In engen Jeans und Lederjacke biege ich mehrfach von geplanten Messerouten ab, weil mich Neues am Wege lockt. Bei Mannesmann Mobilfunk kündigt man das digitale Mobilfunknetz „D2“ als Konkurrent zur Deutschen Bundespost an. Weiß wer, was dann aus Mannesmann geworden ist?

Darkmail und Cryptowar

Befand ich mich schon in der simulierten Scheinwelt von „BioShock Infinite"? Nein, pure Realität. Um das Jahr 1991 hatte der Programmierer Phil Zimmermann ein Programm zur Verschlüsselung von Nachrichten vorgestellt: Pretty Good Privacy (PGP). Die Software fiel unter das strenge US-Kriegswaffenkontrollgesetz, da die Schlüssel länger als 40 Bit waren. Die US-Zollbehörde leitete Ermittlungen ein. Doch selbst die amerikanische Regierung benutzte diese Software. Der Source Code war frei verfügbar, da konnte jeder sehen, dass es dabei keine verborgenen Hintertüren gab. Zudem konnte so elegant die Exportbeschränkung umgangen werden. Erst diskutierte man nur in kryptographischen Foren über PGP, doch mit den Ermittlungen als illegaler Export von Sicherheitstechnik kam legendärer Ruhm dazu. Ich nahm PGP mit deutscher Anleitung auf Diskette sofort in unser EDV-Sortiment auf. Kryptographie war eine jahrhundertealte Wissenschaft. Anfangs musste ich ein paar Mal nachbestellen.

Doch bald es gab erfolgreichere Wege, über das Netz verbreitet sich die Software weltweit. Erste Zeitschriften berichteten begeistert über PGP, das selbst die amerikanische Bundespolizei in Schrecken versetzte. Zimmermann – ein Held! Er war der erste, der die Public-Key-Kryptographie Software der Allgemeinheit zugänglich machte. *„Wenn Privatsphäre gesetzlos wird, haben nur Gesetzlose eine Privatsphäre!"* Doch das zeitraubende Hantieren mit all den Krypto-Schlüsseln ist nicht jedermanns Sache. Verdammte Bequemlichkeit. Ein Berliner Durchsteckschloss war einfacher. Werden w:i:r denn wirklich...? Unsicherheit. Gestern früh habe ich, bevor schreiende Marktleute in der aufgehenden Sonne zum Aufbruch mahnen, auf dem legendären Klo des *Slumberland* gelesen: „Besser ständig übermüdet als ständig überwacht."

Was kommt als Nächstes?

Tanzender Schneewirbel. Flocken aus Licht. Kampfgeist.

Was immer man in diesen Tagen auch tut, man muss um 9.00 Uhr zu Hause sein, um per Fernbedienung die nächste Folge der Serie einzuschalten. Von der U-Bahn nach Hause, fünf Minuten zu Fuß. Die waghalsigen Schritte im unberührten Neujahrschnee werden schneller. Als Fan von David Lynch schaue ich die Folgen von *„Twin Peaks"* und bin wochenlang enttäuscht, als die zum Ende hin mystisch werdende Serie ausläuft. Noch immer erzeugt bei mir die düstere Filmmusik einen wohlig angenehmen Schauer, obwohl, wer der Mörder von Laura Palmer ist, ist letztlich egal. Ein Satz, der in der Serie immer wieder aufblitzt, lautete: *„Die Eulen sind nicht, was sie scheinen…“*

Bei uns gibt es nun *„Das geheime Tagebuch der Laura Palmer“*. Dunkler und mysteriöser 90er Jahre Kultstatus. Das mir dieser morbide Charme mal gefallen würde… Die tote Laura Palmer verkündet am Ende des Cliffhangers: *„I will see you again in 25 years.“* / Bin ein bisschen glücklich.

Grenzenloses Lesevergnügen – Hypertext

Ungezieltes Loslegen. Bahnhof Zoo. Auf halbem Weg zu…? Leg das Buch beiseite. Ein zweideutiger Tag, wie manch anderer.

Druckerprobleme.

Zehn Jahre können sich anfühlen wie ein ganzes Leben. Im RIAS läuft die junge Nena *„Im Sturz durch Zeit und Raum, erwacht aus einem Traum…“*.

Endlich, nach gelungener Ostpolitik und viel zu provinziellem Hin und Her der Regierenden, ist die Hauptstadtfrage geklärt. Berlin gewinnt die Abstimmung, nach Schäubles Rede, nur hauchdünn. Willy Brandt, der „deutsche Kennedy“, gratuliert ihm dankbar. Der Bruch mit der kleinen Stadt am Rhein, die sich gerne Bundes-Hauptstadt nennt, nun endgültig. Brücken abgebrochen. Der Provinzialität entkommen, kann ich meinen Ärger über das Verhalten dort kaum zähmen.

Aufgegeben, nur noch Berlin! Kein Blick zurück an den schönen Rhein. Alte Fotos, mit Schwung zerrissen, nicht einfach per Klick gelöscht.

Zum Spielen ging man in die Kneipe, zum Essen nach Hause. Inzwischen geht das genau umgekehrt. Man spielt zu Hause und geht zum Essen aus, oder isst schnell was unterwegs. Ansonsten wird der Ball so flach gehalten, dass man ihn kaum sieht. Bei der Literatur im Westen herrscht die legendäre Suhrkamp-Kultur, im Osten gibt es Aufbau und im Radio deutschsprachiges Liedgut.

Jenseits allen Schlager-Miefs, neben den Büchern, taucht eine neue Unterhaltungs-Konkurrenz auf. „Neue Medien“. Auf CD-ROM erschien eine Hypercard-Ausgabe des *„Whole Earth Catalog“*, eine Art Versandkatalog für alternative Lebensformen. Diese Sonderausgabe hat eine komplette Bibliothek auf die Größe eines Schuhkartons komprimiert und alle enthaltenen Informationen und Medien lassen sich sofort am Computer abrufen. Schnelles Denken. Es ist ein „Evangelium einer technikbegeisterten Gegenkultur“ und soll das Verlagswesen samt Bibliotheken von Grund auf verändern. In den 1960er Jahren entwarf Computerpionier Ted Nelson das Konzept der Vernetzung von Texten. Seine Idee: *„Unter Hypertext verstehe ich das nichtlineare Schreiben, Text, der sich verzweigt und dem Leser eine Auswahl ermöglicht, und am besten auf einem interaktiven Bildschirm gelesen wird. Im allgemeinen Verständnis geht es dabei um eine Reihe von Textblöcken, die miteinander verbunden sind und dem Leser verschiedene Wege anbieten, sich durch sie hindurch zu bewegen.“*

Das Medium ist die Botschaft

Schulterblick. Was sich seinerzeit wie SF anhörte, ist nun als Anwendung bekannt an jedem Bildschirm: Die Lesbarkeit der Welt, typografische Markierungen als Link, mit der Maus angeklickt, führen zu weiteren Inhalten. Entwickelt wurde diese wegweisende Idee von keinem geringeren als Bill Atkinson, der auch für MacPaint, Quickdraw und große Teile des Mac OS verantwortlich ist.

Das Publizieren am Bildschirm ist billiger, doch alles andere als perfekt, wenn es um die Lesbarkeit ging. Der Begriff *E-Learning* hat sich Mitte der 1990er etabliert und CD-ROM mit den neuen Lehr- und Lernkonzepten gedeihen zu beliebten Schülergeschenken. Auch einige innovative Bibliotheken kaufen diese CD-ROMs und propagieren das schicke, neue Medium samt Booklet. Ist das Buch nicht länger unangefochtenes Medium für die Darstellung von Wissen und Information? Bisher gilt doch, dass wir ein geistiges Produkt umso mehr schätzen, wenn es uns in der Form eines Buches begegnet, und zwar umso mehr, je aufwändiger dieses gestaltet ist. Doch so wunderbar das Buch in seiner Handhabung auch war, und ist, die Neuen Medien müssen sich diesen Status noch langwierig erarbeiten...

Während wir die äußere Region unseres Sonnensystems, die Oortsche Wolke, durchqueren... / Games without frontiers.

Please Login: _ _ _ _

Falsche Adresse: Zu Anfang hatten, neben dem Militär, ausschließlich Forschungseinrichtungen und Universitäten Zugang zu Mailservern und zu E-Mails. Eine andere als akademische Nutzung ist nicht erlaubt. Ein Administrator verteilt die Rechte und E-Mail-Adressen. Innerhalb der Forschungseinrichtungen verbreitet sich das neue Kommunikationsmedium E-Mail schnell.

Und: „Es gab die Vorgabe, dass jeder jedem im Netz vertraut". Denkt man. Immer mehr deutsche Universitäten und Forschungseinrichtungen sind an den Karlsruher Mailserver angeschlossen. Neben dem Server der Uni Karlsruhe gibt es an der Uni Dortmund eine Einrichtung namens UUCP-Networks.

Dieses Netzwerk bedient sich einer anderen Kommunikationsform und richtet sich eher an technisch versierte Nutzer. Das UUCP-Netz ist dezentral aufgebaut und unterliegt keiner Kontrolle. Dezentral und fast ohne Hierarchien sind ja auch unsere Vorstellungen einer besseren Welt. Die Eingeweihten nehmen gerne teil an der preiswerten „Endlos-Einheit" am ZRZ: „Wir haben doch damals in Berlin nur eine Einheit (waren es 29 Pfennige) für ein Telefongespräch bezahlt. Helga Frisch, die streitbare Pastorin und kenntnisreiche Kämpferin gegen die Tarifpolitik der Telekom, hat es ermöglicht. Somit haben clevere Studenten die Möglichkeit, mit den nicht zugelassenen Modems sich an die _ZEDAT_ zu verbinden. Dort stehen insgesamt 9 Modems und rauschen…"

UUCP mit Bang Adressierung. Da muss jeder Nutzer die Route selber kennen. Rechnernamen durch Ausrufezeichen getrennt, so wie *foo!bar!fubar!mybox*, zudem muss der Nutzer eine Menge kryptischer Kommandos kennen. Noch immer sind diese Welten nur den elitäreren Universitätsangehörigen, Studenten und Forschungsinstituten zugänglich.

Und schnell warnt uns Neil Postman in seinem Bestseller „Wir informieren uns zu Tode" vor den Folgen des heranziehenden Informationszeitalters. *„Die Information ist zu einer Art Abfall geworden. Wir werden von Informationen überschwemmt, sind nicht mehr imstande, sie zu beherrschen, wissen nicht, was wir mit ihr tun sollen. Unsere Abwehrmechanismen gegen die Informationsschwemme sind zusammengebrochen; unser Immunsystem gegen Informationen funktioniert nicht mehr."* / vermutlich ein Zitat.

Geförderte Solarzellen auf den Dächern glänzen im Sonnenlicht. Während zögerlich die ersten Häuser am noch leeren Leipziger Platz entstehen, beschließt die amerikanische *National Science Foundation*, dass nicht nur Universitäten und Forschungseinrichtungen, sondern die gesamte Menschheit das Internet nutzen soll! Kluge Entscheidung. Hätte man in unseren Abendnachrichten verbreiten müssen. Doch dann erfahre ich eine ganz andere Sache...

Sebastian und Martin...

Wie sich herausstellt, ist es ein Wahnsinnsjahr. Schon Ende April streikt die BVG. Busse und U-Bahnen stehen zwei Wochen lang still, Schüler kommen nicht oder zu spät zum Unterricht und ich kann nicht zur Arbeit.

Also laufe ich vor das Springer-Haus und halte den Daumen raus, Richtung TU. Hilfsbereite Autofahrer gibt es genügend, lerne dabei interessante Leute und neue Umwege kennen. Am Bahnhof Zoo beginnt die Bahn den ICE, den neue Intercity-Zug, vorzustellen. Hochmodernes, zukünftiges Design dieser ICE-Train – nur zehn Jahre nach den Franzosen, 27 Jahre nach den Japanern. Doch eine eher leise Nachricht ist viel bedeutender. In der Newsgroup comp.os.minix postet der finnische Student Linus Benedict Torvalds den Aufruf, sich an seinem offenen Projekt zu beteiligen: *„Was würdet ihr am liebsten in Minix sehen?“*

```
From: torvalds@klaava.Helsinki.FI (Linus Benedict Torvalds)
Newsgroups: comp.os.minix
Subject: What would you like to see most in minix?
Summary: small poll for my new operating system
Message-ID:
Date: 25 Aug 91 20:57:08 GMT
Organization: University of Helsinki
```

The Choice of a GNU Generation

Der 25. August 1991 gilt damit bei manchen als die Geburtsstunde von Linux. Ich lese vom Projekt erstmals im iX-Artikel von Harald Milz. Sofort rufe ich ihn an und frage nach den beiden Autoren Sebastian Hetze und Martin Müller. Die Spur führt überraschend in die Donaustraße nach Neukölln. Auf ihren Vorschlag treffe ich mich mit ihnen, von Angesicht zu Angesicht, im Café am Steinplatz.

Zögerlich stellen wir uns vor und nach neugierigem Beschnuppern springt der Funke über. Unser erst zögerliches Gespräch, über die Hausbesetzungen, es stellte sich heraus, dass Sebastian als Berliner Delegierter am letzten Kraakertreffens in Amsterdam teilgenommen hat, fühlt sich zunehmend besser an. Martin schweigt ungerührt. Ich suche meinen Faden, Hausbesetzungen, Linux, Major Release. Der rote Faden, die Zündschnur. Alternative Wohnungsbaukonzepte werden von der Neuen Heimat und dem Senat rigoros hintertrieben. Ich werde Unterstützer und Mitbesetzer des Hauses, dessen Patenschaft ein Düsseldorfer Kunstprofessor namens Joseph Beuys übernommen hat. Klar, denkt man: *Ja, ja, ja, ja, ja, nee, nee, nee, nee, nee…*

Lasst uns den Kuchen vergrößern

Und dass wir gerade mit dieser Entwicklung etwas Großartiges entdeckt haben, ist uns sonnenklar. Geschichte machen, neue Möglichkeiten schaffen. Gemeinsam wollen wir uns mit unserer Macht in das neue Projekt einbringen, mit dem Gefühl, Teil von etwas zu sein, das größer ist, als wir selbst. Mit Handschlag verabreden wir gleich eine erste Distribution, bestehend aus Betriebssystem, Anwendersoftware und einem Installationsprogramm auf sieben Disketten, Im Vertrieb sowohl für Sebastians Firma LunetIX als auch für den Laden. Nebenbei wollen die beiden ihr Handbuch fertig schreiben.

Als sie versuchen, es bei einem Verlag unterzubringen, hatten das alle Verlage entschieden abgelehnt, keiner weiß etwas mit Linux anzufangen. Sebastian will aber mit seiner Firma LunetIX professionellen Linux-Support anbieten. Er vereinte unterschiedliche Welten in seinem Leben, hat bereits Landwirtschaft und Mathematik studiert, boxt gerne an der Uni und beschäftigte sich nun mit Software.

Ich stelle Sebastian bei erster Gelegenheit unserem Chef vor, und der fördert das geplante Buch mit der Zusage, den Großteil der Auflage zu übernehmen, den gesamten Druck vorab durch Lehmanns zu finanzieren. Sebastians Integrität überzeugt. auch ihn, den Vorsichtigen.

Gestaltungsspielräume. Ein neues Betriebssystem wird hochgefahren. Die Buchstaben und Zeichen in Phosphor-Grün auf dunklem Hintergrund, metallisches Klacken der IBM Model M-Tastatur; fühle mich professionell und unglaublich kreativ zugleich. ftp.uu.net / Umgebe dich mit guten Menschen!

Am Anfang die Kommandozeile

root. Dank Sebastians Hilfe und einiger Remote-Desktop-Verbindungen läuft im Jahr 1992 ein erster Linux-Rechner im ungemütlichen Dark Room unserer Buchhandlung. Diese 7 Disketten habe ich noch, irgendwo hinter Büchern im Regal. Bilder aus dieser Zeit existieren nicht, zudem ist es in den Gängen des Kellers dunkel, und unter den Versorgungsleitungen riecht es nach abgetautem Kühlschrank. Der vergilbte Commodore 386DX steht unter sperrigen Lüftungsrohren der Klimaanlage, zwischen grauen und gelben Postkisten. Ein alter Kasten, dem Linux neues Leben einhauchte. Der Daemon läuft im Hintergrund, arbeitet fleißig Aufträge ab. Als Anwender bekommt man normalerweise nicht viel davon mit. Ich hatte Fragen ohne Ende und sitze hier alleine mit heimischen Ratten. Unter der schummrig flackernden Neonröhre werde ich all die vielen Disketten über die Kommandozeile kopieren und im Laden vertreiben. Handgelenke schmerzen.

Klar, jeder, der das Betriebssystem verkaufen will, muss auch den Source-Code mit seinen Änderungen zur Verfügung stellen. Das ist einige Monate vor dem Erscheinen der ersten offiziellen 1.0 Version. Das System schien uns schon stabil genug, um es als Distribution unter unseren interessierten Kunden zu verbreiten. Neue Versionen entstehen in rascher Folge, mit jeder vermehren sich die Zahl der Nutzer, welche ungeduldig auf die neuen Anwendungen warten. Und endlich gibt es robuste 3,5-Zoll-Disketten anstelle labbriger 5,25-Zoll-Disketten.

```
/* * linux/kernel/sched.c * * Copyright (C) 1991, 1992 Linus Torvalds */
```

Bald waren wir mit der Lunetix-Distribution als Eigenmarke nicht mehr alleine auf dem Markt. Die erste DLD, die auf mehreren Floppys ausgeliefert wurde und die amerikanische Yggdrasil tauchen auf. Auch Peter MacDonald aus Kanada erstellt mit seiner *Softlanding Software* (SLS) damals ebenfalls eine eigene Distribution, die wir anfangs im

Laden verkaufen. Mit SLS startete Patrick Volkerding im März 1993 sein Projekt Slackware mit dem Ziel einer möglichst Unix-ähnlichen Umgebung. Slackware ist die älteste noch gepflegte Distribution.

Auch das Erlanger Linux Support Teams (LST) und die Nürnberger S.u.S.E. starten erfolgreich als deutscher Slackware-Ableger. Dream Linux von Delix erscheint in Stuttgart. Delix, die Firma vom sympathischen Schwaben Dirk Haaga, der leider bald mit dem Motorrad tödlich verunglückte. Einer von vielen Todesfällen bei den Aktivisten der ersten Stunde...

Kleinere Startups werden von größeren US-Unternehmen übernommen. Die geistige Leistung der Linux-Familie breitet sich weiter aus. Ian Murdock[18], der in Konstanz geborene junge Student an der Purdue University, ist von den Fehlern in SLS so genervt, dass er im August '93 die Debian GNU/Linux-Distribution ins Leben ruft. Wir telefonieren einige Male umständlich miteinander, um zu kooperieren, seine Arbeit gefiel uns von Anfang an: *„Linux is not a product – it's a process."*

```
______________________________schnipp______________________________

Newsgroups: comp.os.linux.development
From: imurdock@shell.portal.com (Ian A Murdock)
Subject: New release under development; suggestions requested
Message-ID: <CBusDD.MIK@unix.portal.com>
Sender: news@unix.portal.com
Nntp-Posting-Host: jobe.unix.portal.com
Organization: Portal Communications Company - 408/973-9111 (voice)
408/973-8091 (data)
Date: Mon, 16 Aug 1993 13:05:37 GMT
Lines: 86

Fellow Linuxers,
This is just to announce the imminent completion of a brand-new Linux
release, which I'm calling the Debian Linux Release.  This is a
release that I have put together basically from scratch; in other
words, I didn't simply make some changes to SLS and call it a new
release.  I was inspired to put together thisrelease after running
SLS and generally being dissatisfied with much of it, and after much
altering of SLS I decided that it would be easier to start from
scratch.  The base system is now virtually complete (though I'm still
looking around to make sure that I grabbed the most recent sources
for everything), and I'd like to get some feedback before I add the
"fancy" stuff.

Please note that this release is not yet completed and may not be for
several more weeks; however, I thought I'd post now to perhaps draw a
few people out of the woodwork.  Specifically, I'm looking for:
```

[18] Ian Murdock starb unerwartet am 28. Dezember 2015. Genaue Umstände seines Todes sind unbekannt, er ist unter mysteriösen Umständen ums Leben gekommen.

```
1) someone who will eventually be willing to allow me to upload the
release to their anonymous ftp-site.  Please contact me.
Be warned that it will be rather large :)

2) comments, suggestions, advice, etc. from the Linux community.
This is your chance to suggest specific packages, series,
or anything you'd like to see part of the final release.

Don't assume that because a package is in SLS that it will necessarily
be included in the Debian release!  Things like ls and cat are a given,
but if there's anything that's in SLS that you couldn't live without
please let me know!
I'd also like suggestions for specific features for the release.  For
example, a friend of mine here suggested that undesired packages should
be selected BEFORE the installation procedure begins so the installer
doesn't have to babysit the installation.  Suggestions along that line
are also welcomed.

What will make this release better than SLS?  This:

1) Debian will be sleeker and slimmer.  No more multiple binaries and
manpages.
2) Debian will contain the most up-to-date of everything.  The system
will be easy to keep up-to-date with a 'upgrading' script in
the base system which will allow complete integration of
upgrade packages.
3) Debian will contain a installation procedure that doesn't need to
be babysat; simply install the basedisk, copy the distribution
disks to the harddrive, answer some question about what
packages you want or don't want installed, and let the machine
install the release while you do more interesting things.
4) Debian will contain a system setup procedure that will attempt to
setup and configure everything from fstab to Xconfig.
5) Debian will contain a menu system that WORKS... menu-driven
package installation and upgrading utility, menu-driven
system setup, menu-driven help system, and menu-driven
system administration.
6) Debian will make Linux easier for users who don't have access
to the Internet. Currently, users are stuck with whatever comes
with SLS.
Non-Internet users will have the option of receiving
periodic upgrade packages to apply to their system.  They will
also have the option of selecting from a huge library of
additional packages that will not be included in the base
system.  This library will contain packages like the S3
X-server, nethack and Seyon; basically packages that you and I
can ftp but non-netters cannot access.
7) Debian will be extensively documented (more than just a few READMEs).
8) As I put together Debian, I am keeping a meticulous record of
where I got everything.  This will allow the end-user to
not only know where to get the source, but whether or not
the most recent version is a part of Debian.  This record
will help to keep the Debian release as up-to-date as possible.
9) Lots more, but I'll detail later...

Anyway, I'll provide more specifics in a week or so after I receive
```

```
enough replies.

Please, all replies by mail.  I'll post a followup.  If you wish to
discuss this in the newsgroup, please don't turn it into a flamewar. :)
Until later,
Ian

--
Ian Murdock                              Internet: imurdock@shell.portal.com
The Linux Warehouse
_______________________________schnapp_______________________________
```

Der Markt entwickelt sich unübersichtlich, doch Debian ist schon unser Favorit. In den Neuköllner Geschäftsräumen von LunetIX lerne ich Andy Kürwitz kennen. Ein pfiffiger Software- und CD-Händler, der überall Kontakte hat. Der technische Teil seines Angebotes ist auch für unser Publikum geeignet. Wir kooperierten also beim Bestellen und er konnte unsere Software in sein Angebot aufnehmen. Der boomende Markt ist groß genug für weitere Anbieter.

Im Krieg schickte man früher gerne eine berittene Vorhut, die *Avantgarde*, vor der Truppe in die gegnerischen Reihen, um Verwirrung zu stiften, damit alsbald die eigenen Truppen siegreich eindringen konnten. Ich hatte keine Pferde, aber die Vorhut stand bereit. / Computerdenken. *„Masel tov!"*

Wenn Gehirne tanzen...

Es ist noch ein langer Weg. Die Idee muss raus. Egal wie. Bin total im Moment und denke an nichts anderes. Zwei Monate, und schon haben wir eine Abteilung mit allen aktuellen Versionen im Angebot.

Daneben das von Andrew Tanenbaum für Lehrzwecke entwickelte Mikro-Kernel-Betriebssystem *MINIX*. In jener Zeit hat Tanenbaum mit seinem Posting *„Linux is obsolete"* eine längere Diskussion im Usenet ausgelöst, in der er sich mit Linus Torvalds über grundsätzliche Architekturfragen stritt. Viele haben das mitverfolgt, standen jedoch mehrheitlich auf der Seite von Linus. Die Open Source-Bewegung lebt seit Beginn von Anregungen, Ideen und Kritik der Community und schafft für Interessierte Möglichkeiten, sich selbst aktiv an der Entwicklung zu beteiligen. Tanenbaum forscht und lehrt in den Bereichen Compiler, Betriebssysteme, und Netzwerke, sowie lokal verteilte Systeme – und seine Bücher sind unsere Top-Lehrbücher.

Wir waren in ständiger Bewegung, und ja, Linux das Betriebssystem für alle, die mehr mit dem Computer anstellen wollen.

In der Mitte meiner Geschichte, – Abwechslung im Tagesablauf. Das angenehme „Wir-Gefühl", wenn wir über *unser* Betriebssystem sprachen. In diesem Gefühl ließen wir die ersten 200 Fan-T-Shirts für die wachsende Open-Source-Community herstellen. Kann sein, dass das bisherige Geschäftsmodell doch nicht in Stein gemeißelt war. Quantensprünge lagen in der Luft. Veränderungen können Wege spürbar frei machen.

Überflieger-Gefühl. Kettenreaktion. Die Sonne blendete, *alles* flog weg und ein Bauchgefühl war wieder mal der mächtigste Antrieb der Entscheidungen.

Mit Bedauern stellte ich fest, dass ich damals nicht den Mut aufbrachte, weitergehende, unausgegorene Non-Profit-Ideen zu sozialen Geschäftsmodellen zu betreiben. Fürchtete ich, als hoffnungsloser Gutmensch belächelt zu werden? Utopia. Zukunft beginnt im Kopf… / Verbindungslinien.

Dame, König, As, Spion… Gastgeber

Weltvertrauen. Grautöne überwinden. Autonome und Anarchisten haben ihr Wandgemälde am Kuckuck, unweit der Ruine des Anhalter Bahnhofs, und der CCC hat hier sein jährliches Treffen. Da darf ich mit einem Büchertisch dabei sein. *„Was heute noch wie ein Märchen klingt, kann morgen Wirklichkeit sein"*, heißt es in der Einladung des ersten Kongresses. Die Kongressteilnehmerzahl verdoppelte sich jedes Jahr und damit entwickelte sich der Chaos Communication Congress zu einem der wichtigen internationalen Jahrestreffen der Branche.

Typische Mitglieder des Clubs sind *„interessierte junge Leute, die sich nicht von den neuen Kommunikationstechniken überrollen lassen"*. Zwischen Gesprächen am Stand verkaufen sich die speziell auf diese pingelige Zielgruppe zugeschnittenen, Fachbücher im Handumdrehen. Aktive des Clubs sind dann oft bei unseren Veranstaltungen, um sich auszutauschen.

Enthusiastische Dialoge, nur für Hacker verständlich. Ohne Vorwarnung höre ich unbekannte Begriffe, Quelltext-Slang. Backdoor. Bash, Shell, Prüfsumme, Übertragungsprotokoll-Pakete, Rainbow-Table, Die geheimen Dienste sind sogar einmal sichtbar, ohne Sonnenbrille, dabei. Es folgt eine leidenschaftliche, schwer zu dechiffrierende Diskussion zwischen ihnen und den Kritikern. Der Mythos der Gemeinen, *Wer viel sagt, weiß nichts und wer was weiß, sagt nichts,* scheint in dieser Stunde bei den Herren mit militärischem Haarschnitt nicht zu gelten. Suchen die etwa hier bei unseren Veranstaltungen ihre neuen Mitarbeiter? Überraschenderweise sind zwei Linux-Zauberer seit kurzem bei Großbanken angestellt. Weiß man, warum Geheimdienste keine *Allgemeinen Geschäftsbedingungen* haben? Meine Kollegin, mit großer Sonnenbrille, steht an der Tür, gibt Zeichen mit dem Schlüsselbund. Ich ahne, was das zu bedeuten hat, und nach einer kleinen Weile, im geeigneten Moment, richte ich abschließende, freundliche Worte an das verehrte Publikum. Feierabend ist halt Feierabend, liebe Anwesende…

Untergrund

Bei der Arbeit. Ständig ist irgendwie Alarm, nie Zeit zum Ordnen der Dinge. Brauche mehr Platz. Alle reden miteinander, Tastentelefone klingeln und die Kundschaft sorgt für eine lebhafte Geräuschkulisse. Noch eine Zigarette paffen mit den Packern im Hof. *„Iiiiiiiihh“* – ein schriller Frauen-Schrei. Eine Kollegin flüchtet panisch und zeigt gestikulierend auf ein Regal. Sie hat eine Schublade leise geöffnet und eine große Ratte ist ihr daraus entgegengesprungen.

Versuch, leise zu atmen. Immerhin hat das Tier sich das Ökologie-Regal gegenüber der Tür ausgesucht. Was tun, Kammerjäger, Gesundheitsamt oder einfach unseren Hausmeister informieren? Ratten gehören zu Berlins wachsender Untergrund-Bewegung, auch am Steinplatz. Unbedacht streunende Studenten sind großzügige Nahrungslieferanten, Pausenbrote, Essensreste der Mensa, leicht erreichbare Leckerbissen für die kleinen Nager. In den folgenden Wochen muss ich viele Schubladen öffnen, um die Bücher im Regal nachzufüllen. Nur noch einmal sehe ich unseren Besucher im Laden. Eine mutige Kundin fragte nach ihrem Namen: Paul, die Ratte.

Bilder des Tages: Steht ein Manta vor der Uni – und, Kanzler Kohl vom Volk mit Eiern beworfen. Attackiert die Demonstranten wie ein wilder Stier – was mich wiederum an den Abgang von F. J. Strauß erinnerte. / seine Zeit.

Betreff: Just do it

Abends, beim Auswerten meines Notizheftes. Bill Gates hat die Programmiersprache Visual Basic vorgestellt, sie soll die Entwicklung von Windows beschleunigen. Warum war Linux mit seinen offenen Standards und Protokollen, und viele andere freie Software, in genau dieser Zeit entstanden?

Welten treffen beschleunigend aufeinander. Es ist die Unzufriedenheit mit dem De-facto-Monopol und seiner rücksichtslosen Marktmacht. Bill Gates, der gerne staatliche Urheber- und Patentrechte nutzt, um sein Imperium zu vergrößern, erklärt 1991: *„Etablierte Unternehmen haben ein Interesse daran, zukünftige Wettbewerber auszuschließen"*. Doch auch dieser doppelte Schutz kann den Fortschritt bei neuen Technologien nicht verhindern. Es gibt eine Gruppe unerschrockener Computer-Nerds, die den so anscheinend übermächtigen Gegner nicht schrecken kann. Eine Feindschaft wie Öl und Wasser.

Kreativität ist gefordert, neue Software entsteht. Open Source und die Nutzungsrechte der GNU Public License (GPL) entwickeln sich zum Begriff offener Standards, frei geteilter Quellcodes, kollaborativer Entwicklung. Das Konzept „Open Source" macht es somit möglich, dass Dutzende Programmierer ihre vielfältigen Kenntnisse in die Weiterentwicklung einbringen. Doch „Freie Software" und offene Quelltexte stellen das Geschäftsmodell von Giganten wie Microsoft, das ganz auf Lizenzeinnahmen aus proprietärer Software ausgelegt ist, offen in Frage. Befördert vom Erfolg ihrer Unabhängigkeit, versucht die Community ihre Zielgruppe aktiv zu überzeugen. Wenn wir nun wie selbstverständlich bei vielen Gelegenheiten diese freie Software nutzen, dann ist das erst möglich durch die Ideen dieser Communitys. Aufmerksame Zeitgenossen überlegen, ob man dieses Prinzip nicht auch auf andere Gebiete übertragen könnte…

Angesichts von AIDS, EBOLA und anderer Seuchen im pharmazeutischen Bereich, bei Arzneien? Wahrscheinlich schwer zu vergleichen, weil die Entwicklung neuer Medikamente und Impfstoffe großen, finanziellen Aufwand und lange Durststrecken erfordern. Erfolgreiche Ausgründungen aus universitären Projekten gibt es gleichwohl (BioNTech), Flops ehemals erfolgreicher Informatiker genauso (CureVac). Aus unserer Medizinabteilung kenne ich Krebspatienten, die durch den Zugang zu Fachinformationen selbst zu helfenden Krebsexperten geworden waren. Ich dachte erst später wieder daran. Das Glück ist auf meiner Seite, denn es finden sich bei vielen Projekten stets Gefährten, die mit ihren Programmiererfahrungen Vorhaben unterstützten und diese so möglich machten. Ein wunderbares Gefühl – wie beim gemeinsamen Fußballspiel. / *„You'll Never Walk Alone!"*

Usenet

Next Level! 0:40 nachts, bevor wir friedlich schliefen, letzte Aktivitäten an der Tastatur. Kommandozeilenbefehl: Gethost, das Ziel vor müden Augen. Teile des Informationsflusses im Internet erfolgt über Diskussionsforen der Avantgarde.

Solche Foren wurden durch das UseNet realisiert. Anders als Mailinglisten lieferten diese ihre Botschaften nicht in das elektronische Postfach der Teilnehmer, sondern lagen eine Zeitlang in allgemein zugänglichen Bereichen eines Servers und warteten darauf, gelesen und beantwortet zu werden. Die Inhalte von News-Gruppen wurden auf UseNet Servern abgelegt.

comp Computerthemen (die comp-Hierarchie usw.)
sci wissenschaftliche (scientific) Themen
soc soziale (social) Themen
talk Diskussionen über alles mögliche
news Themen zu den Net-News selber
rec freizeitorientierte (recreational) Themen
misc „verschiedenes"(miscellaneous)

Um in den UseNet-Hierarchien ein neues Themengebiet zu schaffen, war ein Abstimmungsverfahren über das Netz vorgeschrieben. Fiel dieses positiv aus, konnte die neue Newsgruppe von Betreibern der News Server eingerichtet werden. 1992 richtete Ari Lemmke so mit alt.os.linux die erste Linux-Newsgruppe ein. Im doch anarchistisch anmutenden freien Usenet entstand so eine ganz eigene Mitteilungs-Kultur – und entwickelte sich zu einem wichtigen Motor der Open-Source-Bewegung. Hier konnte jeder sofort veröffentlichen und all seine Ideen mit Gleichgesinnten diskutieren. Jeder Leser kann Verfasser, jeder Verfasser kann Leser sein. Folglich steckt in der Wildnis dieser Internet-Knoten ein enorm demokratisches Potential.

Wie wir erleben, wird dieses Medium auch genutzt, um auszuloten und Dahinterliegendes zu verbreiten, z. B. Intel Prozessorfehler oder gerade die Exxon Umweltkatastrophe. Im Usenet gab es keine zentrale Organisationsform. Viele der Usenet-Installationen wurden von Universitäten betrieben und funktionierten ohne Weisung von oben. Deshalb gab es auch eine deutliche Tendenz, kommerziellen Datenverkehr auf möglichst niedrigem Niveau zu halten. Die Administratoren der News-Server entschieden autonom darüber, welche der vielen verfügbaren News-Gruppen auf ihrem Server gespeichert und nach welchem Zeitraum eintreffende Artikel wieder gelöscht wurden. News-Gruppen verfügten über Moderatoren, die die eingesandten Artikel bündelten und sortierten – oder z. B. wegen zu offensichtlicher Werbung nicht zuließen.

Lange vor der Gründung von Wikipedia wurde hier z. B. über eine offene, freie Internet-Enzyklopädie gesprochen. / We are the ocean.

Ein Beitrag im Usenet in der Gruppe de.alt.cdrom:

```
Neue Internet Books & CD-ROMs!
Bernd Sommerfeld
09.02.95

Hallo News- und Buecherleser:
Seit gestern ist der neue Katalog mit ueber 200 neuen Büchern
zum Thema Internet (html,security,Mosaic,etc.) auf www,ftp
und Gopher verfuegbar. Wer meine Arbeit hilfreich findet oder
Verbesserungsvorschlaege machen will:
mail --> b...@jf-lehmanns.de   Danke  Bernd
Die Kataloge findet (wer will;-) auf:
'ftp.Germany.EU.net'  in'/shop/JF-Lehmanns'
'gopher.Germany.EU.net',Port 70 "Internet Shop"
'http://www.Germany.eu.net/shop/JFL/'
___________________________________________________________
Bernd Sommerfeld    Tel:+49 30 31592320
home: bernd@sommerfeld.b.eunet.de
___________________________________________________________
```

Hilfreiches Buch: „Managing UUCP and Usenet“ (1990) von Grace Todino und Tim O’Reilly.

Mailboxen

Rauschendes Modem, der Bildschirm leuchtet. Eingeloggt. Man kann es nach der LADEZEIT kommen sehen: */Cyberspace.* Im Pool universellen Denkens scheinen Raum- und Zeitverhältnisse relativ. User Generated Content, Echtzeit-Kommunikation und Strukturen finden sich schon früh im Netz. Beliebte Mailboxen, in die man sich mit dem Modem einwählt, um Software, Shareware oder Midi-Musik mit anderen zu tauschen.

Es gibt das FidoNet zum Austausch von Nachrichten zu allen möglichen Themen, die man abonnieren kann. Und Chat Netzwerke (IRC – Internet Relay Chat), wo man quasi in Echtzeit kommuniziert und wichtige Neuheiten erfährt.

IRC nutzt bereits die später unverzichtbaren *Hashtags* zum Bündeln von Nachrichten. Zur Mailbox, im Grunde eine Art abrufbare Datenbank, wird die Verbindung hergestellt, die Mailbox fragt nach Namen oder ID-Nummer und nach einem persönlichen Kennwort. Der Benutzer bezahlt für die Nutzung oder Zurverfügungstellung von ausgewählten Daten. Eine Reihe unterschiedlicher Netze, und „Bulletin Board System" (BBS) wie das Subnet, Zerberus-Net, Bitnet, MAUSnet oder Fidonet finden Anbindung an das Internet. Das Fidonet kann sich rasch zum größten Mailbox-Netzwerk der Welt entwickeln. Es wächst auch in Deutschland stark an, bis 1993 waren es um die 2000 Systeme.

Anfänglich dienten sie meist zum freien Austausch von Mails, genannt „Netmails". Wer ins „Netz" will, nutzt die elektronischen Briefkästen, lokale Mailboxen von Mausnet oder Fidonet. Jedermann kann z. B. mit Hilfe von Crosspoint Nachrichten austauschen, Dateien herunterladen, in den Foren („Schwarze Bretter") navigieren. Vorzugsweise werden die Daten in der Nacht, wenn die Telefongebühren am niedrigsten sind, zwischen den Mailboxen ausgetauscht. / Bilder aus ASCII-Zeichen.

```
Nadeldrucker, Endlospapier, Blocksatz.
Nadeldrucker, Endlospapier, Blocksatz.
Nadeldrucker, Endlospapier, Blocksatz.
Nadeldrucker, Endlospapier, Blocksatz.
Nadeldrucker, Endlospapier, Blocksatz.
Nadeldrucker, Endlospapier, Blocksatz.
Nadeldrucker, Endlospapier, Blocksatz.
Nadeldrucker, Endlospapier, Blocksatz.
Nadeldrucker, Endlospapier, Blocksatz.
Nadeldrucker, Endlospapier, Blocksatz.
Nadeldrucker, Endlospapier, Blocksatz.
```

In der kältesten Nacht

Wahrnehmung. Zahnrädchen greifen ineinander, Spuren ohne und mit Betreff. Datengezirpe, grüne Buchstabenkolonnen, während ich Nötiges erledige. Vertrauliche Kommunikation im Netz, ein Gespräch im Dunkeln, man sieht die Teilnehmer nicht. So gibt es wenig Vorurteile, zu 99 % wird das vertrauliche „Du“ als Anrede benutzt. Das kann befruchtend sein. Eine im Fidonet verschickte Nachricht braucht selten länger als einen Tag, um ihren Empfänger zu erreichen, weltweit! Das ist die Geschwindigkeit die mir liegt...

Noch bevor das Web startet, bieten wir den Abzug einiger Server auf CDROMs an. In der Regel wissenschaftliche Inhalte, Software für digitale Cowboys, low Budget. Auf Boards der Mailboxen gab es Angebots-Listen von verlockender Soft- und Shareware. Das Testen vor einem Kauf ist klug, die Programme sind es nicht immer. Ich benutze ewig lange den herrlich unkomplizierten *Graphic Converter.* Natürlich nach zahlreichen Verbesserungen und Updates.

Einer der bekanntesten Shareware-Server wurde von der US-Armee auf dem Stützpunkt *White Sands Missile Range* in New Mexico betrieben. Dieser *Simtel20 Server* sollte bald aus Sicherheitsgründen geschlossen werden, was eine riesige Diskussion auslöste. Als ich, beiläufig belehrt, entdecke, dass in den USA Daten auf CD-ROMs verfügbar waren, biete ich diese Scheiben bei uns im Laden an. Das ist legal und selten hat sich etwas so lohnend verkauft. Das kann das Thema einer neuen Story werden, denn jeder kann sich damit einen eigenen Software-Zoo schaffen :-) / Unter Eingeweihten.

Lange Leitung

Im Laden vorausschauende Langeweile, doch irgendwas ist anders. Es gibt neue Independent-Verlage, der Papierkorb unter dem Schreibtisch wirkt amerikanisch. Jedenfalls sieht er dem Virtuellen auf dem Mac ähnlich. Ich schalte den Computer an, lese erstmal E-Mails. Das Netz ist das größte Hobbynetzwerk weltweit und dient keinem kommerziellen Interesse. Mit *CrossPoint* kann ich von Haus aus, über Grenzen hinweg, ohne zusätzlich zu installierende Konverter, mit nahezu allen relevanten Mailbox-Netzen vertraulich kommunizieren. Vielen ist nie ganz klar, ob Mailboxen auch unter das Presserecht fallen. Wenn ja, wäre der Betreiber für den Inhalt seiner Box verantwortlich, solange er den Namen eines Senders nicht nennen konnte. Darum wollte ich mich nie kümmern. Lieber lesen. Mich beschäftigte anderes, Frederika Gers, smarte Autorin des ersten Mailbox-Romans *„Lange Leitung“* hat mir die Möglichkeiten der Boxen und das virtuelle Küssen beigebracht. Ihr Buch habe ich verschlungen, stehe nun mit ihr per Chat in Verbindung.

In einigen Foren gibt es Gespräche, die sich wie ein Schachspiel, das man hier per Mail spielt, über Wochen hinziehen...

Ich logge mich vorsichtig in ein Diskussionsforum ein und kann Beiträge lesen, Antworten hinzufügen. Die Reaktion kommt meist erst beim nächsten Login.

Jochen Herz verschickte Crosspoint gegen Zusendung eines frankierten Rückumschlages und einer formatierten Diskette (1,4 MByte). Die mit dem Programm gelieferte Beschreibung ist zwar lesbar geschrieben, dennoch brauchten wir Nutzer tatsächlich eine Wochenend-Schulung, um es besser zu beherrschen. / Das einfache Mahl in mittäglicher Frühjahrssonne.

```
HAUPTMENUE (N)achrichtenmenue (P)rogramme (E)instellungen (S)tatistik
(C)hatten (A)uslastung der Box (B)rief an Sysop (I)P-Services
(O)nlinespiele (K)ommunikation mit anderen Kanaelen (T)olle Angebote
der Krypta (NEU) 1. Sauge Info ueber Krypta und Fido Usergroup
2. Sauge Volluser- 'ANTRAG.ZIP' 3. Sauge die Liste aller InterNet
Newsgroups (Areas) 4. Sauge die Liste aller FIDO- Areas
5. Sauge die Preisliste der Krypta (!) Logoff (Raus hier)
Waehle (120 min): Fetch
```

Datenverkehr

„By early 1984, CompuServe topped the 60,000 subscriber mark and is charging 13 cents per minute of access during the day and 10 cents a minute at night. Its fastest modems are 300 bps. The 1984 issue of Online Today, CompuServe's magazine for CIS subscribers, announced The Electronic Mall".

Ja, das war eine unglaublich revolutionäre Ankündigung in der Kundenzeitschrift von CompuServe. Das Wohnzimmer werde zur „Shopping Mall" für Abonnenten des Unternehmens. Bequem ein „O" für Order eingeben – die Maus am Computer fehlte ja noch – und die Waren würden geliefert. CompuServe und später AOL gehören zu den großen Vorreitern der heutigen Onlinedienste und alle Daten liefen dort in USA in einer Zentrale zusammen; monatlich werden Gebühren über Kreditkarte abgebucht. Außerhalb der USA müssen wir bis 1991 warten, bis der Dienst mit dem CompuServe-Starter-Kit auch in Deutschland zu Verfügung steht. Wir Weltbürger warten ungeduldig auf lokale Einwählpunkte oder besorgen uns eine Adresse in Übersee. CompuServe-Adressen bestehen aus zwei durch ein Komma getrennte Zahlenfolgen, wobei die vordere den Länderkreis und die User-Nummer angibt.

Anfangs darf das Adressbuch für die Welt von morgen 50 Einträge nicht überschreiten. 1991 erreicht CompuServe einen Rekord mit einer halben Million Nutzer, die gleichzeitig online sind. Die CompuServe-Foren entwickeln sich zur Alternative für Boards und Mailboxen. Hier kann man auf hohem Niveau über viele Themen und frei von Spam schreiben. Zeitweise versammeln sich hunderttausende Nutzer in tausenden Foren, wie Schiffe in der Nacht auf Suche nach dem lockenden Hafen. Ich nutzte den Datenverkehr – wenn CompuServe lief.

Einloggen war von der Tageszeit abhängig, abends, wenn es bei uns langsam dunkelte, erwacht die USA und es wird übervoll im Netz. Schnell häufen sich Kontakte im CompuServe-Adressverzeichnis, die meisten davon sind Journalisten. Wer größere Dateien (Binaries) verschicken will, muss diese vor dem Versenden codieren und nach dem Empfang mühsam decodieren. Das läuft heute zwar im Prinzip genauso, nur bekommt das niemand mehr mit. Im Fernsehen lief der WDR-Computerclub mit Wolfgang Rudolph und Wolfgang Back. Wieso erklärten uns alte Männer den neuesten Stand der Computerwelt? / Wird es 20 Jahre später noch Ratgebersendungen über Computer & Netze geben?

Am Teufelsberg wird abgehört

Was für eine Woche. Am 2. November 1991 hob zum letzten Mal eine PanAm-Maschine ab. Ziel: New York. Eine Ära ging zu Ende. Wendezeit. Unser Regierender zieht aus Schöneberg ins Rote Rathaus in Mitte, die Stadt ist pleite (PanAm übrigens auch). Neue Verschwörungstheorien machen die Runde. Ich meine, mich raushalten zu können, aber es geht nicht. Wird der Axel Springer Verlag von der CIA für seine Berichterstattung bezahlt? Der im Risikoberlin bekannte *„Sendermann"* geht mit seinem Transparent durch die City-West und warnt vor unsichtbaren Sendern.

Nachdem der britische Journalist Duncan Campbell erstmals über das verhängnisvolle Echelon-Programm berichtet – ein flächendeckendes, umfassendes Überwachungsnetzwerk, das Telefon- und Internet-

Kommunikation von entsprechenden Satelliten abgreift –, ist für einige informierte Kunden glasklar: Das gehört zum Spionagenetz der Amerikaner. Der Teufelsberg, Jagen 92, entstanden als ein riesiger Schuttberg des II. Weltkrieges, war sicher keine Wetterstation, sondern die größte Abhörstation Europas. Man überwacht die Russen, die DDR, warum nicht auch uns. Sehen konnte man das nicht. Nur die riesigen, verhüllten, kugelartigen Antennen sind weithin sichtbar. Wer nun ahnt, dass er überwacht wird, wird der sich dadurch nicht auch künftig konformer verhalten?

Es gibt eine Menge Geschichten, auch im Spiegel. Irritiert vom mysteriösen Tod Gert Bastians und Petra Kellys, der unbequemen Vorsitzenden der Grünen, verloren wir führende Köpfe der Friedensbewegung. War es die Stasi – oder die gleichen hinterhältigen Mörder wie bei den Schüssen auf Olof Palme, dessen ernsthafte Entspannungspolitik den US-Präsidenten Reagan so störte? Oder doch Folge einer schweren Erkrankung?

Die Befürchtung, das Furchterregende, ist, dass ein von Öl- und Waffen-Industrie abhängiges Land Kriege benötigt. Anfangs dachten alle das Gleiche, diese Fragen beschäftigten uns mehr als einige Biere lang.

Bald konnten wir eins und eins zusammenzählen, bis wir zum Schluss auf „007“ kamen. Es ist kein Zufall, Phil Zimmermann veröffentlichte sein PGP zur Mail-Verschlüsselung, doch die Mitwelt nahm kaum Notiz davon, noch weniger von der Macht der großen Primzahlen.[19] Im Alltag der meisten Menschen verändert sich nichts.

[19] Große Primzahlen spielen in der Kryptographie eine wesentliche Rolle.

Kapitel 7

Erinnerung spielt auf Zeit

Blicke tauchten ein in das tiefe Blau zwischen den Wolken. Das nahe Ufer des Landwehrkanals, wo die Wege gelassener erscheinen, wird unser Ziel für Sonntagsspaziergänge. Mit einigen Schülern der SFE bin ich in Kontakt geblieben. Zum Klassentreffen beim Kreuzberger Griechen erfahre ich Neues; die Hälfte der Mitschülerinnen hat die Stadt nach dem Abi verlassen. Unser letzter Deutschlehrer, Rüdiger Safranski, ist mit Biographien berühmt geworden. Kati und Holger haben Fotografien dabei, Umbau unserer Schulräume im besetzten Haus Bülowstraße und dessen tragischer Räumung. Beim Begleichen der Rechnung sind Erinnerungen an heftige Konflikte und mangelnde Akzeptanz im Deutsch- und Kunstunterricht längst vergessen. Dass wir den Mehringhof damals gekauft haben, einfach genial…

Das Mondlicht der Nomadenvölker. Die „Piazza virtuale", ein interaktives Projekt von Künstlern und Bastlern, das 1992 während der Documenta IX an 100 Tagen europaweit über Satelliten sendet. Die Documenta-Besucher können sich über Bildtelefone und Kameras, die an verschiedenen Orten installiert waren, live in die Sendung „Piazza virtuale" einschalten. Per Telefon, Fax, Modem ist es möglich, sich in die Übertragung einzuwählen. Ziel des Projektes, die Erweiterung des Massenmediums Fernsehen in ein interaktives Medium, welches das Verhältnis von einem Sender und vielen Empfängern umkehren soll.

Partizipation, Interaktivität sind die Schlüsselworte. Langsam verstehe ich, warum die Mitarbeiter der Agentur ART+COM dermaßen viele Computerbücher bei uns kaufen. Sie beschäftigen sich mit Virtual Reality, Interface-Design und entwickeln Software zur Visualisierung der Erdoberfläche unter dem Namen *„TerraVision"*.

Funktelefone machen sich im Laden bemerkbar, die Buchhandlung Kiepert ist dabei, in drei S-Bahn-Bögen hinter der Humboldt-Uni ein Fachbuchsortiment einzurichten. Einschusslöcher vor Augen, direkt neben meiner Lieblingspizzeria *„Zwölf Apostel"*. Spielräume, die alte Zeit versteckt sich in verschachtelten Hinterhöfen, Viren und Trojaner auf Festplatten. Anfang des Jahres hält die Welt den Atem an. Der Bootsektor-Virus Michelangelo soll Tausende, gar Millionen Festplatten löschen… / Erster Computer-Schädling, der es in die Medien schafft.

Signalworte

Ins diffuse weiße Nichts schauend, auf nichts vorbereitet. Frostsonne. Ein eisiger Berliner Wintermorgen. In den verschneiten Straßen hängt Kohleofen-Mief, in den Köpfen der verunsicherten Stadt hallen aufmunternde Perestroika-Lieder. Im frisch gefallenen Schnee erwacht russische Poesie. / *Der Meister und Margarita.*

Bernd Michael Paschkes Freunde von der Uni-Dortmund feiern hier seinen Geburtstag. Sie sind die Internet-Gurus der Uni-Dortmund, tragen Business-Anzüge und besitzen die Schlüssel zu den Datenströmen des Internets. Ich gehe auf ihr Lächeln zu.

Anzüge sieht man selten in der Stadt, neue Zeichen? Axel, Marc, Stefan, Engel der Kommandozeile, kennen sich aus mit Servern, Internet-Funktionen und Zukunft. Wir sprechen über Michas Plan, ein Benutzerhandbuch als Time-System-Ringhefter für all ihre Funktionen zu erstellen, es dann bei Lehmanns zu aktualisieren und zu vertreiben. Bei allem, was ich beglückt aufschnappe, fühlte ich mich oben, im Backstagebereich des frühen Internets. Bücher sind mein Thema. Die Nacht wird kälter; finstere Winterschwere. Flaschen polnischen Wodkas gehen umher. Eisige Winter an der Spree fühlen sich sehr unschön an. Bei der Männer-Feier übernachten wir im Bauch des alten, fest verankerten Pommerschen Schleppkahns gegenüber dem Treptower Hafen. Die Bucht, Blick auf das alte Stralauer Industriegebäude, noch nicht mit eleganten Wohnungen überbaut.

Das Folgenreiche kommt beim deftigen Boots-Frühstück. Eier mit Speck, der letzte Schluck Wodka, halbwach. Übrig gebliebene Gesprächsfetzen schlingern im Raum. Verrauchte Wintermäntel,

Gehuste. Und die Kanne duftender Kaffee lockt aus der Kombüse. Früher Frohsinn, kreativ. Eine leichte Welle.

Axel spielt mit dem Schiffstau in der Hand. Wer zieht am anderen Ende? Ein ruhiger Vormittag hätte es sein können. Aufklaren! Ich stelle den Blick wieder scharf. Erste Sonnenstrahlen lassen Michas Kopf erleuchten und ihn viel größer aussehen. Die aufgehende Sonne im Rücken, gibt er mir behutsam, mit sicherem Griff das Tau, denn urplötzlich überkommt ihn die Idee, den Linux-Rechner im Keller mit dem Uni-Netzwerk in Dortmund per TCP/IP zu verbinden… !

Marc und Stefan blicken hoch. Spürbare Welle. Axel führt seine Zungenspitze über seine Schneidezähne: *„Linux? Logo, ja… das müsste gehen.“* Stefan: *„Und – machst du das gleich klar?“*

Axel schlürft bedächtig seinen Kaffee: *„Yupp, muss eh noch nach ’ner anderen Sache schauen… D̃ichter und Denker ins Netz? Klingt doch logisch.“*

Marc spottend: *„Nastrovje, auf unsere Buchhandlung mit Netz-zu-Gang!“*

Zum Aufbruch drängend stelle ich eilig den Fuß in die Tür: *„Gehen wir?“*

Michael: *„Erst brauchen wir noch eure…“* Stefan zweideutig: *he, he: DN?*

Während ich zaudere, trifft er Entscheidungen...

Wohlan. *Kalinka, Kalinka, Kalinka moja...* Unbändige Energie, Schritte, Sprünge.

Beim Verlassen des Kahns rase ich ungeduldig in Michas Hacken, denn er bleibt wieder stehen, weil er mir was erklären will. Weiter. Als wir an jenem Morgen durch die Stadt fahren, erschienen durch die harsche Kälte Farben deutlicher, Geräusche klarer als sonst. Berliner Blau. Schlaftrunken und frierend landen wir in der Hardenbergstraße und schleichen runter in den Keller, wo der alte Rechner zwischen Kisten abgelegter Dokumente, Kabelrollen und Spinnweben steht. Micha hängt seine Jacke über den Stuhl. *„Rück mal ein Stück!" – Es werde Licht!*

Geübte Finger hasten mit spielerischer Leichtigkeit über die abgegriffene Tastatur. Es dauert eine halbe Stunde, bis er zufrieden brummt, *root konfiguriert*, sind jetzt drin. Richtig online im Internet und so. Ungläubig setze ich mich vor den alten 386er, die Hände hinter dem Kopf verschränkt, und registriere zuversichtlich, wir sind im Internet mit Linux. Begeistert reiche ich ihm die Cola-Dose, tätschele anerkennend seine Schulter. Sein verfärbtes Shirt, verschwitzt. Mein Jubel ignorierend, mit hochgezogenen Augenbrauen, einem Magier gleich, brummelt er Ratschläge, *regelmäßige Backups, Alias...* und nimmt den letzten Schluck.

Nebensächlich. Ich lotse die Jungs wieder ins Freie. Micha wird unsichtbar, aber der Keller ohne Fenster ist jetzt mein Tor zur Welt. Meine Freiheit im weltweit-umspannenden Netz ist gekommen – und zu meinem großen Glück bleibt Sebastian mein zuverlässiges Backup, wenn ich mal, wie so oft, nicht mehr weiterweiß. *Halleluja.*

Kapitel 8

Am Ende der Nacht

Das war im kosmisch kalten Winter neunzehnhundertdreiundneunzig nach dem Ende der Nacht. Weltbewusstsein, kein Anfang kein Ende. Ich konnte die Hände kaum von der Tastatur nehmen, fühlte mich wie der Steuermann eines Schiffes. Mit dem Mail-Programm „elm" kann ich blitzschnell tausende von Usern erreichen. Mit „r" kann eine Antwort geschickt, mit „d" die ausgewählte Nachricht gelöscht werden. Mit „q" kann ich *elm* wieder verlassen und zur Kommandozeile zurückkehren. OK, das „blitzschnell" passt manchmal noch nicht zum Datenverkehr. Erstmal müssen wir eine schnellere serielle Schnittstelle einbauen, da das Modem schneller laufen kann als mit 9600 Baud. Mailbox is /usr/spool/mail/bso with 3 messages [ELM 2.4 PL21]

Connections

Immer noch erstaunt über „The Day After", gehe ich als erstes hoch zum Chef und erzähle ihm euphorisch, wie wir das Internet nutzen können. Die Sache ist doch viel zu spannend, um es allein der Wissenschaft zu überlassen, versuche ich es mit strahlender Gewissheit in der Kommandozentrale. Zahlen und Fakten kann ich kaum liefern, doch die Ideen der Nacht inspirieren ihn, schon höre ich sein vorsichtiges *„Ja, aber…"*

Die Sache kommt ins Rollen. Knapp eine Woche danach schickt er mich mit einen Kollegen nach Dortmund, um den offiziellen Vertrag zu unterschreiben. Handshakes mit den Unix-Freaks, Duft nach Eukalyptus und Schnee. Das ausgebleichte Datum auf dem Vertrag bestätigt: *Donnerstag, der 18. Februar 1993. Weiberfastnacht.* Die Tage, in denen die Kunden am Freitag nach 18.30 Uhr vor der verschlossenen Tür unseres Ladens stehen, sollen nun endgültig vorbei sein.

Wir sind nun per Mail und über Nacht, per Computer und *Düdelidüü*-Modem, rund um die Uhr erreichbar, mit unserem Katalogangebot. *Buch. Handel. Welt.*

Mit unserer Unterschrift beginnt das offizielle Online-Angebot bei Lehmanns, zugleich ein Wandel im traditionellen Buchhandel. Noch ganz am Anfang, schon mittendrin, neue Geschäftsmodelle scheinen möglich. Der Vorteil im Buchhandel ist die Preisbindung bei deutschsprachigen Büchern.

Der Kommerz hat nun seinen ersten Fuß im Netz. Es muss nur einen geben, der den Mut fasst und im richtigen Moment eine Entscheidung trifft. Anfangs war das allerdings ein Zuschussbetrieb, die Betriebskosten für diesen „Shop" lagen bei 1.000 DM – im Monat. Ein tragfähiges Geschäftsmodell war das noch nicht, sondern eher eine Investition in die Zukunft. Wie segensreich das ist, wird sich zeigen. Es ist ein Prinzip unseres Lebens, das man, einem Wort Kierkegaards zufolge, vorwärts lebt und rückwärts versteht. / Männlicher Händedruck. Es ist so weit.

„Zen and the Art of the Internet"

Unter Strom, noch aufgeregt. Sauerkraut auf dem Herd, gleichzeitig ihren Pullover waschen. Die Episode muss erst verdaut werden. Radionacht.

Vorausschauend denke ich ein paar Schnitte zurück. Am Anfang der ersten E-Mails waren PCs keine Selbstverständlichkeit und viele greifen von ihrer Universität auf das Internet zu, in der Regel über „dumme" Terminals.

Hilfreich für den Informationsaustausch und die Unterstützung bei Problemen ist die Erfindung des Usenets durch amerikanische Studenten. Dieses praktische Informationssystem für den Austausch untereinander wird an Unis und ersten Firmen nun häufiger benutzt.

Was im kleinen Kreis anfing, ist nun ein Treffpunkt von Studenten, Entwicklern, Visionären. Und aufgrund der starken Wissenschaftsorientierung unserer Kunden ist klar, dass auch sie Zugangsmöglichkeiten zum Netz haben – oder bald haben werden…

Die Möglichkeit, mit unseren Zielgruppen direkt über das Internet zu kommunizieren, ist real. Eine neue Freiheit hat begonnen. Im Cyberspace stecken so viele Ideen und eine neue Lebenswelt, die sich nicht darauf beschränkt, welche Protokolle oder Browser es gerade gibt.

Forschende Geister wie Snoopy, Herausgeber der GUUG-Nachrichten, Anke Goos und andere Informatikerinnen, berichten direkt aus Diskussionen auf Kongressen über die neuesten Entwicklungen. Jahrelang hatte ich von Diskussionsgruppen im Usenet profitiert und diese Quellen meinen Kunden weitergetragen.

Hilfe zur Selbsthilfe. Beliebte und legendäre Neuerscheinung des Jahres, *„Zen and the Art of the Internet“* von Brendan Kehoe. A Beginner's Guide to the Internet, First Edition, January 1992 als „Zen und die Kunst des Internet – Kursbuch für Informationssüchtige“ von Brendan P. Kehoe ist 1994 auch auf Deutsch erschienen. Eine Suche im Netz ergab, dass er schon 2011 an Leukämie gestorben war. / Literatenfehden im TV mit Reich-Ranicki.

Auch das Digitale hat seine Kultur und seine Geschichte, die irgendwo bei Babbage oder Leibniz beginnt, über Alan Turing wandert und bei Steve Jobs hoffentlich nicht endet. Beim Internet wären die Stichworte der Basiskultur, auf der das heutige Netz und die Open-Source-Kultur aufbaut, „Usenet“, „IRC“ und „Hackerethik“.

(Oliver Gassner)

Weichenstellung

Ziele? Ach herrje, statt beständigem Wachstum gedeihen Depression und Schulden in allen Winkeln der Stadt gleichzeitig. Die Arbeitslosigkeit nahm zu, die Bevölkerungszahl nahm ab. Aggressives Fahrradklingeln. Fritz Teufel, der früher die Autoritäten lächerlich machte, fährt nun wortkarg als Radkurier durch Berlins marode Straßen. Die heiße Sonne hatte die Erinnerungen fast ausgebrannt. War die Stadt auf dem Weg in die Zukunft irgendwann falsch abgebogen?

Alles muss laufen, wie ich es will. Auch das Internet. Überlappende Fenster. Kurzer Augenblick des Schweigens vorm Monitor, Bedürfnis nach Privatsphäre.

„Verdammt!“ Ich raufe mir die Haare. *„Es klappt nicht.“* Ich weiß nicht, was ich falsch gemacht habe. *Alles* vergisst man. Das Netzwerk-Kabel, versteckt unter die Fußbodenleiste gezogen, alle Anweisungen des Programms mulmig befolgt. Egal was ich versuche, der Maeckertopf reagierte nicht. True Silence oder Alex müssen kommen und mir beim Netzwerkproblem helfen. Beschämt warte ich auf ihr Klingeln. Hätte ich nur das Buch zuerst gelesen. Meistens war mehr möglich als man glaubte. Trotz aller Bemühungen, die Pionierzeiten hatten deutliche Schweißflecken unter den Armen. Zu den Pionierzeiten des Internet hatte ich ausnahmslos Kontakte zu Netzaktivisten und Wissenschaftlern. Einer davon ist Florian Brody, ein Computerlinguist aus Wien. Er, der österreichische Pionier für digitale Medien, beschäftigt sich mit Multimedia und hatte wohl 1991 bei Voyager in Kalifornien schon die ersten elektronischen Bücher mitentwickelt. Mit ihm maile ich über sein Fachgebiet und ob und wie wir Bücher auf dem Bildschirm sinnvoll lesen könnten. Er kennt Leute in Kalifornien, und so bekomme ich durch ihn weitere spannende Kontakte. Im Netz erreicht man leichter kluge Köpfe.

Viele verabschieden sich in ihren Mails mit „Love“, einen Gruß noch aus der alten Hippie-Zeit. Bin ich nicht viel zu förmlich, einfach typisch deutsch und zu zweckbestimmt? Ein wenig Selbsterkenntnis will ich nicht verbergen, die Lösung meiner Probleme besteht oft darin, jemanden zu finden, der mir bei meinen Herausforderungen helfen kann… #helloworld.

Das @ wird zum Symbol

Hellsichtiges Nicken. Endlich. Auf Visitenkarten erscheint das @. Auf einer amerikanischen Tastatur kein Problem, mit Shift/2 ist das Zeichen schnell generiert. Anders sieht es aber anderswo aus, von Alt+64 (auf dem Ziffernblock), hintereinander bis Alt Gr + Q gleichzeitig gibt es landestypische Variationen. Merkwürdig. Woher kommt aber der „Klammeraffe"? 1971, als die E-Mail erfunden wurde, musste ein Zeichen definiert werden, um den Empfänger- vom Rechnernamen zu trennen. Amerikanische Fernschreiber kannten zwar @, das „at"-Zeichen, es wurde aber praktisch nie benutzt. Schon ist es passiert.

Kaufleute benutzten @ früher auch, um Menge und Preis darzustellen: 3 apples @ 10 p. By the way, meine erste offizielle E-Mail-Adresse war bso@jfl.uucp – uucp stand für Unix to Unix Copy. Die Verbindung (polling) musste nur bei Bedarf aufgebaut werden. Mail offline schreiben, mit Bang-Adressierung!

Versenden und Empfangen – all das ist in Sekunden erledigt, ohne ständig online sein zu müssen. Mit UUCP ist es möglich, Daten zwischen Computern direkt auszutauschen. Diese Art der Adressierung ist aber fehlerträchtig, da jeder Knoten korrekt enthalten sein muss. Nicht nur deshalb wurde das von neueren Protokollen wie POP3/IMAP/SMTP abgelöst. Aber die geliebte UUCP-Tasse mit dem Bären erinnert an die Tage der ersten Mails. / Zukunftsmusik.

Das Web als Internetdienst

Ich muss innerlich laut lachen. 290 Zugriffe in der ersten Woche! Unser Vertrag mit EUnet umfasste neben den üblichen Internetdiensten auch die Möglichkeit, E-Mails mit Artikeln zu bestimmten Themen an Mailinglisten zu versenden, die sich anschließend auch größtenteils in den Newsgruppen von USENET/EUnet wiederfanden. Diese Mailing-Listen haben sich zu einem der wichtigsten, schnellsten Kommunikationswerkzeuge im Halbdunkel der Wissenschaft entwickelt. Und EUnet teilte seinen Nutzern umgehend mit: *„Im Auftrag der Lehmanns Fachbuchhandlung, Berlin, bietet die EUnet Deutschland GmbH an dieser Stelle Kataloge lieferbarer Fachbücher, Zeitschriften und CD-ROMs an. Der Zugriff auf die Kataloge ist kostenlos. Die Medien können bei Lehmanns Fachbuchhandlung per Mail bestellt werden. Dazu benutzen Sie bitte das entsprechende Bestellformular, das Sie bitte abspeichern, entsprechend ausfüllen und per Mail an die angegebene*

Adresse abschicken. In naher Zukunft wird eine Bestellung auch direkt über WWW möglich sein. Die Abfrage der Kataloge geschieht über einen WAIS-Index. Indiziert sind bei den CD-ROMs jeweils Titel und (sofern vorhanden) Beschreibung; bei den Büchern Autor, Titel und Verlag".

Als die Welt von morgen beginnt, informiert mich Anke Goos regelmäßig mit langen Mails *„Vom EUnet in die internationale Netzwelt"* über alle möglichen Fragen, *„Wie erreiche ich Person X an der Universität Y?"* oder *„Wie sieht unsere Rückadresse von diesem oder jenem Netz aus?"* Die Beantwortung solcher Fragen gehören zum Service des Dortmunder Supports, der mir nebenbei auch das Grundwissen vermittelt, um wenigstens Basisanwendungen bedienen zu können. Bis heute habe ich Respekt vor geballtem Wissen. Und diese digitalen Funde im Netz verlocken einen ja gerade dazu, verarbeitet und zumindest ausgewählt weitergeleitet zu werden…

Digitale Distributionswege

Entscheidend ist der einfache Zugang über das WWW – das World Wide Web. Anfangs war weder Verschlüsselung ein Thema noch wurde dem Schutz von Daten größere Beachtung geschenkt. Eigentlich gehörte allen alles, typische Situation für Pioniere .

Erst im Nachhinein dämmert mir langsam, dass ich gemeinsam mit Max Headroom, einer der frühen Beschäftigten in einer neuen Digitalwirtschaft bin, auch wenn meine eigentliche Arbeit nach wie vor das Verkaufen von Büchern ist. Hilfreich beim Aufbau des Internetangebots war, dass die eigenen Kataloge schon seit Mitte der 80er Jahre mit einem ganz klassischen IBM-PC (mit 2 Diskettenlaufwerken, eines diente dabei als „Massenspeicher") erstellt wurden und somit die Daten und vor allem auch das Wissen, wie man die Daten z. B. an einen Fotosatzbelichter übertragen kann, im Unternehmen vorhanden war.

Die Schnittstelle konnte schnell programmiert werden und so war es möglich, schon direkt nach dem Start ein kleines Buchangebot online zu stellen.

1993

Alles klar. War das Internet gerade verstopft, oder unsere Buchpreise doch zu hoch? Eine Wendung, lösbar, anderes war doch Neuland. Wenn Berufliches und Privates verschwimmen – ist das nun etwas Gutes oder etwas Schlechtes?

Eine Bestellung funktionierte zu Anfang so, dass die gefundenen Titel per Copy and Paste in das E-Mail-Formular übernommen und verschickt werden können. Zusätzlich stehen die Fachbuchkataloge auf dem FTP-Server der UNIDO (später UUnet/EUnet) zum Download. Die Leser bedienen sich rund um die Uhr selbst. Was für ein Fortschritt!

Für die meisten Deutschen war 1993 das Jahr, in dem Bill Clinton George H. W. Bush als US-Präsident ablöst, Al Gore sein Vize wird und der Schürmann-Bau in Bonn im Hochwasser des Rheins versank. Es war das Jahr der ersten Webseiten…

„Where Wizards Stay Up Late"

Endlich. Nach Veronica, Gopher, WAIS und FTP startet mit dem ersten Mosaic-Browser das alles verändernde *Welt Weite Wunder.* Mosaic ist der erste Webbrowser, der Grafiken im Text eingebunden anzeigt, statt in einem neuen Fenster zu öffnen. Wird im Internet frei zum Download angeboten und findet schnell überall Nutzer. Das WWW ist schlagartig populär. Bookmarks, die neue Methode, um interessante Webseiten zu markieren, um sie später bei Bedarf im Browser leicht wieder zu finden, sind schnell eine Selbstverständlichkeit. So einfach ist Internet jetzt. Weltwissen per Tastendruck abrufbar. Per Maus-Klick folgt man den Links und kommt genauso wieder zurück. Was für eine fantastische Mediennutzung!

Allerdings enthält das WWW kaum Bilder – kein Wunder, solange der Zugang nur über langsame Modemverbindungen möglich ist und auch die Server über nach heutigen Maßstäben lächerlich mickrige Leitungen angebunden sind: Die erste Standleitung der Uni Dortmund nach Amsterdam und von dort in die weite Welt hatte die sagenhafte Bandbreite von 19.200 bps und die EUnet-Anbindung dürfte 1993 auch nicht wesentlich über ISDN-Niveau gelegen haben. Für alle gemeinsam! Viele Bilder wären gar ein Verstoß gegen die Netiquette.

Dafür gab es Linklisten, wohin das Auge reicht. Ich fühle mich hier am Internet-Rechner in ein höheres Wesen verwandelt. Auch wenn alle Webseiten farblos, grau sind, ich spüre, dass sich unsere Welt mit dieser drehenden Weltkugel des Browsers schonungslos verändert. Und der neue Browser gestattet sogar das Bearbeiten und Erstellen von Webseiten.

```
<!DOCTYPE html>
<html>
<title>Hallo World</title>
<body>
<p> content </p>
</body> </html>
```

Lesen und schreiben! Die Liste neuer Websites bricht nicht ab. Ich freue mich über jeden Besucher, der unsere Homepage in der Internet-Flut findet und begrüßen ihn mit einem fetten *„Herzlich willkommen!“*, wie es auf vielen Webseiten in jenen Jahren Sitte war. Um unsere Produkte online anzubieten, bedarf es einer sehr bedienerfreundlichen Website mit aussagekräftigen Produktinformationen inklusive Hilfestellung und schnellem Service. Neben der wichtigen Suchmaske gibt es auch virtuelle Schaufenster für alle unsere Fachgebiete und eine Top 10-Liste, wöchentlich aktuell. Und auch der Kontaktlink darf nicht fehlen.

Nicht mehr lieferbar! Ich beantworte die 5–6 Fragen der Nutzer und freue mich, wenn mal keine komprimierten Anhänge dabei sind. So muss keiner lange auf Antwort warten. Das Wichtigste für die Nutzer ist unzweifelhaft die bequeme Recherchemöglichkeit in unserer Datenbank. Unsere „Killer-Applikation".

Der alte 386er-Rechner

ISDN und ISBN: Ein dunkler, schöner Morgen bricht an. Tagein, tagaus auf Trab, voller Tatendrang – und um möglichst viele Bestellungen zu bekommen, bieten wir alle gängigen Zahlungsweisen an. Neben „Auf Rechnung", Kreditkarten, auch Abbuchung vom Konto, auch mit der eigenen Lehmanns-Karte. Nur „Auf Nachnahme" finden wir für uns und unsere Kunden zu teuer, obwohl das einige Neukunden erwarten. Typisches Informationsbedürfnis für akademische Nutzer ist derzeit die Literaturrecherche in einer spezialisierten Fachgebiets-Bibliothek. Dazu ist bisher ein Ortswechsel nötig. Man muss sich den Bibliotheks-Katalog an Ort und Stelle und zu den Öffnungszeiten anschauen. Mit dem WWW sind nun viele solcher Informationen vom eigenen Schreibtisch aus im Handumdrehen abrufbar. Bemerkenswert bleibt die Stabilität unseres Linux-Systems. Der alte 386er-Rechner läuft ja ewig lang, weitgehend wartungsfrei, im Internet und bootet selbst nach Stromausfällen während des laufenden Betriebs ohne größere Datenverluste. Ganz wie beim Häschen in der Duracell-Reklame, *„Hält entscheidend länger"*. Anders bei den Windows-Nutzern, die sich von einem Absturz zum nächsten aufregen. Die leben in einer Art Entfremdung – von der Gegenwart und den Dingen die da kommen würden. Passt schon exakt zum Mainstream dieser Tage. Und was steht da eigentlich auf dem T-Shirt? / Schmutzige Hände.

Provider entstehen aus universitären Arbeitsgruppen

Als es weltweit nur ein paar hundert Webseiten gab, stellte ich mir das Internet als *reinen* Hort des Wissens und der freien Information vor. Der Handel mit Büchern gehört natürlich dazu, Tee auch. Und damit sich eine bisweilen so neuartige Technologie zur vollen Blüte entwickeln kann, muss sie erst in einer anarchischen, so wenig wie möglich regulierten Umgebung gedeihen. Dazu gab es die RFCs: *Requests for Comments.* Richtig gelesen!

Der Interessenverbund DENIC als zentrales Register für die deutsche Top-Level-Domain „.de“ wird gegründet. Welche Domain die erste mit der Endung „.de“ war, lässt sich nicht mehr nachvollziehen. Als die ursprünglich in den USA ansässige Domainverwaltung nach Deutschland überging, waren bereits sechs „.de“-Websites online, dbp.de, rmi.de, telenet.de, uka.de, uni-dortmund.de und uni-paderborn.de. Der Kommerz des deutschen Internet beginnt wohl mit Contributed Software in Kreuzberg. Contrib hatte eine Standleitung zu Alternet in den USA, welche unglaubliche 42.000,- DM pro Monat kostet. Und das, ohne eine einzige Mark Förderung oder Subvention! Danach startet die Privatisierung von EUnet und XLink 1992 bzw 1993. An der Uni Dortmund überstieg die Produktivität von Axel Pawliks Online-Service rasch die Millionengrenze und wird unüberschaubar und soll nun von der Uni ausgegründet werden. So entsteht die EUnet Deutschland mit Beteiligung der German Unix User Group gegen Ende 1992 als kommerzieller Internet-Provider.

Damals kostet ein Datenvolumen von einem GByte schier unglaubliche 60.000 Mark pro Monat, ein einfaches Mail-Postfach 75 Mark. Stefan oder Axel haben mir eine feste IP-Adresse zugeteilt, die ich lange Jahre dankbar nutzte. Sie war geschenkt, und auch nach Umfirmieren den des Providers blieb meine statische IP-Adresse lange erhalten… / *Geschenkt ist geschenkt.*

In Deutschland übernimmt UUNET im Jahr 1996 den Internetprovider EUnet. EUnet wuchs bis dahin um ca. 200 % pro Jahr. Ein Jahr nach EUnet ist auch Xlink privatisiert. Es entsteht damit der zweite Provider in Deutschland. Beide sind nicht mehr am Markt, auch wenn ich meinen alten Kontakten nachtrauere. Im Laufe von Monaten entstehen weitere Provider. Der Verein DFN oder Germany Net, das sich durch Werbung finanziert und kostenlose Zugänge bietet.

Hin und wieder die Tastatur ruhen lassen und Leute treffen

Buchhandlungen abklappern.

Abends im Café. Es schneit. Das 20. Jahrhundert geht schnell zu Ende. Morgens, am 1. Januar 1992, wacht die Welt auf – und erfährt vor dem Frühstück, dass die Sowjetunion von der Landkarte verschwunden ist. Bevor der letzte Märzschnee taut, dehnt sich die Nato und Europa weit nach Osten aus. Wir gehören nicht zu jenen verunsicherten Ost-Europäern, die den Zerfall des einstmals mächtigen kommunistischen Blocks am eigenen Leibe erfahren. Unsere Leute auf der Straße meckern über das Wetter. Man regt sich auf. Was kommt da für ein Sommer?

Harter Regen fällt. Ich mag den frischen Regengeruch, öffne das Fenster. Es prasselt heftig. Resonierend wäscht der friedliche Regen die Welt rein. Entgegen Gewohnheiten beschließe ich einen Tee zu trinken…

Gerade, beim nochmaligen Durchschauen der alten Mails, fühle ich mich wie ein Briefmarkensammler mit seinen Alben. Nachrichten aus verschiedenen Perioden und Ländern, mit Stempel und Postamt. Manches ist schon zu weit weg, verändert, um es festzuhalten. Anderes blieb. Ich lernte verrückte und faszinierende Leute kennen, visionäre Menschen die sich früher als ich vom den Möglichkeiten des Internet inspirieren ließen. Großmeister *Wau Holland* vom Chaos Computer Club, Karl Marx nicht unähnlich, einzigartig und mit dem Ohr an der Festplatte, warnt schon mit leiser Stimme vor den künftigen Gefahren der strange machines: *„Technologie müssen wir nicht bekämpfen, sondern beherrschen. Aufpassen! Wachsamkeit ist der Preis unserer Freiheit. Keine Zensur!"*

Na klar, schöpferisch-kritischer Umgang mit Technologien. Wir kannten uns nicht, waren uns nie begegnet. Er kritisierte die Post, weil diese nur die eigenen Modems im Datenverkehr zulässt. Billigere, selbstgebaute Geräte, oder schnellere, wie sie in den USA verkauft werden, sind verboten… / eigenständig / Auch eine schwere Tür hat nur einen kleinen Schlüssel nötig.

Vom Empfänger zum Sender

Wechselhafter Wochenbeginn. Mach alles! Klingt einfach. Die richtigen Worte finden. Jonglieren. Balanceakt. Erlebe die Zeit und versuche jeden Tag, ein Stück Welt festzuhalten.

Nebenbei lausche ich einem Gesprächsfetzen am Bücherregal. Das muss doch irgendwie zusammenhängen. Eine warme Männerstimme: 1932 schon fordert Bert Brecht, das Radio solle sich *„aus einem Distributionsapparat in einen Kommunikationsapparat"* verwandeln, dessen vornehmste Aufgabe darin bestünde, den *„Zuhörer nicht nur hören, sondern auch sprechen zu machen"*. Jeder kritische Mensch stimmte zu, und keiner ahnt, wie bald diese Vision Wirklichkeit ist. Brecht hat tatsächlich die wesentliche Eigenschaft des Internets und dessen revolutionierende Kraft bereits vor 90 Jahren beschrieben, ohne sie selbst zu erleben.

Diese Möglichkeit kam nun mit dem Internet. Der Rückkanal war längst da. Für Fernsehmacher war es danach nicht mehr allein wichtig, zu wissen, welche Sendungen geschaut werden. Ebenso bedeutsam war es, die Parallelkommunikation während einer TV-Sendung zu beobachten, zu verstehen. Teilhabe... Viele kennen das aus dem „Tatort". Fernsehen 2.0 – ist das etwa ein perfekter Weg, die Meinungsbildung unbemerkt zu beeinflussen? Das Internet wurde ja ursprünglich nicht als neue Form des Fernsehens konzipiert, auch wenn es ihm neuerdings wieder mehr ähnelt. Ich hatte etwas verstanden und war froh.

Fernsehen und Rundfunk seien vollkommen out, schrieben neue Medien. Und die Serien haben von der Literatur gelernt, sie boomen. Erst Miami Vice, Capital City, Beverly Hills 90210, Sex in the City, Twin Peaks, Jack Bauer in 24 und dann neuere wie Borgen und Fargo. Auf DVD und Netflix ging es sehnsüchtig weiter, Suits, The Crown, Good Wife oder True Detektive. So ein Kumpel wie der Roboter *Bender* aus Futurama wäre jetzt wunderbar…

Schnelle Rückreise. Dort ziehen sich tagelang Übergriffe auf die Asylbewerber-Wohnheime für Vietnamesen in Rostock-Lichtenhagen hin. Deutschland erschrickt sich heftig vor sich selbst. Wein wird schnell nachgeschenkt, wie üblich mit Käse, Salami, Oliven, Öl und Brot.

ENERGIE

Spätnachmittags, ein schöner Tag in den Räumen des CCC in der Marienstraße. Zwischen den Computerterminals wäre ich beinahe über die bärige Silhouette Wau Hollands gestolpert. Im Blaumann sitzt dort der gelernte Fernmeldetechniker mit Phasenprüfer und Werkzeug in der Vordertasche, der Bildschirm verleiht seiner Stirn einen silbrigen Glanz. Die Räume sind abgedunkelt – er ist bereit.

Handschlag! Er legt die Stirn in Falten und erklärt. Auch wenn ich nicht all das kapiere, was er mir erzählt, und nervös mit dem Bein unterm Tisch wippe, das mit Transparenz und Informationsfreiheit, scheint absolut einsichtig. Andächtig setze ich mich zu ihm runter auf den Fußboden und versuche zu verstehen.

Mit einer Rasterfahndung das Stromnetz, checken, wo leere Häuser stehen…!

Nach der Stille nicke ich spannungsgeladen. Ja –. Und hungrig kochen wir zwei einen Topf Spaghetti. Die Verkabelung zweier Welten. Erwartungsvoll schaue ich ihm beim tranceartigen Hacken (von Zwiebeln und Knoblauch) zu. Zu Tisch! Wau brummt freundlich: *Lass dir nichts erzählen*, und augenzwinkernd führt er mit sparsamen Bewegungen bedächtig eine Gabel Spaghetti zum Mund. Kopierschutz gilt schon als dummer Produktfehler.

Technologie und Information sollen für jeden, wie die kleinen Büroklammern, frei zugänglich sein. Wie auch eine Knoblauchpresse, die er vergeblich sucht. Gegenwartstrunken trinken wir. Es geht mir gut. Die fast zärtliche Art, wie er mit dem Gerät hantiert, imponiert mir. Ein Angsthase ist der nicht. Der Computer ist ein neues Medium, ein guter Kumpel. In der Düsseldorfer Kunstakademie hat er für Joseph Beuys einen ersten Computer installiert, lange bevor andere daran dachten.

Dort, in der Düsseldorfer Friedrichstadt, könnte ich ihm ja schon mal begegnet sein, ich weiß, was er meint. Während Hackergruppen, die *„Bayerische Hackerpost"* oder *„Computer Artist Cologne"* eher unerkannt bleiben, entwickelt sich der *„Chaos Computer Club"* mit Waus kritischem Geist zur bekanntesten Hackergruppe. Wer Mut zeigt, macht Mut. In seiner letzten Nachricht zitiert er Wolfgang Neuss.

> Es gibt kein geistiges Eigentum. In dem Moment, wenn der einsame kleine Nichtdenkermensch in der Ecke sitzt und sagt: „Das koennte ja von mir sein!" dann ist es von ihm, verstehste, weil, das ist der beste Gedanke beim Schreiben und Lesen ueberhaupt.
>
> *(Wolfgang Neuss, Ende des Holzwegs)*

Internet killed the Video-Stars

Und es kam ein unvergessliches Frühjahr. Eine Jahreszeit voller Zukunft. Es wird wärmer. Wie angekündigt, besuchten uns am 19. April Tim O'Reilly und Günter Fuhrmeister, der Chef von Addison-Wesley-Deutschland. Günter, mit Sozialpädagogik-Studium, immer auf der Suche nach innovativen Entdeckern, erzählte von den jungen UNIX-Buchautoren im Berliner Hinterhof, und Tim O'Reilly, der freundliche

Autodidakt, braucht geeignete Männer, die seinen jungen Verlag mit Übersetzungen in Deutschland organisieren können. Nicht leicht für unseren amerikanischen Gast, der im nahen Savoy-Hotel eingecheckt hat, ein Restaurant mit annehmbarer Küche und aufmerksamer Bedienung zu finden. In den Stadtmagazinen gab es solche Empfehlungen noch nicht. Ich frage Kollegen, wo es geschmeckt hat, und kurz hinter den Yorckbrücken hindurch hat ein Lokal eröffnet, dunkle Tönung, das Menü in gesperrter Bodoni gedruckt. Wir bekommen den Tisch fernab des flimmernden Spielautomaten. Seit seiner Gründung verfolge ich die Aktivitäten des kleinen Ostküsten-Verlages, der es hellsichtig versteht, Kritiker in verlegerische Arbeit mit einzubeziehen: *Great job!* Wichtig ist ihm, die Leute zu finden, die Neues und Interessantes bieten. Er fragt – und – bevor ich überlege, sind wir bereits bei der Nachfrage an technischen Dokumentationen, die er uns noch immer ohne ISBN-Nummer liefert. Tim, eher zurückhaltend, sachlich, jungaussehender Altphilologe ohne Schlips, erzählt von seinem unerwarteten Erfolg des „*The Whole Internet User's Guide & Catalog*". Er spricht bedächtig. Dank Günters Formulierungen ahnen wir, was er von uns will, vielleicht nicht alles.

Tim wollte eine deutsche Niederlassung gründen. Für einen Verlag wie O'Reilly, der sich mit Technologie und digitalen Themen beschäftigt, wäre Berlin der ideale Standort. Hier brodelt es doch gerade in den Bereichen. Aber Berlin verlor gegen Köln, das realisiere ich erst viel später.

Das Licht ist bei ihm, doch kaum sind die Kerzen unserer dubiosen Ehrfurcht zur Hälfte niedergebrannt, wundert sich Bernd Michael, dass seine weitergehenden Internet-Visionen bei ihm nicht zünden. Die junge Linux-Bewegung, Tim bleibt eher still. Nach dem Dinner legen wir die Servietten beiseite und versuchen unser Bestes, ihn zu begeistern, straight, direkt deutsch. *Internet, weise Weltbibliothek, frei, Linux, Namen...*

Unentschlossen, gesättigt vom reichlichen Essen, erwähnt Michael nicht, dass er nach seiner Geburtstagsfeier auf dem Schiff mit Andy von Bechtoltsheim in Berlin über seine Suchmaschinen-Ideen gesprochen hat. Vor dem Dessert, ist klar, mein übliches Bermudadreieck in der Nähe – Café Aroma, Orpheus, Leidecke – kann ich heute vergessen. *Keep calm and improve your English!* Unser Gespräch führt nirgendwohin. Tims Stirn, gefaltete Skepsis. Muss er seinen Jetlag in Schach halten? Erstaunt, dass er nun davon spricht, die Asche seines verstorbenen Vaters zu verstreuen. Erlösung. Wer zahlt? Tim schaut hoch, sein Gesicht hell: Bevor der Abend zerfällt, will er durch die neue Berliner Mitte laufen, Fuhrmeister putzt die Brille. Hinaus in die junge Nacht! Bevor der Wein uns müde macht, und nach der harmlosen Rechnung, die sich Günter schnappt, laufen wir vier hüpfend im tanzenden Übermut wie kleine Jungs, vorm Brandenburger-Tor herum und singen übermütig: *„Internet killed the Video Star...“ / Wir sind die neue Zeit!*

Rauschen in der Nacht

Think again? Der erste Eindruck bleibt. Tim, auch Jahrgang 1954, mit Kurs auf übermorgen. Einer mit Zukunft und Gespür für Bedürfnisse. *„Man bekommt eine Vorstellung, wie sich was verändert“.* Und Tim, trotz Lachfalten, eindeutig geplagt vom Jetlag. Mein Englisch, lückenhaft. Er wiederholt sein Anliegen, dass er uns gut gebrauchen könnte und lädt uns in sein Haus nördlich von San Francisco ein.

In genau der Bucht, in der Alfred Hitchcock einst *„Die Vögel“* gedreht hatte, ist sein Office. Mit Paschkes erstem digitalem Fotogerät, mit Speichermöglichkeit für ganze 8 PAL-Video-Bilder, macht Micha SW-EPS-Dateien von unserer Runde, um die Still-Video-Aufnahmen in beginnender Nacht von seiner SUN-Workstation im Hygiene-Instituts vorm Reichstag an Tims Freundin nach Boston zu übertragen.

Verwunderlich, mit magischen Fähigkeiten? Nein – sie war längst bei der Arbeit und bedankt sich eine Zigarettenlänge danach per Mail für die Bilder. Wieder mal beeindruckt, was das Internet ermöglicht... *Am Apparat!* Keine Ahnung, woher ich wusste: Alle West-Telefongespräche aus dem Osten wurden vor kurzem noch vom Fräulein vom Amt handvermittelt. Und von Michael erfahren wir, dass genau *in diesem*

Haus, neben seinem Arbeitsplatz, der Nobelpreisträger Robert Koch den Tuberkel-Bazillus entdeckt hat. Michael hat hier im winterlichen Licht 1989 Glasfaserkabel zur Charité verlegt. Heute treffen sich dort neue Nerds, denn das denkmalgeschützte Robert-Koch-Forum an der Dorotheenstraße soll sich zum zentralen Standort für Berlins erhofften Aufbruch zur Digitalen Hauptstadt Europas entwickeln. / Einstein Center Digital Future.

Netzgedanken und Leidenschaft

O'Reillys und Dale Doughertys Benutzerhandbuch *„Global Network Navigator"*, ein frühes Verzeichnis für das Internet, wird im August 1993 als bezahlbares Webportal *„a new experiment in online publishing"* eingeführt. Ja, das fließende Universum entwickelt sich wesentlich dynamischer als unser Fernsehen der vergangenen Tage. Die Tage werden länger und für mich gibt es nur die drei Dinge: Erstens Internet, zweitens Internet, drittens eine Tüte Kartoffelchips. *„Unwissenheit ist die Mutter aller Abenteuer"*, weiß Haegar der Schreckliche.

Der *Link* ist das zentrale Merkmal und mit dem Netz habe ich als zukünftiger *Webmaster* die maximale Geschwindigkeit meines Forschungsdrangs gefunden.

Das neunte Gebot des Cyberspace: Ehre deinen Sysop. und die anderen Netzgötter, auf dass deine Tage im Netz lange währen. Um unseren Online-Service bekannt zu machen, verkündete ich auf Anraten des Providers EUnet eine erste Mailingliste mit Buch-Neuerscheinungen zu den Online-Themen. Ein erstes Announcement. Kommerz existiert im Netz nicht, eine Liste mit Buchinformationen ist jedoch informativ und akzeptabel. Tabu sind schreiende Großbuchstaben oder Reklame.

Die Liste verursacht am Anfang reichlich Arbeit, trägt dennoch dazu bei, unseren Webshop präsenter zu machen. Dr. Oliver Obst arbeitete an einer der größten Medizinbibliotheken Deutschlands (Münster) und hatte eine ähnliche Mailingliste für Bibliothekare gestartet. Geschäftemacherei und Werbung, so die Übereinkunft der globalen Gemeinde, hat im Netz nichts zu suchen. Unsere Mailinglisten werden nicht beanstandet. Klare Verträge zur erlaubten Benutzung des Netzes, wie etwa beim deutschen Bildschirmtext der Telekom, gibt es nicht. Das Netz, weiß Clifford Stoll, *„kommt echter Anarchie so nahe wie nichts zuvor"*.

Während wir schlafen, ist Netzwerktechnologie das am schnellsten wachsende Segment der Computerindustrie. Beliebte Bücher, neben „DNS & Bind“ oder „sed & awk“, sind „The Whole Internet“ von Ed Kroll aus dem Jahre 1992, als das Netz nur einigen Unix-Benutzern bekannt war. Dieser frühe O'Reilly-Titel verkauft sich im Laufe der Jahre mehr als eine Million Mal und wird in 20 Sprachen übersetzt. Aus „The Whole Internet“ entsteht die erste Online-Aktivität von O'Reilly: Der „Global Network Navigator“, das erste Online-Magazin. Das dickste Buch im Regal ist „Unix Power Tools“ von Jerry Peek, Tim O'Reilly, und Mike Loukides – und zum „Lib Programming Manual“ gibt es Tassen. Wo zwei Tassen stehen, folgen bald weitere. Lieblingstasse vieler – die „vi Referenz-Tasse“.

Das Mobilfunknetz kommt

Aufschreiben. Blinkender Cursor in Grün. metallisches Klacken der Tastatur. Netze knüpfen. Der Tag, nach dem Zähneputzen mit vollständiger Mail-Lektüre, scheint leichtfüßig. Wie nach einem gelungenen Update. Das beharrliche deutsche Eszett hat sich munter gegen die Globalisierung ausgeblendet. Was für mich nicht so wichtig war, in Deutschland beginnt das Zeitalter des digitalen Standards für „Global System for Mobile Communication“ (GSM). Und mit dem D-Netz wird 1992 von der Telekom ein Mobilfunk-Netz, mit digitalisierter Übertragung von Funktelefonaten, eingeführt. Erstmals in der Mobilfunk-Geschichte kann man zwei Jahre später damit auch eine SMS senden, eine deutsch-französische Erfindung. Ursprünglich sollten durch diese Kurznachrichten ausschließlich Meldungen über Störungen des Netzes an die Nutzer verschickt werden, doch man erkennt bald, dass eine SMS ein wunderbares Kommunikationsmittel ist, kurz, schnell, flexibel und unabhängig von der Handy-Marke. Den Durchbruch schafft das Handtelefon, uhrgewaltig wie der Kommunikator aus „Star Trek“, allerdings erst Ende der Neunziger. Ich blieb stur, was sollte ich mit Mobilfunk, wenn ich Internet zu Hause habe? Das Internet musste man erst noch erkunden... / Ja, jetzt war das langweilig. Aber in 20 Jahren?

Donald E. Knuth

Computerprogramme soll man genauso sorgfältig formulieren wie literarische Texte, meint Donald Knuth. Sein *„The Art of Computer Programming"* war eines der wichtigen Bücher. Das Buch, mit dem er Computergeschichte schrieb.

Es wird zu den 12 einflussreichsten Wissenschaftsbüchern des zwanzigsten Jahrhunderts gezählt. Obwohl Knuth schon 1962 mit seinem Werk begonnen hatte, war nie abzusehen, wann er es vollenden würde. Es erschien ein mehrbändiges Set von umfangreichen Büchern. Er entwickelte die Textformatierungssprache TEX, weil er mit der Qualität des Satzes der Neuauflage des zweiten Bands TAOCP nicht einverstanden war. Monotype-Systeme waren mittlerweile fast durchweg durch Fotosatz abgelöst worden. 10 Jahre später war es dann soweit, Knuth war mit der Qualität zufrieden und hat nebenbei der Welt TEX geschenkt. Seit 1990 ist die Entwicklung von TEX abgeschlossen, es werden allenfalls noch Fehler korrigiert.

Zu TEX gehört außerdem Metafont, um ganze Schrifttypen-Familien zu entwerfen. Wenn man nur ein **A** zeichnet, kann Metafont die restlichen Buchstaben passend dazu generieren. Bevorzugt werden diese Bücher zu Weihnachten von Programmierern gekauft und verschenkt. Es gab das große Bedürfnis der Informatiker, dieses Werk, auf dessen Fortsetzungen viele nun schon seit bald drei Jahrzehnten warten, in Papierform zu besitzen, damit es für alle Zeiten verfügbar sei.

Nicht wenige misstrauen der Speicherqualität des Digitalen. Von Donald E. Knuth, der eine Bibel der Computerwissenschaften geschrieben hat, sagten Gefährten, er freue sich Tag für Tag, dass er seit 1990 keine E-Mail-Adresse mehr hat. So hat er mehr Raum für seine Arbeit. Einzig und allein für die Fehlermeldungen hatte er eine E-Mail-Adresse eingerichtet – *knuth-bug@stanford.edu* – und alle Anfragen anderer Art ignoriert er. Die wichtigste Erweiterung für TEX war LATEX von Leslie Lamport, das die Bedienung von TEX mit Makros vereinfacht.

Zapfs Dingbats

Als einer der ersten Schriftdesigner hat sich Hermann Zapf mit der Verarbeitung von Text am Computer beschäftigt. Seine Ideen rund um den computergesteuerten Schriftsatz entwickelt er in Deutschland, wo man ihn anfangs belächelt hatte.

Doch hat er den alten Bleisatz ins Computerzeitalter transformiert und Legionen von Typografen wesentlich beeinflusst. Über 200 wunderschöne Schriften sind von ihm, darunter die weltweit bekannten Palatino, Aldus, Optima, ITC Zapf Chancery, ITC Zapf Dingbats und Zapfino. Von Darmstadt aus versorgte er nicht nur Apple, Word oder Adobe mit neuen Typen, sondern auch das moderne digitale Publishing. Weltweit gebräuchlich ist seine große Symbolsammlung „Zapf Dingbats" und Palatino, die freundliche, detailbesessene Serifenschrift, war lange der Lieblings-Font für meine Texte.

Die Zusammenarbeit mit Donald E. Knuth führte zu Fortschritten beim computergestützten Textsatz. Der in den USA bekannte H. Zapf wirkte auch an der Entwicklung der Schriften für das von Knuth entwickelte Satzprogramm TeX mit. Aus dieser Arbeit entstand dann die wissenschaftliche Schriftenfamilie *Euler* für die American Mathematical Society. Zusammen mit Knuth gab Zapf eine Dokumentation dieser Schriften heraus.

Ein junger spanischer Händler und Kunde schenkte mir nach einer längeren Belehrung über Schriften ein ZIP-Medium mit Fonts für Mac und Windows. Ich probiere viele aus und nutze keine Schrift lange. Mein Respekt vor dem Schaffen der Gestalter ist zu groß, um es unerlaubt zu nutzen.

Letztlich bevorzuge ich die Schriftarten, die nicht jeder nutzt: Garamond oder Baskerville, als eine hervorragende Alternative zu Times New Roman. Und Zahlen in Sans-Serif sind lesbarer auf Bildschirmen. Times New Roman ist die beliebteste Schriftart, besonders für mein Bewerbungsschreiben. Und die zeitlose Futura markiert den Aufbruch der wilden Zwanziger, beliebt auch als die Schrift des Wirtschaftswunders der Sechziger. Die Helvetica lässt mich an die Beschriftung der New Yorker U-Bahn denken. Fonts, was für eine wunderbare Welt!

Seinerzeit hatte ich in den Räumen einer ehemals bedeutenden Schriftgießerei in Berlin meine Mittlere Reife und das Abitur nachgemacht. Die Berthold AG war hauptsächlich als Anbieter von Schriften bekannt und musste Konkurs anmelden. Gemeinsam hatten 1978 Lehrer und Schüler (Bauausschuss) unserer selbstverwalteten *„Schule für Erwachsenenbildung“* die günstige Gelegenheit genutzt und das alte Fabrikgebäude übernommen. Zusammen mit anderen alternativen Projekten der Stadt und mit 400.000 DM Eigenkapital entstand das alternative Projekt *MehringHof* zur *Kapitalneutralisierung* im basisdemokratischen Prinzip. Gegen den Widerstand der SPD hatte sogar Günter Grass uns für das Projekt 20.000 Mark geliehen.

Sehenswerte Ausstellung einer SFE-Klasse: *Bleilettern aus Kreuzberg erobern die Welt.* Die heutigen Satzzeichen gehen im Wesentlichen auf Aldus Manutius zurück, der im 15. Jahrhundert als „König der Drucker“ galt.

Tastaturbelegung

Schatten sprechen viele Sprachen. Wacher Verstand sucht Widerspruch. Daten auf Festplatten speichern. Worauf warten. Konstruktive Zweifel und Grenzen überschreiten. Ich habe mir das genau überlegt. Zweigleisig. Diese Packung *Gauloises* auf dem Tisch soll meine letzte sein und ich werde aufhören, Ringe wie flüchtige Nullen in die Luft zu stoßen. Ich kaufe mir keine Zigaretten mehr, schmeiße das Zigarettenetui auch gleich weg. Ob wahr oder nicht, ich bin Nichtraucher. Auch wenn ich gesellige Raucher vermisse, hin und wieder finde ich doch Gelegenheit, mir eine Fluppe zu schnorren. Bald scheint sich der Rauch verzogen haben… / mein Mac schafft es, dass ich ihm wieder Vertrauen schenke.

Schreiben und Speichern funktionieren. 1868 ordnet Latham Sholes die Tasten der Schreibmaschine erstmals nicht alphabetisch an. Vermutlich hat er die Buchstaben des englischen Begriffs *typewriter* mit Absicht alle in der oberen Zeile untergebracht, zum schnelleren Demonstrieren des Tippvorgangs. Ich sitze vor der Tastatur. Es gibt Tasten zur Steuerung des Cursors, Funktionstasten und mehr.

Ständig bin ich auf der Suche nach Sonderzeichen wie dem @ oder der wellenförmigen Tilde ~. Es wäre kein Ding gewesen, endlich mal einen Schreibmaschinenkurs auf CD-ROM zu nutzen, um mit allen 10 Fingern zu schreiben – wir hatten gute Versionen im Angebot. Doch schon erste Versuche mit meinen vier Fingern sind zu mühsam. Das lerne ich zu meiner Schande nie, bewundere aber anerkennend alle, die das konnten. Selbst erntete ich nur mitleidiges Grinsen, wenn man mich beim Tippen beobachtete... Hatte ich das nicht schon mal notiert?

Der kreative User-Humor erfreut sich am *Internet Orakel.* Wer mit Hilfe seines Newsreaders zum Orakel unter „rec.humor.oracle" findet, kann es befragen. Die Sache ist einfach. Ein Nutzer stellt dem Orakel eine Frage. Diese schickt man per Mail ab, sofort kommt die Reaktion. Das Internet Orakel wägt jetzt deine Frage, warte ein bis zwei Tage auf eine Antwort. In dieser Wartezeit schickt nun das Internet Orakel dem Fragesteller wiederum eine Frage mit der Bitte um baldige Beantwortung. Und somit ist klar, das mysteriöse Internet Orakel sind alle Fragesteller selbst, keine Künstliche Intelligenz. Die gesamte Kommunikation läuft über den Server des Orakels, Fragesteller und derjenige, der reagiert, bleiben anonym. / Kann ich dieses selbstlaufende Model als Buchhändler nutzen?

Seriennummer?

„Am schwersten ist es, jede Nacht schlafen zu gehen, wenn es so viele dringende Dinge gibt, die erledigt werden müssen. Es gibt eine gewaltige Lücke zwischen dem, was unserer Kenntnis nach mit heutigen Computern möglich ist, und dem, was wir bis heute fertig gestellt haben." Donald Knuth, The Art of Computer Programming. Lesen. Neue Wirklichkeit. In den Tagen, als „Browser" noch als Fachausdruck galt, ist Aufklärung nötig. Der Einfachheit halber hassten manche Leute Apple, Linux oder Windows oder was auch immer. Geräte, Verkabelung oder Software. Ja, die Suche nach dem „@" auf den unterschiedlichen Tastaturen war recht nervig.

„I know", wir Buchhändler waren keine Nerds oder Computerversteher, lernen aber, dass immer die gleichen Fragen die Nutzer beim Infotainment quälen. Mit der Zeit. Seriennummer? Systemanforderungen gelesen? Viele kaufen sich neue Geräte und noch mehr neue Medien, doch so ein CD-Laufwerk z. B. bringen auch kleine Herausforderungen mit sich. Arbeitsspeicher, Festplattenspeicher und Grafikpower werden nun besser und größer und unsere langsamen PCs waren ständig zu alt für die neuen Anwendungen. Wir wollen uns profilieren und bieten hilfreiche Software an. Zum Thema CD-ROM haben einige unserer Läden eine „CD-ROM-Woche" veranstaltet. Das hat uns einen einzigen kleinen Zeitungsartikel beschert, doch der

Journalist hatte, wie viele andere auch, mit CD-ROMs noch keine Erfahrung gemacht. Und das sollte ich kapieren. Anerkennung bei falschen Leuten suchen ist wie ein Spiel ohne Regeln, das man nicht gewinnen kann... / Unscrollbare Weiten.

Fernsehen... fern

Die Nacht war laut, die Luft voller Distelsamen. Filmaufnahmen. Drei Jahre nach dem Fall der Mauer hat Wim Wenders *„Himmel über Berlin“* eine Fortsetzung folgen lassen. *„In weiter Ferne, so nah!“* Es war eine andere Stadt, es schien, er könne den Wechsel mit denselben Figuren erzählen. Für diese Poesie, diesen Trübsinn habe ich keinen Kopf, jeden Tag erlebt man hier reale Geschichten.

Der „Offene Kanal Berlin“ will ein TV-Interview mit der Microsoft-Pressesprecherin und mir machen. Thema *„Multimedia“*. Knirschend sage ich den Aufnahmen doch zu, in der Hoffnung, ich bekomme Gelegenheit über das Internet zu sprechen. So ist es vor der Aufnahme abgesprochen. Nach zwei halbfertig formulierten Sätzen zum Thema Internet fragt mich die Redakteurin nur noch nach CDs, Lernsoftware und Offline-Themen.

Erneuter Versuch beim Stichwort: *„Neue Technologien verstehen...“* meine Botschaft aufgezeichnet, meine Gesprächspartner gehen nur zögerlich darauf ein. Der halbstündige Beitrag wird – an mir wichtigen – Stellen gekürzt und in den nächsten Monaten zweimal pro Woche ausgestrahlt. Zwei Kunden sprechen mich sofort darauf an. *„Hab Sie im Fernsehen gesehen“*. Verpasste Chancen?

Ich nahm ein Buch in die Hand und stapele vorsichtig alle greifbaren CD-ROMs darauf. Frage: Wie viele CDs passen auf ein Buch? Das Neue als das Neue zu erkennen ist schwer, vielleicht liegt das in seinem Wesen... Oder hat doch der Softwaremonopolist beim TV-Beitrag heimlich Regie geführt? Hatte Microsoft kein Interesse am Netz? Ein Blick auf unsere CD-ROMs, Forbidden Subjects, eine über den „Computer-Untergrund“, Hacking, Telefonnummern, Berichte über Computer-Verbrechen, über UFOs, geheime Dokumente und einiges mehr...

Programmierung: über 2500 Files für Programmierung und Software-Erstellung! Diese CD- ROM (Dezember 1993) enthält hunderte Megabytes an Source Codes, Compiler, Interpreter, Libraries, Editoren, Profiler, Debugger und Betriebssysteme. (z. B. LINUX, GNU, C++386, 4DOS).

Beliebtes Buch: Helmut Kopka, LaTeX Band 1: Einführung

Meilensteine

ERROR. Fehlermeldung. Meine Augen summen. *Nimm das, du dumme Druckerpatrone!* Keinem der Kunden traue ich zu, seinen streikenden Drucker anzuschreien. Und auch ich versuche mir anzugewöhnen, Herausforderungen nicht als problematisch anzusehen, sondern als eine Art unverhofftes Abenteuer. Eher bereit, mit der großen weiten Welt darüber zu kommunizieren. Der Umgang mit Terminalverbindungen und Konsole waren für mich, technisch kaum interessierten Buchhändler gewöhnungsbedürftig – daher liebe ich die einfache Handhabung meines Macs. ClarisWorks, ResEdit, BBEdit. *Power to the people.* Der Mac bot früh einen einfachen Zugang für Benutzer und hat mit dem entsprechenden Softwareangebot schnell seinen Platz bei Kreativen gefunden. Qualcomms Mail-Programm Eudora war einfach, nahm mir aber die Aufgabe nicht ab, meine Zugangsdaten ganz korrekt einzugeben, ansonsten war ich das Gegenteil von „drin“.

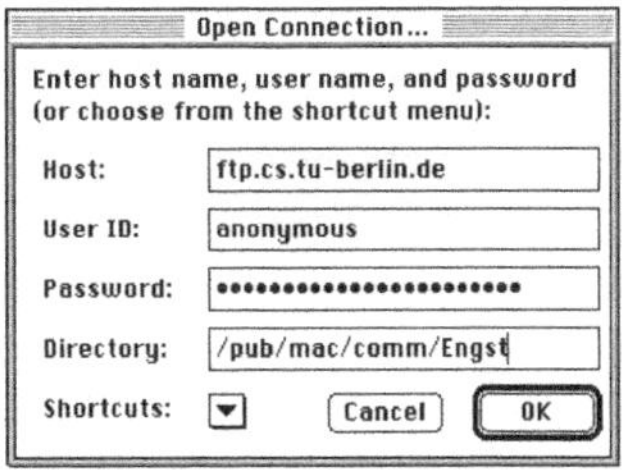

Hilfreiche Lektüre war der geliebte Adam Engst mit seinem „Internet Starter Kit for Macintosh“. Das Web war so faszinierend. Ich navigiere stundenlang umher. Wäre da nicht der kostenlose Account von EUnet, ich würde fast einen kompletten Monatslohn dafür hinlegen.

Die Nachteile des damaligen Mac, fehlender Speicherschutz und absturzträchtiges Multitasking, nahmen „Andersdenkende“ wie ich in Kauf, ja es war ein Teil des Abenteuers, zumal Windows zu der Zeit noch schlechter dran war und mächtig hinterher hinkte, von rein textbasierten Systemen wie MS-DOS ganz zu schweigen. Apple sah das aber nicht so gelassen, alle Versuche, daran substantiell was zu ändern, scheiterten. Und so kam 1997 mit dem NeXT-Deal nicht nur Steve Jobs zurück, sondern brachte gleich noch ein vernünftiges Betriebssystem mit. Was Apple letztendlich den Arsch gerettet hat.

Als nächstes lerne ich etwas HTML (die Sprache des Web), indem ich mir den fertigen Code von anderen Webseiten in BBedit anschaue und diesen experimentell veränderte. Schauen, probieren, testen und hoffen, dass es funktioniert. Der Nachteil dieser Lernstrategie: Man kann halt nie was richtig.

Es ist nicht allzu schwer, die ersten Seiten mit digitalen Rundgängen durch unsere Online-Buchhandlung zu bauen. Die allererste Buchbestellung kam per UUCP-Mail aus Dortmund. Bestellt wurde von einer namhaften Firma besagtes TCP/IP-Buchs. Dies war einer der wunderbaren und unvergessenen Momente, in denen ich fühle, ja, ich bin zur richtigen Zeit - am richtigen Ort. Das war nur die erste Online-Bestellung, ich war mir sicher, viele tausend Online-Bestellungen werden folgen...

Es gab weitere Internet-Bücherlisten:

```
http://www.ask.uni-karlsruhe.de/books/otherinet/booklist
http://medsun06.uni-muenster.de/zbm/liti.html
http://www.Germany.EU.net/shop/JFL/
mail shop-server@Germany.EU.net („INDEX JF-Lehmanns“)
gopher://gopher.Germany.EU.net/
ftp://ftp.Germany.EU.net/shop/JF-Lehmanns
http://www.venture.net/atventure/buchtips/b-inter.htm
news:alt.internet.services (Unofficial Internet Book List, Kevin Savetz)
```

Kapitel 9

World Wide What?

Von der blassen Wintersonne, zurück in den kalten Keller wo die Zukunft beginnt. Griff nach links, die Glühbirne geht an. Zuerst Mails checken und Bestellungen an den ratternden Nadeldrucker schicken. Notierte Kommandos tippe ich mit klammen Fingern in die Tastatur.

Arbeitsorgie. So viele Dateien, die Putzfrauen halten sich fern. Ich denke an Dostojewskis „Aufzeichnungen aus dem Kellerloch" – kommt er dann ans Licht, geht es mit ihm durch, dann redet er, redet, redet, redet... Am Wochenende hatte ich Anthony Hopkins als Hannibal Lektor gesehen, gruselige Bilder. Noch eine kurze Internet-Recherche, Mails antworten. Wir sind im Jahr des Hahns.

Menschen, die in diesem chinesischen Tierkreiszeichen geboren sind, neigen angeblich dazu, zu viele Aufgaben gleichzeitig übernehmen zu wollen. Sie sind oft gestresst und enttäuscht, wenn sie bei einer Herausforderung scheitern.

Für mich ein wunderbares Jahr, denn am 30. April 1993 gibt das Cern in Genf die Technologie für den Zugang zum Web zur allgemeinen Nutzung frei, parallel wird bereits der Mosaic-Browser entwickelt, der neben Text auch Bilder anzeigen kann. Erst nur für Unix-Rechner mit X-Windows, dann auch für Windows-Systeme.

Was für eine Woche, als ob die Welt darauf wartet. Der große Durchbruch, der das Internet auch für den Normalverbraucher nutzbar macht, kam mit der Verwirklichung des kostenlosen Dienstes WWW, der nun stellvertretend für das gesamte Internet steht.

Einfaches Navigieren im Netz, ohne sich mit irgendwelchen Dateisystemen oder Rechnerstrukturen auskennen zu müssen. Mit einfachen Mausklicks auf einer grafischen Benutzeroberfläche. Die Sprache des WWW heißt HTML – HyperText Markup Language. Der Student Marc Andreesen hat mit der Software Mosaic den ersten grafikfähigen Browser entwickelt, der auf verschiedenen Plattformen eingesetzt werden konnte. ViolaWWW gab es zwar eher und konnte auch Bilder anzeigen, war aber nur für unixoide Systeme verfügbar. Das Entwicklerteam von Mosaic nahm ViolaWWW als Vorlage und hat mit Mosaic das Internet für eine breitere Anwendergruppe attraktiv gestaltet. Nun kann sogar ich „per Mausklick und Browser" den Dschungel des Internets durchforsten. Die Bilder von damals sind nicht mit denen von heute zu vergleichen. Im Vordergrund stand, möglichst wenig Daten übertragen zu müssen, da die Bandbreite der Leitungen sehr begrenzt war. Da die meisten Röhrenmonitore ohnehin nur 640×480 Pixel anzeigten, konnten die Bilder sehr klein gehalten werden, auch Farbe war eigentlich unnötig. Das änderte sich dann ab Mitte der 90er Jahre. Wer wusste, welches Dokument er lesen wollte und wo es genau zu finden war, konnte den jeweiligen Web-Server mit dem Browser aufrufen, ähnlich wie heute im Darknet. Waren Dokumente verlinkt, konnten die heruntergeladen werden. „Googeln" ging natürlich noch nicht, da Google erst 1997 am Start war. Trotz alledem, der globale Austausch von Neuigkeiten und Wissen beschleunigt sich schlagartig mit dem WWW.

Bereits Ende 1993 sind zwei Millionen Kopien von Mosaic auf den Rechnern installiert. / Eine Zigarette beim Warten auf nichts...

Aus der alten und der neuen Welt

Einfach dastehen. Aus dem Augenwinkel wahrnehmen, in die Ferne des Flugfeldes blicken, Wind in den Haaren. Himmelwärts. Es ist mein erster Flug von Tempelhof nach Amsterdam mit einer kleinen KLM-Propellermaschine. Keine Sicherheitskontrolle und Porzellantassen. Geplanter Besuch beim Boekkollektiv, nach Haarlem, Richtung Meer. Am Kiosk unübersehbar Perry Rhodan Band 1700. Innere Monologe, Erinnerung an ein langes Wochenende 1973: Das *Creamcheese* mit erhöhter Tanzfläche, Stroboskopblitzen und Schwarzlicht, war mit *Underground* und *Psychedelic* der Zeit voraus, die beautiful people an der langen Düsseldorfer Theke erzählten vom angesagten Paradiso in Amsterdam.

Zum Haarewaschen und einem Stück Blechpizza reicht es noch, und ruckzuck hin. Es wurde gedealt im Paradiso – im Melkweg lief ein Kunst-Happening.

So fahren wir, ein anderes Mal, über die sieben Grachten, gelangweilt durch die Stadt. Wie im Film noir, qualmend, in meiner Vierzehn-PS-Ente, lerne ich von Anneke die schnelle holländische Art, Zigaretten zu drehen. Sie soll den Sommer über in Texel bei ihrer Oma lernen und schreibt mir die Adresse auf. Zur Vorbereitung auf die Gesellenprüfung als Werkzeugmacher genügten mir gerade drei übernächtigte lange Wochenenden. Ältere Holländer hegen Vorurteile gegenüber Deutschen. *„Ihr könnt aus alten Vorurteilen ja neue, bessere machen!“*, scherzt sie beim Abschied. Leider sehe ich sie nie wieder. Als ich mich dann auf den Heimweg mache, sehe ich mehrere Leute in einen Hauseingang verschwinden.

Mutig klopfe auch ich an die Tür. Ein freundlicher Handschlag bezeugt: *Welkom bij de krakers!* Bassiger Sound, Joints gehen rum, hier kann der Tag enden. / Verdammtes **XXX**

Lieblingsthema

Leichtigkeit. Blick in die Wolken. Zwanzig Jahre weiter, im gleichen Berliner Sommer. Sich rasieren, warten, bis die Kneipe öffnet. Offline noch immer, kurz das Jahr. Eher privat besuche ich innovative Buchhandlungen und lerne dabei neue Verlage kennen. Die Zahl meiner Handelspartner wächst. Dabei tausche ich Linux- und Online-Botschaften aus. Anderswo kommen mir Dinge deutlicher entgegen. Vertraute Ideen fühlten sich – wie erst noch zu entdecken an. In Boston hat Laura Fillmore mit Open Book Systems (OBS) das erste elektronische Buch, *„The Internet Companion: A Beginner's Guide to Global Networking“* von Tracy LaQuey schon 1992 im Internet per Gopherspace veröffentlicht. Sie ist die Pionierin des Online-Publishing mit einer Kursreihe über „Internet-Publishing und Werbung“. OBS hat die ersten, im wahrsten Sinne des Wortes „verteilten“, Bücher im Internet publiziert. Schon im März 1994 hat sie Adrian Butashs „Bless This Food“ herausgegeben, die ersten HTML-Dokumente, zum Verkauf angeboten. Wir unterhielten uns über neue Möglichkeiten des Web, über ihre Bücher mit Internetanschluss. Auch dieses Zusammentreffen läuft nicht ganz wie erwartet, aber man muss Neues ausprobieren, um zu wissen, ob und wie es funktioniert. Das Leben wird leichter – denn Software wiegt nichts :-). / Papierkram.

Meine Lieblingsbuchhandlungen derzeit: Foyles in London. Ein riesiges Paradies für Fachbücher. Auch Pele in München, wie bei Aldi, ein Minimalkonzept.

Heureka-Erlebnisse

Woher stammt die Mail? tl;dr[20] Electronic Books sind in mein buchhändlerisches Bewusstsein vorgedrungen, Techniker, Programmierer unsere geschätzten Partner und Verbündeten. Die Welt ist durch schnelle Mails zum Kaff geworden. In Kalifornien trifft sich der *„Stammtisch der Deutschsprachigen"*, der seine Mitglieder per Mail zu realen Dinners einlädt. Dazu gehört auch Andy von Bechtolsheim. Er ist ein Gründer von SUN-Microsystems. Zwischen den Treffen hatte so einiges die Runde gemacht, der Bookshop Printers Inc. war dabei ein beliebter Treffpunkt. Stammtischler plaudern gerne, natürlich auch per Mail. Ein paar Storys direkt von der Quelle. Es gibt neue Bücher. Im dokumentarischen Buch „Data Zone" erzählt Tsutomu Shimomura seine 50 Tage währende Jagd, mit Hilfe der Web-Community, nach Kevin Mitnick. Ein eher technischer Einblick in das Leben eines Sicherheitsexperten, der versucht, das geheimnisvolle Tun dieses genialen Hackers aufzudecken.

Mitnicks simpler Rat an uns: *Wenn Sie ein unerwarteter Anruf, eine unerwartete Mail erreicht, innehalten!* Er selbst, *Most Wanted* in den USA. Nach seiner Haftentlassung betätigt sich Kevin Mitnick als Autor und Sicherheitsberater und veröffentlicht das Buch: *Die Kunst der Täuschung.* Dabei geht es um Techniken des Social Engineering. Die Techniken, die er im Buch beschreibt, funktionieren nach demselben Prinzip auch heute noch sehr gut… / Einsicht, nicht nur unsere Computer werden gehackt, auch unser Kopf, unser Verstand scheint in Gefahr…

Getting Connected with 2 million contacts

Der Tag steht über der Zeit, und ich schicke mir nun selbst Ideen per E-Mail. Ein Gedanke wird so sichtbar auf dem Display. Immer mehr Kommunikation verlagert sich ins Netz. Als Nicht-Techniker bin ich an

[20] Too long; didn't read

spannenden Texten, ASCII-Kunst und besonders an Kommunikation interessiert, weniger an der Kommandozeile, auf der ich mich nur mit Spickzettel und auf ausgetretenen Pfaden bewege. Statt einer Mitgliedschaft im Individual Network e.V. und einer geregelten UUCP-Anbindung über die FU Berlin zu nutzen, kaufe ich mir beim Apple-Händler am Steinplatz meinen ersten Mac, das PowerBook 150 mit Claris Works für 2086 DM. Irgendwann folgt ein Macintosh Performa 5200, ein all-in-one Desktop ähnlich dem iMac. Das sind die ersten Geräte, denen ich einen Namen gebe. *Simpson1*, gefolgt von Nr. 2 usw. Das gute ClarisWorks animiert mich, ein Fachbuch über das Internet zu beginnen. In grenzenloser Überheblichkeit kann ich mir damals überhaupt nicht vorstellen, dass es mal bessere Schreibprogramme geben könnte, doch nach nächtelangem Schreiben, Editieren, Sortieren und Verkürzen gebe ich die Sache nach etwa 198 Seiten auf. Es passiert einfach zu viel im Netz. Vielleicht werde ich später einmal darauf zurückkommen.

Meinen Mac liebe ich wie die alte Olivetti, auch ohne eingebaute Magie. Seit der Classic-Version bis zum OS 8.6 mache ich jedes Update mit. Jeder Neustart verursacht die typischen Klänge. Mailen kann ich mit Eudora, Daten auf Server verschieben mit Fetch. Ich baue mir eine nette Startseite und kaufe mir noch weitere Software. Zuerst PageMill und BBedit. Das MS-Office schenkt mir Microsoft an ihrem Stand auf der CeBit. Meine laienhafte Methode, den Computer zu nutzen, war allzu oft die des draufgängerischen *trial & error*.

Bis sich Alexander, ein junger Systemverwalter der GMD (Gesellschaft für Mathematik und Datenverarbeitung) fand, der mir nachsichtig einige Lektionen am Mac gibt. Ich lerne Dateien vernünftig zu verwalten, mein kleiner Mac funktionierte besser. Die Anbindung des Rechners an das Internet läuft über ein Modem. Nie werde ich das allmächtige Gefühl vergessen, als mein Modem zum ersten Mal das krächzende *Badoink-düt-düt-liii-scccchhhrrr...* Geräusch von sich gibt, mich mit dem Internet verbindet und mir den Zugriff auf alle erträumten Dienste gewährt. Ich habe zwar eine leise Ahnung, dass ich damit meinen Rechner unbekannten Gefahren aussetze, glaube aber, das durch volle Konzentration und Umsicht kontrollieren zu können. Dass ich mit dieser Methode wie jeder beliebige andere Rechner Teil des weltweiten Rechnerverbunds war, und das ohne die geringsten

Schutzmaßnahmen zu ergreifen – das Wort Firewall war mir noch gänzlich unbekannt: Man muss auch Glück haben im Leben. / Yeah!

Ich nutze mein Eudora-Mail täglich – meine Kontakte bestanden fast ausschließlich zu Universitäten – und schreibe aussagekräftige Betreff-Zeilen. Mein Mac bekommt einen Vornamen. Erst später fällt mir auf, dass ich bei meinem Simpson bei der Zeitangabe das Jahr statt auf 1994 auf 1904 eingetragen hatte.

In 8 Sekunden um die Welt

Buchhändler-Glück – mit interessantem Publikum bereichert – mit offenen Ohren, um so früh den Zugang zum Internet zu finden. Lande, wie viele vor mir, bei WIRED. Und das Cyberzine Hotwired entwickelt sich zum Trendsetter im Internet. Es ist eine Mischung aus Kolumnen, Zeitung, Werbung und Verkauf. Die kalifornischen Hersteller von WIRED bezeichnen es als *„Kontext Business"* und hoffen damit eine *„neue Art des Denkens für ein neues Medium"* gefunden zu haben. Als das Magazin 1993 zum allerersten Mal erscheint, stammt die Titelgeschichte von Bruce Sterling. Und im Heft gibt es Themen wie *„Das Internet ist ein virtuelles Dorf, das Menschen auf der ganzen Welt verbindet und vereint."* von Howard Rheingold. Er verwendet vielleicht als Erster in seinem Buch den Begriff *„Virtuelle Gemeinschaften"*. So etwas habe ich gesucht. Hinter der weltweiten Verknüpfung von Servern, Routern und Computern verbirgt sich eine ganz eigene schattenhafte Welt. Vielleicht gibt es hier die Lösung für all das Wesentliche? Wir erwarten, zuerst, dass soziale Schranken mit Hilfe des Netzes aufgehoben würden, zur Entstehung einer echten, menschlichen Gemeinschaft. Historische Momente. In Newsgroups und Chat-Foren treffen Gleichgesinnte aufeinander, lernen sich kennen, reden, deuten, diskutieren und schimpfen. Wer im Usenet-Forum net.singles unterwegs ist, kann mit einer Art frühem Chatbot oder einem selbstständigen Textgenerator Bekanntschaft machen.

Ein anonymer Schreiber behauptet gar, er käme aus der Zukunft und schreibt nicht mehr in der Ich-Figur. Ich lösche das Chatlog, ja, es gibt einige spannende Rätsel, die niemals gelöst werden. Spam. Man hält sich an das Alltägliche. Mein kleines Langenscheidt-Wörterbuch: Deutsch-Englisch, Englisch-Deutsch fällt langsam auseinander. In unzähligen E-Mails feiert eine verloren geglaubte Kunst, die des guten, alten Briefe-Schreibens, eine fröhliche Wiederauferstehung. E-Mail ist die erste Killerapplikation des Netzes. Einfache, schnelle Kommunikation, vielfach ohne Großbuchstaben, privat und dienstlich. / ... Leerstellen.

Und meine Mails erkennt man untrüglich an lächelnden Smileys, Seitenrand und Blocksatz. Oder eben daran, dass dann die Antworten wie Kraut und Rüben aussehen.

Kurz vor Feierabend

Es könnte auch schön sein... <dialog> Zukunft umarmen, aktiv gestalten. Neue Kultur kommt aus dem Westen. Vor der Tür: *„Hallo Mr. Cullen...“*. Der Ami wohnt am Steinplatz, hat Probleme mit seinem Drucker – und hat seinen Freund Christo eingeladen, den Berliner Reichstag zu verhüllen...

Cullen ist überzeugt. No way, ich kann mir nicht vorstellen, dass unsere Regierenden sowas zulassen. Totaler Quatsch! Der Laden ist ein guter Ort, um über unausgereifte Pläne zu sprechen. Greif- und spürbar, was in der Bildschirmwelt wie Lichtteilchen täglich langsam vorüberflackert. Weshalb es nie langweilig ist. Hellwach werde ich bei den unzähligen Verschwörungstheorien, die man mir kurz vor Feierabend nahebringt. Es geht um geheime Wirtschaftskriege der USA gegen Europa, Manipulation unserer Presse. Besorgte Gespräche der Anwesenden im Ohr, heimliche Kassiber, Disketten, gar Kassetten, werden zugesteckt, Programme zum Codieren, die ich unbedingt lesen muss. *Dringend!*

Einfach kopierbare Audiokassetten sind Anfang der Achtziger für einige Homecomputer das Speichermedium, bei dem die Signale sogar über Radio und TV-Sendungen – wie beim WDR-Computerclub – übertragen wurden. Noch vor meiner Computer-Zeit war Kopieren von Band zu Band, von Disk zu Disk überall angesagt.

Ein anderer hat gar ein neuartiges Kommunikationssystem entwickelt und weiß nicht, wem er das erzählen kann. Seine Idee hört sich mutig an. Ich höre zu. Helfen kann ich kaum. Es gibt Nachrichten, die ich nicht verstehe. David Gelernter hat ein visionäres Buch zur Zukunft der Computertechnik geschrieben. Sein Buch „Mirror Worlds“ gilt vielfach als visionär in Hinblick auf die Entwicklungen des World Wide Web. Nun wird er durch eine Briefbombe des technikfeindlichen Unabombers, des Ex-Mathematikprofessors Ted Kaczynski, sehr schwer verletzt. Warum nur?

Nach der Party, hilfreiche Lektüre in der Buchabteilung ist die *„Updated Internet Servies List“* von Scott Yanoff. Bei Addison-Wesley erschien das Buch *„In 8 Sekunden um die Welt“.* / Zeitzeugen?

FAQs

Im frenetischen Gewirr der Werbebanner und animierten Icons kann sich heute keiner vorstellen, wie schlicht die Webseiten der 1990er Jahre aussahen. Ich bin kein Perfektionist, doch drei, vier HTML-Tags sind rasch gelernt, wie ehedem die wichtigen U-Bahn-Knoten, bis der Rhythmus stimmt. Das Ergebnis, die eigene Seite, steht im Handumdrehen im Netz. Ein Nachbau der ersten WWW-Seite gibt es hier: http://info.cern.ch/hypertext/WWW/TheProject.html

Um Neueinsteigern den Umgang mit dem Internet zu erleichtern, haben sich in vielen Newsgruppen zahlreiche erfahrene Nutzer zusammengefunden, um die „häufig gestellten Fragen“ (Frequently Asked Questions) zu beantworten. Diese Sammlung der „FAQs“ sind themensortiert und werden in regelmäßigen Abständen in passende Newsgroups gepostet. Mit Hilfe der FAQs sind die meisten Fragen der Gemeinschaft kompetent beantwortet und gleichzeitig die Neulinge mit den Spielregeln im Internet vertraut. Die Netiquette, der Netz-Verhaltenskodex, untersagt beispielsweise SPAM. Sobald eine Information irgendwelche Werbung enthält, wird das recht unangenehm für den Sender. Jedes Mal im September, wenn die Kastanien fallen und die Erstsemester in Amerika Zugang zum Usenet bekommen, sinkt das Niveau der Kommunikation. Relativ schnell ist es wieder im Lot, und die Neuen passen sich der Netiquette an. Das funktioniert so lange, bis neue große Provider kamen. Und diese haben vor lauter Dollarzeichen in den Augen kaum ein Wort über die Existenz der Netiquette verloren…

Das „Internet Talk Radio“ geht auf Sendung. Carl Malamuds regelmäßige Radiosendung in Form von Interviews mit Netzpionieren, die wir als Audio-Dateien auf CD-ROM anbieten. Ist das bereits der Übergang – von einer Informationskultur zu einer Kultur des Austausches? Gute *„connectivity“* ist Anfangs der Neunziger unter den

Insidern ausgesprochen kostbar. Die Zusammenarbeit im Internet und Abwehrhaltung gegen all das, was mit Microsoft zu tun hatte, lebt uns vor, wie lose Netzwerke aus weltweit verteilten Anwendern anspruchsvolle Aufgaben bewältigen können, die bis dahin nur großen Unternehmen vorbehalten waren. Das macht uns mutig, nicht nur mit Open Source, Linux und Wikipedia. Die Welt wollte neu sortiert werden. / Neuordnung der Sinne…

Gopher

Auf dem Weg zur Mensa versucht man mir mal wieder vergeblich palästinensische oder kurdische Flugblätter in die Hand zu drücken. Es kam mir so vor, als hörte ich Spott hinter meinem Rücken. Doch interessiert war ich heute an etwas ganz anderem. Dank der verschiedenen Netzwerke, die irgendwann zum Internet zusammenwuchsen, standen längst unzählige Server mit Newsgroups, Gopher, FTP, Mail usw. zur Verfügung. An der University of Minnesota wurde Gopher entwickelt, um große Datenmengen über eine menügesteuerte Oberfläche abzufragen. Dieses Tool erhielt den Namen Veronica [21].

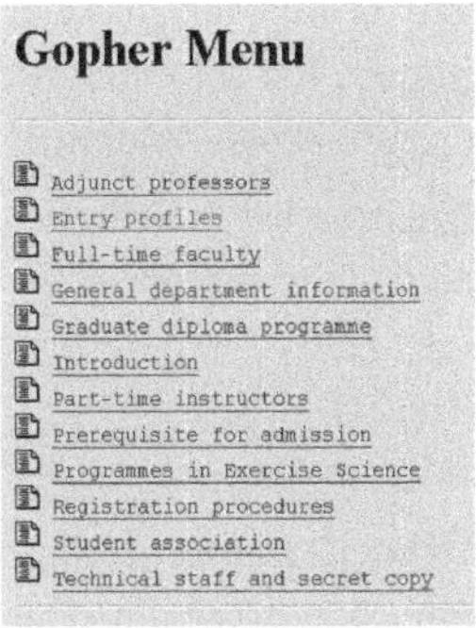

Veronica durchsuchte monatlich alle Gopher-Verzeichnisse, die beim Server der University of Minnesota angemeldet waren. Doch nicht alles war frei und kostenlos. Es gab bald Lizenzgebühren, die die University of Minnesota für die kommerzielle Nutzung des Gopher-Protokolls forderte.

Ich war nicht ganz zufällig im gleichen Jahr mit den Gopher-Leuten aus Boston im Gedrängel der Frankfurter Buchmesse, als sie ihren Vertrag mit einem großen wissenschaftlichen Verlag unterzeichneten. Ein Triumph, und einer der seltenen Gelegenheiten, die Geld in die klammen Kassen der Gopher-Entwickler brachte. Gopher hatte weltweit immerhin gut über 50.000 Installationen, das Web wenige hundert.

[21] Very Easy Rodent-Oriented Netwide Index to Computerized Archives

Im Taumel der Nacht habe ich mit den Entwicklern den lohnenden Vertrag in einer Apfelweinwirtschaft gefeiert. Wer weiß, was in dieser Nacht noch passierte. Die Engländer waren darauf trainiert, in Pubs Unmengen von Bier zu trinken, und nach jedem Bier wurde mein English better. Bier schäumt, ich schlürfe den Schaum. Der Film läuft ruckartig, stoppt in der Nacht. Personen verschwinden und die Szene tritt in den Hintergrund. Trubel – und wieder Stille Das Internet gibt sich seine Regeln selbst. Allein die gewaltige Idee… / Morgens der Sonnenaufgang über Sachsenhausen.

Wie immer, wenn ich von so vielen Leuten kam, brachte ich einen Sack Eindrücke und Ideen mit. Und voller Energie erreichte mich eine andere Nachricht. Gerd Miske, mein liebster Kollege aus Köln, wechselte zu O'Reilly. Er solle die deutsche O'Reilly-Niederlassung in Köln mit aufbauen. Gerd, unverfälschter Rheinländer und in hohem Maß integer. Es gab wenige wie ihn. Stolz auf meinen Kollegen, freue ich mich für ihn, habe jedoch damit einen der wichtigen Verbündeten und Vertrauten verloren. Wir sprachen dieselbe Sprache. Wir sahen uns noch auf Events. Er verstarb unerwartet, viel zu früh um Weihnachten 2014.

Gerd ist weg, sein freundliches Lachen, wenn er mir hier mal was von den Proxys erzählte, ist geblieben, für immer. Ich sehe ihn auf Wolkenlicht sitzen, beim Programmieren einer freundlichen Zukunft…

Ein Nachruf erschien als Blogbeitrag bei O'Reilly. Die archivierte Fassung ist bei archive.org abrufbar.

Zeit des Online-Idealismus

Offene Wege. Formatieren. Wir beschleunigen. Das Internet hat in Deutschland seinen Ursprung in den Computerzentren der Unis Karlsruhe und Dortmund. An der FU-Berlin gibt es eine Liste der erreichbaren Web-Server.

Das Lehmanns-Angebot ist in Berlin nach den Universitäten und Instituten die stolze Nummer sieben!

Allerdings wären wir ohne wohlwollende Hilfe der Community schon zu Anfang mit der neuen Technik überfordert gewesen. Aber man muss auch nicht alles selber können.

Vera Heinau und Heiko Schlichtung sind bei Problemen mit der Anbindung behilflich. Bei EUnet helfen Axel Pawlik, Rainer Klute,

Stefan Deutsch und Marc Sheldon, erste Fragen zu beantworteten. Jeder duzte jeden, solidarische und zukunftsgewandte Aufbruchstimmung. Ich hoffe, unser Verhältnis zu höheren Intelligenzen wird einmal so ähnlich sein. Esther Dyson erkennt die Zeichen der Zeit und schuf einen monatlichen Newsletter »Release 1.0«, ein Diskussionsforum für alle Fragen, die sich aus der Nutzung des Internet ergeben. Ihr späteres Buch, Release 2.0 – Die Internet-Gesellschaft – Spielregeln für unsere digitale Zukunft, verkauft sich bei uns nicht. Zukunft bedeutet Unsicherheit...

Das gelobte „globale Dorf", eine neue Demokratie der Gesellschaft im *Cyberspace* erscheint möglich. Während das Konzept schon 1964 von Stanislaw Lem beschrieben wird, verwendet William Gibson den Begriff das erste Mal 1982 in einer Kurzgeschichte. In *„Virtuelle Gemeinschaft"* beschreibt Howard Rheingold bereits die auf Online-Interaktionen aufgebauten sozialen Beziehungen. Und für ihn scheinen die Menschen Kommunikation mit anderen Lebewesen viel interessanter zu finden als die Kommunikation mit Datenbanken. / Kochen für Freunde.

Systeme ohne Maus

Im Vorfeld wurde wild spekuliert, in Online-Foren wieder einmal Diskussionen zu unbekannten Dateierweiterungen, zu Außerirdischen und seitenlange Tutorials über richtiges Hacken. Die Liste ist lang. Ich kann nicht sagen, dass Sicherheit ernsthaft auf meinem Radar ist, so wenig wie ein Seitenscheitel. Bei den Kunden spielt das aber eine relevante Rolle, darin ist u. a. das große Interesse an BSD-Betriebssystemen[22] begründet.

NetBSD wurde ab 1993 entwickelt, läuft auf über 50 verschiedenen Hardwareplattformen und dürfte das BSD-UNIX mit den meisten Installationen sein. Im gleichen Jahr erscheint auch FreeBSD, dieses war jedoch nur für x86 Plattformen entwickelt worden.

Wer ein solides, sicheres Betriebssystem für seine Server sucht, traf mit OpenBSD und seiner Community die beste Wahl, da die Entwicklung von Anfang an auf größtmögliche Sicherheit hin optimiert wurde. OpenBSD ist nach wie vor ein System der Wahl für sichere Anwendungen, z. B. als Betriebssystem für eine Firewall.

[22] Berkeley Software Distribution

Wir führten, als es noch üblich war, solche Distributionen auf Datenträger zu pressen, eine Auswahl an BSD-Software auf CD-ROM, boten sogar eine Distribution als Eigenproduktion an, die von versierten BSD'lern zusammengestellt worden ist.

Wer sich aber für ein solch komplexes Betriebssystem interessiert, kommt meist auch damit klar, dachte man. Typischer Spruch: *„Systeme, die idiotensicher sind, werden ja auch nur von solchen bedient."*

Auch die ersten Browser waren rein textbasiert, manche, z. B. Lynx, existieren heute noch und man kann ohne (aber auch mit) Maus von der Konsole aus Webseiten aufrufen und anzeigen, zumindest sofern sich die entsprechende Seite auch ohne Javascript anzeigen lässt. Da ich idiotensichere Systeme bevorzuge, ist ein solcher Browser für mich eher weniger gut geeignet ;-). / .well-known/ .

„In dubio pro libertate"

Offene Welten, schöne Aussicht, und die Wirbelsäule holt uns ein wie das Echo. Allein unterwegs. Virtuelle Welten sind ein nahezu perfekter Ort, um menschliche Bedürfnisse zu studieren. Im Netz gibt es eine Menge lesenswerter Themen, von Copyright über Kryptographie hin bis zur Technik, Kunst und Politik im Internet. Obwohl unsere Bedürfnisse unterschiedlich sind; die einen suchen Gemeinschaft, andere eher Informationen – ist unser optimistisches Netzwerker Motto: *„Das Netz interpretiert jede Zensur als Fehler und umgeht sie." :-)*

Das Internet hat eine netzartige Struktur, eine dezentrale Kommunikationsverbindung für den Austausch von Daten. Es ist seit seinen Anfängen unkontrolliert und sehr schnell gewachsen. Eine Computerzentrale oder ein Steuerungsrechner existieren nicht. Vielmehr soll jeder teilnehmende Rechner in der Lage sein, über sogenannte Knotenpunkte mit jedem anderen Rechner über ein dichter werdendes Datennetz zu kommunizieren. Von vornherein versucht man so auszuschließen, dass ein einzelnes Land, ein Staat, eine Institution oder ein Unternehmen die Hoheit über das gesamte Informationsnetzwerk gewinnen kann. Träume...

Medien und Business-Welt nehmen langsam Notiz vom Internet. Suchmaschinen oder sonstige bequeme Services im Netz sind noch nicht erfunden, und schon gibt es einen Wettbewerb um den Kundennutzen. Auf AltaVista, Yahoo und Google müssen wir noch lange warten. Man kann aber schon mit so praktischen Services wie *Archie* weltweite

FTP-Archive absuchen. Mit „Archie" hatten Peter Deutsch und seine Mitstreiter an der McGill-Universität in Montreal schon früh eine Suchmaschine für FTP-Server entwickelt. Archie erregt nicht nur Interesse an den Universitäten – nach nur sechs Monaten gab es mehr als 60 Archie-Server.

```
-------------------------------------------------------------------
„Das EUnet Handbuch - Zugang zu weltweiten Computernetzen."
EUnet Deutschland GmbH (Hrsg.), 1993. 263 Seiten. Im Ordner
DM 79,- [Paschke]
-------------------------------------------------------------------
```

Der Plan geht auf. Das erste Buch, bei dem ich aktiv mitwirke, ist das *EUnet Benutzerhandbuch.* Dieses Ringbuch im innovativen Time-System-Format umfasst E-Mail, Archivdienste, NetNews, Archie, Gopher, Vernetzung von UNIX-Systemen mit UUCP (Stefan Stapelberg) sowie Dienste und Protokolle (Andreas Schachtner) und natürlich die Tarife. Zur Herstellung des Buches, das es ausschließlich bei uns gibt, bestelle ich leere Time-System-Ordner und kopiere die Seiten im Copy-Shop. Somit ist das Buch immer in Bewegung und aktuell. Warum kam keiner auf die Idee, das legendäre Buch auch online zu stellen? Vielleicht, weil es für die zukünftigen Nutzer gedacht war, die eben noch gar nicht online waren. Linux und Internet waren Themen, die sich rasend schnell entwickelten. Ich versuchte, die neuen Entwicklungen irgendwie zu verstehen und organisierte – rückblickend – zukunftsweisende CeBIT-Events wie: *„Ist das Internet der Tod des Buchhandels?“* / Es gibt Tasten auf der Tastatur, die ich nie benutze.

Kapitel 10

Das Internet – World Wide Wach

Einmal in der Woche bekomme ich die Computerwoche. Das Internet eröffnet Unternehmen eine völlig neue Ebene der Kommunikation und Information. Erste Umfragen und meine eigene vage Erfahrungen ergeben, die Web-Besucher sind überdurchschnittlich gebildet, weltoffen, spielfreudig und neuen Trends gegenüber sehr aufgeschlossen. Viele Unternehmen, auch aus der Medienbranche, ignorieren oder unterschätzten die Bedeutung des Internets wie unsichtbare Tinte. In Deutschland kennt man Internet eher aus dem Kino. Für die, die damals online waren, fühlt sich eine Beschreibung der Online-Welt aus dem Jahr 1994 heute an wie eine Erklärung der Dampfmaschine. Ich vergesse nie diesen Zeitabschnitt, das Jahr mit dem schnellsten Wachstum in der Geschichte des Web. In einem Jahr springt das Web von 700 auf 12.000 Websites; ein Jahreswachstum von 1.700 %. Die Masse der im Internet verfügbaren Informationen scheint unüberschaubar. Jedes Mal, wenn ich online bin, begegnet mir Neues.

Zu der Zeit gibt es weder Amazon, eBay, Google noch Wikipedia. Von Facebook hatte nicht mal der zehnjährige Mark Zuckerberg was gehört. Nicht mal ein Starbucks mit überteuertem Kaffee „zum Davonlaufen“ gibt es. Die Anzahl der Seiten im gesamten Web am Ende des Jahres ist vierstellig, während es mittlerweile rund 200 Millionen aktive Webseiten gibt.

In der Zeit wurde Yahoo gerade gegründet. Microsoft entschloss sich immerhin, neben einer Präsenz bei CompuServe eine eigene Website online zu stellen. Auch ein erstes Blog erschien im gleichen Jahr, als der mutige Student Justin Hall von seiner Website „Justin's Links from the Underground, to connect with the outside world" startet. Hall veröffentlichte dann elf Jahre lang Beiträge auf dieser Seite und galt als einer der Gründungsväter des privaten Bloggens. Tatsächlich unterhielt man sich darüber, ob man den Empfang einer E-Mail jedes Mal bestätigen sollte. Meine Lösung in der Frage war vom Absender abhängig. Bei Bestellungen immer, ja, mit freundlichem Dank, bei ständigen Kontakten nervte es die Absender nur. Zudem bin ich jemand, der eine Reaktion per E-Mail ungeduldig in einer Stunde erwartet und selbst immer umgehend antwortet. / Klick, klick, klick.

Wissenstransfer und Metadaten

Browser installieren. *On.* Digitale Medien haben in der Informationsgesellschaft Einzug gehalten, verbreiten sich so rapide, dass bereits von einer zweiten Gutenberg'schen Revolution, einer elektronischen, die Rede ist. Einer der großen Datenbankanbieter der verschiedensten Art ist Genios. Zum ersten Mal denkt man über die Vergänglichkeit von Lexika nach. Dem Buchhandel steht Veränderung bevor. Verlage, Bibliotheken sind dabei, sich auf die neuen Grundlagen des Wissenstransfers einzustellen und Wege in eine vernetzte Zukunft zu finden. Berliner Unis und Bibliotheken führen eine jahrelange Diskussion über die Möglichkeiten zur Katalogisierung wissenschaftlicher Online-Informationsangeboten. Bald gibt es zahlreiche liebevoll geordnete Listen mit Anbietern von Informationen. Keine ist komplett. Die Entwicklung ist einfach zu schnell. Eine wichtige Rolle bei der Schaffung solch einer globalen digitalen Bibliothek spielen Verlage und Datenbankanbieter, indem sie Wissen elektronisch aufbereiten und bereithalten. Werden *Metadaten* uns Buchhändler bald ablösen? Die Möglichkeit des elektronischen Publizierens erfordert völlig neue Verbindungen zwischen Verlagen, Wissenschaftlern und Fachinformationsanbietern. / Spielräume. Fragmentierung.

Medoc, Ariane und Global Info

Wir gingen davon aus, dass das wissenschaftliche Verlags- und Buchhandelswesen ein wesentlicher Bestandteil der deutschen Forschungs- und Bildungsinfrastruktur sei und man eine gemeinsame Suchmaschine entwickeln sollte. Trotz, oder wegen großzügiger Fördergelder, diskutiert man noch heute. Für das Projekt Medoc (Ariadne), mit dem Untertitel *„Information als Rohstoff für Innovation"*, engagiere ich mich voller Zuversicht und fahre einige Male zu den Treffen der FU Berlin. Ziel eines Projekts war es, Wissenschaftlern von ihrem Arbeitsplatz aus einen schnellen Zugang zu elektronischen Datenbanken, multimedialen Texten, Literaturhinweisen, Fakten und Software zu verschaffen. Wissen soll fließen, sich vernetzen. Bibliotheken ohne Grenzen. *Code is Law.* Ich hoffte, dass mir diese neuen Kanäle der Kommunikation und Wissenspräsentation vertrauter würden, wenn wir sie mitgestalten. Der Buchhandel war bei diesem Projektteil zwar weniger gefragt, dafür wurde Lehmanns als einzige Buchhandlung beim Teilprojekt Global Info/Verlage berücksichtigt und die IT konnte mit den Fördergeldern wesentliche Teile des späteren Webshops entwickeln.

Insgesamt kann man aber sagen, dass viele Aktivitäten und großartige Ideen wieder einmal im Sande verlaufen, speziell bei den Unis dienen solche Projekte eben primär der Akquise von Drittmitteln zur Finanzierung von Stellen für wissenschaftliche Mitarbeiter und weniger dem Erarbeiten von Lösungen… / Lust eine zu qualmen.

Open Access

Unter dem Druck steigender Preise für wissenschaftliche Publikationen bildet sich eine internationale Open-Access-Bewegung. Ziel ist es, Publikationen – als Ergebnisse geförderter Forschung – der Öffentlichkeit wiederum kostenfrei zur Verfügung zu stellen.

Der Link als einfache Zugriffsmethode auf alle Dokumente. Der freie Zugang zu wissenschaftlicher Information – eine wirklich gute Idee, auch wenn die Auswirkungen auf den Buchhandel desaströs sind.

Weil, wissenschaftliche Dokumente unter Open-Access-Bedingungen zu publizieren, bot die Möglichkeit, diese Dokumente zu lesen, herunterzuladen, zu speichern, zu verlinken und zu drucken. Typische deutsche Auseinandersetzung, überall Bedenkenträger, kein Ende der Diskussion; keine Lösung absehbar. In der Rückschau beginnt hier etwas, was ähnliche Steigerungsraten wie das Internet hat: Open Access. Ich bin wieder viel zu ungeduldig.

Informationssuche

Password? *„Wir sind nichts; was wir suchen, ist alles.“ Friedrich Hölderlin.* Er ahnt die Navigation in der Wildnis des umformatierten Cyberspace nicht. Es ist heute schwer vorstellbar, doch eine der größten Herausforderungen des Internet mit seinem wild wachsenden Seiten-Geflecht ist die Informationssuche. Nicht wie jetzt, wo relevante Inhalte im Netz für viele oft wenig sichtbar sind oder diese von anderen Inhalten überlagert werden. In diesem Schlaraffenland fehlten einfach noch gute Werkzeuge zur Orientierung. Und die ersten Bücher über das Thema Internet tauchen auf. Harley Hahn, „The Internet Complete Reference“, Scheller et al., „Internet-Werkzeuge und Dienste“, Rainer Klute, „Das WWW-Kompendium“.

Ich begann, ohne literarische Berufung eine Art Internet-Benutzerhandbuch zu schreiben. Auf schnelle, umfassende Informationen angewiesen, habe ich mir angewöhnt, Informationen aus dem Netz zu holen, insbesondere Mailinglisten zu abonnieren oder News zu lesen. Ich nutze das gesamte Web, kann relevante Diskussionen mitverfolgen und habe die Möglichkeit, weltweit mit Wissenschaftlern, Autoren, Verlagen oder allen anderen Händlern zu kommunizieren. Der beliebte Austausch von Dateien per FTP oder auch als Attachments zu E-Mails hat sich inzwischen sehr bewährt. Die Möglichkeit, Informationen per E-Mail schnell an mehrere Empfänger zu verteilen – einfach genial. Als Internet-Nutzer erlebe ich nun, dass ich für meinen Job weniger die Fachzeitschriften, sondern das Internet nutze. Es ist möglich, mit dem Internet viel Geld zu verdienen. Goldgräberstimmung. Manche meinten, einfach eine coole Domain registrieren und später an Interessenten teuer verkaufen. Einige taten das, manchmal hat das geklappt, oft aber auch nicht, da solche Schlauberger selten berücksichtigen, dass sich das Internet nicht im rechtsfreien Raum befindet und diverse Schutzrechte zu beachten sind. Ich bin an solchen Dingen ohnehin nicht interessiert und es kam mir instinktiv auch nicht ehrlich vor. Erste simple Webseiten für Kumpels und Bekannte erstelle ich allerdings, bei Interesse und Sympathie, gern und sogar ohne Bezahlung. Eine kreative Beschäftigung. Auf Grundlage des Bookshelf-Interfaces bringt Microsoft mit *Encarta* eine eigene multimediale Enzyklopädie auf

CD-Rom heraus, die auf Hyperlinks setzt und sich intuitiv benutzen lässt.

Ursprünglich will Microsoft mit der Encyclopedia Britannica zusammenarbeiten. Doch der altehrwürdige Lexikonverlag befürchtet eine negative Auswirkung auf den Verkauf seiner gedruckten Versionen. Adobes Meilenstein im gleichen Jahr wird das Erscheinen vom *„Portable Document Format"*, unser geliebtes PDF.

Das erfolgreiche Buch für Studenten 1993 wird Abelson/Sussman: *„Struktur und Interpretation von Computerprogrammen"* und typische Einsteigerliteratur für Computer: *„Der mit der Maus tanzt"*. Alle Kolumnen aus der PC Professionell. Systhema Verlag, von Ralph Möllers. Ein Buch für Zukünftige: Ray Kurzweil sagt die Zukunft einiger technischer Entwicklungen voraus, die künstliche Intelligenz würde bereits in den 2040er Jahren tausende Mal klüger als der Mensch sein. Zudem würde die Kluft zwischen „wissensnahen" und „wissensfernen" Gruppen mit der Zeit immer größer und könnte zu einer Spaltung der Gesellschaft führen. Wir werden es (nicht) erleben... / blau gegen orange.

Katalogisierung und Indizierung

Die Luft, warm vor Sehnsucht. In Gedanken rede ich mit mir. Sortierarbeit.

Available: Paul Bowles, ja. Manchmal sind es die kleinen Dinge, die den Tag vollbringen. Kiloweise gutes Gefühl: Cotta's Bibliothek der Moderne, Wagenbach, Insel, Beck, Hanser, Matthes & Seitz, Fischer, Rowohlt, Haffmans und Eichborn hatte ich in den vergangenen Tagen zufrieden nach Hause geschleppt. Manche verfügten über ansprechende Cover, andere boten Lesebändchen und guten Druck auf hochwertigem Papier. Ein Grund, warum ich gerne als Buchhändler arbeite, war die ständige Suche nach Neuem. Es gibt Bücher und Dinge, von denen ich nicht mal ahne, dass es sie gibt. Im Buchhandel und nun im Internet kann man ihnen leicht begegnen. Unbekanntes. Entdeckungen. Weltliteratur.

Jahre kommen und gehen. Anfangs genügten Webkataloge, um die Inhalte des Internet zu erfassen und zu präsentieren. Man will die gesamten Seiten des Internets in einem Katalog aufnehmen, wie die Bücher einer Bibliothek. Die Nutzer können diese immer wieder aktualisierten Webkataloge selbst durchblättern. Es gibt

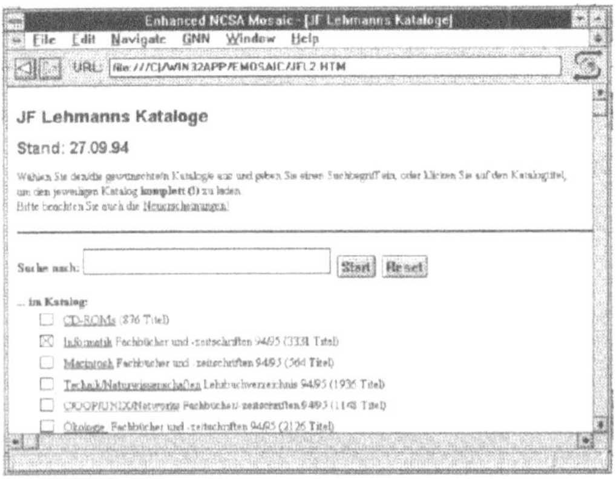

verschiedene Themen mit Kategorien und Unterkategorien, denen die Seiten zugeordnet sind. Das war schon bald zu umfangreich und lästig. Crawler und Spider waren Programme, die automatisch regelmäßig Webseiten durchsuchen und Ergebnisse katalogisieren. Und immer mehr Seiten konkurrieren bei den Treffern. Wer besonders viele Begriffe aus der Suche auf seinen Seiten hat, landet oben in der Trefferliste.

Trendscout

Kann ich das? Versöhnliches Telefongespräch. Hätte ich gewusst... Ich sehe viel und durchschaue wenig. Der Web-Crawler, den ich mag, indiziert den Inhalt der WWW-Dokumente. Bei der Suche kann man Begriffe in ein Formular eingegeben und mit *„und"* bzw. *„oder"* verknüpfen. Das Ergebnis kann dann auch ein Gopher- oder FTP-Dokument sein, das Netscape per Mausklick auf meinen Rechner holt. Ein gutes Beispiel für virtuelle Bibliotheken sind die „Electronic Library" von Tilburg und Utrecht.Bekannte virtuelle Bibliotheken zu dieser Zeit sind auch Yahoo an der Stanford University oder die „Virtual Library" am CERN, dem Ursprungsort des World Wide Web. Hier sind Informationen alphabetisch nach Themen aufgelistet. Nachdem der Nutzer sein Thema gefunden hat, gibt es per Mausklick einen Verweis zu dem Dokument (Hypertextlink). Damit ruft man das Dokument ab, gleichgültig, auf welchem Server in der Welt es auch liegen mag. Beim Navigieren kann man durch die einzelnen Menüpunkte immer tiefer in Themenbereiche eindringen.

Der Scout Report, eine wöchentliche Veröffentlichung, angeboten vom InterNIC, eine schnelle und bequeme Methode, um sich über Internet-Aktivitäten zu informieren. Er dient dazu, ausgewählte und neu entdeckte Internet-Ressourcen an zentraler Stelle zu sammeln. Der Report deckt einen weiten Themenbereich ab, die Themen orientieren sich an den Interessengebieten des InterNIC-Publikums: Forschung und Lehre. Von jeder Ressource im Report wird der Inhalt analysiert und geprüft, sodass der Zugriff spätestens einen Tag nach Erscheinen des Reports möglich ist. Der Scout Report ist in verschiedenen Formaten erhältlich: Per Mailing-Liste, als reiner Text oder im HTML-Format, über Gopher als Text sowie im WWW. Die Ausgaben im Gopher und im WWW enthielten Links zu allen im Report erwähnten Internet Ressourcen. Der Report erschien jedes Wochenende.

Wochenende

Zeitsatire. Die Zeit anhalten. Frank Sinatras Song: *„I did it my Way"* im Ohr, schlürfe ich gerade meinen Kaffee. Geruchsempfindung von Thymian, Asphalt und Bücherstaub. Wenn Vergangenes einen Geruch hat, dann diesen. Es gibt UFOs, richtige Wochenenden. Lesen, Kino, Kochen, entspannende Ausflüge durch die Natur. Nach den

Achtuhr-Nachrichten will ich endlich mal wieder Prousts *„Suche nach der verlorenen Zeit"* lesen. Ein Satz daraus hat ein schönes Motto: *Das wahre Leben ist die Literatur…* Andererseits – ich fühle mich jung.

Montagfrüh, kurze Kollegenbegrüßung. Der erste Gang in den nackten, kalten Keller, Mails lesen. Keine Antwort von *she*, keine von Schrödingers Katze. Kundenbestellungen und Anfragen, die sofort erledigt sein wollen. Schnelligkeit ist mir wichtig, ich weiß, wie ungeduldig ich selbst bin. „Eine erste ISDN-Lösung für Linux wird von Matthias Ulrichs entwickelt..." Jubel, während wir Wochenende haben, nutzen Leser unseren Online-Shop, um sich zu informieren und um Bücher zu bestellen. Noch sind es nicht viele, und sie bestellen eher teure Bücher, sehr oft gleich mehrere. Die Literaturrecherche in unseren Buchkatalogen spricht zudem eine zahlungskräftige Zielgruppe an. Wer so lange arbeitet, hatte wenig Zeit zum Einkaufen. Wir sollten unseren Aktivitäten weiter in diese Richtung überdenken. / Flucht ins 21. Jahrhundert.

Metaebene und Kundendaten

Einem Impuls widerstehen. Während ich den Gürtel weite, rollt die weiße Billardkugel mit Schwung. Kunden-Forderung: bestmöglicher Datenschutz. Der Besuch einer Webseite verläuft anonym. Anmelden ist nicht erforderlich, ohne Cookies muss alles funktionieren. Persönliche Daten werden zur Ausführung einer Bestellung benötigt (Rechnungs-, Lieferadresse), danach nicht gespeichert oder gar an Dritte verkauft. Das Übertragen persönlicher Daten und die zugeordneten Bestellungen erfolgt verschlüsselt. Damit heben wir uns von anderen Anbietern ab.

Datenschutz und Service zum Geschäftsmodell machen. Wenn auch große Softwareprogramme zum kompliziertesten gehören, was Programmierer derzeit herstellen, die Zeiten, in der IT als „Geheimwissenschaft" gilt, geht mit den Online-Shops zu Ende. Es hilft, sich Software weniger als Produkt, sondern als virtuelle Fabrik vorzustellen. Statt starre Pflichtenhefte gibt es kooperative Projekte mit schrittweise verbesserten Produkten. Meetings sind populär.

Und es begab sich zur Zeit der ersten *DEFCON*-Hackerkonferenz in Las Vegas. Man will eigentlich nur den Abschied von den guten alten Mailboxen verkünden, an deren Stelle nun das Web tritt. Das Event ist so populär angelaufen, dass es von nun an jedes Jahr stattfindet. Ich, schon komplett aus den Boards und Mailboxen raus, in die

Compuserve-Foren rein, nun im Web. Saß sicher in meinem Kellerloch, lauschte, wie sich der Laden füllt. Bevor ich hoch zu den wartenden Lesern eile, verschönere ich meine ungastliche Keller-Lizenz mit einem neuen Poster. Das gleiche Motiv hängt auch als großes Wandbild im *Kant*-Café. Der Titel: *„Ich, meine Freundin und all diese Männer.“* Und diese neuen Männer ließen sich gerade reihenweise die Haare kurz schneiden. / Currywurst?

CeBIT '94

Beschwingtes Gedrängel schon beim Einlass. Frühlingswetter. Bevor ich den Stand betreue, kann ich noch Werbegeschenke schnorren. Die in den Messehallen verteilten *YellowPoint CDs* enthalten dutzende Vollversionen großer Hersteller, Microsoft, Lotus oder Computer Associates, zum Freischalten. Diese ersten CDs sind unzureichend codiert und deshalb mit Hilfe mathematischer Methoden einfach zu knacken. Durch eine Aktion des CCCs funktioniert das Freischalten per „Interceptor“ auch ganz ohne „Bezahlen“.

Diese CeBIT hat weitere innovative Themen, die Besucher neugierig machten. Es ging um Technologien, die relevant sind: Internet und Open Source. Firewall als Schutz vor Hackern und anderen Eindringlingen macht die Runde unter den Entwicklern. Unser Auftritt auf der CeBIT 1994 in Halle 19 am Stand B 92 mit Linux und Internet war übervoll. Die Schlange der Neugierigen am Stand wurde den ganzen Tag kaum kürzer.

Während die Großen in teurerem Rahmen ihre altgewohnten Standpunkte wiederholten, hatten wir etwas Bewegung in die Branche gebracht. Der Verkauf lief so gut, wir machten weiter, auch über die Zeit…

Und geraten zum Vorbild mit unserem Online-Shop: *„So etwas, was die da in Berlin machen, hätt ich auch gerne für unseren Verlag“*, fordert ein bekannter Münchner Verleger beim anwesenden Provider nachdrücklich. Auch in München gibt es Verlage und neugierige Journalisten, die sich von ein paar jungen Leuten nicht abhängen lassen wollen. Der Erfolg ruft Mitbewerber auf den Plan. Klarheit.

Einen cleveren Ossi aus Jena hatten viele unterschätzt. Hier präsentierte er seine erste Version des Intershop-Systems als Software für den Online-Handel. Bei der Berichterstattung der Messe ging es wieder

vorrangig um die Dynamik der Macht, die großen Marken und ihre Werbekunden…

Jeder Mensch träumt. Auf der Höhe der Zeit. Offen für Wunder, trafen wir jungen Aktivisten uns am Heise-Stand, feierten gemeinsam den triumphalen Durchbruch.

Linux scheint wertvoller, gerade weil sich immer mehr dafür entscheiden. Mit der weiteren Verbreitung würde es auch neue Anwendungen geben. Mit Pessimismus geht ja nichts. Um die Kosten für unsere CD-Manufakturware zu reduzieren, hatte ich Provider-Werbung mit leicht zu installierenden Internetzugang mit auf die CDs gepresst. So konnte jeder schnell ins Internet. Unter den Mailboxbetreibern der frühen Neunziger gab es nun einige, die sich zu Internet-Service-Providern entwickelt hatten. / Volle Schubkraft voraus!

Tell me more!

Eine CeBIT-Halle ist Netzwerken gewidmet. Ich spähe als Fachbesucher aufgekratzt hin und her, kann doch zum Thema Internet, außer Routertechnik und etwas zum Thema Sicherheit, kaum Spannendes erblicken. Ist der eigene Eindruck von zu viel Messe-Gegenwart verstellt?

Stattdessen ein unvergessliches CeBIT-Erlebnis 1994. Gerhard Rossbach hat eine Podiumsdiskussion initiiert und so angekündigt: *„LINUX: FREE SOFTWARE – ODER KOMMERZ?“* Die provozierende Frage, bleibt Linux „Szene-Produkt“, oder hält eine „Public-Domain“-Software erstmals Einzug in die professionelle DV-Welt? Mittags beginnt die nerdige Party in voller Halle. Stadionatmosphäre.

An der Gesprächsrunde nehmen teil: Jürgen Gulbins (iXOS) Moderation, Svend Back (SunSoft), Dr. Michael Barabas (Springer-Verlag), Wolfgang Dzieran (Siemens Nixdorf), Dirk Hohndel (Uni Würzburg),

Bernhard Sommerfeld (Lehmanns) und Thomas Uhl (Thinking Objects). Eine überlaufene Veranstaltung in fröhlicher Stimmung, viele müssen stehen. Wenn auch die Diskussion anfangs noch hin und her schallte, unscharf war, Svend Back, als Vertreter der traditionellen IT-Industrie, ist sichtbar auf Rückzugsgefecht. Eine unendliche Zuversicht verbindet uns Aktivisten und Wortführer an diesem CeBIT-Nachmittag.

Genau diese Podiumsdiskussion nimmt dann Harald Milz zum Anlass, eine Übersicht über all die vielen neuen kommerziellen Anwendungen zu publizieren, erschienen in der iX 11/94. Daraus entwickelt sich das Linux Commercial HOWTO.

Ich versuche, den Spirit hinter Open Source hervorzuheben, mir scheint ein politischer Traum praktiziert. Linux gehört niemandem, jeder kann es nutzen. Dazu die Kooperation vieler Unterschiedlicher, die, im gemeinsamen Ziel vereint, etwas Neues, Großartiges schafften…

Auf der Suche nach dem Heimatplaneten

„Shach Nigeria Afrika Preisgeld Jugend“: Die gesuchte Seite wurde leider nicht gefunden. Alles weiß, alles versucht: Getto-Faust, Jazz, Funk, afrikanische Drums, mit jedem Jahr bebt die Luft dicker. Dabei vergesse ich mich selbst. Noch nie hatte ich etwas von *Afrofuturisten* gehört, und ich ahne, genau das kann mein Ding werden. Es stimmt, was sie sagen, wir alle waren im Körper einer Frau, wurden geboren. Einige wollten wieder dahin zurück. Aus dem Weltall stammend, das war neu. Im Begriff Afro-Futurismus sieht man Kunst, Musik, Mythologie und andere „schwarze“ Themen durch die Linse von Science-Fiction.

Die Erde, ein feindseliger Ort, gerade für Menschen mit dunkler Hautfarbe. Nur im Space oder der Virtuellen Welt war Zukunft möglich, frei von irdischen Vorurteilen, Diskriminierung und Rassismus. Jetzt sehe ich die Zeichen überall: Grace Jones, *By the Rivers of Babylon,* im Film „Cyber Bandits" androgyn, futuristisch und mystisch zugleich. Das gehört dazu. Auch die starken, subversiven Gemälde von Jean-Michel Basquiat gehören dazu. Schwarze Musiker spielen mit Elementen aus Science-Fiction und singen in seltsamen Kostümen von einer gerechteren Welt. Jazz-, Reggae-, Funk-Musiker setzen auf Zukunfts-Technologien und sind zur Überzeugung gelangt, dass sie aus dem Weltraum stammen und dass ihre Zukunft auch im Weltraum läge. Ihre Phantasie kreist ums Marihuana-Rauchen, Raumfahrt, Science-Fiction und Technologien wie das Internet.

Afrofuturismus ist Widerstand gegen die Bilder einer weißen Welt, einer weißen Geschichte. Man kontrolliere selbst die Zukunft, und sei es erstmal weltflüchtig im eigenen Kopf…

Dabei waren es schon zur Zeit des *„Wettlaufs ins All"* die sogenannten „Colered Computers", herausragende afroamerikanische Mathematikerinnen, mit Dorothy Johnson Vaughan an der Spitze, die maßgeblich am Mercury- und Apollo-Programm der NASA beteiligt waren. Man muss keinem mehr erklären, dass sie aufgrund ihrer Hautfarbe Anfang der Sechzigerjahre unsägliche Hindernisse zu überwinden hatten. Als Bewunderer berauschend schöner, afrikanischer Kunst, träumte ich von digitalen Möglichkeiten, Museen, Ausstellungen, Events, in denen diese Kultur endlich verständlich gezeigt würde. / Black to the Future ,-).

Im Zug

Tempo, Spott, Maßlosigkeit. Gedanken wiederholen sich. Was passt zu den frisch-gebrannten CDs von Blue Note und Tom Waits, Whiskey, oder kann was weg? Hingegen, eine völlig andere Herausforderung, mit dem sich nicht nur unsere EDV-Leute auseinandersetzen müssen, sind die Verwirklichung der neuen fünfstelligen Postleitzahlen. Nicht mein Problem. Ich mache frischen Kaffee und lese nochmal die Einladung des wissenschaftlichen Springer-Verlags. *Auf nach Heidelberg zum Vortrag!* Nach einer kurzen Würdigung unserer CeBIT-Aktion bringt man mir dort vertraulich Pläne einer geheimen Verlagsgründung nahe…

Gleich, schon während der Rückfahrt nach Hause, im neuen ICE, kommt mir die zündende Idee. *„Was kann ein Verlag noch – außer Bücher?"*, haben Gerhard und Michael leidenschaftlich bei Springer zur Diskussion angeregt. Ich massiere beide Ohrläppchen und überlege

– wo es beim Thema Internet als auch bei Open Source genügend Entwickler gibt und der Springer-Verlag eine gut funktionierende Veranstaltungslogistik hat, einen internationalen Kongress zum Thema *„Linux & Internet“* zu organisieren.

Kapitel 11

Der Kongress

Mein alter Computer war durch einen neuen ersetzt worden. Während Heiner Müller zum letzten Mal am BE inszeniert, sitze ich gefesselt mit reinem Herzen vor meiner neuen Aufgabe. Es ist entschieden. Mein Chef findet es zwar ungewöhnlich, einen Kongress zu zwei Themen auf den Weg zu bringen, jedoch auch Sebastian scheint das in diesem Fall sehr angebracht.

Ungeachtet aller Einwände, war es beschlossen. Ich brauche wieder Hilfe: Wer hat das schon mal gemacht? Als Linux-Buchhändler verfügte ich über gute Kontakte zur GUUG, besonders zum damaligen Vorsitzenden Burkhard Stork, dem Herausgeber der Zeitschrift „Offene Systeme". Ich kenne zudem die richtigen Leute beim Springer-Verlag, bei Heise, O'Reilly und Addison-Wesley. In wenigen Tagen sind alle relevanten Personen per E-Mail erreicht. Mein Chef lässt mir freie Hand. Auch Sebastian, der gerade die nächste Auflage seines Linux-Anwenderhandbuches vollendete, spielte ja seit einiger Zeit mit der Idee eines Internationalen Entwickler-Treffens.

Inmitten der aufgeblasenen Neunziger schlich beiläufig der Sommer heran. Wie wunderbar, geht man doch bei allen Treffen mit noch mehr Fragen nach Hause...

Linux & Internet

Er nimmt mich bei der Hand. Kennt ihr euch schon? Dirk Hohndel, der seinen Humor selten verliert, arbeitet in Washington; ich, lernend im dunklen Kellergeruch, mit dem weltumspannenden Netz über Kontinente verbunden.

Wir schreiben UUCP-Mails an die German Unix User Group (GUUG), O'Reilly, Springer, Stefan Probst in Erlangen, die EUnet GmbH, Akademische Software Kooperation Karlsruhe, Harald Milz bei der iX und weiter entfernte Aktivisten: der Kongress ist machbar. Es gehört wenig Phantasie dazu, sich den Reiz und das Potential einer solchen Begegnung vorzustellen. Der Plan konkret. Ort: Heidelberg (wg. Springer), Zeit: vom 30. Juni bis zum 1. Juli 1994! Der gefasste Entschluss verschafft endlich Ruhe. Gebannt, die Tage dahin, voller Anforderungen, eiligen Entscheidungen. Bezahlbare Ferngespräche, Hin- und Rückflüge für die Speaker aus Washington, London und Paris, Hotelübernachtungen und allerlei Kleinkram.

Dann, am Vorabend, war es soweit: *Test, Test. Eins, zwei. Check.* Vorstellungsrunde. Ohne jeglichen Medienrummel, in gelöster Stimmung, bringt das Internet Linux-Entwickler aus aller Welt endlich mal live zusammen. Alan Cox, Remy Card, Stephen Tweedie, Ulrich Kunitz, Eric

Youngdale, Ralf Flaxa, Theodore Ts'o, Martin Müller, Linus Torvalds, Dirk Hohndel, Gert Doering, Sebastian Hetze, Stefan Probst und einige andere. Persönliches Kennenlernen von unterschiedlichsten Aktivisten, einer im neonblauen Business-Anzug, andere im verwaschenen T-Shirt. Die Tage mit Gesprächen über ihr Lieblingsthema Linux vergehen im Fluge. Heldengeschichten. Meine Erinnerungen an die bewegten strahlenden Gesichter bei der Heidelberger Abschiedsparty: Fröhliche Lagerfeuerstimmung. Ich weiß nicht genau, was in dieser Nacht noch passierte. Mich überkam ein herrliches Gefühl, wie einst am letzten Schultag vor den Ferien. Auf der Dachterrasse am sommerlichen Buffett stehen wir zusammen, erzählten aufgekratzt von Plänen.

Abwesend, unter dem wandernden Mond, dieser geheimnisvollen Beleuchtung, unterhalten sich Theodore Ts'o und Professor Dai von der TU-Berlin eine halbe Nacht lang angeregt auf Chinesisch – über Linux? Er winkt mich herbei, berührt mein Gesicht fast wie bei einem Kind und bedankt sich freundlich. Ich ließ meinen Blick durch die endlose Nacht schweifen, ob ich was vergessen hatte?

`https://www.oflebbe.de/Heidelberg1994/`

GUUG Feeling

Die Jahrestagung der German Unix User Group (GUUG) in Wiesbaden hat als Festredner eins der größten Vermarktungs-Genies zu Gast, nämlich Steve Jobs. Im Interview erklärt er: *„Wir wollen bei den Unternehmen die anerkannte Alternative zu Microsoft werden. Irgendjemand muss diese Aufgabe schließlich übernehmen.“* Klar, das DOS-Zeitalter geht langsam zu Ende und macht Platz für Windows und für neue Konkurrenzprodukte. So scheint IBMs lange als „OS-Halbe“ unterschätztes Multitasking-System OS/2 seit der Version 2.1 eine neue Blüte zu erleben. Die Unix-Gemeinde, live dabei, fragt sich, ob Unix zu diesem Zeitpunkt noch den Server-Markt gegen Microsofts Windows NT verteidigen kann. Und der bessere Gegner entstand fast unbemerkt; mit geradezu biblischer Wucht: Linux. Linux wird als modular aufgebautes System, auf der ganzen Welt entwickelt, von Spezialisten und Fans, die an den verschiedenen Projekten mitarbeiten. Das Internet und die offenen Kommunikationsstandards waren bereits ein gutes Beispiel dafür, dass freie Projekte kommerzielle Qualität erreichen oder gar übertreffen. An der Entwicklung waren erstaunlich viele Freiwillige beteiligt. Die meisten hatten bisher nur Kontakt über das Internet. Viele trafen sich in Heidelberg zum ersten Mal persönlich. *All together now.* Das Interesse war so enorm, dass die Hälfte der Anmelder leider leer ausging. Die anwesenden 378 jungen Entwickler und Kongress-Besucher trieb das Gefühl, an einer neuen Bewegung teilzunehmen, die Softwaregeschichte schreiben würde. / Peace, Love and Linux.

Gemeinsames Ziel

Grautöne, Widersprüche. Die Geschichte der Software verlief anders, als von Microsoft ausgedacht. Unser Ziel ist Vermittlung und Verbreitung freier Software. *„Linux ist eine Art Anti-Establishment-Betriebssystem"*, erklärt Linus Torvalds und spielte damit auf die Produkte der großen Softwarehäuser an. In diesen Tagen lernen sich viele der Macher hautnah kennen. Als Wechselwirkung von Ideen und Plänen setzt das gemeinsame Projekt übermütige Energien frei.

Leidenschaftliche Diskussionen, beim Bier entstehen neue Unternehmen. Dummerweise hat keiner von uns an Pressearbeit gedacht, einige deutsche Zeitschriften berichten trotzdem. / Stille Tage in ...

Dieser Kongress markierte den Beginn zahlreicher weiterer Internet-Events und Linux-Tagen. Stefan zeigt mir seine Fotos vom Kongress und meinte: *„Da bist du auch drauf."* Auf keinem dieser so geschichtsträchtigen Fotos kann ich mich entdecken. Nichts. *„Doch, auf der Rückseite, der da hinter der Kamera"*, scherzt er in bestimmtem Tonfall. Dann fiel mir ein, dass ich, um mich auf dem Treffen nützlich zu machen, für einige private Bilder gemacht hatte. Mit bis zu drei Kameras um den Hals lief ich mit Linus Freundin Tove fotografierend zwischen den Leuten umher, mit dem Ergebnis, das ich selbst immer „nur hinten" auf den Fotos war. Bilder! Ihre schönfärberische Macht habe ich nie verstanden. In Internet-Foren gibt es im Nachhinein eine kleine Diskussion über die hohen Eintrittspreise und den Kommerz mit freier Software, verständlich, doch sind die Kosten mit über 138.000 DM einschließlich der Reise- und Hotelkosten der Vortragenden am Ende weitaus höher, als sich das jemals jemand hätte vorstellen konnte. Die Abrechnung wies ein deftiges Defizit aus von genau 68.008,86 DM. Manchmal scheint es nicht verkehrt zu sein, schon vorab einen (Business-)Plan zu haben.

Folglich wird der ganze Kongress von den Mitgliedern der GUUG nicht nur veranstaltet, sondern auch zur Hälfte noch finanziert. Beruhigt streiche ich meine verschwitzte Strähne aus dem Gesicht, lege die UpTimes beiseite, bin froh, dass ich das nicht zu verantworten habe, mir mein Chef nicht den Kopf abreißt und atme erleichtert aus.

Gepresst, nicht gebrannt

Schäumendes Triumphgefühl. Was wäre, wenn...? Die Ausdehnung von Linux war kein Nullsummenspiel. Und im Unterschied zur US-Fachpresse, die, langsam von der Begeisterung der Linux-Gemeinde begleitet, nun von der Sache Notiz zu nehmen schien, wollen bei uns immer mehr mitmachen oder zumindest mitverdienen. Das Anwenderhandbuch von Sebastian Hetze ist bereits in der 3. Auflage erschienen und unsere Distribution ist auf unglaubliche 168 Disketten angewachsen. Das ist kaum noch machbar und wurde richtig nervig, wenn bei der vorvorletzten Version die 65. Diskette nicht mehr lesbar war. Gut, dass es inzwischen auch CD-ROM als bezahlbares Speicher-Medium gibt, die nicht gebrannt, sondern nach einem Glasmaster gepresst werden. Das erleichtert nicht nur den Support erheblich. Aus dem ersten kleinen Booklet zur *Debian-GNU-Linux-Distribution* wuchs dank Frank Ronneburg ein richtiges Buch heran und auch die Debian-User-Mailingliste lief anfangs über dem Lehmanns-Server.

Bis Debian sein heutiges Logo, den Swirl, bekommt, gibt es die Release-Namen und die Figuren aus dem Film „Toy-Story“.

Majordomo

Bei Kaffee und Kuchen beginne ich zu lesen, wie das mit Mailinglisten, speziell bei Majordomo, funktioniert. Eine Mailingliste bietet den

Teilnehmern (z. B. Debianern) die Möglichkeit zum einfachen Nachrichtenaustausch untereinander, ohne genau wissen zu müssen, wer aktuell dabei ist und wer nicht. Wer alles die E-Mail erhält, geht aus Mails, die über eine Mailingliste verschickt werden, nicht unmittelbar hervor.

Jeder kann sich in eine Verteilerliste eintragen und damit E-Mails an andere Teilnehmer der Liste schicken. Das Ziel: Erfahrene Anwender tauschen sich mit den Einsteigern aus. Die Listen-Mitglieder helfen sich untereinander, das wiederum führt nicht nur zu Zeiteinsparungen, sondern auch zur guten Servicequalität der Distribution. Wo gab es Ähnliches?

Bei Majordomo gibt es einige, wenige Befehle, um sich an Listen an- und abzumelden (suscribe/unsubscribe), sich über eine Liste zu informieren (info), den Erhalt von Mails zu pausieren (suspend) und wer alles eine Liste abonniert hat (who). Majordomo erkennt eingehende Mails, wertet ggf. Befehle aus und reagiert entsprechend. Das Verfahren zum An- und Abmelden durch E-Mail-Kommandos wirkt allerdings gerade für Anwender „idiotensicherer Systeme" etwas umständlich. Heutzutage werden eher datenbankbasierte Mailingliste eingesetzt, obwohl manche Majordomo-Listen nach wie vor aktiv sind.

Da alle alles mitlesen können, ist es auch für uns und vor allem die Handbuchautoren sehr hilfreich, von den wichtigsten Klippen bei der Installation und Einsatz von Debian zu hören. Da es in praktisch allen Mailinglisten Trolle gibt und Konflikte nie auszuschließen sind, verweisen wir in einem solchen Fall auf die Netiquette… / Ausdrucken!

Das Netz als Werbe- und Verkaufsmedium

Hundert Jahre später, doppeltes Tempo. Ich döse weg und wache wieder auf. Ein matt strahlender Monitor glotzt mich an. Der *New Yorker* publiziert einen unvergessenen Cartoon von Peter Stein: *On the internet, nobody knows you're a dog.* Die Leidenschaft der US-Amerikaner ist stärker als die der Deutschen, wie so häufig, wenn es um verheißungsvolle Innovationen geht.

Erste Strukturen von Dienstleistungen rund um Open Source entstehen. So gründet der ehemalige Novell-Chef Ray Noorda das Unternehmen Caldera, um durch den Verkauf von Support Linux für den kommerziellen Bereich interessant zu machen.

Das erste Produkt, der Caldera Network Desktop, basierte auf der Red Hat Commercial Linux Distribution, der Installer stammte von LST.

In der Folge wurde Sebastians Firma LST vom CEO Ransom Love aufgekauft, deren LST Power Linux als Basis für weitere Produkte diente. Als Freund des Hauses habe ich Gelegenheit, einige Anteile an vergünstigten Aktienoptionen zu bekommen – meine Bank ließ sie verstreichen. So bringen mir die nächsten Tage keine Enttäuschung. Ich hatte das Telefon in der Hand: Wie spät war es gerade in USA, in Warschau? Im Nachbarland Polen interessieren sich viele Reformbereite für das freie und preiswerte Betriebssystem. Die deutschsprachige Ewa Strzelczyk *(hakin9)* schickt mir das erste Themenheft für Linux-Hacker. Der Bezug per Post soll ohne Probleme möglich sein. Das Magazin (in Englisch) ist gut lesbar und gehört folglich bald zu unserem Sortiment. Diversion, zu jener Zeit noch kein hipper Begriff, ist mehr und mehr im Laden sichtbar. Und das just zu einer Zeit, als die Russen endgültig aus Potsdam abziehen. / Codefreeze, der tragische Held hieß Michail Gorbatschow.

Zerhackt

Bauarbeiten. Heftiger Regen klatscht an die Scheiben. Konzentriere dich stringent auf die Abläufe. Chronologisch geplantes Berichten, von Anfang an unterbrochen mit Recherchen. Vorspulen. Was passierte eigentlich genau wann? Habe ich noch die Mails von Daniel Karrenberg? Meine eingetippten Fragen werden mit einer unerwarteten Gegenfrage beantwortet: *„Meinten Sie Notebook?“*

Vieles war längst vergessen oder auf einer schiefen Ebene der Geschichte. Zum Beispiel, als ich mich misstrauisch an die Handhabung eines Geldautomaten mit Karte und Geheimzahl gewöhnen muss, nur weil meine nette Bankfiliale, in der man mich stets freundlich mit Namen begrüßte, unerwartet geschlossen war. Ach, wie erregend es sein konnte, seine Plastikkarte in den Automatenschlitz zu stecken, um dann wie von Zauberhand Geldscheine ausgespuckt zu bekommen. Und so ein Magnetstreifen hilft beim Einsparen an Personal? Werden die uns vertrauten Geschäfte bald der Vergangenheit angehören, neue Anwendungen deren Stelle übernehmen?

Als eines der ersten großen Unternehmen im Internet galt der Verzeichnisdienst Yahoo. Yahoo wurde 1994 von damaligen Stanford-Studenten als privates Projekt gestartet. Sie sammelten interessante Hyperlinks im Web und legten diese hierarchisch auf ihrem Webserver ab und ergänzten das mit Kategorien und Unterkategorien.

Mit einer Suchmaschine, wie man das heute kennt, hatte das alles nicht viel gemeinsam. Bis 1994 DEC die erste echte Suchmaschine *AltaVista* entwickelte, eigentlich vor allem dafür, die Leistungsfähigkeit der DEC-Maschinen zu präsentieren. Ein Highlight, die Internetseiten wurden gecrawlt, indiziert und man konnte im Volltext suchen. Natürlich waren (wie heute) nicht alle Seiten erfasst und man nutzte zur Ergänzung zusätzliche Systeme wie *Excite, Lycos, Hotbot* oder *Infoseek.*

AltaVista wird im Handumdrehen zur führenden Suchmaschine. Das Vernetzen unserer Welt hatte begonnen. Das Netz wird zum digitalen Kommunikationsraum, und auf der Suche nach Neuem schien die digitale Welt in meiner Vorstellung eine reale Welt zu werden. Muss ich unterscheiden zwischen /virtuell und /real?

Welten verschmelzen, pixelig. Eine atmende Raum-Zeit-Krümmung zu verstehen, ist kompliziert. Mein Entschluss, in einer einsamen Stunde, die guten Bücher im Regal, samt Fußnoten, irgendwann noch einmal zu lesen, ist sinnvoll, richtig. / Dann beginnt die Lesung…

Lederjacke. Schmauchspuren. In den Neunzigern war wenigen bewusst, wie wichtig die Datensicherheit im digitalen Zeitalter ist. Wird künstliche Intelligenz zukünftig nicht nur Computer, sondern auch uns beherrschen?

Im Jahr 1993 eröffnete die US-Regierung ein Verfahren gegen Phil Zimmermann, der 1991 seinen selbstentwickelten Verschlüsselungs-Algorithmus Pretty Good Privacy (PGP) frei zugänglich im Netz veröffentlicht hatte, obwohl derart starke Verschlüsselungsmaßnahmen außerhalb von Militär und Sicherheitsbehörden verboten waren. Daraufhin hat man ein Ermittlungsverfahren wegen illegalem Waffenhandel gegen Zimmermann eingeleitet, das erst 1996 eingestellt wurde.

Abwechslung. Das erlösende Fax vom Staatsanwalt an Phil Zimmermanns Anwalt: „*The U.S. Attorney's Office for the Northern District of California has decided that your client, Philip Zimmermann, will not be prosecuted in connection with the posting to USENET in June 1991 of the encryption program Pretty Good Privacy. The investigation is closed.*" Möglicherweise wurden die Ermittlungen eingestellt, weil mittlerweile die Vorschriften bezüglich der Schlüssellänge gelockert worden sind, die Staatsanwaltschaft hatte jedoch jede Erläuterung abgelehnt. Danach hat der Entwickler von Pretty Good Privacy den

Sitz seiner Firma Silent Circle in die Schweiz verlegt und warnt uns: „Wir dürfen nicht wie Nordkorea werden."

Ab 1997 entwickelte maßgeblich Werner Koch, ein deutscher Programmierer, GnuPG, mit dem Ziel, möglichst vielen den Einsatz kryptographischer Methoden bei der Übermittlung vertraulicher Daten zu ermöglichen. Ermöglicht wurde dieses Projekt unter anderem durch die Finanzierung durch staatliche Stellen im Rahmen des Projekts „Sicherheit im Internet", aber auch durch Crowdfunding.

Heidelberg

Dass das Thema Verschlüsselung so gefragt war, verdankte es vielen Berichten und zahlreichen Gerüchten der Zeit. So wurde angeblich mit Hilfe von Echelon 1994 bei den Verkaufsverhandlungen über Transportflugzeuge an Saudi-Arabien im Werte von einigen Milliarden Dollar zugunsten des amerikanischen Boeing-Konzerns und zum Schaden des europäischen Airbus-Konzerns entschieden. Und laut US-Regierung galt Kryptographie als Waffe und unterlag so wie Stinger-Raketen allerstrengsten Ausfuhrbeschränkungen...

Kryptographie-Experte Bruce Schneier veröffentlichte 1994 für Programmierer das Buch „Angewandte Kryptographie", das Techniken von verschlüsselten und entschlüsselten Nachrichten zeigen sollte. Das Buch sorgte für einige Aufregung und alle seine Bücher entwickelten sich bald zu wahren Bestsellern bei uns. WIRED nannte sein Werk voller Algorithmen später „das Buch, das die NSA, die National Security Agency, am liebsten nie in Druck sehen wollte". Bruce Schneier war, und ist es noch immer, einer der bekanntesten Experten für Verschlüsselung weltweit. Ich hatte ihn vor seinem unvergesslichen Vortrag an unserem Bücherstand in Heidelberg kennengelernt. Er zog sich auf dem Podium erst seine Wanderschuhe aus und erzählte dann beseelt, er habe gerade das alte Heidelberger Schloss besichtigt. Die Füße seien geschwollen – und das Schloss sei genauso aufgebaut wie die Software, die er nun anschließend erklären wolle. Er traf genau den Nerv, das Publikum war nicht nur begeistert von seinen originellen Ausführungen, ich hatte bald keines seiner Bücher mehr am Stand, das er noch signieren konnte. Restlos ausverkauft nach einem 4-Stunden-Drama. Zum Signieren gab es zum Ende immerhin noch unsere einfachen DV-Kataloge. / Sternstunden.

Gedankenstriche – wirken – beschleunigen

Still ruht der Sonntag in den Straßen, da fand man eine Bombe, die nicht im Krieg explodierte. Der ambitionierte Berlin-Verlag, mit seinem Sitz und seinem Name ein Bekenntnis zur deutschen Hauptstadt, wurde gegründet. Wollen die von der kulturellen Unruhe der Stadt profitieren oder ist München den Verlegern zu langweilig geworden? Egal. Ich freue mich über erste persönlich zugesandte Leseexemplare. Abends wird im *Literarischen Quartett* das gerade beendetet Buch von Peter Høeg *„Fräulein Smillas Gespür für Schnee“* besprochen. Für mich unerwartet, ist in der so geschätzten Sendung, vom „schwachen Kriminalroman“ die Rede. Ja, Romane sind langsam. So ein Gefühl ist wie der Gedanke, für den man noch nicht die richtigen Worte gefunden hat…

Klick, klick, klick, auch als Buchhändler hatte man eine kuratierende Rolle, so wie in einer Kunstgalerie, andererseits war ich auch gern Berater, ein Digitalkurator. Ich sah meine Aufgabe auch darin, die vielen neuen und unerfahrenen Teilnehmer in die Kultur und Technik des Netzes zu integrieren. Mein Job, meine Leidenschaft verlangten von mir, stets am Puls der Zeit zu sein. Den ständigen Wandel am Markt zu beobachten und entsprechend zu reagieren. Gefühle der Unsicherheit konnten ziemlich qualvoll sein. Und bei so manchen Unterhaltungen entging mir nicht, dass einige Experten die für mich so wichtigen Dinge überhaupt nicht kannten. Dass es neue Möglichkeiten, Tools, Software und Programme gab, und manchmal auch Fachbücher darüber. Basiswissen. Mich freut es, wenn meine Hinweise hilfreich sind und ich spätere Bestätigung durch die Leser erfuhr. Mitläufer sein – mag ich nicht. Von mir erwartet man, dass im Regal und auch im Webshop die richtigen Bücher zu finden waren. Die meisten Buchkäufer wollen keine unüberschaubaren 100.000 Bücher im Regal, sondern die 500 relevanten. Wir wollen genau bei dieser Auswahl helfen und aussortieren. Augenscheinlich haben viele dabei Vertrauen in meine Arbeit und in die Auswahl in unseren Katalogen. Es kam sogar vor, dass die TU, ein Nährboden für Innovation und Kreativität, neue Instituts-Bibliotheken einrichtete und mir die komplette Erstausstattung überließ... / Yeah! Ich war in der Rushhour des Lebens. Kopf hoch, noch einen Kaffee.

Vom Mythos des Mann-Monats

Der vertraute Duft von frisch bedruckten Seiten, so prägt sich Lektüre am besten ein. Das Blättern mit Papier finde ich komfortabler als verspanntes Scrollen und zuweilen wurde ich während der Arbeit von der Kundschaft beim Lesen der neuen c't, meines Lieblings Computer-Magazins überrascht. Mit dem Internet war es nun schwerer, die Augen überall zu haben. Und da ich noch immer lieber Romane als Fachbücher las, bot sich oft auch ein Anlass, darüber zu reden. Einem netten ungarischen Kunden konnte ich so die besten ungarischen Autoren und Autorinnen nahebringen, die er bis dahin selbst nicht kannte. Bei jedem Besuch fragte er nach weiteren Titeln und wunderte sich, dass er meine Empfehlungen wieder nicht kannte. Meine Lesereisen führten mich von Afrika, Südamerika, USA, England, Russland über Ungarn nach Frankreich und Italien. Jedes dieser Länder bot ja eine ganz eigene Buch-Kultur und Anlass für ein Gespräch. Doch wieder zurück zur IT und erst den Wasserspender und das gerade verkaufte „Vom Mythos des Mann-Monats“ nachfüllen. Ein neues Buch wirbelte die Softwareentwicklung heftig durcheinander: Design Patterns – Elements of Reusable Object-Oriented Software. Ein von Erich Gamma, Richard Helm, Ralph Johnson und John Vlissides herausgegebenes Buch über 23, bei objektorientierter Programmierung wiederverwendbare Entwurfsmuster galt fortan als eines der Standardwerke im Bereich

Softwareentwicklung. Die vier Autoren wurden gerne und oft auch „Gang of Four" genannt. / Vierzehn neue Nachrichten.

Offene Schnittstellen

Wie lang kann denn das noch dauern? Morgenstund hat... Daten-Konvertieren aus externen Datenbanken in einheitliche Datenstrukturen ist im Hause beinahe alltägliche Praxis. Aus unterschiedlichsten Quellen mit uneinheitlichen Schnittstellen eine einheitliche Datenstruktur erzeugen. Vom VLB, Books in Print, Bookbank, DNB bis Bookfind, jeder nutzt gern sein eigenes Format. Die bestehenden bibliothekarischen Austauschformate konnten sich nicht in der Verlagsbranche durchsetzen, da für die Katalogisierung relevante Daten im Vordergrund stehen und selbst der Ladenpreis niemand in einer Bibliothek so richtig interessiert. Flexibel anpassbare Konvertierungssoftware und Standardisierungen werden notwendig. Eine Ende der Achtzigerjahre von Lehmanns entwickelte Software, mit der lieferantenunabhängig Bestelldaten aus unterschiedlichen Datenbanken (einschließlich einiger Online-Verbundkataloge) konvertiert und generiert werden konnten, werden von zahlreichen Bibliotheken eingesetzt, darunter auch Universitätsbibliotheken. Verlage, die Computer-Bücher verlegten, Markt & Technik, Sybex, Franzis, tewi oder Systhema haben plötzlich auch Software im Programm. Das war im Prinzip ähnlich wie bei der Produktion und dem Verkauf von Büchern. Und die Vertriebswege sind fast identisch.

Damit verfügten viele Buchhändler nun über ein umfangreiches Software-Angebot. Selektive Wahrnehmung. Meine Geschichte kommt wieder ins Stocken. Das *Ich* scheint aber immer noch dasselbe zu sein. Kollegen können vielleicht mehr erzählen...

Ich muss ins Leere gehende Links reparieren, auf die mich ein Leser hingewiesen hat und warte auf eine nie erhaltene Nachricht. / Mars macht mobil, tut-tut-tut-...

Entscheidungsverhalten

Am ruhigen Nachmittag fragt einer nach einem Buch zur Spieltheorie. Sprachspiel – nein, ein Teilgebiet der Mathematik, vielleicht der Informatik? Der lustige Begriff macht neugierig und wachsam. Eine interaktive Theorie, um Entscheidungssituationen zu durchdenken,

Wissenschaft der Kooperation – jedoch der Begriff *Spieltheorie* ist einprägsamer. Im vorhandenen Lehrbuch im Mathe-Regal sind bebilderte Modelle der Spiele beschrieben. Lange nicht hat mich etwas so sehr gefesselt: Das Gefangenendilemma, das Nash-Gleichgewicht.

Man versteht damit besser, wie Menschen handeln und warum sich bestimmte Verhaltensweisen im Laufe der Evolution durchsetzen. Einige Winkelzüge von Politikern und des Kapitals sind vielleicht besser nachvollziehbar.

Sind Saturn oder Media-Markt günstig oder teuer? Diese Strategien und weitere zur Entstehung von Preis-Kartellen und Monopolen sind mit der Spieltheorie erklärbar. Sie modelliert die verschiedensten Situationen als ein Spiel... Simples Beispiel: „Überfälle auf Karawanen können derart abschreckend wirken, dass der Handel eingestellt wird. ‚Kluge Räuber' nehmen deshalb nur so viel weg, dass die auf die Karawanen angewiesenen Händler immer noch einen positiven Gewinn erzielen und deshalb beide Seiten überleben können. Analogie: Populationen von Beute- und Raubfischen. Das grundlegende Ziel der Spieltheorie ist es, eine Strategie zu finden, die günstige Ergebnisse herbeiführt. Gab es darüber hinaus Spielregeln in unserem Leben, die wir gar nicht kennen? Man sollte diese Erkenntnisse auf unser gesellschaftliches Zusammenleben und die Märkte besser aufdecken und anwenden, überlege ich, will dann aber doch nicht wissen, wie genau die dazugehörige Mathematik funktioniert. Dennoch wäre es vorteilhaft, alle Optionen zu kennen. Vor lauter Freude über die Entdeckung habe ich glatt vergessen pünktlich zur Mensa zu gehen. Ich dachte, dass auch ich täglich das klassische „Minderheiten-Spiel" nutze: Immer früher zur Mensa gehen, wenn es dort noch fast leer ist. Das brachte Vorteile.

Ein paar Wochen später stieß ich wieder auf das Thema: Reinhard Selten erhielt 1994 zusammen mit J. F. Nash den Wirtschaftsnobelpreis für die gemeinsamen Leistungen auf dem Gebiet der Spieltheorie. Den berühmten Nash kennen wir als den an Schizophrenie erkrankten Mathematiker aus dem Film *A Beautiful Mind.* Beispiele zur Spieltheorie: http://www.spieltheorie.de/

Mit leichtem Bedauern fiel mir ein, ich hätte ja auch gerne was mit *„Wirtschaft"* gemacht. Die Mechanismen dahinter verstehen, wenn wir schon ein Spielball der Märkte sind. Und wir sind sehr berechenbar. Eine der erschreckenden Erkenntnisse über uns Menschen offenbarte der Computer: Wir sind auf geradezu leichtfertige Art berechenbar. Wir tun fast immer das Gleiche. Stimmt. Wir sind berechenbar. Unerwartete Bereicherungen des Lebens werden wir so nie erleben. Sollten wir unsere Arbeitswelt, statt als Ort, eher als Lebens- und Spielraum begreifen? / Wieder Stress mit dem Drucker. Brauche ich den wirklich?

James G.

Wieder ein Sommer. Ausgelassene Zerstreutheit auf der Computer-Messe. Bei der Suche nach neuen Impulsen lerne ich James G. kennen. Er betreute einen Stand mit allerlei angesagten Geek-Artikeln. Da er die ganzen nichtverkauften T-Shirts etc. nicht wieder zurück in die USA senden will, übernehme ich preiswert seine Ware für die Buchhandlung. Durch ihn lerne ich, dass ein US-Amerikaner, stets mit Gegenwart beschäftigt, auch bei der Jobsuche viel flexibler sein muss. Er arbeitet nacheinander bei den unterschiedlichsten Händlern und Magazinen. Der Distributor Frank Kasper war sein erster Job.

Kasper liefert Magazine und CD-ROMs aller Art. Da die Modems langsam und die Netzverbindungen teuer sind, verkaufen wir die Abzüge vieler Server (Chessnut, Info-Magic, Walnut-Creek etc.) und einige Open-Source-Betriebssysteme auf CD-ROMs. Beliebt sind auch die Night Owl Sharware, Clip-Art, GIFs, Bilder und Texte. Da ständig neue CD-ROMs im Laden eintreffen, laufe ich los, um geeignete Regale und CD-ROM-Taschen zu besorgen. CDs brauchen wenig Platz, bringen aber höhere Profite als Bücher. Bei einer CD-ROM quält mich ein moralisches Problem: Zwei teure Scheiben, randvoll mit den gefährlichsten Viren und anderen EDV-Schädlingen will ich nicht einfach so im Laden anbieten. Angenommen, ich würde – NEIN, den Schaden dieser Angriffswerkzeuge kann ich nicht verantworten. Ich muss vorsichtig sein.

Glücklicherweise hat eine Sicherheits-Software-Firma und ein Forschungsinstitut großes Interesse und die gefährlichen Dinger sind weg. Bis auf den Dante-Server mit $\TeX$ und $\LaTeX$ sind all diese CD-ROMs inzwischen obsolet. Jeder, der die Daten nicht online bekam oder diese preiswerter offline nutzen wollte, kaufte damals solche CD-ROMs. Am 23. Mai 1995 brachte SUN die Sprache JAVA heraus, und die Registrierung von Domain-Namen ist erstmalig kostenpflichtig.

User-Groups und LAN-Partys

Vor dem Schaufenster hat sich eine Gruppe kichernder Studenten versammelt. Was erregte Aufmerksamkeit? Mein Plakat mit der ersten Einladung zur BeLUG?

Die aktiven Nutzer treffen sich wöchentlich in der Berliner Linux-User-Group. Als ich nach der Arbeit am Savigny-Platz ankomme und den S-Bahn-Eingang sehe, entschloss ich mich, die sieben Stationen bis zum Hackeschen Markt zu fahren.

Drüben, auf der anderen Stadtseite, verliere ich all meine Zwänge und wundere mich darüber. Ich verstand, dass es genügt, seinen Standort zu wechseln, um auch seinen inneren Zustand auszutauschen. Sowohl bei uns als auch an der Humboldt-Uni, dem Brennpunkt des Zusammentreffens von Ost und West, gibt es nun regelmäßige Veranstaltungen zum Thema Open Source. Bei Prof. Wolfgang Coy. *Mensa Süd, Coffeebar.* Willkommene Orte, um sich mit Linuxern zu treffen, gemeinsam an Projekten zu arbeiten. So manches Mal ging es nur um das schnelle Brennen verschiedenster CDs und neuer Distributionen. Oft darum, Software zu entdecken und mit netten Leuten zu plaudern. Man war produktiv: Aus einem Seminar, auch für Nicht-Studenten, am Institut für Informatik der Humboldt-Uni heraus entsteht, mit Harald Böhmes Team, das wichtige Buch *„Linux Kernel-Programmierung"*. Lehmanns als eine Art Durchlauferhitzer kann viele Projekte, von Debian GNU/Linux, der FSF, über OpenBSD bis zu den von Nutzern selbstgegründeten Vereinen, die *Linux User Groups*, unterstützen.

Nicht nur mit CDs und Büchern, auch mit Vorträgen. Open Source hat man oft mit dem missverständlichen „Freie Software" übersetzt. Tatsächlich bedeutet Open Source *„quelloffen"*, das heißt jedem ist der Zugang zu den Quelltexten der Software möglich. Damit können und dürfen Programme, angepasst und weitergegeben werden. Der Begriff betonte stärker den Gedanken einer Bewegung und will darüber hinaus Diskussionen über ethische Fragen und Verantwortung im Zusammenhang mit Software anstoßen. An die Arbeit! / im Radio: Carlos Santana.

Wechselwirkung

Ab und zu den Cache leeren. Langsamkeit durchzieht die Eile. *Guten Tag. Auf Wiedersehen.* Rasch ist die Zeit auch meine. Es geht schnurstracks aufwärts im Zentrum der Begegnung, des Austauschs. Blieb nicht unbemerkt. Verlage beobachten genau, was im Handel läuft. Tatsächlich meldeten sich zwei größere Münchner Verlage, die unsere freien Linux-Distributionen als Lizenz kaufen wollten. Ich muss die Mail ein zweites Mal lesen, spüre die Absicht. Wirklich so schwer vorstellbar, dass Software frei und offen war? Mit den einfacher werdenden Installationsroutinen reicht ein gutes Handbuch, um das System erfolgreich zu nutzen. Sobald man mit dem System vertraut ist, weiß man sich online zu helfen. Das Internet ist die perfekte Quelle für Support. Und Unterstützung ist nicht selten bitter nötig.

Ich will nicht überheblich sein, aber die Zeit, als bei neu gekauften Computern ausschließlich das Betriebssystem eines amerikanischen Herstellers aus Redmond vorinstalliert war, ist nun vorbei – einfach deshalb, weil der Anteil stationärer Rechner samt Laptops dramatisch gesunken ist. Und dank der Open Source-Bewegung hat sich nicht nur der spannende Prozess der Entwicklung – sondern auch bei der Softwarenutzung der Anwender einiges geändert. Mich erstaunte dann das Interview der Computerwoche mit Theo Lieven, Chef von Vobis: *„Wenn wir es jetzt nicht schaffen, ein weiteres marktrelevantes Betriebssystem in der Industrie zu platzieren, dann können wir uns alle als Schafe auf die Microsoft-Wiese stellen, dann werden wir alle regelmäßig geschoren und kommen, wenn wir alt genug sind, als Lammkeule auf Bill Gates reich gedeckte Tafel."*

Leider – oder zum Glück? Immerhin ist Vobis mittlerweile tatsächlich vom Schaf zum Würstchen geschrumpft – konnte er sich Linux nicht als marktfähige Alternative für Desktop-Rechner vorstellen. Die eigentliche Erfolgsgeschichte von Open Source spielt sich lange Jahre nicht im Bereich typischer Endbenutzer-Anwendungen ab, sondern in der Welt der Server – und heute bei Snartphones mit Android. / Enter. Save. Aftershave.

Comdex

Roadmap. Unerwartet trat der 39-jährige Bill Gates auf. Im November '94 auf der Comdex in Las Vegas stellte er seine Vision von der Zukunft im Jahr 2005 vor. *„Information at Your Fingertips 2005"*, lautete der Titel seiner Keynote.

In dem aufwändig produzierten Film nahm er einige Aspekte des heutigen Internets auf, jederzeit an jedem Ort auf beliebige Daten zuzugreifen. Kaum verwunderlich war, dass das Web bis 1994 in der Öffentlichkeit kaum eine Rolle spielte, es fehlte sowohl das Angebot, als auch die Infrastruktur. Sich mit einem 2.400er Modem, dem damaligen Stand der Technik, für teures Geld irgendwo einzuloggen – und nichts zu finden, war nicht unbedingt die Attraktion für die breite Öffentlichkeit. Auch unser Online-Angebot ist nicht allen im Laden aufgefallen, es war ja auch nicht weiter präsent. 1994 gab es eine Umfrage an Unis zum Bekanntheitsgrad von Online-Diensten: Fast jeder Dritte hatte vom Internet schon einmal irgendetwas gehört, BTX kannten ca. 82 % und CompuServe war nun das Schlusslicht mit 12 %.

Die jährliche Buchproduktion in Deutschland überstieg 1994 erstmalig die Grenze von 70.000 Titeln. Der Großteil der Bücher wurde in Bayern, nun dem Sitz großer Verlage, produziert. Lycos, Altavista, Yahoo, Fireball. Durch das Internet und sein 1994 erschienenes Buch „Informations-Broking" lerne ich den ehemaligen Maschinenbaustudenten Michael Klems kennen. Er ist nun als Informationsvermittler tätig und sein neuer Beruf gefiel mir. Mit detektivischem Gespür sucht er für seine Kunden in Datenbankhosts und aus weltweit verfügbaren Datenmengen die gewünschten Informationen heraus. Als junger Buchhändler hatte ich einen Sommer im Institut Kraklauer an Recherchen gearbeitet. Im Grunde war mein derzeitiger Job in der Buchhandlung nicht so viel anders. Viele Bibliotheken und Institute schicken uns täglich Berge von Zetteln mit den Bemerkungen und Buchwünschen zu. Ich muss die Buchanforderungen und Bestellungen entziffern und bibliographieren. Wir sind bald bekannt für „schwierige Fälle", und frühe Buchankündigungen in den Internet-Foren sind keine unlösbare Recherche-Herausforderung für uns. / „Beep!"

Wo sind die Femmes digitales?

Der Mai ist vorbei und seither wächst unsere Computerabteilung auf vier weitere Kollegen und Kolleginnen an. Umsätze explodieren in den Boom-Tagen. Nur sehr selten kommen mädchenhafte Erscheinungen als interessierte Kundinnen. Kein Absatz-Klappern in der Stille des Ladens. Klimaanlage. Tagträume.

Patchouli, ein vertrauter Duft, dem ich seit Jahren nicht begegnet bin... Ja, Programmiererinnen sind rar. Ich kenne ein Dutzend, oft ältere. Verirrt sich so ein Wesen vor die Bücherregale – frage ich vorsichtig, ob man irgendwie weiterhelfen kann, bemerke, dass hinter dem Mädchenlächeln eine gestandene Professorin der Robotik vor mir steht, die genau weiß, was sie will. Eine Ausnahme? Sind die Girls auf Distanz zum Nerd-Klischee, oder fehlt ihnen der Mut zu Mathe, oder haben sie Angst, etwas an der Technik kaputt zu machen? Warum steht in Frauenzeitschriften nie etwas über Informatik? Gelten die männlichen Computer-Freaks wirklich als kontaktscheue, ungeduschte Männer mit Pizzakartons und ewig schwarzen Hoodies? Typen wie Woody Allen, blasse Haut, dicke Brillengläser und introvertiert? Das waren die ITler in Filmen. Ja, ich wusste, Informatiker sind großzügig, hilfsbereit und kochen mitunter sogar gerne. Eine Studie versucht es uns erklären: „Je mehr Genie-Kult ein Fach betreibt, desto geringer ist dort der Anteil von Frauen". Dabei gäbe es einige überzeugende Vorbilder für Frauen in der Informatik: Ada Lovelace, Anita Sinclair, Adele Goldberg, Gertrude Blanch, Raida Perlman oder Joanna Rutkowska.

Mir hätte Grace Hopper imponiert. Sie, die erste moderne Programmiererin, entwickelte einen Compiler, der eine vereinfachte Anweisungen in Maschinensprache umsetzte und war maßgeblich an der Entwicklung der Programmiersprache COBOL beteiligt. Sie hinterließ uns den weisen Rat: „Wenn es eine gute Idee ist, mach es einfach. Es ist viel einfacher, sich nachher zu entschuldigen, als vorher eine Genehmigung zu bekommen." Für unsere Veranstaltungen versuche ich nun vorrangig weibliche Speaker zu finden. Deprimierend – bis endlich eine tolle GIMP-Entwicklerin auf dem Podium steht und das Publikum fesselt. Wann endlich tragen Hacker nicht nur mehr Kapuzenpullis, sondern auch Lippenstift?

Initiativen wie RailsGirls, Femtec, das Ada-Lovelace-Projekt, können helfen, um Frauen für die IT zu gewinnen. Eines habe ich dabei lernen müssen: Was Frauen gar nicht mögen, ist Bevormundung. Wir haben verstanden. Punkt.

Musst du so laut telefonieren?

Vorbereitet. *Der SPIEGEL* ging online – einen Tag, bevor das US-Magazin Time startete. Auf einer schlichten Seite, die im Oktober 1994 erschien, prangt das Logo des *SPIEGEL*.

Der Spiegel ist unter einer Compuserve E-Mail-Adresse zu erreichen. Die Leser finden dort zwar Kontaktmöglichkeiten, doch kaum Inhalte, und leider nicht die aktuellen Nachrichten, die wir erwarten. Frank Simon, der Sprecher des Hamburger Chaos Computer Clubs, hat auf die Schnelle eine kleine Online-Präsenz für das deutsche Nachrichtenmagazin programmiert. Wochen vorher habe ich einen informativen Kontakt zu Gerd Meissner und berichte dem netten und technisch interessierten Redakteur per Mail über meine Online-Erfahrungen.

Unsere Ideen waren nicht unähnlich. Aufregung und etwas Stolz, als mein neugieriger Chef mich an einem Tag dreimal zum Telefon rief: *„Der SPIEGEL für einen Herrn Sommerfeld"*. Trotz verwickelter Spiralschnur des Hörers um meine Finger kommt es nur zur halbherzigen Zusammenarbeit, etwa auf dem SPIEGEL-CompuServe-Forum, wo Spiegel-Leser Zugang zu unseren Linux & Internet-Listen fanden. Ich habe mir mehr davon versprochen. Euphorie und dumpfe Hoffnungslosigkeit wechseln sich ab. Gerd Meissner schreibt in seinem Rückblick: *„Netzthemen galten bei der Redaktion als Stoff für versponnene Nerds. Ins Heft schafften es Digitalthemen nur sehr selten."*

Eine unverständliche Zurückhaltung der Redaktion, der Chefs. Die schauen westwärts: USA. Und eine Frage hätte ich auf der Spiegelseite gerne beantwortet: Wie viel Stunden surfen Sie wöchentlich durchs Internet? – Um schnellstmöglich wieder in die Datenströme des Computers abzutauchen. / Syntax error. **from usk till awn**

Nö. Glaube keiner Statistik, die du nicht selbst gefälscht hast! Objektiv betrachtet, sind Bestsellerlisten immer bedenklich. Wir sehen täglich, woran sich Buchkäufer orientieren. Bei Kiepert ahne ich, wie Bestsellerlisten entstehen, und wir präsentieren nun die SPIEGEL-Liste gut sichtbar auf unserer Homepage – mit schneller, einfacher Bestellmöglichkeit. Leider bleibt das schnelle Geld aus, doch zur Weihnachtszeit kommt es zu größeren Bestellungen auch von Geschenkpapier. Für gute Tipps ändere ich spontan meine E-Mail-Signatur. Dabei kam mir die Idee zu einem Berlin-Spiel samt touristischem Geschäftsmodell. Es ging in der Arbeit unter, und als ein Partner mich fragt, habe ich die Datei längst gelöscht. Digital geht alles viel zu schnell…

Rosig-durchblutet später in der Lieblings-Sauna voller nackter, weicher Männer und Frauen, taste ich mich vorsichtig durch erhitzte Reihen. Fußbad danach, dem Blick auf andere nachgeben, überlegen, was ich noch für unser EDV-Publikum tun könne. Nach der Dusche, halb nass im Umkleideraum, ohne Hemmung beim gemeinsamen Anziehen, weiß ich nichts mehr...

Ende 1994, Heinz Rühmann stirbt mit 92 Jahren, wir bekamen die erste Version des Netscape Navigator. Er hatte einige Vorteile gegenüber dem alten Mosaic-Browser: Netscape war schneller, denn Scrollen bei Mosaic war sehr nervig. Man konnte nun sofort den nächsten Link anklicken, auch wenn das Dokument noch nicht komplett geladen war. Netscape legte diese auf dem eigenen Rechner in einem Speicher ab und sammelte Bookmarks in einer HTML-Datei. Nützliches Markieren wie mit Bojen in der Schifffahrt. In den Tagen verbrachte ich viel Zeit im Internet. Der Browser galt als Zugangspunkt zum Internet und die vielfältigen Ansprüche an diesen wuchsen...

T. Berners-Lee, L. Masinter, M. McCahill; Uniform Resource Locators (URL); RFC 1738 December 1994

Unbegrenzte Möglichkeiten

Hach! Für einen Moment spüre ich den holländischen Wacholderschnaps wie eine fensterlose Wand. 1994, bei klarem Februarwind, stimmt der Bundestag in Bonn über eine temporäre Reichstag-Verhüllung ab. Dann kommt der Sommer und das komplette Reichstagsgebäude, ein Symbol unserer Demokratie, ist als traumhaftes Luftschloss von Christo verhüllt. Welch klare Schönheit.

Utopisch, ruhiger Glanz erleuchtet die große Wiese, den Ort, auf dem wir zu Mauerzeiten sonnabends gerne Fußball spielten. Das sind die ersehnten Tage, in denen sich das Leben leicht wie Lavendelduft anfühlt. Unverhofft darf ich auf eine erste Geschäftsreise in die USA. Und gleich geht es los. New York, Fensterplatz. Sitze in senkrechter Position, das Anschnallzeichen leuchtet und 6.398 km westlicher: *Cabin crew, prepare for landing. Willkommen in Amerika!*

Bodenkontakt. Ich kenne die Stadt, die niemals schläft, nicht nur aus wunderbaren Kinofilmen. Ein angenehmer Auftrag der Geschäftsreise ist, den deutschstämmigen Gründer von AK Peters Publishing (Computer Science) und seine Frau Alice am berühmten MIT in Boston zu besuchen. Er bietet selbstgebackenen Kuchen an und erzählt dabei aufgeschlossen von seinen Erfahrungen im Verlagswesen. Die beiden waren nicht die einzigen Akademiker, die ausgewandert sind. Ich bedanke mich beeindruckt beim Gang durch den Verlag. Eindrucksvoll, welche Chancen so ein offenes Land seinen Publishern bietet.

Quantum Books

Und gar kein so kleiner Teil seiner hochwissenschaftlichen Auflagen landet durch uns bei erfreuten Lesern. Am nächsten Tag geht es nicht zu MIT-Press, sondern zu *Quantum Books.* Schon der Name dieser Buchhandlung zeigt mich ehrfürchtig. *Quantum Books* führt in den USA einer der allerersten Web-Shops mit Computer-Büchern und ist erfreulich offen für Gespräche über mögliche Kooperationen. Bill Szabo, der Junior-Chef, auch in beiger Hose und blauem Hemd, war ebenfalls etwas missionarisch unterwegs, was Internet-Nutzung anging. Genau wie wir, war er sehr am transatlantischen Geschäftsaustausch interessiert. Wir rechnen die Kosten klein, besprechen flexible Vorgehensweisen, welche Logistik und welcher Shipper für unsere Kooperation geeignet seien. Mit dem alten Senior-Chef tausche ich in der Runde vergnügt kleine Browser-Tricks aus. Dass man bei Lehmanns.de nicht mehr das *„http://"* mit eingeben muss, erstaunt ihn, aber er hat doch tatsächlich Angst, dass die niedlichen Chipmunks im Garten sein Internet-Kabel anknabbern? Nach technischen Spielereien, Abgucken ist erlaubt, zeigen uns die US-Kollegen mittags stolz, wie man hier Pizza im Internet bestellt. Unsere frische Pizza kommt tatsächlich innerhalb einer halben Stunde direkt zum Fahrstuhl. Kein Wunder, der Pizza-Laden ist ja unten im gleichen Gebäude, wie der Senior beim Essen dem *„Berlin Boy"* schelmisch verrät. Würde da auch Richard Stallman seine Pizza kaufen…? / logistig ;-).

Heute

Text an mich selbst. Erfolg stellt sich Schlag auf Schlag ein: Als das ARPANET-Projekt 1969 startet und erstmalig ein Datenpaket in diesem kleinen Netzwerk namens *„Advanced Research Projects Agency Network"* auf die Reise geschickt wird, rechnet niemand damit, dass sich das zu einem derart großen Erfolg entwickeln würde. Wäre ich nur ein paar Tage früher hier gewesen, ich hätte die echten Internet-Pioniere bei ihrem 25-jährigen Jubiläum von ARPANET leibhaftig treffen können. Denn viele der inzwischen leicht ergrauten Wissenschaftler und Techniker, die das ARPANET vor 25 Jahren in Angriff genommen hatten, trafen sich hier in Boston wieder, um ihr revolutionäres Werk miteinander zu feiern. Der Leiter der „Defense Advanced Research Projects Agency", J.C.R. Licklider, hat hier vor Jahren seine Kollegen von der Notwendigkeit eines Netzes überzeugt, das nicht wie das Telefonnetz hierarchisch, sondern als *„mash"* organisiert ist. Beim Abendessen im Copley Plaza Hotel, gegenüber dem Charles River, versuchen im Herbst 1994 einige der leitenden Aktivisten auch einen weit verbreiteten Irrtum zu korrigieren.

Die Story, das Internet sei aus militärischen Gründen geschaffen worden, um einem Atom-Schlag zu widerstehen, gab es schon früh, man nutzte verschiedene Knotenpunkte, ohne zentral gesteuerte Infrastruktur. Vermutlich eine Legende, die der Science-Fiction-Autor Bruce Sterling in einem Aufsatz Anfang der Neunziger in die Welt gesetzt hat. Das Internet wurde aus dem US-Amerikanischen Militär-Budget finanziert. Nicht vorrangig, um militärische Kommunikation vor dem Atomkrieg abzuwenden.

Das ursprünglich wissenschaftliche Kommunikationsnetzwerk diente auch militärischen Zwecken. Das Ziel der vorausschauenden Wissenschaftler bestand hauptsächlich darin, wissenschaftliche Einrichtungen im ganzen Land miteinander zu verbinden, um die vorhandene Rechnerkapazität von ihrem Terminal aus nutzen zu können. Nie hatte bei ihnen eine militärische Absicht bestanden. Man soll so oft es geht das Richtige sagen, finden die Wissenschaftler. Der Versuch, den Irrtum richtig zu stellen, bleibt ungehört. Das Prinzip kenne ich.

Wenn etwas hundert Mal von Journalisten geschrieben ist, wird es zur *Wahrheit*. Wir haben durch das Netz verlernt zu sagen: „Das weiß ich nicht." Das Halbwissen im Netz ist zu flach für komplexe Zusammenhänge. Man muss auch ein paar Fachbücher gelesen haben. Zurückspulen, es anders machen wollen. / Eine neue Version ist verfügbar.

Lager

Von Ungeduld befallen, stehe ich am Fenster und schaue auf die Straßen, die Uni und das altes Gemäuer. Bevor wir zum Flieger müssen, hat Bill doch noch einen Tipp für uns. Das unglaublich amerikanische Lagerbier von Samuel Adams, mit seinem herrlichen Geschmack, hatten wir ja zur Genüge getestet, dennoch, in Boston gibt es weitaus mehr zu entdecken: Eines der ersten Museen, das Anfang 1995 auch ans Netz geht, ist das *Computer Museum*. Noch war der Besuch im echten Museum für uns weitaus lohnender. Für den Weg brauchen wir wenige Minuten, verbringen dort gern eineinhalb Stunden unserer knapp kalkulierten Zeit. Ah, Merchandising. Ein virtueller Besuch wäre keine wirkliche Alternative. Vielleicht in einigen Jahren... JFK und JFL: Auf meiner Rückreise entdecke ich in Gotham City, at 82 East Third Street, ein erstes kommerzielles Internet-Café der Stadt. Oder war es in Chelsea? Jedenfalls hat es gerade eine Woche zuvor eröffnet. Es ist im Café zu duster, doch mir gefällt diese wunderbare Idee. Angeblich gibt es ähnliche Cybercafés in London, Helsinki, Toronto und San Francisco. Und ich..., und ich bemerke, dass ich unserer digitalen Zukunft gegenüber noch immer zu blind war... / Zwischenstation.

Perspektivwechsel im Empire State

Shalom. Das New York der Siebziger war eine völlig andere Stadt, hip, pleite und Mythos. Schon vor Jahren hatte ich die coolste Stadt der Welt, zwischen East River und Hudson, durchwandert. Es hupt ununterbrochen auf den Straßen und ich ertappe mich noch immer dabei, in die Höhe zu schauen. *„Leon der Profi"* ist der letzte meiner NY-Lieblings-Filme. Der Schauplatz, das Haus, in dem Mathildas Familie von den Killern getötet wurde und wo auch Léon wohnte, befand sich in der Upper East Side, 97th Street, Ecke Park Avenue. Zwei Blocks östlich vom Central Park, wenige Blocks nördlich vom Guggenheim Museum. Hier erhielt die junge Mathilda erste Lektionen als Profikillerin.

Ein Drehort, in beginnender Dunkelheit gefunden, auch den mobilen Obststand. Der A-Train riecht wie in der Erinnerung. Radio Shack. Across the 110th Street, der Übergang nach Harlem mit Checkpoint-Charlie-Feeling, das verrußte Rot der alten Backsteinhäuser, das Gelb der Taxis. Am unteren Ende der Fifth Avenue hat sich das puertoricanische Lower East Side durch Freaks, Kunst, Spekulanten und den neuen Namen *„East Village"* vollkommen zum Teureren gewandelt. Die Straßen sind zum Teil noch aus altem Kopfsteinpflaster, und angeblich soll es noch Graffitis von Jean-Michel Basquiat an den Wänden geben. Später, als der Maler auf dem Cover des New York Times Magazine erschien, weiß jeder, wer *Jean-Michel Basquiat* war. Unglaublich, was man hier in den Straßen entdeckt.

Schachtische am Washington Square, Grand Central, Freiheitsstatue, wie aus Rauch geblasen. Glücksgefühl, heilige Orte: Noch immer existieren im quirligen Lower Manhattan unzählige originelle Bookshops. Die McGraw-Hill Computerbuch-Abteilung ist einen zweiten

Besuch wert. Ecke Broadway und 12. Straße der dreistöckige „Strand Bookstore“, mit „18-Miles-of-Books“ von New Yorkern und Touristen gleichermaßen bestaunt. *„Es ist unmöglich, das Buch zu finden, das man gesucht hat“*, meinte David Bowie, der mal in der Nähe wohnte, *„aber man findet immer ein Buch, von dem man gar nicht wusste, dass man es haben wollte.“* Dass es im Jahr 2010 hier weniger als 30 Bookshops geben wird, war mir unvorstellbar.

Zeitungsauflagen haben ihren Höhepunkt 1994 und gehen seitdem stetig nach unten. Die Stadt, bunter, grauer. Meinem Hunger folgend, eile ich schnell zur Sixth Avenue, ein Stück Pizza essen. Beim Gang durch Manhattan durchstreife ich die halbe Welt in nagelneuen *Gap Stone Washed.* Müde, mit dem Gefühl, dass der Asphalt hier wohl nie abkühlt, wirkt der rote Backstein im Abendlicht noch leuchtender. Unter dem Licht einer Laterne haben sich zwei Schachspieler drei Tische zusammengeschoben... / Ich gehöre hierher.

Die Kurve kriegen

Nachtflug. Stille des Lichts. Die Winde hoch über dem Atlantik sind günstig. Das Glück, nach Hause zu kommen. Wir landen früh, berauscht, wieder in unserer Zeitzone. Reisende, die in ihr Land zurückkehren, müssen erst mit der Zeitumstellung klarkommen.

Und es dauert eine Weile, bis ich da bin. In der Meinekestraße eröffnet das erste deutsche Fnac-Kulturkaufhaus und wird schon nach nur vier Jahren wieder geschlossen. Ich vermute, wegen des unglücklichen gewählten Standortes in einer Seitenstraße. Nur ein Jahr nach der Mega-Store-Schließung des Konkurrenten Virgin in der Gloria-Passage direkt am Ku'damm. Ein Konkurrent weniger, doch ich bin kein bisschen froh darüber. In Kreuzberg hatte sich Directmedia Publishing gegründet. Ein kleiner Verlag, der Textsammlungen elektronisch auf CD publiziert. Eine neue Art des Lesens, mit Suchmöglichkeit, nur im Laden waren die Scheiben schlecht zu präsentieren. Auch wenn Verpackungen mit der Zeit aufwendiger wurden, sind sie begehrt bei Junkies. Es kommt zu täglichen Ladendiebstählen.

Handgemenge. Als ich wegen einer Zeugenaussage zur Polizei, Abschnitt 25, bestellt werde, sehe ich unter schwachen Leuchtröhren überall volle Aschenbecher und mechanische Schreibmaschinen im Gebrauch. Keine Computer, eher Museum mit gelblichen Gardinen verhüllt. Die wilden Wendejahre haben Berlin nicht zur anziehenden

Weltstadt gemacht, die uns prophezeit war. Andererseits sehe ich, dass das Netz unsere Kommunikation, auch unserer Verhalten schleichend veränderte. Um eine Geschichte darüber zu schreiben suche ich Mitmacher. / [Press space to continue].

„Ran ans Netz, *ähm*“

Begriff in die Augen: Internet oder auch einfach Information-Highway. Bernd Sommerfeld (Buchhandlung J. F. Lehmanns, Berlin) erläutert, was das mit dem deutschen Buchhandel zu tun hat. Am 30. Juni/1. Juli findet zu diesem Thema ein Kongreß statt

Das Internet ist ein weltweiter, kooperativer Verbund von Dienstanbietern, der es er- … vom Dreigespann Autor/Setzer/Drucker hin zur vom Autor druckfertig abgelieferten Vorlage und die in … Not: Updates per Netz und nahtlose Integration in den alten Datenbestand sind jetzt möglich. Ebenso die

Früher Morgen, meine Stimme krächzt. Der Fernsehturm ragt in den Berliner Himmel, doch mein Aufruf im Börsenblatt des Deutschen Buchhandels: *„Ran ans Netz“* schlägt keine Wellen. Vielleicht täusche ich mich ja, denn anders als bei Vorträgen, *ähm,* erlebe ich die Reaktion auf Texte nicht direkt.

So hörte ich lange nach meiner Twitter-Anleitungen im Buchreport-Blog, dass das, was ich da so locker beschrieb, für Leser der Anlass gewesen war, es selbst einmal zu probieren. Andere Stellen werden hellhörig bei meinem Wirken. Eher unbeabsichtigt bot ich mit meinem Thema eine völlig unerwartete Koalition der Hippie-Kultur mit dem Big Business.

Das Telefon klingelt und ich weiß, wer dran ist. Sie haben sich angekündigt. Dann kommt eine Einladung vom BMfW, unsere digitalen Shopping-Möglichkeiten vor den Wirtschaftsverbänden in großer Runde zu erklären: Einkaufen per Knopfdruck. In drei, vier Stunden habe ich meinen stationären Hypertext-Vortrag zusammengefummelt, flexibel mit vier relevanten Links, direkt ins Netz. Dokumentenpfade? Okay, jeder Fehler im Skript kann zum Absturz führen. Wichtigtuerei, Hemd in der Hose, Mikro, Wasserglas. Ich sitze vorn, entspannt und verkrampft zugleich. Im Saal ist es ruhig. Es rauscht, vor Aufregung hole ich aus: *Sehr geehrte, ich freue mich, dass…* Mit regem Interesse hatte ich gerechnet, doch die Stimmung blieb kühl. Warum so wenig Fragen an den Berliner Buchhändler mit dem Internet-Shop? Ob die anwesenden Branchen überhaupt über ähnliche gute Produktkataloge und „Lieferung auf Rechnung“ verfügen wie Lehmanns? Ich wage nicht, meine Ideen mit dreisten Behauptungen zu spicken, und verzichte leichtfertig auf Reizwörter wie *Umsatz, Rendite, Profit* oder *Gewinne.*

Da mein Nachredner seinen Flieger verpasst hat, bleibt mir eine weitere Stunde für Fragen und Ausführungen. Und so kann ich spielerisch noch einige Ideen mit vergessenen Aspekten verbinden – unglaublich, was im Internet machbar wäre.

Keine Ahnung, was damals noch so aus mir heraussprudelte. Erleichtert und befreit, als endlich freundlicher Applaus einsetzt. In einer Zusammenfassung findet ein Zuhörer fast biblische Worte: *„Wes das Herz voll ist, des geht der Mund über.“* Erfolgreich? Einige finden es schön, die Druckkosten zu senken, wenn es Kataloge online gibt, und Preise damit leichter vergleichbar sind – kaufen werden sie doch in einem richtigen Laden. *„Sehen, Fühlen und Anfassen“* geht einfach nur vor Ort.

Meine Erwartungen an Netzwerke, Träume... Dabei spare ich nicht mit gewaltigen Vergleichen, was das Internet und seine Möglichkeiten angeht: *„Die wichtigste Entwicklung seit Gutenberg mit der Erfindung des Buchdrucks, vergleichbar mit der Einführung der Elektrizität, der industriellen Revolution.“* Geld verdienen mit dem Internet? Da will man lieber mal abwarten... / *„Die Lage ist hoffnungslos, aber nicht ernst.“* Paul Watzlawick.

Zukunftsmusik

Mein geschätzter Gastgeber ist Professor Dr. Norbert Szyperski, ein Gründer der Wirtschaftsinformatik in Deutschland, der sich kaum langweilt und die Fäden in der Hand hält, um weitere westdeutsche Anbieter ins Web zu bringen. Er stellt viele Fragen und wir mailen ausgiebig miteinander, auch privat. Seine Fragen hallen lange nach, aber leider kann ich seine Einladungen zu den hochkarätigen Gesprächskreisen, den Sylter Runden, nie annehmen. Ich muss arbeiten oder die Themen sind so speziell, dass mein Chef kein Verständnis dafür haben würde. Das geht für mich doch weit über meine Arbeitsanforderungen hinaus. Die Szyperski-Veröffentlichungen *Ein Markt im Aufbruch*, waren lehrreich und es gelang mir 1999, ihn selbst für einen Vortrag in Berlin zu gewinnen. Er erwartete, dass die Softwareentwicklung, ebenso wie in der Autoindustrie, später – viel später – standardisiert wird. Er erklärte einleuchtende Unterschiede zwischen deutscher und amerikanischer Politik sowie Unterschiede zwischen prozessorientiertem Englisch und fakten-orientiertem Deutsch. So ereignet sich dann in den späten Achtzigern, als das Silicon Valley erfolgreich wurde und mehr und mehr Unternehmen sich dort gründeten, dass die Bonner Ministerialen anfragten, welche Abteilung des Washingtoner Forschungsministeriums für das Silicon Valley zuständig sei. Als sie erfahren, dass es in den USA kein Forschungsministerium gibt, ist das für sie ein regelrechter Schock. Keine Behörde kümmert sich dort um das kalifornische Wirtschaftswundergebiet. Anders in Deutschland: Gleich fünf Ministerien beanspruchen die Hoheit über den digitalen Fortschritt... / Nullerjahre, Papierstau.

Das Wetter schlägt um und nach einem überraschenden Schneesturm geht die Cebit 1995 mit 6.111 Ausstellern und 755.326 Besuchern, davon mehr als 100.000 aus dem Ausland, als *„Mega-CeBIT“* in die Messegeschichte ein. Doch angesichts wachsender Begeisterung des Privatpublikums droht der Fachcharakter der Cebit verloren zu gehen.

Louis Rossetto, Chefredakteur von WIRED, im SPIEGEL special 3/95: *„1995 wird das Jahr des digitalen Kommerzes. Er wird dadurch erleichtert, daß im globalen Internet neue und sichere Programme zum Austausch sensibler Daten, elektronisches Geld und digitale Kreditkarten eingeführt werden. Die Entwicklung des digitalen Handels ist ein weiterer Meilenstein auf dem Weg zur neuen Wirtschaft. Zahlreiche Institutionen, die wir bislang als Teil der vorhandenen Infrastruktur für selbstverständlich hielten, werden überflüssig. Die Verlierer: Alle Vertriebsfirmen und etablierten Markenartikler in vielen Bereichen. Die Gewinner: Junge Firmen, neue Medienunternehmen, Kreditkartenkonzerne und neue Spezialfirmen für digitale Zahlungsformen...“*

Dabei ist klar, die Kosten, die es erfordert, von einer Distribution oder einem digitalen Handbuch noch weitere zu produzieren, gehen im Netz praktisch gegen Null. *„Hallo“*, eine digitale Zeit beginnt. Erkenntnisgewinn: Kann man sich selbst für mächtig halten, nur weil man einige kennt, die Macht haben? ./. 1995: Michael Stragelove: „Werben und Verkaufen im Internet“, dpunkt Verlag.

Inselträume

Immer schön die Waage halten. Roter Lippenstift, Vernunft ist nicht *alles*. Signal, elektrogelb. Shit, wann hatten wir das letzte Mal einen Drachen steigen lassen? Distanz schärft den Blick. Abgeklärter Langmut, die Macht von Ebbe und Flut... Für den Herbst haben wir uns vorgenommen, einen ruhigen Ort mit Sand, Himmel, Fischlokal und einem Leuchtturm anzulaufen. Nach Amrum, einer ostfriesischen

Insel, umgeben vom Wattenmeer, erdigem Duft von Rosen, Weiden und Schafen. Zersplitterte Gegenwart am knisternden Kaminfeuer einfach zum Hintergrundrauschen werden lassen. Träumen ins Blaue, von der gemütlichen Sauna, vom Versenken in den Wellen, wildes Treiben, das wir nie verstehen. Unendlich ihr Kommen und Gehen, vergeudete Wucht. Ermüdende Spaziergänge am endlos bespiegelten Strand. Wellenfelder. Steine, Treibholz, farbiges Glas im Sand, rundgewaschen von Wasser und Zeit. Entschleunigung. Fußabdrücke. Strandhafer im Wind. Das Meer weicht, saugt sandiges Wasser mit.

Wenn es auch nicht gelingt, den Buchhändler, der mir im Seemannspullover folgt, abzuschütteln, er will gar nicht wieder nach Hause. *Rüm hart, klaar kimang.* Worte beschreiben, was man fühlt, wenn man auf den Dünen steht, gen Westen blickt und über den kilometerbreiten Strand aufs Meer zuläuft. Dort hat man angeschwemmte Kokain-Päckchen gefunden, schreibt die örtliche Morgenzeitung.

Ein Spaziergang über die Bucht zum Hafen. Erwartung des aufkommenden Kieferngewitters. Die Situation erinnert ich mich an Sprawl in Neuromancer: *„Der Himmel über dem Hafen hatte die Farbe eines Fernsehers, der auf einen toten Kanal geschaltet war."*

Himmel, dieser Himmel! Aufkommender Wind mischt sich ins Spiel ein. Eine Schar hungriger Möwen versucht der Materie zu trotzen. Großes Getue. Ab und zu ein Zucken, da bricht das Gewitter machtvoll los. Der Taktstock des Maestro dirigiert eine Symphonie mit Funken, Donner und Blitz. Sand, Meer, Wolken, alles gleich schwarz, als triebe es dem Ende der Welt entgegen. Am Ende des Donners geht auch die Woche plötzlich zu Ende. Die Bierdeckel der *„Blauen Maus"* haben wir noch immer im Küchenschrank. Das ist nicht unser letzter Amrum-Urlaub.

Auf der Durchreise in die Gegenwart und trotz aller Begeisterung für das neue Leben und Wirken im Netz, entgingen mir nicht die politischen Vorgänge. Das große Geld wird woanders gemacht. *Airbus* plant ein eigenes Großraumflugzeug, nachdem die Verhandlungen mit US-Marktführer *Boeing* über ein gemeinsames Projekt gescheitert waren. Fortschrittlich überwacht der Bordcomputer erstmals die Piloten beim Airbus A320. Bei Boeing überwacht der Pilot den Bordcomputer (dabei hätten sie mal bleiben sollen, dann wären die 346 Menschen, die dem Amok laufenden Autopiloten der 737 Max zum Opfer fielen, noch am Leben)... Wie verlässlich lässt sich das Wetter für die nächsten Tage prognostizieren? Eingabe per Tastatur: Vorhersage Berlin ergibt trocken. Dann: Wetter Amrum, unbeständig. / Das Bild ist überbelichtet.

In der Schlange

Wir in Berlin. Makrelen-Wolken am Himmel, bald kommt der Herbst. Sonnabend, vor der Dunkelheit, warten wir am Mehringdamm Ecke Gneisenau in der Schlange der Wohnungssuchenden auf die frisch gedruckte Morgenpost mit großem Immobilienteil. Bezahlbare Altbauwohnungen zur Miete sind begehrt, sämtliche Telefonzellen in der Nähe schnell besetzt. Leute in der Reihe empören sich über Handgreiflichkeiten bei Besichtigungsterminen. Man hört öfter: *Keine Ahnung, irgendwie...*

Dinge, die ich gerne früher gewusst hätte: Drogengelder werden in Waschsalons und Autowaschanlagen gewaschen, mit Schwarzgeld kauft man Häuser. Immobiliengeschäfte gehören zu den besten Einnahmequellen der Scientologen. Anfangs, nach einem ihrer persönlichen „Tests", interessieren mich ihre Fragen. Ihre Zentren sind Berlin und Hamburg, wo Sektenmitglieder nach Schätzung von Mietervereinen bis zu 50 % jener Geschäfte abwickeln, bei denen sie Mietwohnungen in Eigentum umwandeln und verkaufen. Jeder der gegen den Hubbard-Kult aufmuckt, kriegt Ärger. Hier berichtet neben der taz auch der Christoph Links Verlag: *„Der Sekten-Konzern: Scientology auf dem Vormarsch"*. Gegner haben es verstanden, auch das Internet gegen die Sekte zu nutzen.

Der Links-Verlag veröffentlichte Details und interne Dokumente aus ihrem Machtzentrum. Die Science-Fiction-Stories mit ihrer Thetan-Theorie, bestgehütetes Geheimnis der Scientologen, in die Jünger für viel Geld einsehen durften. Gründer Ron Hubbard, einst von Wieners Kybernetik inspiriert..., doch je mehr ich über die Fishman-Papiere lese, desto unglaublicher kommt mir die Sekte vor. Dagegen engagieren? Was ist geeigneter als das Internet? / wahrgenommene Veränderung.

Die Maske

Tagsüber, gestern, das Sekten-Hauptquartier in Sichtweite des Ladens. Fast regelmäßig gibt es dort kleine Demonstrationen, und ich sehe da die ersten *Guy-Fawkes-Masken* von Anonymous. Deren magische Aktionen zeigen Wirkung, denn die Sekte erweist sich trotz ihres massiven

Widerstandes gegen die Veröffentlichung ihrer Geschäftsgeheimnisse und der jahrelangen Gehirnwäsche als machtlos. Schon die Newsgroup *alt.religion.scientology* versuchte sie erfolglos lahmzulegen. Und bereits in den Neunzigern hatte Ex-Scientologe Wilfried Handl prophezeit, dass „das Internet Scientology das Genick brechen wird". So kommt es nicht. Es gibt noch immer eine Menge spannender Dokumente und Berichte zu dem Thema Scientology, auch bei Google. Und Bücher. Sie sind weiterhin aktiv. Ein *cruiseliger* Verein. Ich frage herum und finde heraus, woher die beliebten Guy-Fawkes-Masken kommen. Bald kann man sie auch bei uns im Laden kaufen.

Sie werden zum Erkennungszeichen systemkritischer junger Leute weltweit. Der Comicautor Alan Moore mit seinen verfilmten Graphic Novels „Watchmen" und „V for Venedetta" hat das Symbol bekannt gemacht. Das Gefühl, dass alles schon „so ewig weit weg" ist, habe ich gerade nicht. / SPIEGEL ONLINE 47/1996.

Book Fair Frankfurt

Helle Morgenwelt. *Whats next?* Manche Gespräche gleichen Ping-Pong. *Eine letzte Frage noch* – solche Sätze leiten eine zähe Beanspruchung ein. Einmal möchte ich so lachen, dass Widerstand zwecklos ist. Zur Abwehr allzu naher Stimmen gehe ich in Dämmerzustand. Energiesparmodus. Unmöglich, sich dem Börsenblatt hinzugeben und gleichzeitig die Umgebung auf dem Radar zu haben: Die durchschnittliche Verweildauer eines Buches im Buchhandel ist merklich kürzer. Die Buchmesse zu Frankfurt, dem alten Begegnungs- und Handelsplatz, steht nun, gegen heftige Widerstände im Verband, auch für „Neue Medien" offen. Statt der „Straße der Elektronik" hat man eine eigene „Multimedia Halle" vorzuweisen. Wo sonst ausschließlich Bücher zu klauen sind, findet man jetzt Lautsprecher, Monitore, Universallexika, multimediale Sprachkurse und *digital publishing.* Dicke Wälzer mit Tausenden von Seiten passen jetzt auf eine CD-ROM. Schlechte Nachrichten für die Kulturpessimisten. Und hier, in den heiligen Hallen, darf ich eine Woche lang Vorträge zum Thema Internet-Shopping halten.

Unser Team, Christian Spanik, Uta und drei Buchhandels-Kollegen, organisieren täglich Workshops für Menschen vorwiegend männlichen Geschlechts. *Multimedia*, in diesen Jahren Zauberwort in allen Medien. Als einer mit Online-Shop-Erfahrung wird man ungläubig als „Bote des Internet-Zeitalters" bestaunt und ausgefragt. Mit dem Ausstellerausweis darf ich eine Stunde vor Beginn in die Hallen. An einigen Ständen liegen Nachrichten, ein aufgekratzter T.C. Boyle steht im Weg und spricht mich auffordernd an…

An der Schwelle zur digitalen Revolution

…verkündige ich täglich das neue Evangelium und erzähle Geschichten. Über das Leben mit und aus dem Internet. Outlook-Usern misstraue ich. Der User scrollt nicht gern, mein HTML-Vortrag von geplanten 45 Minuten dehnt sich bis zu zwei Stunden aus. Ich bin ein Prophet der Grenzenlosigkeit, richtungsweisend ohne Land, zwei Stunden verlässlicher Schlaf, die Minibar. Neu und ungeheuer schnell. Neuland sicher auf Diskette gespeichert.

Diese Buchmesse lässt sich kaum nacherzählen. Und ich bringe als Mentor gleich zwei Botschaften mit. Die Erfolgsgeschichte freier Software und gleichzeitig die des Linux-Betriebssystems sind mehr als nur eine Episode, auf die sich die Ökonomen nur noch keinen Reim machen wollen. Wundern sich, wie Programmierer gemeinsam, weltweit, ohne Entlohnung, erst recht ohne Führung durch eine Konzernspitze, so hochwertige Software schreiben können…

Zur Sicherheit habe ich meine Beispiel-Links mit Inhalten und Gifs auf Disketten gespeichert. Es klappt, wir sind online. Habe ich mit der Buchbranche vielleicht die falschen Zuhörer? Und können die ausländischen Aussteller der beliebten Halle 8 deutsch überhaupt verstehen?

Die Sonne scheint wie Ende August, mit den ersten Strahlen wechsele ich von „Drinnen“ nach „Draußen“. Die Jungs aus Dortmund waren auf die Messe gefolgt und haben einen unübersehbaren, einladenden Stand aufgebaut. EUnet bietet sich Verlagen hier als Internet-Provider an. Mit allen Services und Cocktails nach Wahl am Tresen. Runterkommen, Lasst uns feiern. Werte des Greifbaren. Dabei hätte ich gern einige Ideen in ein Moleskine notiert, nur – die waren zu der Zeit noch nicht erfunden. Am Wochenende ist Andrang in den Hallen, an den Rolltreppen kein Durchkommen. Zur Buchmesse gehört es, dass man sich abends nicht verabredet, weil sich Kollegen, Autoren sowieso beim Rowohlt-Empfang treffen. Ein Jahr danach erklärt uns Christian Spanik endlich World Wide Wind im Fernsehen. Schönheitsfehler. Nachher weiß man es. / Mein Glas war leer. Nachbessern?

User-Aktionen ohne Gedächtnis

Erntemond. So soll es sich zugetragen haben. Zögernd baut sich ein Bild auf. Erwacht im Hilton. Die Nacht in einer Gründerzeitvilla an der Bockenheimer Landstraße ist vorbei, hinter den vergessenen Träumen geht die Sonne auf. Ein großartiger Ausblick. Zu dieser Zeit hat auch das Web noch kein Nutzer-Gedächtnis für die Aktionen auf einer besuchten Webseite. Es gibt keine Möglichkeit, Nutzer mit Aktionen in Verbindung zu bringen, die er nur Augenblicke zuvor ausgeführt hat. Ein bequemes Online-Shopping gibt es (noch) nicht.

Lou Montulli arbeitet bei Netscape, findet Kontakt zu Programmierern, die einen ersten Einkaufswagen für einen Online-Shop entwickeln wollen. Lou Montulli beginnt zu grübeln und bald steht ein Konzept, das das Internet verändern soll: Ein Web-Server kann mit Hilfe kleiner Textdateien die Informationen an den Browser zurückgeben, die der Browser wiederum dem Server, jedes Mal wenn dieser in Zukunft kontaktiert wird, sendet. Zunächst wurden die Cookies über den Netscape-Browser verbreitet, dann unterstützten immer mehr der anderen Browser die kleinen Textdateien. Später beginnen Webseiten, diese Cookies auf unterschiedliche Arten zu nutzen. Man verwendet sie unter anderem dafür, Benutzerprofile über das Surfverhalten eines Benutzers zu erstellen. Zum Problem werden sogenannte Third Party Cookies. Diese Technik wird bald in der Werbeindustrie verwendet, um einen Browser über alle Seiten zu identifizieren und zu verfolgen. Nun geht es nicht mehr allein um die Identifikation der User, sondern um das gezielte Senden von personalisierter Werbung. Den genervten Usern gefiel das gar nicht, und auch Montulli war skeptisch. „Cookies waren nicht dafür entwickelt worden, über Seiten hinweg zu tracken, um Nutzer auszuspionieren. Sie waren aus genau dem gegenteiligen Grund entwickelt worden." Denn das, was mit anderen grassierenden Technik-Ideen zur Lösung des Erinnerungsproblems machbar gewesen wäre, wollte Montulli nicht. Mit Cookies sollte *Cross-Site-Tracing* nicht möglich sein. Diese Information führte dazu, dass ich den Cache meines Browsers nach dem Surfen regelmäßig leere. Was den Vorteil hat, dass z. B. bei Reiseangeboten mein Preis nicht ansteigt. Zurück zur Pionierzeit und unserem Warenkorb...

HTML 2.0 und SELFHTML

Schon lange hatte ich die Erwartung aufgegeben, dass im Inneren von Computern etwas Lebendiges verborgen sein müsse. Doch dann hatte ich leichtsinnigerweise beim Neustart eine Diskette im Laufwerk A vergessen... Das Boot-Laufwerk?

Mir erklärt man auch gleich noch den Unterschied zwischen dem Frontend und Backend. Frontend ist das, was der Web-Benutzer zu sehen bekommt, Backend ist, was wir als Webshop-Betreiber sehen und verändern können.

Uns war wichtig, dass ein Warenkorb sowohl mit und ohne Cookie funktionierte. Niemand sollte auf der Strecke bleiben, weder Kunden mit abgeschalteten Cookies, noch solche, die mit einem Browser zu uns kamen, der mit Cookies nichts anfangen konnte.

Was da im Netz passiert, ist komplexer, schien mir. Eigene Kreativität und etwas technisches Verständnis auf unbekanntem Gebiet sind nötig, mit ein paar schnellen Klicks ist es nicht getan. Noch sind die Bedürfnisse und Gewohnheiten der Netz-Nutzer nicht transparent. Freiraum und Möglichkeiten. Diese Dinge des Online-Handels – werden sie in Zukunft die Arbeiten für Vordenker, Techniker, Programmierer und BWLer? Ich schlafe, aber meine Gedanken und Gefühle sind wach. Ist die Unsicherheit vielleicht das Beste an der Zukunft? / Was ist im Ordner /cgi-bin?

Macht über die Perspektive

Die Dunkelheit wacht auf, Asphaltboden zittert. *Tempo!* Eine Million beflügelter Raver toben leichtfüßig als Loveparade durch die Stadt, der absolute Hammer! Kolleginnen feiern ihre neue gemeinsame Wohnung und ich, und ich warte nach dem Umzug, bis endlich das neue Mac-Betriebssystem vollständig installiert ist. Nach hartnäckiger Zwiesprache mit dem System fühle ich mich wie ein falscher Heiliger vor Abgründen.

Bill Gates zeigt 1996 der Welt seine neueste Schöpfung: „Bob" soll das Betriebssystem intuitiver und übersichtlicher gestalten. Verzerrte Wahrnehmung?

Selbst Microsoft weiß, dass das aktuelle Windows nicht besonders nutzerfreundlich ist. Obwohl ein Großteil der stetig wachsenden PC-Nutzer mit der Benutzerführung nur schwer klar kommt, läuft auf

80 % aller Computer ein Betriebssystem von Microsoft. Bob ist dann der lobenswerte Versuch, eine Oberfläche für Windows zu veröffentlichen, die einfach zu bedienen sein soll. Statt eines Programm-Managers gibt es ein Haus, da sind nicht irgendwelche Symbole, sondern uns bekannte Objekte. Es gibt mehrere Räume, in denen man seine Programme ablegen kann. Ein Assistent kümmert sich darum, ob man ein neuer Benutzer ist oder nur Gast, der eine Tür passieren will. Einige Anwendungen sind gleich installiert, vor allem Finanzen, Adressbuch, ein rein amerikanisches E-Mail-Programm, ein Schreibprogramm und ein Spiel. Ein persönlicher Assistent kann auf Wunsch weitere Programme hinzufügen. Das neue „Bob" bietet statt des klassischen Desktops, mit Papierkorb, Ordner-Struktur und Dokumenten, eine Art virtuelles Wohnzimmer im populären Comic-Outfit. Beim Arbeiten am PC soll man sich eben wie zu Hause fühlen.

Mit einem Klick auf den Wandkalender öffnet sich die Terminübersicht, klickt man auf den Papierstapel auf dem Schreibtisch, öffnet sich die Textverarbeitung. Für Fragen steht ein Hund namens Rover zur Seite. Die Software wirkt noch nicht voll durchdacht und beim Fachmagazin „PC World" landet Bob auf Platz sieben der 25 miserabelsten Tech-Erfindungen. In den ersten 6 Monaten wird BOB nur 30.000-mal verkauft. Die wunderbare Idee des „Social-Interface" floppt damit komplett.

Schade! Da man MS-BOB einzig in Nordamerika verkauft, das auch nur mäßig, ist mir diese Idee zwar präsent, doch live erlebt habe ich sie nie. Schnell ist das vergessen, doch nachdem ich spielerisch die virtuellen Räume, Veranstaltungsorte, das *Metaversum*, das Second Life als Heimat kennenlernte, hatte ich eine ähnliche Idee, die ich rauschhaft, unbeirrt Google vorstellte... / *verwischte Spuren.*

Die Tageszeitung

Was gestern war, schon Wochen her. Nichts bleibt, wie es war. Am Ende des Monats eröffnet das russische *Gorki Park* am Rosenthaler Platz. Und unterhalb des Kreuzbergs, der angesagte Italiener mit einfachen Holztischen, beschreibbaren, weißen Papiertischdecken, unsere *Osteria No. 1.* Hier treffen sich Revoluzzer und all jene, die es gern gewesen wären. Der Legende nach soll hier an einem der Tische die *taz* erdacht worden sein. Als die Mauer noch stand, waren wir oft abends dort. Genauso einige Politiker, Schauspieler, Künstlerinnen und die neuen Macher der taz nach Redaktionsschluss. Lachen und angeregte Unterhaltung am Nachbartisch: Schnell und mutig ist die taz, nun setzt Informatiker Ralf Klever als IT-Leiter der Zeitung endgültig auf Open Source-Software. Bereits seit 1995 setzte die Tageszeitung (taz) auf Linux als Serverbetriebssystem, die Clients für das neue, selbst programmierte Redaktionssystems liefen später ebenfalls unter Linux.

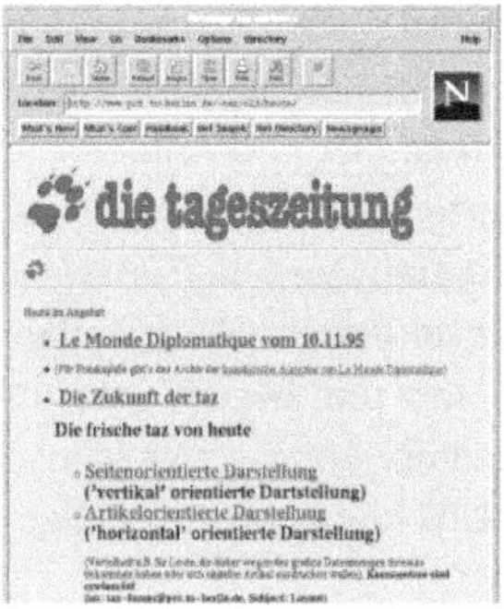

In Zusammenarbeit mit der TU-Berlin, ist die taz die erste deutsche Tageszeitung, die Anfang 1995 komplett als „digiTaz" im Web erscheint.
Da die taz keine Kannibalisierung durch das Internet erwartete, hatte man sämtliche Artikel online gestellt. Schon im Oktober hat die Online-Seite durchschnittlich 1.500 Leser am Tag. Ralf archivierte alle Artikel im Netz.

Auch meine zwei Artikel müssten im Archiv zu finden sein. Eine frühe Umfrage ergab: Etwa ein Viertel aller Teilnehmer konnte sich vorstellen, für ein elektronisches Abonnement zu bezahlen. Auch wenn sie das dann leider doch nicht taten, erhielt die taz später den Document Freedom Award. Ralf erklärte: „Wir verwenden freie Formate, weil wir unsere Leser in keinen – wenn auch noch so goldenen – Käfig einsperren wollen. Nur mit offenen, vielfältigen Formaten ohne DRM können wir die TAZ so weit wie möglich verbreiten." Und heute erscheint die taz bis auf die Wochenendausgabe ausschließlich digital.

Zwischenmedium CD-ROM

Wenn wir aktiv sind, entstehen im Gehirn neue Verbindungen. Flüchtig streifen Texte meine Netzhaut. Kein Wort zu viel. Nachrichtenschnipsel. Ungewissheit. Wie würde die Zeitung der Zukunft aussehen? In ganz Deutschland hatte die Zahl angeschlossener CD-ROM-Laufwerke bereits die Millionengrenze überschritten. Das Digitale kommt in unser Leben. Wer sich eine CD von Nirvana kauft, kann leicht eine Kopie davon brennen. Ob Spiele, Musik, Lexika oder Software, die silberne Scheibe beginnt den Markt zu erobern. Längst hat der Computer den Wettbewerb mit dem Buch unterwandert. Der Konkurrenzkampf spielt sich vor allem dort ab, wo die CD-ROM flexible und kreative

Zugriffsfunktionen bot. Die intelligente Aufbereitung von Bild, Text und Ton in einem, deren sinnvolle Verknüpfung mit weiteren Informationen sind der Vorteil von Multimedia-CDs. Das Analoge scheint langsam von einer digitalen Revolution überrollt zu werden. Neben den Verlagen bieten viele neue Anbieter weltweit ca. 10.000 CD-Titel an. Die Abspielgeräte, gleich mit den Rechnern ausgeliefert, bei fallenden Preisen. Wenn sich die Verlage und der Buchhandel auf dem wachsenden Markt der „Neuen Medien" durchsetzen wollen, müssen sie durch kompetente und innovative Produkte als Hersteller und Anbieter in Erscheinung treten. Unsere selbst produzierten CD-ROMs waren zu jener Zeit innovativ. Angenehm mein Kontakt zum Docdata-Presswerk, wohin ich regelmäßig Datenträger samt Cover bringe. Die jeweilige Software war vorab von Linux-Cracks auf Herz und Nieren getestet worden. Es herrscht kreative Leichtigkeit und der Auftrag war schnell vergeben. Erst Disketten, später CD-ROMs. Und hier kann man einiges mitnehmen (im Sinne von „lernen" :-).

Kunden des Presswerks werden wiederholt eingeladen zu gemeinsamen Dampferfahrten, auch mit coolen Musik-Labels. Dabei landet man auf den Gästelisten der Szene und ihren härtesten Partys. Handshakes. Juchee auf der Spree! Berlin ist eine Stadt des Lichts, und die heimlich tanzenden Schatten des Sperrgebiets treffen uns nicht. Unüberwindlich, die Spree, Nebenfluss der Havel. Wiederentdeckung. In Bewegung bleiben. / orangefarbene Leichtigkeit.

Ahnungslos

BEEP! Wachstumszwang. Wir sind nicht mehr allein im Internet. Unglaublich, jetzt fühle ich mich etwas daneben, weil ich mir selbst Nachrichten schicke, um wichtige Dinge festzuhalten: Eine 1995 in Deutschland durchgeführte Studie der Gartner Group besagt, dass 87 % der deutschen Unternehmen mit Internet-Anschluss bereits Opfer von Hackern sind. Solange Disketten allein als Virenüberträger benutzt werden, sind die Infektionsraten relativ niedrig. Von dem Augenblick an, in dem man die Daten über Leitungen verschickt, steigt die Zahl der Angriffe sprunghaft an.

Mittlerweile sind auch Bücher zum Schutz in Plastikfolie verschweißt. Keiner hat uns gefragt. Ist der Grund dafür, dass die Beigaben von CDs und Disketten zum Buch geschützt sein sollen? CDs werden trotz Hüllen in rauen Mengen gestohlen. Auch Bücher ohne Beigabe werden in Plastik verschweißt. Mir ist das zuwider. Einige wollen plötzlich sogar Import-Bücher frisch in Plastik eingeschweißt. Auch wenn die USA und England diese umweltschädliche Mode nie mitgemacht haben. Genervt kaufe ich eine Rolle Plastikfolie und einen billigen Haar-Fön. Wenn nun einer unbedingt auf eingeschweißte Literatur besteht, gehe ich in unsere kleine Küche und mache mich mit triumphierendem Lächeln ans Werk. Der Anteil digitaler Ware ist bedeutend.

Anfangs kommt die große Anzahl der erfolgreichen CD-ROMs von Software-Firmen. Der Vertrieb läuft nicht immer über den Buchhandel. Wir machen 85 % Umsatz mit Büchern und schon 15 % mit CD-ROMs. Dabei haben viele hohen Beratungsbedarf mit der neuen Technik. Täglich dürfen wir uns mit „Firmware Up-Dates“ oder „nichtlesbaren“ CDs befassen. Als ein älterer Professor der TU seine „kaputte“ CD zum dritten Mal umtauschen will, danke ich leise allen jüngeren Nutzern, die solche Probleme nie haben.

Medienkompetenz ist der neue, gern benutzte Begriff dafür, und die erfordert ständige Lernprozesse…

Wir Buchhändler ahnen, was wir tun werden. Mit der DANTE e.V. (Deutschsprachige Anwendervereinigung TEX e.V. haben wir zum Beispiel eine für beide Seiten vorteilhafte Kooperation. Der Zweck des Vereins ist die Betreuung und Beratung von TEX-Benutzern im gesamten deutschsprachigen Raum.

Das ist auch genau unsere Zielgruppe. Lehmanns produziert und vertreibt daher DANTE-Publikationen und CD-ROMs direkt und über andere Wiederverkäufer und übernimmt alle Aufgaben eines Verlags.

The choice of a GNU-generation

Eine Geschichte der verpassten Chancen? Für alle, die keine Gelegenheit hatten, sich aus erster Hand über die Entwicklung und Einsatzmöglichkeiten des Internets und des Betriebssystems Linux zu informieren, findet knapp ein Jahr später in Berlin der zweite *„Linux & Internet-Kongress“* unter dem Motto *„…mehr Power für die Praxis“* statt. Ein Gast ist dabei Richard Stallman himself mit schlabbriger Trainingshose und Flöte.

Anstelle von Linus Torvalds hält er, der Begründer des GNU-Projekts und der Free Software Foundation, die Keynote. Seine strengen Ansichten darin – er warnt vor der Verwendung nicht-freier Software –, finden allerdings nicht bei allen anwesenden Entwicklern großen

Beifall. Zwar hat sich inzwischen das GNU-Prinzip als geniale Strategie für Innovationen in der Software-Branche herausgestellt, viele suchen auch die Anerkennung im kommerziellen Umfeld – und da ist die reine Lehre nicht immer allein hilfreich. Einige Teilnehmer wünschen sich einen spürbaren Fokus auf die kommerzielle Nutzung. Kurzes Schweigen...

Die Finanzwelt schickt ihre Headhunter, um nach begabten Hackern unter den Linuxern zu suchen. Zwei Bekannte verdienen dort gut als bezahlte Sicherheitsbeauftragte. Open Source wird auch für „Normalos" zum Thema.

Nach dem „Linux Journal" von Bob Young erscheint jetzt auch in Deutschland erstmals ein Linux-Magazin. Aus netten Kunden werden im Laufe der Besuche zuweilen Freunde. Das Internet und die Open Source-Bewegung passen genial zusammen. Ohne Internet ist Linux kaum vorstellbar, und ohne die technische Entwicklung von Unix und Linux kann man sich das Internet nicht vorstellen.

Die wenigen warnenden Stimmen zur neuen Infosphäre gehen in all den Tagen unter: *„Bedenklich ist die zunehmende Verbreitung neuer Dienste im Internet, insbesondere das World Wide Web. Hier werden komplexe Programme und Protokolle zum Datenaustausch verwendet, kaum jemand weiß genau, was hinter den Kulissen passiert"*, mahnt uns William Cheswick. Er spricht über sein Konzept einer Firewall. Im lebhaften Stil erzählt er Anekdoten aus den *haqz* nach „Berferd", wie der Hacker in seinem Buch hieß... / 31337.

Die Zukunft – kommt eine digitale Gesellschaft?

Die Webseiten bauen sich sehr LANGSAM auf, und für clevere Firmen ist Internet das schnellste Medium, um mit potentiellen Kunden ins Gespräch zu kommen. Man entdeckt das Thema *„Content"*; mit MySQL erscheint die beliebte relationale Datenbank unter der freien GNU General Public License. 1995 erlebt auch der Deutsche Multimedia-Verband (DMMV) seine Gründung. Damals ist das Netz für die Gründer ein interessantes Science-Fiction-Thema. Peter Kabel ahnt: *„Dieses Jahr, das Jahr der Kommerzialisierung des Internet."*

Bei Software, Büchern, Magazinen, Reisen oder Musik kann das funktionieren, und bei anderen Produkten, Schuhen oder so, kann ich mir zu diesem Zeitpunkt schwer vorstellen, sie online zu kaufen. Weltweit wurden gerade 13 Millionen Dollar durch Handel im Internet umgesetzt. Und lockt schon erste Kriminelle an: Vladimir Levin aus St. Petersburg ist der erste bekannte Internet-Bankräuber. Er transferiert einige Millionen Dollar von der Citibank auf sein eigenes Konto. Derweil sitze ich im Laden, Vorschauen englischsprachiger Verlage vor mir. Lesenswerte Titel werde ich gleich in die Datenbank und meine Online-Empfehlungsliste eingeben. Einige Bücher klingen zukünftig: Kelvin Kellys *„Out of Control: The New Biology of Machines, Social Systems, and the Economic World“* mit Kapiteln zu Schwarm-Intelligenz und Transhumanismus. Kommt eine „neue Biologie der Maschinen“, werden wir körperlose Software? So ein Zustand ist schwer vorstellbar. In den Seiten vorab fühle ich mich schon schwindelerregend unabhängig. Science-Fiction. Aber die Zukunft existiert nicht – noch nicht. Wähne mich aber am richtigen Ort, zur richtigen Zeit.

„Being digital“

Und so gibt es weitere Titel, die ich bestelle: Nicholas Negroponte, der Sohn eines griechischen Reeders, gilt nun als der führende Tech-Guru und ist einer der bekanntesten Vordenker der Digitalen Revolution. Als Gründer des legendären, futuristischen Media Lab am MIT und als WIRED-Kolumnist, veröffentlicht er 1995 seinen Bestseller *„Being Digital“*. Ein Buch voller Denkanstöße. Seine Zitate begleiten derzeit fast jede Keynote, jeden Vortrag zum Thema „Neue Medien“ und Zukunft.

Das digitale Zeitalter, prophezeit er, wird Hierarchien sprengen, die Überflussgesellschaft globalisieren, politische und wirtschaftliche Kontrolle dezentralisieren und Harmonie unter uns Menschen bringen. Nationalstaaten werden verschwinden wie Oasen, die im Wüstensand versinken: *„Das Internet ist die größte Erfindung unseres ausgehenden Jahrhunderts. Und es gab kaum eine andere Erfindung, deren Wichtigkeit von den Zeitgenossen so unterschätzt war. Das Internet wird der Welt Frieden und Gesundheit (made in California) bringen...“* Seine Vision: Der Mensch gewinnt die Herrschaft über die Medien zurück. Von der individuellen Zeitung bis zum Kühlschrank, der selbstständig neue Lebensmittel ordert, sollen Computer alle Mühen des menschlichen Lebens mindern.

Das Buch ist übrigens von einigen Firmen gesponsert worden. Ganz ohne Hintergedanken. Gerüchte? Wenn bei der Lektüre eine

Frage aufkommt, hilft das Internet oft, eine schnelle Antwort zu finden... / Back To The Future!

Vom ASCII-Code zum PDF

Frischluft, Leichtigkeit. Mitten in Berlin. Alien-Invasion. Wer sind die Guten, wer die Bösen? Sonne macht übermütig. Es gibt originelle Biergärten. Einer, das *„Loretta im Garten"*, eine grüne Oase an der Lietzenburger Straße. Vorbei. Eine der schönsten Szenen danach, im Schatten sitzend, staunend, das neueröffnete idyllische *Café am Neuen See*.

Ein wunderbarer Anblick: Biergartenbänke unter alten Vorkriegskastanien, ein See mit kleinen bunten Booten. Das Buch vor mir. Konzentriert. Noch immer hatte der alte Carlos Castaneda mit seinen Büchern eine feste Fangemeinde.

Das angekündigte 20-bändige Literaturlexikon scheint eine lohnende Anschaffung, oder vielleicht besser auf CD-ROM warten? Der neue Slogan: Die Welt auf einer Scheibe. Bücher und Texte, das *„Projekt Gutenberg"*, stehen Mitte der 1990er Jahre als Textdateien über das Internet zur Verfügung. Viele Dateien des Projekts Gutenberg können kostenlos heruntergeladen und frei weiterverteilt werden. Zum Lesen nicht ideal, zur Nutzung und Recherche nützlich. Anfangs nur ASCII, sonst nichts. ASCII heißt nicht umsonst „AMERICAN Standard Code for Information Interchange".

Da dieser Standard in den USA entwickelt worden war, gab es in dieser Tabelle keine Zeichen wie ä, ç oder é. Die Zeichenkodierung bestand aus 128 Zeichen, von denen 95 druckbare Buchstaben, Zahlen und Sonderzeichen wie #, $, %, &, @ oder + waren. Erst im Laufe der Jahre kamen länderspezifisch diakritische Zeichen hinzu. Da Inhalte am Computer noch rein textbasiert waren, begannen Kreative damit, die Zeichen zu Bildern zusammenzusetzen. Unmengen von ASCII-Kunst verzierten nun meine elektronischen Texte. Bald werden allenfalls sogenannte Emoticons übrig bleiben, kleine Buchstaben-Symbole, die in Texten und E-Mails Gefühle signalisieren (sollen), nicht selten aber zu Fehlinterpretationen führen. *Punkt Punkt Komma Strich – fertig ist das Mondgesicht* :-).

Beim Austausch von Dateien entstehen massenhaft Fehler – sofern man sich nicht damit auskennt. DOS-Dokumente lassen sich nicht einwandfrei unter Windows oder Macs lesen (und umgekehrt). Wie im sprachverwirrten Babylon, mit Pinyin-Chinesisch und Franco-Arabisch!

Nimmermüde verbreitet sich die Hoffnung vom papierlosen Büro. Es fehlt ein Dateiformat, um dem Dokument auch ein eigenes Layout zu geben.

Dafür sorgt Adobe, als 1993 das „Portable Document Format" (PDF) auf den Markt kommt. Um die PDF-Dateien zu lesen, braucht man einen entsprechenden Reader, den Adobe für Windows und Mac gleich mit zur Verfügung stellt. Wer mit anderen Systemen arbeitet, muss sich selber was basteln (lassen). Das Leben besteht aus einer Reihe von Schachzügen und Tricks, die man anwendet, um Dateien zu lesen... / Gehört die Zukunft gar den Dateiformat-Nerds?

Webserver

Langsam bahnt sich die Erkenntnis den Weg: Die beliebte Kaffeesorte der US-Programmierer heißt Java, die Integration von Java-Technologie in den Netscape-Navigator ist verkündet. Ende 1995 sind knapp 10.000 Webserver im Internet, fünf Jahre später, Ende 2000 sind es über 25 Millionen. Es gibt nicht nur die, die das Internet nutzen, einige suchen auch nach Möglichkeiten, ihre eigenen Angebote ins Netz zu stellen. So einer, der seine Zahnarztpraxis bewerben will – allerdings, Ärzte dürfen nicht werben. Wir konzipieren zusammen die Seite *„Keine Angst vorm Zahnarzt"* mit Tipps für Patienten. Ich schaffe ohne Lohn mit *„Afrikanissimo"* eine monatliche Seite zur Verbreitung afrikanischer Literatur. Literatur ist mir lieber als Journalismus. Die ehemaligen Kolonialmächte hatten ihre lächerlichen Herrscher-Figuren, Idi Amin und Bokassa, eingesetzt, um so schneller zum Zuge zu kommen.

Das erinnert mich an das afrikanische Sprichwort: *„Wenn der Löwe seine Geschichte nicht erzählt, wird es der Jäger tun"*. Komisch, von all den Büchern ist mir wenig in Erinnerung geblieben. Als ich einen Provider suche, schenkt mir Willy bei *mind.de* Plattenplatz für zwei private Shops und verlangt keinen Pfennig. Wo ein Willy ist, ist ein Weg ;-). Eine Freundin will einen Shop für ihren Verlag. Ich lerne mehr über HTML und Javascript. Nach der Arbeit, in langen Nächten... Mit Grafiken, Bildern, Tönen, Animationen oder gar kleinen Videos kann man Zusammenhänge vielfältig veranschaulichen: Hypertext wird vieles bei Aneignung von Informationen verändern. Wir lernen am Mac *cut-copy-paste* und wollen das nie wieder missen. Passend dazu nutze ich mein *Clipboard* mit 10 flinken Zwischenablagen. *Work smarter-not harder.* Ich bekomme unerwartete Angebote, wenn ich auf Angebote im Netz hinweise. Doch weder Geld noch Veränderung können mich gerade aus meiner Position reizen. Morgen mehr. / Schauen Sie noch?

Benutzerfreundlich

Ein letztes, sonniges Wochenende in Eigenzeit verharrt, nun beginnt wieder der Alltag. Du schaltetest auf Autopilot, stehst morgens, immer, sehr früh auf. Eine Fülle an Ideen trifft, immer, auf einen Mangel an Zeit, Kenntnis & Ressourcen. Längst haben professionelle Programmierer unseren Shop und die Datenbanken fest im Griff. Es gibt den netten Administrator, der meine Fragen noch lange geduldig beantwortet. Kennengelernt hatte ich Jan, alias Asche, als die Uni Greifswald anrief und um ein Linux-Event-Ticket bat, für einen „interessierten Studenten". Er hatte so viel Geld gerade nicht. Der Einfachheit halber übergab ich dem Greifswalder am Eingang mein Ticket – und bald war er ein vielbeschäftigter IT-Kollege. Ich fühlte mich als Teil des Ganzen, Teil einer guten Bewegung.

Die Zugriffe auf unseren Webserver stiegen, neue Begriffe tauchten auf. Die Zahl der Zugriffe ist nicht die Zahl der Besucher. *LOGIN:* Wir erkennen, was Onliner nutzen und werden das Angebot für sie zu optimieren. Nutzerführung und Usability, wichtig, um erfolgreich im Webshop zu agieren. Das Abrufen von Seiten übers Netz kostet Zeit und Geld. Der erste Usability-Guru war der Däne Jakob Nielsen. Er bemängelt in seinen Büchern verspielte Websites, überbordende Informationen und unnötige Animationen. Nutzer werden behindert. Ich schaute mir viele Websites an und versuchte zu lernen. Einmal mehr den klugen Satz: *„Weniger ist mehr"*. Warum vergaß ich den wieder? / Was lässt man weg?

Die Wunderkammern des Internet

Die Zeit der Wunder ist nicht vorbei. Nach all den Jahren soll der Reichstag seine Kuppel wieder bekommen und das alte Adlon *„Unter den Linden"* bauen seine Besitzer wieder auf. Das Internet ermöglicht, ein Museum virtuell zu erkunden. Nicht nur für komplizierte, naturwissenschaftliche und technische Ausstellungen. Erfreulich dabei ist: das Internet ist nicht an Öffnungszeiten oder Orte gebunden.

Eine Menge neuer Kunst-Projekte entstehen. Die Ars Electronica in Linz entwickelt sich zur wegweisenden Ausstellung für Kunst, Technologie und Gesellschaft. Am Anfang gibt es wenig professionelle Künstler, die bei der Ars Electronica mitmachen. Die Ausstellung 1995 beschäftigt sich mit vernetzter Welt. Ich versuche, möglichst viel vom Geschehen mitzubekommen.

Mein Lieblingsautor Herbert W. Franke, einer der Mitbegründer der Ars Electronica und Peter Weibel, der künstlerischer Leiter des Festivals, haben den „Mythos Information" zum Thema gewählt. Die Netzprojekte der Künstler sollen „weltweit zum ersten Mal den Vorhang heben für einen Blick auf den Horizont der digitalen Datenautobahnen". Trotz aller Unterscheide, wir sind vernetzt wie nie.

Der Event wird zur Zeitenwende der Computerkunst. Aktivisten bestaunen den Computer nicht mehr als Wundermaschine, sondern nutzen ihn als Werkzeug, zum Kommunizieren und Programmieren. Noch nie hatte ich so viele Leute in der Uni-Bibliothek gesehen. Und viele, die zu Hause keinen Zugang zur Wunschmaschine hatten, gingen in eines der neu entstandenen Internet-Cafés. Gleich nebenan, im Café Hardenberg, wird *Individual Network Berlin e.V.* gegründet. *In-Berlin* wurde ein erfolgreicher Provider, in deren Räumen sich dann auch die BeLUG traf.

Newbies, Emoticons und Küsse

Sommertage. Klingelnde Telefone. Es gab so viel zu lernen. Ich versuche eine neugierige Fliege mit dem Cursorpfeil zu vertreiben, denke an die ersten virtuellen Küsse, die mir Frederika Gers (Lange Leitung) im IRC als Marlene beigebracht hatte (smack!). Mein Rechner steht nun nicht mehr unten im ruhigen Keller, am Ende der Treppe, und einige Korrekturen erledigt man viel besser zu Hause. Das anonyme IRC ist ein rein textbasiertes System. Sogenannte Channels ermöglichen größere Gesprächsrunden. Nur, kann man sich ein Bild von den Kommunikationspartnerinnen machen?

Ist meine/ihre Ironie verständlich? Wenn das direkte Gegenüber fehlt, sind verschiedene Emoticons eine gängige Methode, die eigene Gefühlslage zu vermitteln. Nonverbale Botschaften sind auch in der digitalen Kommunikation unentbehrlich. Nutzer, die im Chatraum Emoticons verwenden, scheinen uns oft sympathischer, erfahrener. In jedem der Netze hat sich eine eigene Art verbreitet. Jargon-Abkürzungen sind nur begrenzten Nutzerkreisen bekannt.

Wenn ich Nachrichten lese, kann ich durch gebräuchliche Abkürzungen, Pseudo-HTML und Emoticons zuordnen in welchem Netz der Schreiber zu Hause ist. Je nach Herkunft werden „LOL", „G", „*hihihi*" oder Smileys genutzt. So konnte ich im Zusammenhang mit dem Wohnort eine sehr anonyme IRC-Nutzerin ermitteln. „2F4U?" g. Inzwischen sehe ich nur noch ;). Die Nutzer, die eine Nase in den Smiley integrieren, gehören eher zu den älteren Nutzern. Nachfolgende verzichten auf die Nutzung der Nase.

Real Estate – Quadratmeterpreis

Edler Zorn oder Wut im dicken Bauch? Gedankenwirbel im Zeitraffer. *„Es ist auf der Welt nichts unmöglich, man muss nur die Mittel entdecken, mit denen es sich durchführen lässt"*, lehrt Hermann Oberth, Raketenforscher, Raumfahrtpionier, geboren 1894. Und unser Autostaat will, dass wir uns einen Diesel kaufen.

Die sinnvollste Geldanlage für ein glückliches Paar ist eine Eigentumswohnung in guter Lage. Wir haben zu lange Miete gezahlt und hängen gleich die überflüssigen Türen aus. Beim sonntäglichen Spaziergang über Ku'damm zum *Ludwigkirchplatz*, Pariser Straße, am *Khaan* vorbei, entdeckten wir die idyllische *Bayerische Straße*.

Bei den Wilmersdorfer Witwen, nahe Preußenpark, mit thailändischen Frauen und deren deutschen Männern. Eine Straße, traditionell von vielen Russen und orthodoxen Juden bewohnt. Eine gute Entscheidung für unsere Unabhängigkeit mit angenehmer Nachbarschaft. So leben wir dort bis 2013.

Vieles war machbar, und auch reines HTML ist einfach, das hat ja nichts mit Programmieren zu tun, sondern ist eine Methode, Text auszuzeichnen und zu strukturieren. Jeder, der sich ein wenig damit befasst, kann einfache Webseiten nach eigenen Wünschen selbst gestalten. Anfangs prall gefüllt, mit öden Textwüsten, extremen Schattierungen – oder schreienden Farben, wie bei einer Tüte explodierender Gummibärchen. Vor allem neue attraktive Gimmicks, der Besucher-Zähler oder Gästebücher, schienen Ende der Neunziger fester Bestandteil aller Webseiten zu sein. Wer so etwas mochte… / Demo.

Episode: 23 Uhr 41

Gleich passiert's. Für meine Vorträge habe ich mir, mangels einer PowerPoint-Version, eigene verlinkte Webseiten lokal auf dem alten Powerbook gebaut. Wenn vorausschauend kein Internet-Zugang funktioniert, diese Hypertext-Seiten sind offline auf meinem Rechner und laufen als Präsentation perfekt. Das Gestalten ist eine wunderbare Beschäftigung, die unzählige Nächte ausfüllen kann, bis auch ich nicht mehr an Microsofts PowerPoint vorbeikomme – LaTeX samt Beamer-Klasse wurde mir leider nicht mit in die Wiege gelegt. Die Veranstalter machen es einfach zur Voraussetzung. Sogar im Lehrplan der Schulen wird es explizit gefordert, als einzige kommerzielle Anwendung…

Im Gegensatz zum Geld gehe ich mit meiner Zeit am Computer verschwenderisch um. Olia Lialina, eine russische Netzkünstlerin der ersten Stunde, schuf eine Internet-Episode, die weltweiten Kultstatus erreicht. Auch sie experimentierte mit HTML, in einfachen Texten und Bildern durch aufspringende Frames, die dabei, sich multiplizierend, immer kleiner werden. Diese revolutionäre Erzähltechnik, bei der sich die Seiten als eine Art Netzfilm per Mausklick in immer neue Bausteine aus Bildern und Dialogen zerlegen und dabei die Illusion vermitteln, der interaktive Betrachter soll selbst bestimmen, wohin die Reise geht. Dabei hat alles am Ende auf einer einzelnen Seite stattgefunden.

The New Hacker's Dictionary

Das Internet, das längste Kabel der Welt, ist der Anfang einer Entwicklung, an deren Ende die viel zitierte „Datenautobahn" stehen sollte. Datenautobahnen...s. Seite 239

Wir Fernsehzuschauer können uns im legendären „WDR-Computer-Club" und bei Prof. Jürgen Plate beim „Computertreff" des Bayerischen Rundfunks ein Bild von den Möglichkeiten der Datenfernübertragung machen. Jürgen Plate lehrte an der FH München, hatte sich auf Linux/Unix spezialisiert und konnte das Netz samt seiner technischen Hintergründe in seinen Büchern, im Hörsaal und vor der Kamera hervorragend erklären. Auch als Professor wollte Jürgen, wie die meisten anderen auch, nicht gesiezt werden. Per Mail sind wir eh alle per Du.

Eric Raymond, „The New Hacker's Dictionary" wird zum geheimen Kultbuch (Jargon File was a collection of hacker jargon) und statt einer

Suchmaschine nutzen wir noch die „Liste deutscher Internet-Quellen“ und andere Listen, um Spannendes zu entdecken. Richard White ist dabei die erste Person, die als „Munition“ deklariert wird. Nach den damaligen Exportvorschriften der US-Army kann er nur so im Land festgehalten werden. Er hat sich ein Perl-Script mit RSA Ver- und Entschlüsselung auf seinen Arm tätowieren lassen. / Woher stammt die Null?

Berlin digital gestalten

Eines Tages, Mitte der Neunziger, mit Freude am Entdecken und Gestalten, ist nicht nur in Berlin eine vielfältige soziale Netzkultur entstanden. Mit dem Internet ist vieles möglich. 1995 wird die *„Internationale Stadt Berlin“* als Internet Kulturprojekt (von Thomax) gegründet. Aktivisten vom CCC, den Berliner Universitäten, mikro-e.V., Lehmanns und sogar Microsoft (auffallend zurückhaltend), einigen Bibliotheken sowie weitere engagierte Onliner treffen sich regelmäßig, um das Projekt selbstständig für die Stadt zu organisieren.

Mit Amsterdam als Vorreiter entstehen Digitale Städte, die auch einen leichteren Internetzugang ermöglichen sollen. Unser Vorbild ist dabei „De Digitale Stad“ (DDS) in Amsterdam. Das Projekt hat die Aufgabe *„die Stadt als soziales Phänomen menschlicher Entwicklung“* im Internet zu präsentierten. Leider stellen sich die politischen Entscheidungsträger des Berliner Senats dieser wunderbaren Eigeninitiative gegenüber taub und unterstützen das Projekt nach vagen Zusagen – letztendlich – doch nie.

Dafür bekommt, wie so oft, hastig ein großer Konzern den Auftrag vom Land Berlin, den er verspätet mehr schlecht als recht erledigt. Und die Internationale Stadt in Berlin schloss dann ihre virtuellen Tore im Dezember 1997. Grund war nicht zuletzt ein Gefühl der Ernüchterung. Schade, dass das Engagement dieser Pioniere nicht glaubwürdig unterstützt wurde, um mit Daten und Netzwerken die Lebensqualität in der Stadt zu verbessern. Fehlt den Oberen die zentralisierte Kontrolle über solche Initiativen von unten? Zwischenzeit kippt. Viele Urformen sozialer Netzwerke verschwinden aus dem Netz. Die Digitale Stadt und viele solcher wunderbaren Projekte verschwanden mit dem unaufhaltsamen Aufstieg der Plattformen. Die Metapher der Cybercity hatte schnell ausgedient, doch sie war eine Idee, die einen zweiten Blick verdient… / selbst gestalten!

Vergessene Zukunft?

Vorausdenken, leise Vorhersagen. Untätige Ungeduld hat Nachteile. Jemand im Hintergrund murmelt undeutlich. Kolleginnen verlangen, ich soll die Neuerscheinungen nicht so früh ankündigen. Warten verursacht Ärger und ungeduldige Nachfragen, da Erscheinungstermine oft nicht eingehalten werden.

Andererseits hat man gewisse Spielräume. Mit dem Nachtzug fahre ich nach München und begegne dort als Vortragsredner bei einem Internet-Event Tim Cole und Ossi Urchs, bekannt als *„Minister for Tomorrow"*. In den Medien sprechen Journalisten vom „Cyberspace". Ossi, in der Pause von blauen Dunst umnebelt, fällt nicht nur wegen seiner einnehmenden Erscheinung auf. Als einer der wenigen ohne Anzug will er wissen, ob das Internet uns verändert. Wird das Netz unsere Wahrnehmung, unsere Art zu leben, das Arbeiten, das Lernen und Denken beeinflussen? Nach den Vorträgen, am Rauchertisch, reden wir über Ideen, wie man die digitale Zukunft gestalten könnte. Jeder schreibt was in sein Notizbuch, beseelt tauschen wir unsere Adressen mit den üblichen Branchenscherzen aus. Er umarmt mich. Ossi Urchs mit seiner Compuserve-Adresse und Philipp Morris stehen nun in meinem Adressbuch. Der „Minister for Tomorrow" zitierte sich selbst: *„Wir werden verstehen, dass wir nicht alles wissen müssen!"* Was hatte ich von einem Minister erwartet? Ahnt er, was die Zukunft möglich…? Er verrät mir ganz nebenbei eine Porno-Seite und eine russische Seite für kopierbare Musik im Netz. Pornos sind im Kommen ;-), Profilächeln. Nach einer weiteren geschnorrten Filterlosen erzähle ich beseelt und dick aufgetragen vom Berliner Projekt *Die digitale Stadt*, von Linux und Roboter-Fußball. Erstaunen? Ja, wir haben unterschiedliche Erfahrungen gesammelt, doch die Chemie stimmt, wie man so sagt, und der Übergang vom Download- zum Upload-Internet ist voll im Gange…

Macht's gut und danke für den Fisch!

Meine Haare sind seit dem USA-Trip auf wehende Schulterlänge gewachsen, doch Ossi auf all den großen Werbeplakaten, der augenscheinlich buntere Hippie; eine Erscheinung mit seinen Dreadlocks. Nur zufällig treffen wir uns auf der CeBIT. Ich bahne mir einen Weg bis zur übervollen Besucher-Toilette, und dort lächeln wir uns ganz zufällig aus der flachen Welt des Waschtischspiegel an. Ich sehe mit müden Augen, dass er etwas wollte…

Mit aufmunternden Rippenstoß brummt er in mein Ohr: *„Heute Abend im Roma, haste Lust zu, mit uns was zu trinken? Peter Kabel und Tim kommen. Richtig schicker Italiener“.* Uups, just in diesem Moment springt die Tür hinter uns auf. Unglaublich, der Dicke vom WDR-Computer-Club schiebt sich sachte an uns vorbei. Ich bedauere, ohne die Einladung anzunehmen, und verlasse vorschnell den vollen Waschraum. Habe ich zwei oder drei Chancen verpasst?

Warten auf die nächste Version…

Die Überraschung bleibt aus. Die Beta-Version wird Normalzustand. Und Nähe zu Gleichgesinnten, Austausch, miteinander reden. Old School. Merkwürdigerweise bin ich bei Vorhaben oft derjenige, der an Absatzförderung denkt. Gute Vorträge zu Linux einfach zu einem Fachbuch zusammenstellen. Einen Kalender für Open Source-Veranstaltungen. *Machen!* So verbreitet sich Wissen an Leser.

Den geheimen Plan, eine eigene Pinguin-Biermarke zu starten, finde ich daneben. Im Rausch male ich mir aus – abends in der Kneipe – die tausend leuchtenden Pinguin-Augen. Tausend Pläne oder Träume. Man lässt Gedanken vorbeiziehen und erkennt am Ende, Gedanken und Gefühle sind Gedanken und Gefühle, nicht unbedingt die Realität…

Aus dem Sonntag ist unversehens ein Montag geworden.

Unsere Fachbuchhandlung ist nun als Verlag aktiver. Von den ersten Manuals der FSF zum Linuxbuch mit Disketten, Lehmanns-Unix/Linux-Kalender, $\TeX$ und $\LaTeX$, BSD-Unix, über die Open Source-Jahrbücher bis zum OpenStreetMap-Buch. Vor allen Dingen unsere diversen Linux-Distributionen erscheinen in stattlichen Auflagen. Stefan Probst von der Uni-Erlangen erstellt dafür eine erste kostenlose LST-Linux CD-ROM. Ein paar tausend CDs können so bei Events und im Laden kostenlos verteilt werden. Eine andere, selbstgemachte kommerzielle Linux-Distribution hat uns einen lobenden Wikipedia-Eintrag eingebracht. Die iX schrieb dazu: *„Halloween-III ist eine solide Distribution mit komfortabler Installation, einer umfassenden Software-Auswahl und guter Vorkonfiguration. Wer nicht gerade seine allerersten Schritte mit Linux unternimmt, erhält für wenig Geld (35 DM) ein solides Betriebssystem, das sich sowohl für den Desktop- als auch für den Server-Einsatz eignet.“*

Das macht mich mächtig stolz. Einer der vielen Nutzer war die Firma SAP.

Wahnsinn! Und es kommt, so wie es kommen musste. Kaum war eine Linux-Distribution produziert, kündigt sich schon eine neuere Version an. Jetzt würde zum ersten Mal ein Teil der alten Auflage liegen bleiben...

Die Lösung hieß *Zweitausendeins*, die den Rest der Auflage zum Herstellungspreis abnahm und in ihren Läden verramschte. So kommen auch völlig neue Nutzer preiswert zu ersten Open Source-Erfahrungen... / Tüten

Ownloading...

LinuxPPC, DLD, SLS, LST, SUSE, Corel Linux, Yggdrasil, YellowDog Linux – der Erfolgsweg von Linux beginnt. Linux entwickelt sich dank der größeren Community. Frühe Distributionen verschwinden, viele neue kommen dazu. Debian gehört immer dazu, hat seine Fans. Eigentlich sollten wir *„Debian GNU/Linux"* sagen, ein Betriebssystem, das ausschließlich aus freier Software besteht. Das ist nicht bei allen Linux-Betriebssystemen selbstverständlich. Ein wichtiger Meilenstein wird unser erstes Buch zu „Debian GNU Linux" mit CD-ROM und dem technischen Hintergrund für Linux-Einsteiger von Frank Ronneburg. Eine Online-Version stellt er kostenlos zum Download im Internet zur Verfügung. Version auf Version folgen und noch Jahre danach gibt es regelmäßig aktualisierte Versionen samt neuester Anwender-Software. Bis irgendwann, später, Computerzeitschriften, die c't und Chip, mit CD-ROMs den Vertrieb von Software im Magazin per Kiosk viel preiswerter machen. Im Vorwort seines Debian-Anwenderhandbuchs schreibt Frank: „Bereits seit mehreren Jahren vertreibt die Fachbuchhandlung Lehmanns die Debian GNU/Linux-Distribution auf CD-ROM. Sie können die CDs auch unter http://www.lehmanns.de online bestellen." Hier sind die aktuellen („stable") Debian GNU/Linux-CD-ROMs und DVDs für i386 verfügbar. / Weitermachen.

Debian-user-de

Lehmanns ist auch Initiator und Betreiber der deutschsprachigen Mailingliste zu Debian. Diese Liste wurde dann (mit vielen Subskribenten) vom Debian-Projekt übernommen und weiterhin als debian-user-de genutzt. Auch wenn Frank, der immer einen lockeren Spruch parat hatte, gleich frech behauptete: „*Debian installieren kann sogar ein Huhn. Man muss nur immer genügend Körner auf die Enter-Taste legen*“ war in der Tat zuweilen Hilfe nötig.

Auch der Spruch: „*Was macht ein Pirat am Computer? Er drückt die Enter-Taste*“, ist nur manchmal hilfreich. Und damit wir die vielen hilfreichen Informationen der Mailinglistenmitglieder für alle Leser nutzbar machen können, plane ich mit dem dpunkt-Verlag einen Linux-Reader für Einsteiger.

Hier sollten die relevanten Themen zu einem lockeren Lehrbuch zusammengestellt werden. Es dauerte länger als ich dachte, doch nach und nach trafen die ersten Beiträge der Autoren ein. Die Vorstellung, einmal an einem Buch mit anderen Autoren zusammenzuarbeiten, war nun eine neue Herausforderung. Im Usenet las ich „Nur Weicheier benutzen Datensicherungen auf Band: Richtige Männer laden ihren wichtigen Kram einfach auf einen FTP-Server und lassen diesen vom Rest der Welt spiegeln.“ Linus Torvalds. War das jetzt ein neues Thema?

Die lächelnde Pinguin-Invasion

Auffällig, wie eine schleichende Katze, wird der lächelnde Pinguin Tux das Linux-Maskottchen. Überall sieht man bald die Tux-Pins, Tux-Sticker und Tux-Plüschtiere. Besonders an Unis hat sich das freie UNIX-Derivat etabliert.

Auf Arbeitsplatzrechnern ersetzt es bisher verwendete proprietäre UNIX-Varianten von IBM, SUN und Co. Auch so mancher findige Windows-Anwender hat die Stabilität und die niedrigeren Kosten eines Linux-Systems erkannt und ist auf dieses freie System umgestiegen. „*Freie Software*“ ist ein Sammelbegriff für die Software, die entweder kostenfrei erhältlich ist oder frei verbreitet werden darf. Über einen Marktanteil von 2 oder 3 % hinaus hat es aber trotzdem nie gereicht, die breite Masse zog, wie ich, lange ein „idiotensicheres System“ vor, „freie Software“ hin oder her. Bis Linux und freie Software in Form von Android die Welt eroberte. Den Serverbereich dominierten schon immer Unix-Systeme, hier dürfte Linux mittlerweile einen Marktanteil von 50 % und mehr erreicht haben.

Aber jeder hat natürlich seinen ganz eigenen Blick auf die Entwicklung. Dass Linux jemals Windows wird schlagen können, hat trotzdem niemand ernsthaft geglaubt. „Zum Glück gibt es Museen, die das dokumentieren", meint selbstbewusst Bill Gates bei einer Rede im Museum für Computergeschichte. / Warte ab!

Tanzbar oder IBM?

In der Mittagspause schlendere ich mit meinem Franzbrötchen die Grolmannstraße entlang, schaue mir Bilder durchs Fenster an. Vor den besseren Kneipen sitzt die beschickerte Charlottenburger Schickeria. Bei Lehmmanns arbeiten derweil inzwischen über 30 Leute, inklusive der Packer, von denen auch einer Romane und Drehbücher schreibt.

Nanotechnologie, ein fachübergreifendes neues Thema soll zur Technik des 21. Jahrhunderts werden. Noch gibt es mehr Nachfragen als Bücher. Bei Linux läuft es da besser. In Firmen wird Linux am stärksten gefördert, das beweisen die vielen Diskussionen im Usenet. Hier gibt es viele Distributionen, Software, Mailinglisten, Bücher und die ersten Linux-Magazine aus USA und Polen. Wer hier eine Auswahl sucht, findet sie. Und ich verschweige im Gespräch ja nie, dass es zu kommerziellen Software-Produkten oft auch freie Alternativen gibt. 1996 erscheint die Kernel-Version 2.0, zwei Jahre später beträgt der Marktanteil von Linux im Server-Bereich bereits 15 %. Das sind gute Nachrichten. Manchmal fühle ich mich fast wie ein Scharlatan und doch erreichten mich in diesen Wochen gut ein Dutzend Anfragen von Journalisten, Studenten und Unis. Die einen suchen Informationen für ihre Diplomarbeit zum Thema Open Source oder eCommerce, die anderen wollen wissen, wie unser Online-Shop funktioniert und welche Kunden wie online einkaufen. Nicht immer bekomme ich deren versprochenen Einblick in die Ergebnisse ihrer Rechercheergebnisse. Ob sich durch diese Studien etwas verändert?

Die Nächte des Ramadan haben begonnen. Ich gehe auf die leere Tanzfläche und beginne zu tanzen... Tanzen im Dunst. Dancing in Smoke. Mehr braucht es in dieser Nacht nicht, um ein glücklicher Mensch zu sein. Im Rausch der Bewegung bleibt keine Frage offen. Die Mädchen nennen sich Girrlies und beim Tanz holen wir uns unsere Körper zurück. Was ist das Jetzt schon gegen ein neues Morgen? Angelika, eine Freundin, hatte die Domain „Berlin-bei-Nacht" erhascht – und ich entdecke im Radio das Charisma des Afrobeats mit *Fela Kuti*!

Paradigmen wechseln ;-)

90er-Minimalismus. Entzauberte Gegenwart. Lineare Arbeitstage, profan, langweilig. In der Kantstraße gibt es einen angesagten Chinesen, den wir sonntags gleich testen. Da essen viele Asiaten mit ihren Familien und mit der Rechnung gibt es einen Glückskeks mit fernöstlichen Weisheiten. *„Gewohnheiten sind zuerst Spinnweben – dann Drähte“*, steht da.

Den Zettel lege ich, mit Zeitungsausschnitten, ins Buch. Man munkelt, unser Italiener hat eine neue Anlaufstelle mit Steinofen, Marmorboden und italienischen Fresken: *„Die zwölf Apostel“* in der Georgenstraße, gegenüber der Museums-Insel. Das laute Gewölbe gerät schnell zur geliebten Gewohnheit. *Pizza Judas, Johannes, Petrus...* Auf die Vorliebe, Wochenendzeitungen zu lesen, muss ich nicht verzichten. Ich lese konträre, eher konservative Blätter, die *Frankfurter Allgemeine* oder die *Neue Züricher*, wo ich mehr als aus der *taz* erfahre: Aus der Deutschen Bundespost wird die Telekom und das Internet wird nicht mehr von der US-Regierung subventioniert, sondern privatisiert – für kommerzielle Anwendungen geöffnet.

Discman

Zwischenablage. Menschen spielen *Catan.* Bei vielen sind Mobiltelefone und Internet noch nicht angekommen. Verschiedene Hersteller bieten Vorboten von Handhelds, PDAs, Pocket Computer und andere, mehr oder weniger nützliche, mobile Geräte an. Anfang der Neunziger kommt der erste Sony Data Discman auf den Markt mit einigen Lexika und Volltextsuche. Die Daten sind auf kleinen CD-ROMs gespeichert, wobei man auch Audio-Dateien mit Nationalhymnen bis hin zu Vogelstimmen abspielen kann. Nur mutige Verlage setzen auf das neue Format. Fachbücher mit ihrem komplexeren Layout bleiben außen vor. Wenn mich mein Gedächtnis nicht täuscht, war der Verkauf von den Übersetzungs-Geräten für uns Buchhändler, zumindest anfangs, noch lohnend. Meine Spanisch-Kenntnisse hätte ich gerne damit aufgefrischt, doch schnell schien mir so ein Gerät zu umständlich.

1995 starten wir zusammen mit dem dpunkt-Verlag in Heidelberg und dem Software-Labor in Heilbronn ein vom Land Baden-Württemberg gefördertes Projekt: LOB – *Lehmanns Online Bookshop.*

Ein Webshop neuester Generation, mehr dazu auf S. 259.

Aktivismus und Innovation

Als Kampfpilot mit Maus ballere ich mir Frust von der Seele. Mein leeres Gesicht spiegelt sich verzerrt auf dem Monitor. Der wurde dunkel und der Regen hört nicht auf, bis ein Ferrero-Kügelchen einschlug. Gregory, ein Schweizer Verleger, kündigt seinen Besuch im Laden an. Er will ein Buch zum Macintosh machen, in der Schweiz, meint er, gäbe es mehr reife Apple-Nutzer als bei uns. Ich war natürlich begeistert und notiere ihm rasch alle bekannten Kontakte dazu. Mein Radar tastet den Raum ab. Informatik-Kundschaft ist hilfsbereit und nett.

Es ist anregend, so interessante Zeitgenossen zu treffen. Ob Entwickler, Manager oder TU-Professor, schnell sind wir beim lockeren „Du“ und tauschen hilfreiche Buchtipps und Neuheiten aus. Da sich eine Menge Firmen bei uns mit Literatur und Software versorgen, bekomme ich unweigerlich mit, mit welchen Themen sich die Mitarbeiter beschäftigen. Viele Studenten hatten ihre Diplomarbeiten einfach so, frei verfügbar, ins Netz gestellt. Buchhändler sind zwar neugierig, können allerdings auch schweigen. Nur, was passiert mit den Daten bei einer Online-Bestellung, wollen einige aufmerksame Zeitgenossen wissen. Bei Datenweitergabe reagiert unsere Kundschaft extrem kritisch. Einige Prominente sind Stammkunden.

Mit Daten wird vertraulich umgegangen. Kein Zugang zu Kunden und Kundeninformationen! Alle, die *„Linux“* gekauft hatten, konnte ich somit nicht einmal zum nächsten Linux-Event einladen... Datenschutz und sichere Verschlüsselungsverfahren sind unabdingbar. Und Vertrauen hatten wir auch zu unseren Kunden, lieferten wir doch alle bestellten Bücher einfach auf Rechnung und haben in den ersten Jahren gute Erfahrungen damit gemacht. Die Zahlungsmoral unterschied sich nicht von dem, was damals üblich war.

Bemerkenswert. So ganz nebenbei schaffe ich es, einige Büroklammern zu kleinen @ Kunstwerken zurechtzubiegen. Diese Dinge werden aussterben. Klar, besser wären Büroklammern nun als Zeichen für E-Mail-Attachments geeignet...

Tim Renner, der Chef der Plattenfirma Motor Music, erkannte damals ganz andere Zeichen. Er erzählte von seinem Besuch einer Konferenz in Vancouver im Jahre 1994. Dort stellte ein gewisser Nicholas Negroponte die Idee eines digitalen Musikvertriebs vor. Die anwesenden Musikmanager schliefen gleich reihenweise in ihren Sesseln ein. Die Polygram-Plattenbosse wiegelten ab und beruhigten die Musikfirmen: So ein digitaler Vertrieb sei natürlich völliger Blödsinn, weil Musik ja zwangsläufig an einen Träger wie Schallplatte oder CD gebunden sei... das Internet werde ihnen ihr profitables CD-Geschäft nicht rauben. / Nur Apple lachte.

dpunkt.verlag

Michael Barabas und Gerhard Rossbach hatte ich als vorausdenkende Verleger bei Springer kennengelernt. Sie hatten den *„Linux & Internet Kongress“* mit organisiert und danach den eigenen Verlag *dpunkt* 1995 in Heidelberg gegründet. Ich war das Verlagsbüro vor Ort in Berlin, als Ideengeber und Trendscout.

Gleichzeitig war ich auch Initiator des ersten Titels. Mein Part bei der Sache dabei war relativ einfach: Ich kannte die nachgefragten Themen durch meine Arbeit bei Lehmanns und fand so potentielle Autoren, die das Buch dazu schreiben konnten. Zum Beispiel: Robert Tolksdorf, Prof. an der TU-Berlin, verstand eine Menge von HTML, da er das Thema gerade frisch in seinen TU-Lehrplan integriert hatte. Wir nutzen am Abend beim gleichen Nachhauseweg die U-Bahn Linie 1. 7 Stationen weiter, am Halleschen Tor, hat Robert bereits Lust, ein erstes Buch über HTML für dpunkt zu machen.

Robert Tolksdorf: „Die Sprache des Web: HTML 3; Informationen aufbereiten und präsentieren.“ dpunkt, Verlag für Digitale Technologie, Heidelberg, 1995

Die zweite Auflage erschien bereits ein Jahr später, im gleichen Jahr folgten weitere Themen: z. B. „Vince Emery: Internet im Unternehmen“ 1996. / Moment, ich habe da was...

Währenddessen

Heise ging geschwind, mit der iX, als einer der ersten 1.000 Server weltweit und als einer der ersten Verlage neben O'Reilly und Addison-Wesley, ins Internet. Die Rhein-Zeitung war 1995 die erste deutsche Zeitung mit einer eigenen Online-Redaktion. Das erste Magazin mit einer CD-ROM war am Kiosk. Harry Deutsch aus Frankfurt und die Byteschriften aus München gehen als Buchhändler online.

Das originellste Buch des Jahres kam von Robert Cringley: *Wie die Jungs vom Silicon Valley die Milliarden scheffeln, die Konkurrenz bekriegen und trotzdem keine Frau bekommen.* Dann lese ich den unglaublichen Roman *Snow Crash* von Neal Stephenson und fühle mich im fernen Traum. In der düsteren Vision hatten sich die Nationalstaaten überlebt. Stattdessen waren die Kontinente in unzählige Stadtstaaten mit willkürlichen Gesetzen zersplittert. Sowohl die CIA, die Polizei als auch die Mafia waren längst Privatunternehmen, die Spionage, Attentate und Pizza verkaufen.

In dieser beängstigenden Zeit ziehen sich viele in die Scheinrealität des sogenannten *Metaversum* zurück. Das Buch spielt sowohl in der realen Welt als auch im gerechneten Raum, mit fortgeschrittenen Hackern. Der Roman – und auch die folgenden – hatten mich gefangen, zum Nachdenken über eine unsichtbare Zukunft verführt. Eine Aneinanderreihung von verwirrenden Szenen und Ereignissen. Die dramatische Geschichte vom Verlust einer gemeinsamen Ursprache wurde schon im Alten Testament, im Mythos vom Turmbau zu Babel, thematisiert.

Metapher: Ich blickte auf das ruhende Wasser. Eis, Wasser wird zu Dampf. Aggregatzustände – was hatte das mit meiner Situation hier gemeinsam? Eis ist fest, statisch und trägt eine Zeitlang. Wasser dagegen ist dynamisch. Es kann ruhen und auch in Bewegung geraten. Wasser sucht sich seinen Weg und füllt Zwischenräume aus, die statische Rahmenbedingungen offen lassen. Dampf demgegenüber ist strukturlos, lässt sich kaum steuern und behindert die Sicht. Mit einer Dampfturbine lässt sich Dampf gut nutzen...

Neal Stephenson konnte leider erst einige Jahre später zu einer Lesung in unsere Buchhandlung kommen. Es lag nicht an uns, der Computer war schuld...

„Under Construction"

Tomate und Schokolade entstammen der Aztekensprache. *„Wir sehen uns online"* wird zur gebräuchlichen Floskel. Das Virtuelle hat unsere Welt bereichert und breitet sich aus. In den USA wird GeoCities gegründet. Die Idee, Nutzern kostenlosen Speicherplatz für ihre eigenen Websites zur Verfügung zu stellen. Bei GeoCities ging es lange um „Nachbarschaften", womit die Gruppierung thematisch benachbarter Webseiten gemeint war. Das hilft dabei, Gleichgesinnte zu finden. Nach der Übernahme durch Yahoo wurde das System verändert und in Yahoo integriert. Leider gehen dabei tausende Seiten für immer verloren. Ein Jahr später ging the Globe, ein elektronisches Dorf, als Vorläufer eines Social Network, online. Jeder kann eigenen Content veröffentlichen und sich mit anderen Nutzern ähnlicher Interessen austauschen. Jeder kann hier seinen eigenen Online-Club eröffnen, um mit Gleichgesinnten zu chatten.

Nur, wie sind die ersten Websites entstanden? Wie sind Inhalte auf die Websites gelangt? Anfangs wurden Inhalte direkt in HTML formatiert und auf den Server kopiert, meistens mittels ftp. Web-Seiten wurden miteinander verlinkt und getestet. War eine Produktbeschreibung (Preis, Inhalt, Cover etc.) im Online-Shop veraltet, musste ich sie zeitnah aktualisieren. Das kann bei einer Buchhandlung mit großem Angebot in eine unendliche Arbeit ausarten. Irgendwann kam die sinnvolle Automatisierung über Datenbanksysteme dazu. Schon bald hatten wir ein selbst entwickeltes, einfaches CMS zur Verfügung, mit dessen Hilfe Mitarbeiter in der Lage sind, „dynamische" Webseiten selbst zu pflegen. Alle Eigenprodukte, von den T-Shirts, Büchern bis zu den Linux-CDs, musste ich jetzt regelmäßig in die Datenbank aufnehmen. Dazu kamen Roboter-Modelle und Produkte aus dem Science-Shop, die sich nicht automatisch einlesen ließen. Und weil das so viel Spaß machte, kreierte ich zusätzlich noch eine wöchentliche Top20-Liste mit den bestverkauften Produkten aus unserer EDV-Abteilung. / Kampfgeist.:D

Dynamik des Wandels

Überreste der Mauer – wir sind in den neonfarbenen Neunzigern. Die Treuhand und der erbarmungslose Ausverkauf der DDR. An der Hochschule Sankt Gallen wird ein Forschungsprojekt *„Elektronische*

Märkte" eingeführt. Es befasst sich mit Information als Ware, mit „*elektronischem Geld*" und mit den Besonderheiten und Auswirkungen weltweiten Handels. Es liegt in der Natur der Sache, dass auch andere Anbieter versuchen, mit ähnlichen Lösungen am wirtschaftlichen Geschehen zu profitieren. Preisvergleiche werden leichter und wichtiger. Das Internet bringt nicht nur neue Wege zum Verkaufen, sondern auch neue Anbieter. Immer mehr Webseiten entstehen. In den Volkshochschulen gibt es Kurse, wie man fachgerecht einen Browser bedient. Giesbert Damaschkes erste Ausgabe des Magazin *Pl@net* erscheint. Pl@net ist ein deutsches Internet-Magazin, das bis 1997 versucht, das neue Medium nicht nur als technisches, sondern als soziales und kulturelles Phänomen zu verstehen. Jedoch der Erfolg der WIRED kann nicht ohne weiteres auf Deutschland übertragen und wiederholt werden. In den Neunzigerjahren im Usenet gesät und im Internet gewachsen, wird der „*Bastard Assistant from Hell*" (B.A.f.H.), seit der vergriffenen Erstauflage vor 14 Jahren, endlich wieder neu aufgelegt. Dank BAfH arbeitet die IT wieder mit einem Lächeln im Gesicht. Eine universale Anleitung für bösartige Admins und gewitzte User – unsere Empfehlung für alle IT-Arbeiter/-innen!

Florian Schiel: „*Bastard Assistant from Hell* (B.A.f.H.)" Verlag: Lehmanns; Ausstattung: Buch; 630 Seiten. Band 1–4 in einem Band.

Neugierige Admins starten die „Trojan Room Coffee Cam" und überwachen damit, wie Studenten und die Mitarbeiter des Computer Science Department der University of Cambridge eine Kanne Kaffee nach der anderen aufbrühen. Erdacht, um den Füllstand 24 Stunden am Tag zu überwachen und jeden unnötigen Gang in die Küche zu vermeiden.

Spiegel Online (SPON) ersteigert die kaputte Krupps ProAroma anschließend für knapp 10.500 DM und verhindert damit, dass die Kaffeemaschine unwürdig auf dem Schrott landet. Nun steht das alte Ding im Deutschen Technikmuseum in Berlin. Unglaublich, in einem anderen Museum sah ich, dass man bereits 1926, während der Bahnfahrt von Berlin nach Hamburg, über einen mobilen Zugfunk mit dem Festnetz telefonieren konnte. / Menschlicher Fortschritt.

Getting Things One

Alles noch da. Was geschah, konnte ich nicht gleich verdauen. Folgendes Zitat nutze ich beherzt bei jedem beschwörenden Vortrag, bei jeder

Präsentation: *„Das Internet“*, hat Tim Berners Lee, einer der Väter des Internets, einmal gesagt, *„ist eher eine gesellschaftliche Erfindung als eine technische.“*

Dass das Internet die Welt umkrempeln würde, war keinem bewusst, auch nicht im allwissenden Usenet auf alt.hypertext. So wie man das Klappern der Rollkoffer nicht kommen sah. Das Internet war sehr jung und als Vertriebsweg für den Mittelstand kaum erschlossen. Dennoch, jeder der Ware oder Dienstleistungen anbot, konnte dies nun per WWW weltweit tun, ob aus Berlin oder Seattle. Wer etwas Lohnendes zu bieten hatte, konnte sicher sein, dass sich das ohne große Werbekampagne innerhalb kürzester Zeit unter den globalen Netsurfern herumsprach. Bei den elektronischen Märkten spielt der eigentliche Standort nur noch eine untergeordnete Rolle. Nicht Entfernungen, Verkehrsanbindungen oder Ländergrenzen scheinen bedeutend, sondern die Nutzung der Netzstrukturen, die Kenntnis der neuen Spielregeln.

Die Art und Weise, wie wir miteinander kommunizieren, wie wir Medien nutzen, verändert vieles. Konnte man in der alten Welt nur wenige Medien nutzen, gab es nun, online, viele Medien, über die man sehr spezielle Typen erreichte. Manche Politiker und Manager haben die Bedeutung des aufkommenden Internet nicht erkannt. Die Entwicklung der Gesellschaft zur offenen Informationsgesellschaft, zu elektronischen Bibliotheken. Was für uns zählt, sind die schnelle Information via Internet, die Verbreitung von Wissen ohne lästige Beschränkungen. Eine ähnliche Entwicklung wie beim Radio, nur dass wir nun auch selbst zum Sender werden können. Bei der NBC „Total Show“ vom Januar 1994 kriegen sich TV-Journalisten kaum ein – vor Staunen über dieses verrückte Internet-Ding.

In einem finsteren Winkel meines Bewusstseins erinnere ich mich, dass Bill Clinton in seinem Wahlkampf 1993 den von Al Gore in Anlehnung an das deutsche Wort „Infobahn“ geprägten Begriff „Information Superhighway“ anpries. Als Kohl im gleichen Jahr von Hans Meiser bei RTL gefragt wurde, was er zu tun gedenke, um die deutsche Wettbewerbsfähigkeit bei der Frage der Datenautobahn sicherzustellen, verwies er auf die Zuständigkeit von Land und Bund beim Autobahnbau. Entweder konnte er mit dem Begriff Datenautobahn nichts anfangen, oder hat das mit den Daten überhört. Abgesehen davon ist es bezeichnend, dass selbst bei der Begrifflichkeit der Deutschen liebstes Kind, das Auto, bemüht werden muss.

Gerade war die EU-Datenschutzrichtlinie verabschiedetet worden, da präsentierte John Borking in Kopenhagen Anfang September 1995 die Idee, dass der Schutz der Privatsphäre im Informationszeitalter allein durch Technik erreicht werden könne. Die Wirkung war enorm. Das Konzept war neu und sorgte für Aufsehen. Es beinhaltet, dass Datenschutz bereits bei dem Entwurf eines Systems oder Geschäftsmodells mitgedacht sein muss. Dass nur die Daten verwendet werden dürfen, die unbedingt notwendig sind. Und dass personenbezogene Daten nach „Stand der Technik" geschützt sein müssen. Der erste Überschwang dieses positiven Impulses verlor leider zu rasch an Wirkung.

Animationen und Bilder

Die Art und Weise, ohne Überschrift, korrigieren oder nicht, wenn ja, wie? Ohne Qualitätskontrolle kann quasi all das im Netz verbreitet werden. Einige der vorhandenen Daten sind schnell veraltet oder einfach nur Müll. Niemand weiß genau, wo welche Informationen zu finden sind. Redundanzen nehmen zu. Selbst erfahrene Internet-Surfer verzweifeln an dem unübersichtlichen Datendschungel, der von Tag zu Tag größer wird. Das „Lost in Cyberspace" ist inzwischen ein geflügeltes Wort für dieses Phänomen. Der Informationsüberfluss ist tatsächlich zur größten Herausforderung des Internet geworden. Dinge, die wir wissen wollen, versinken in irrelevanten Informationen... / <blink>/<blink>.

Das zu Boomzeiten von Faxgeräten berühmteste GIF wurde 1987 entwickelt: *„Under Construction"* fand sich tausendfach auf Webseiten, die nicht fertig waren. Dann stellten Programmierer fest, dass GIF-Dateien auch Animationen darstellen können. Die Augen der Leser blieben in den folgenden Jahren öfters auf nette Animationen gerichtet. Zusätzlich nahm auch die Zahl der mit großen Grafiken überfrachteten Webseiten zu. Obwohl mir viele Bilder für den Informationsgehalt oft unbedeutend und zu groß schienen. Begann Technologie, unsere Sinne und Kultur zu verschlingen? Eine veränderte Informationsverarbeitung hin zu Bilder-Gaffern und zuungunsten der Fähigkeit zur Verarbeitung von längeren Texten setzte ein. Nur, wenn mehrere Minuten vergingen, bis so eine Web-Seite beim Betrachter halbwegs ankam und diese vor lauter kunterbunter Grafik kaum Information enthielt, würde er diese Seiten sicher nicht ein zweites Mal aufrufen, da war ich mir sicher.

Ein Textmensch war ich sowieso, so sehr, dass ich lieber ein Buch las, als ins Kino zu gehen. Andererseits – ohne eine Reduktion der neuen Möglichkeiten auf 26 Buchstaben. War ja nur logisch, auf einem Bildschirm, der vieles mehr konnte, mehr als Text anzuzeigen. Nur, unbegreiflich war mir diese zunehmende Flut und Übermacht der Bilder einer neuen Kamera-Kultur. Hatte ich mich verschätzt, was Nutzerwünsche und kommende Entwicklungen anbelangt?

Ein Angestellter im Großraumbüro prügelt wutentbrannt erst auf seine Tastatur und dann damit auf seinen Monitor ein. Das Werbe-Video „Bad Day“ war 1997 einer der ersten Filme, die sich im Internet im Nu millionenfach verbreiteten. Und das ganz ohne Videoportale, denn die entstanden erst viel später...

Was wohl Sherry Turkle dazu gesagt hätte...?

Herbstliche Klarheit: Gegenüber Pac-Man und Lara Croft ist das Buch ein langsames Medium. Redseliges Verstehen, schöne Sätze. Ich finde mein Thema. Gedanken lösen sich auf, verfliegen. Ja, Bilder kommunizieren vielleicht direkter als Texte – und aus ihnen entstehen neue Bilder. Diese werden von unserem Gehirn angeblich tausendmal schneller verarbeitet als reiner Text.

Manipulation mit der Hilfe von Bildern ist auch wirkungsvoller als nur mit Text. Die Eroberung der Welt als Bild ist mir noch zu unbewusst... Meine Bilder im Kopf entstehen bei gelesenen Texten. *„Image is a virus.“* :-P.

Was mir allerdings nicht entging: Photoshop war zwar nicht das erste Programm für digitale Bildbearbeitung – wurde aber schnell zum erfolgreichsten. Die freie Alternative war GIMP als Open Source Produkt. Viele Bücher und bald auch die Lehrvideos dazu standen im Regal. Obwohl ein Verlag mir Buch und Video schenkten, war ich zu faul, mich ernsthaft damit zu beschäftigen. Immer noch löste jede neue E-Mail, die in meinem Posteingang landete, eine kleine Welle Dopamin-Glück im Kopf aus. Neue Informationen erzeugten stetig einen regen Ausstoß an Glückshormonen. Vielleicht war das auch einer der Gründe, mein Nokia Handy, am Gürtel, nur selten einzuschalten. Zumindest wägte ich die Vor- und Nachteile des lästigen Spielzeugs lange ab. Unerträgliche Langeweile. Wie kann man sich selbst noch wahrnehmen im tagein, tagaus? Die Rechtschreibreform wurde eingeführt. Schreiben wie's beliebt…

Technologie und Link-Erlebnisse

Das zweite Gesetz der Thermodynamik gab für viele Prozesse eine eindeutige Richtung vor, doch manchmal hatte man das Gefühl, die Zeit liefe auch rückwärts. Trotz der Achterbahnfahrt der Welt, viele Tage wiederholten sich, und man sah immer die gleichen Gesichter. Morgens war es nur einer, dann flogen immer mehr der selbstgebastelten Papierflieger durch die Buchhandlung. Es war verblüffend, dass oft die erste Zeile eines Textes ausreichte, um zu elektrisieren:

Mit der Anwendung bekommt die Technologie einen Wert. Erst Technologie, gepaart mit Erlebnis, bringt den Erfolg. Wir nutzten die neuen Geräte und Online-Dienste. Sie waren für uns gemacht. Allerdings hatte 1994 lediglich ein Prozent der in Haushalten verwendeten PCs einen Online-Anschluss. Und dass Computer nun das papierlose Büro ermöglichten, wurde von erfahrenen Nutzern bezweifelt.

Noch nie wurde so viel kopiert und Papier verschwendet wie in dieser Zeit. Das Internet verschaffte uns täglich neue Informationen, mehr als die Papierflieger, aber Daten und Informationen allein halfen uns bei unserer Arbeit nicht immer weiter. Sie wollten sortiert und aufbereitet werden.

Neue Berufe, der *„Wissensnavigator“* oder der *„Informationsingenieur“* entstehen, die Daten aufbereiten, ordnen. Die Tatsache, dass eine Fernsehzeitschrift mehr verdient als mancher TV-Kanal, zeigt deutlich, dass der Wert von Informationen über Informationen größer sein kann als der Wert der Information selbst. Niemand hat die Zeit, selbst alle nötigen Informationen zu suchen. Neue „Guides“ werden der große Erfolg, auch im Internet. Und Studenten entdecken, dass sich ihre gebrauchten Lehrbücher im Netz auch ganz einfach wiederverkaufen lassen… / Erstes Bergmannstraßenfest.

Zwischen Raubkopie und Filesharing

Verdammt nochmal! Es war absehbar. Ich war schon lange dabei, aber was tun, wenn eine solche Mail eintrifft? *Öffne diese E-Mail nicht!* Unbekannte Hoax-Mails warnen vor einer Virengefahr, gern mit dem Betreff *„Virus Warnung!!!“*. Darin wird vor einem Bildschirmschoner gewarnt, der als Werbegeschenk eines großen Bierbrauers angeboten wird und angeblich einen Virus enthalten soll. Ketten-Mails, Gerüchte und Hoaxes, viele dieser Falschmeldungen werden auf einer Webseite an der TU-Berlin gesammelt und veröffentlicht.

Entwarnung. Solange wir erst klicken müssen, ist der Schädling wohl noch nicht im System. Wer an Informationsquellen interessiert war, konnte in Haupt- und Unterkategorien beim Rechenzentrum der Uni Karlsruhe suchen.

Elektronische Märkte begannen Realität zu werden. Umkämpftes Gebiet. Und das Internet wurde bei Recherchen beliebter, und so stieß ich bald auch auf Webseiten, die man so nicht so leicht, oder vielleicht nie, entdeckt hätte. Das Aufkommen von preiswerten Digitalkameras führt zu einer ersten Explosion von Bildern und Filmen. Ausgerechnet die massenhafte Veröffentlichung von pornographischen Filmen, die schon bald einsetzt, führt zu weiteren Innovationen.

Zum Beispiel bei den Bezahlsystemen, beim Streaming und anderen Techniken, die inzwischen üblich sind. Das Netz hat neue Nutzer gefunden, Kommunikation wird schneller. Wenn ich nun Online-Beiträge schreibe, muss ich mich inzwischen auf kurze Texte beschränken, die möglichst selbsterklärend sind. Der Hypertext mit zu vielen Links als Abzweigungen zerstört oder verändert zumindest das alte Geschichtenerzählen in Büchern. Das Betrachten einer Website macht den Leser ungeduldig und stets stellt sich dabei die Frage nach Aufwand und Ertrag.

Michael Stragelove: „Werben und Verkaufen im Internet", dpunkt Verlag Heidelberg. 78 DM, 1995. Dieses Buch wird durch meinen Kontakt mit dem Autor auf Deutsch übersetzt. Und eine nun für uns sehr wichtige Frage ist noch völlig unbedeutend: Suchmaschinen-Optimierung. Noch geht der Konsument direkt zum Online-Händler. / Nicht vergessen: Kaffee kaufen für die Arbeit.

Nachts am digitalen Lagerfeuer

Umblättern, Schriftarten, Abstände, Textfluss und Bilder. Das Überfliegen von Texten wird zur Gewohnheit. Das Internet ist inzwischen ein wildwachsendes Chaos vernetzter Webseiten und Server.

Japanisches kommt in Mode, Minifernseher, Seiko, Kookai, Tattoos, Tamagotchi, Walkman oder High-Tech. Dann Pokémon und Kampfsportarten. Japan bringt Neues in Filmen, in Literatur, bei Digitaluhren,

Computern und Autos. Ich bin offen und fasziniert von der reduzierten Ästhetik, von der Eleganz japanischer Produkte, die mit präzisem, anspruchsvollem Abkupfern begann.

Wabi-Sabi, Schönheit des Vergänglichen, des Unvollkommenen. Die Theorie besagt, dass beschädigte, abgewetzte Dinge, denen man ihre Benutzung ansieht, in deren Oberflächen das Leben seine Spuren hinterlassen hat, wertvoller sind als unbenutzte, hochglänzende neue; sie beweisen, dass hier gelebt wird. Das passt zu mir und noch besser zur jetzigen Zeit. Denn Wabi-Sabi lehrt uns: *„Beschränke alles auf das Wesentliche, aber entferne nicht die Poesie. Halte die Dinge sauber und unbelastet, aber lasse sie nicht steril werden."* Soweit ich weiß, eröffnete der erste Laden für Sushi-Reisröllchen in der Steglitzer Schloßstaße, *ISHIN Sushi.*

Ich lese Haruki Murakami. Beim Navigieren durch das Netz entdecke ich eine Art Reisetagebuch eines Berliners, der mit seinem Motorrad in Japan unterwegs ist. Maile ihm ein paar typische Fragen, und er antwortet ausführlich. Eines seiner Themen, japanische Schrift und ihre Digitalisierung. Kaum ein Jahr danach steht er da in unserem Laden und sucht TEX auf Datenträger. Ich frage nach. Am Namen hatte ich ihn erkannt: Grassmuck. Er hat an der Humboldt-Uni studiert und interessiert sich für Linux und für ein Programm von einem jungen Berliner Anticopyright Aktivisten... / Das Ende der Geschichte ist noch nicht erzählt.

Unfertige Ideen

Von hinten tippt mir jemand fest mit den Fingerspitzen auf die Schulter. *„Hallo. Ein Geschenk. Können Sie mir helfen?"* Ich wende mich vom Bildschirm ab: *„Äh, für einen Programmierer, oder...?"*, frage ich, ebenfalls ohne Begrüßung. *„Nee, det nich, er interessiert sich aber für alles... Was wird denn gerade so gelesen?"*

Ich gehe vor das Regal und deute ungefähr in Richtung unserer Einsteigerbücher. Und bevor ich noch irgendetwas sagen kann, ergreift er ein Buch vom Stapel und hält mir das neue „Das Chaos Computer Buch" entgegen. Triumphierend: *Sowas... „Jaa genau. Hier, Peter Glaser, Das Kolumbusgefühl."*

Nachdem er zufrieden auf dem Weg zur Kasse war, lese ich: *„Vor dieser Maschine bist du der Wissenschaftler und die Laborratte in einem. Beobachte, auch was dir nicht gefällt, mit offenen Augen. Finde heraus,* *ob diese Maschine dich verändert, dein Denken, deine Gefühle, dein Verhalten. Wenn ja: Versuche zu erkennen, was geschieht und beschreibe es. Du gehörst zu der Generation, die aufgerufen ist herauszufinden, was es mit diesen Maschinen auf sich hat.*" Den Namen hatte ich schon mal gelesen. Einer vom CCC, aber nicht der Phrasenprüfer...

Regelmäßig informiere ich unsere Geschäftsleitung per E-Mail über das, was ich in Foren und Mailinglisten finde. Was machen andere Branchen, wie könnte man unser Business voranbringen – Fakten, Ideen und Kontakte direkt aus dem Netz. Unsere Geschäftsleitung und die IT-Kollegen reagieren bald genervt, wenn ich mal wieder meine unfertigen Ideen über Netzwerke vortragen will. Oben wird man reservierter, wenn es darum geht, uns Mitarbeiter über neue Projekte und Vorhaben zu informieren. Warum wird die Weitergabe von Wissen von vielen oft nur als Verlust gesehen? Eine erste Betriebsvereinbarung zur Nutzung des Internets muss unterschrieben werden. Mir wurde diese allerdings nie vorgelegt...

It's now fucking time to say goodbye? Meine Begleiter durch müßige Stunden stehen nun oft ungelesen im Regal; ich arbeite oft viel und stresse mich. Die Arbeit verfolgt mich in meinen Träumen. Das Gefühl, wertvoll zu sein, schwindet. Manchmal genügt es schon, nach Feierabend in die Sauna zu gehen, um nach einer eiskalten Dusche ein neues Leben zu starten... / Schlafen werden wir später.

Arbyte – Mythen des Alltags

So ein Job kann auch eine Fessel sein. Irgendwo biegt gerade ein Citroën DS mit *Roland Barthes* am Steuer um die Ecke, träumt mir bei der Monotonie der Arbeit. Nach wie vor bin ich heftig angetan von der Idee der Freien Software.

Unter uns gesagt: Um komplizierte und besonders rechtliche Einzelfragen mag und kann ich mich nicht wirklich kümmern. Mir fehlt der Hang zum Detail. Da setze ich mich oft leichtsinnigerweise stillschweigend über Details hinweg. Der Spruch „*Wer einen Tippfehler findet, darf ihn behalten*" liegt meinem leichten Wesen näher. Klar, dass diese Haltung für einen professionellen Manager ungeeignet ist. Und mir gefallen ungewöhnliche Wege. Oft folge ich unbeirrt eigenen, schonungslos naiven Vorstellungen, die dann meist ins Leere laufen. Meine Bemühungen, die Presse für die Aktionen zu gewinnen, sind deswegen nicht leicht. Viel zu viel Text ohne Bilder in meinen Mails.

Ob zum Thema Linux oder Internet, Informationen dazu bekommt man durch Komplizen oder die Unis. Die Presse spielt da noch eine sehr bescheidene Rolle. Hatte ich schon immer wenig Achtung für Journalisten? Es gibt zwar einige Artikel zu unserem Online-Auftritt und Linux, mir reicht diese „kühle Distanz“ der Presse nicht. Wenn man einmal Verdacht schöpft…

Meine Mailingliste gerät täglich länger. Einem alternativen Programmierer gelingt es, technische AP-Meldungen auch auf meinen Rechner umzuleiten. Diese Ticker-Meldungen an 2.000 Redaktionen verschaffen mir einen zeitlichen Informationsvorsprung und neue Kontakte. Die Anzahl ist unüberschaubar.

Ich gewinne Einblicke in unsere Presselandschaft, denn das Lesen der Meldungen ist anregend. Immerhin werden jetzt auch meine neuen Linux-Distributionen über die offiziellen Kanäle angekündigt und mehrere Redaktionen fordern CD-ROMs zum kostenlosen Test an.

Über Nacht kommen entschiedene Ideen...

Was für eine Woche. Wenn Leute zu nachtschlafender Zeit noch E-Mails schicken, ist das vielleicht kein gutes Signal. Linus Torvalds, ein echtes Vorbild, wenn es darum geht, Microsoft den Mittelfinger zu zeigen, gibt gerade die dritte Version des Linux-Kernels frei, die Version 1.2. Sie enthält einheitliche Quellen für vier Plattformen: Intel, Alpha, MIPS und SPARC. Ursprünglich hatte er nicht vor, einen portierbaren Kernel zu schreiben. Im Laufe des Projekts und dank GCC, des GNU C Compilers, hat sich das aber geändert. In unserer Buchhandlung organisiere ich weiterhin Events zu Linux und Open Source-Themen.

Ein sporadischer Freund, Volker Grassmuck, organisiert die Konferenzreihe *„The Wizards of OS – Betriebssysteme der Systemgesellschaft“*. Ich bin dabei, logisch. „Offene Kulturen & Freies Wissen“ interessiert auch mich, und ich bin hier als Buchhändler gern Unterstützer und Mitgestalter. Dabei lerne ich die *C-Base* kennen. Das ist eine frühe Form der Hackerspaces, ein offener Raum oder Club, in dem sich Hacker sowie allgemein technisch Interessierte treffen und austauschen. Ein guter, professioneller Platz zum selbstorganisierten Lernen und Planen von Online-Projekten. Einen Teil meiner Arbeit, nämlich das tägliche Füttern von Webseiten, Web-Design, die Kommunikation mit den Hauptakteuren, kann ich in Ruhe als Telearbeiter von zu Hause aus erledigen. Web-Arbeit ist nicht mehr zwangsweise an ein Büro gebunden. Ein spontaner Gedanke und umgehend ist die neue Seite ins Netz gestellt. Ein Rechner und Online-Zugang genügen völlig. Im telekommunikativ analogen Zeitalter ist es halb so schlimm, wenn man nicht gleichzeitig telefonieren kann, während man im Internet ist. Aus dem Erstellen von Mix-Tapes ist mittlerweile die Lust an der Gestaltung von Web-Seiten geworden. Digitale Erlebnisse für unsere Leser schaffen, das ist spannend. Oft bin ich dabei völlig von meiner neuen Leidenschaft in Anspruch genommen. Diese Arbeiten mit Bits und Bytes, den Grundbausteinen der digitalen Welt, nennt man nach dem Erfinder Peter Glaser „Arbyte" :-).

Es lässt mir keine Ruhe, doch mit Computern und HTML-Layout kann man unendlich viel Zeit verschwenden. Man arbeitet oft nicht wirklich, ist damit doch fast rund um die Uhr beschäftigt, wie ein Blick auf meine neue „Apple Watch" der ersten Generation zeigt. Walter Benjamin bemerkte schon 1928, dass Informationen so schnell geworden seien, dass die Erkenntnisse mit ihrer Geschwindigkeit nicht mithalten können... / „Because the Night"

SPAM

Noch sind die deutschen Autobahnen schneller als das digitale Universum, doch uns scheint, als sei ein ganz neuer Kontinent aufgestiegen, in dem es rund um die Uhr summt, surrt und leuchtet. Die Überlegungen drehen sich nun darum, wie man mit dieser neuen, chaotischen Energie viel Kohle machen kann.

Der Browser Netscape Navigator hat inzwischen einen überwältigenden Marktanteil und ist die meistbenutzte Software weltweit. Browser haben allerdings auch ihre verräterischen Seiten. Bei jeder Serverabfrage werden Nutzerinformationen übertragen. Der Server erfährt sofort, wer ihn da besucht, mit welcher Browserversion und mit welchem Betriebssystem. Das sollte natürlich nur der korrekten Darstellung von Inhalten dienen. Logisch.

Das Phänomen SPAM war weitgehend unbekannt. Den „Sündenfall" begehen bald zwei Anwälte: Martha Siegel und Laurence Canter. Zunächst hatten die beiden Werbung für ihre Kanzlei in einigen Newsgroups veröffentlicht. Daraufhin wurde ein Programmierer engagiert, um Werbung an rund 6.500 dieser Gruppen zu versenden. Die Reaktion war ein riesiger Shitstorm im Netz. Der Programmierer musste untertauchen, der Server wurde lahmgelegt. Die Netzgemeinde reagierte zu Recht mit Empörung.

Ich begnüge mich allein damit, Ankündigungen unserer Veranstaltungen in entsprechende Gruppen zu posten. Vielfach kommen dadurch interessierte Fragen und Ideen zustande, nach Werbung solle das nie aussehen, da waren die Leser ausgesprochen empfindlich. Doch Online-Werbung ist eh kein Thema für die Firma. Obwohl sich überall mehr Werbung, besonders durch PR-Agenturen, im digitalen Universum breit macht. Schon die erste Banner-Werbung nervte. Nur Werbung, die Eigenheiten des Web bedenkt und mit einbezieht, könnte akzeptiert werden. Möglich, dass das Web dann auch für uns ein interessantes Werbemedien wird. / No related posts.

Verfolgt von den Werbetreibenden

Juni. Bis in die Nacht, vor Eingängen der U-Bahn im Osten, überall bieten Vietnamesen billige Schmuggel-Zigaretten an. Ein lohnendes Geschäft für die Syndikate, es gibt Schutzgelder und Tote beim Kampf um Einflussgebiete. Ganz anders im legalen Geschäftsleben: AOL Deutschland wird 1995 als Joint Venture der Bertelsmann AG und AOL Europe gegründet und hat den Hauptsitz in Hamburg. Innerhalb von kaum 10 Jahren gewinnt AOL 25 Millionen Abonnenten mit Hilfe ihrer Werbe-CDs in allen bunten PC-Zeitschriften. Diese Gratis-AOL-CDs blockieren Presswerke, verstopfen Briefkästen und verschmutzen die Umwelt in ungeahntem Maß. Obwohl das Angebot von AOL laut Tests miserabel ist, mit Hilfe eines verblüfft glotzenden Boris Becker soll es noch immer Leute geben, die für diesen Dienst zahlen, sogar noch, als der längst eingestellt war... Gerichte müssen sich mit zunehmenden Schneeballsystemen befassen. Es wird leicht, Teilnehmer per Spam zu finden. Einen Rekordversuch mit einem Kettenbrief, bei dem ein krebskranker Junge in England nun Post aus aller Welt bekommen soll, hat das Guinness-Buch Anfang der Neunziger noch zugelassen. Diese nervtötenden Pilotenspiele und Falschmeldungen erreichen mich jedoch nicht. *„Kunden, die dieses Buch kauften...“* / Help yourself, guys.

Erste Affiliate-Links

Durchlüften. Alle wissen Bescheid? Ich denke an die Situationen im Leben, die gut gegangen sind. Klar, nur zu! Es bleibt der heimischen

Presse nicht gänzlich verborgen, dass sich im Buchhandel etwas bewegt. Etwas unerwartet, mit der Empfindung des Gewichts des Buches in der Hand, kommt die Innovation, ein Online-Service, mal aus dem eigenen Land. Das Börsenblatt des Deutschen Buchhandels veröffentlicht einen dreiseitigen Bericht über Lehmanns-Online.

In der c't, in der *taz* und im Tagesspiegel erscheinen Beiträge, teilweise auch von mir. Das Interview mit mir im Tagesspiegel hat zur Folge, dass wir Kooperationen schließen. Lesergewinnung. Buchbesprechungen in der Online-Ausgabe haben alle einen direkten Link auf unseren Shop und der Tagesspiegel bekommt dafür eine Vermittlungsprovision. Unser Angebot mit „Versandkostenfrei und auf Rechnung" gefällt Parvin Sadigh und den Lesern. Die Fragen der Journalisten nehmen kein Ende, es soll nicht bei dieser einen Kooperation bleiben. Es gibt viele gute Buchempfehlungen in Zeitungen, doch keine in Online-Shops. Wir wussten, die Reichweite des Internet wird bald größer sein als die jeder noch so schönen Anzeige. In einigen skandinavischen Ländern haben kluge Leser bemerkt, US-Literatur ist in Deutschland preiswerter als in ihrer Heimat. Von dort kommen Sammelbestellungen. So langsam wird der Online-Umsatz relevant und auch die Besucherzahl nimmt zu.

DÄV

Mitte Juni werde ich ins Chefzimmer gerufen. Der Deutsche Ärzte Verlag lädt mich im Sommer 1995 nach Köln zum Vortrag ein. Er ist nicht nur einer der führenden medizinischen Fachverlage und Herausgeber des Deutschen Ärzteblatt (DÄ), sondern zu der Zeit auch die Unternehmens-Mutter von Lehmanns. Erahnt man, welche Möglichkeiten das Internet für den Verlag bietet? Ende 1996 ist es soweit: Auch für den Deutschen Ärzte Verlag bricht ein neues Medienzeitalter an.

Zeitgleich beginnt die Online-Ära des Deutschen Ärzteblattes: Sämtliche Ausgaben des DÄ, angefangen von Heft 1/1996, werden in einer Datenbank erfasst und können über das Netz und entsprechend integrierte Suchfunktionen recherchiert werden.

Was war noch? Netscape hat einen Marktanteil von fast 80 % und in Dortmund hat der Internet-Experte Rainer Klute das Netz-Werbestudio Nads mit gegründet. Und das zu einer Zeit, in der weniger als fünf Prozent der Haushalte das Internet nutzten…

Identität

Upps, da war ich doch, mitgerissen in Gedanken an den amerikanischen Film, zwei bunte U-Bahn-Stationen zu weit gefahren. Es hatte nach Tron und War Games leider eine lange Pause für gute Hacker-Filme gegeben. *„Das Netz“* wurde nun Hollywoods erster Internet-Thriller. Eine sympathische Sandra Bullock spielte die Computerexpertin Angela Bennett, die sich fast den gesamten Film lang trickreich mit fiesem, virtuellen Identitätsklau herumschlagen musste. Mächtige Gegner manipulierten ihre Identität. Zum ersten Mal überlege ich intensiv, wie ich mich dagegen schützen würde: Identität wechseln, Schein-Accounts. Gefälschte, verlockende, glaubwürdige Dokumente auf dem Rechner ablegen, Verwirrung stiften. Genauso, wie ich dann im Portmonee für Diebe immer eine Liste falscher Passwörter bei mir trug.

Ja, sehr sehenswert, wie flink und professionell diese Systemanalytikerin im Film ihren Mac zu nutzen weiß, während sie gnadenlos von den Cathedral-Killern und der Polizei gejagt wird. Ich gebe zu, ich war sogar ein wenig verliebt in diese kluge Dunkelhaarige und habe den bedrohlichen Film mehrfach gesehen. Ich hoffte, diese Story würde auch anderen Zuschauern die Augen öffnen… / *Identität: hatten wir früher eine, aber heute gefühlt mehrere…?*

Vorsicht vor zuhörenden Computern!

Wieder einmal landen wir in Miami. Flughafen, Autobahn, Einkaufszentrum. Magic City, Ocean Drive und die erste *Shopping-Mall* faszinieren mich noch immer, wie ein goldenes Kalb. Im Hooters treffe ich Sebastian, mit dem ich dann, unter Palmen und Zederngewitter, amerikanisches Bier aus Pitchern trinke.

Zusammen mit Dirk Hohndel und Olaf Kirch hat er mutig, und nach reiflicher Überlegung, beschlossen, große Teile seines nun rweiterten Buches für alle frei im Internet zugänglich zu machen. Er schaut mich an: *„Findest du das eine gute Idee?*, fragt er mehrmals. *„Denke schon. Es gibt ja immer noch genug Leute, die das Buch lieber auf Papier lesen wollen oder die keinen richtigen Internetzugang haben“*, antworte ich leichtfertig abgelenkt. Meine Lobeshymnen auf die neuen Online-Möglichkeiten beantwortet er unerwartet mit einer altmodischen Warnung, die von seiner mitgereisten Großmutter stammen könnte: *Die Sachen,* *die du heute am meisten liebst, werden dich vielleicht eines Tages am schlimmsten enttäuschen.*

Unscharfe Gedanken

Verschwommene Bilder, die sehr knappen, orangefarbenen Hotpants der Hooters Girls blieben dünner Stoff der Erinnerung. Sommer. Herbst. Mall. Atlantic.

Im Internet gibt es andere Möglichkeiten: Im Herbst 1995 – das internationale Debian-Entwicklerteam besteht mittlerweile aus rund 50 Personen, darunter auch der spätere langjährige Leiter *Bruce Perens* –, gibt es mit Release 0.93R6 die erste für jedermann benutzbare Version. Seitdem erscheinen neue Versionen regelmäßig, die die Namen von Figuren aus dem Film Toy Story tragen: *Buzz, Rex, Bo, Hamm, Slink, Potato, Woody, Etch, Lenny, Squeeze, Wheezy, Jessie, Buster...* Steve Jobs neue Firma Pixar bringt Ende des Jahres den ersten vollständig am Rechner erstellten Trickfilm Toy Story heraus.

Pixar produziert anfangs noch superschnelle Computer; Animationen werden eher zu Marketingzwecken erstellt. „*Toy Story*" wird ein sensationeller Erfolg mit anschließendem Börsengang. Steve Jobs, mit Rollkragenpulli und ausgewaschenen Jeans, ist nach dem wirtschaftlichen Flop mit NeXT wieder eine Milliarde wert.

Auch ich trage Rollkragenpullis und ausgewaschene Jeans wie mein zwiespältiges Idol, doch die Computerwelt nimmt keine Notiz davon. Noch kann man in der Buchhandlung besser über gelesene Literatur als über gesehene Serien reden...

Strategie der Anzugträger

Montagmorgen-Modus. Als ich mich langsam von meiner Schläfrigkeit freimache, wird es laut. Ganz Deutschland scheint von einer Techno-Welle überschwemmt. Pearl Jam, Nirvana, Inline-Skates, Telekolleg und Windows 95 – das sind meine Neunziger. Die Ära der Heimcomputer von C64 bis Amiga und Atari war Geschichte.

Microsofts Windows ist übrig geblieben, es dominiert auf dem Computer, egal ob zu Hause oder auf der Arbeit. Für einen kompletten Dell PC mit Intel-Pentium-Prozesssor und 16 Megabyte RAM inklusive Monitor legt man locker 6.000 DM auf den Ladentisch. Die erste PlayStation in einem hellgrauen Gehäuse erreicht Europa im September

1995 – Preis: 599 DM. Mit dem Rennspiel Ridge Racer von Namco rast man nun tagelang völlig losgelöst nur eine einzige Strecke entlang...

Die Neunziger waren in der Software- und IT-Branche eine spannende Ära. Borland hatte Quattro Pro, Paradox, dBase und Compiler wie Turbo Pascal, aber die Konkurrenz zu Microsoft sollte, wie für andere bisherige Marktführer, tödlich enden. Microsoft nutzt jede Gelegenheit, auf vielen Gebieten führend, auch weil sie die Basis, das Betriebssystem haben. Mit Windows 95 und den erschwinglichen Computern wächst der Bedarf an Software. Immer mehr trauen sich, werden Besitzer eines PCs. Sind diese Rechner bisher vor allem bei Computer-Freaks oder im Büro-Umfeld verbreitet, stehen die grauen Kisten im Tower-Gehäuse jetzt in vielen Wohnzimmern. *„Where do you want to go today?"*, fragt Microsoft auffordernd in den allgegenwärtigen Fernsehspots, und in der ARD demonstriert man, wie Cybersex mit Virtual-Reality-Brillen und -Handschuhen funktioniert. / bloße Schlagworte.

Weiche Ware

Ich verliere den Überblick über die Wochentage. Unter dem Arbeitstitel „Chicago" erscheint Ende 1995 die Version von Windows 95. Alle Tester müssen vorab eine strenge Geheimhaltungserklärung unterschreiben. Seine Einführung soll, trotz mehrfach verschobener Premiere, zum größten Software-Ereignis der Geschichte werden. Sie nannten es „Midnight-Madness", denn am 24. August öffnen in den USA viele Computerläden nachts genau um Null Uhr ihre Türen, um in der Dunkelheit die ersten Packungen mit Disketten oder CDs des neuen Microsoft-Betriebssystems Windows 95 unter die Leute zu bringen. Es verkauft sich in nur drei Monaten 45 Millionen Mal. Erstaunlich, denn im gleichen Jahr wurden weltweit erst 60 Millionen Computer verkauft. Auch für Teile der Konkurrenz ist das mit Spannung erwartete Debüt des Windows 3.11-Nachfolgers mit deutlichen Umsatzerwartungen verbunden. *Start Me Up!* Der Medienrummel ist enorm, man ist im Windows 95 Fieber. Die genervten Anwender warten ungeduldig auf ein angenehmeres Arbeiten mit der angekündigten Version. Windows ist auf zwölf 3,5" Disketten verteilt und jede benötigt 15 unendliche Minuten, bis man zur Eingabe der nächsten aufgefordert wird. Auch erste Windows-Bücher hatte „Microso-oft" angekündigt. Mein vertrauter Kontakt Josef Vascovitz schafft es gegen alle Erwartungen, eine Kiste aus USA direkt auf die CeBIT einfliegen zu lassen, die sich die Firma und Microsoft teilen sollte. Wunderbar! Aber Windows 95 hatte noch keinen Browser, der erste rudimentäre Internet Explorer kam später, die richtige Version dann erst 1996. Doch jeder Verlag will mit seinem Buch zu Windows 95 zuerst auf dem Markt sein. Es sollte sich lohnen. Peter Monadjemis großes Windows 95 Buch verkauft sich unglaubliche 20.000-mal in nur zwei Wochen.

Vollkommen unbegreiflich, für Microsoft-Gründer Bill Gates ist das Internet „nur ein Hype". Er hatte das Pech, über lange Jahre der mausgraue, langweilige, erfolgreiche Markt-Gewinner zu sein. Manche seiner Vorstellungen erwiesen sich unerwartet als Flop. So glaubte Gates tatsächlich, mit seinem eigenen Microsoft Network, das er an das Betriebssystem Windows 95 koppeln will, dem Internet Paroli bieten zu können. hahaha! / Alt+Ctrl+Del.

Startmenü, Taskleiste, Doppelklick

Ein Gesicht, dass für die blühende Ära rund um den PC stand, war das von *Peter Norton*. Er, besser seine Utilities, wurden zum Retter vieler verzweifelter Nutzer. Unzählige Flüche gen Redmond, Verwünschungen waren an der Tagesordnung. Abstürze und Neustarts der Rechner eine gewohnte und zeitraubende Verrichtung. Laut Dataquest wurden im Jahr 1995 60 Millionen PCs genutzt. Von der Bedienung her ist Windows 95 ein deutlicher Fortschritt gegenüber Windows 3.11. Es gab keine Längenbeschränkung für Dateinamen mehr. Auf dem Desktop ließen sich Dateien ablegen. Gelöschte Dateien landeten im Papierkorb und waren umgehend wieder entnehmbar. Das Startmenü wird eingeführt, auch die Taskleiste, der Info-Bereich. Die Mac-Fans wussten, da war vieles nur geklaut: Startmenü, Taskleiste, der Doppelklick. Sicher, vieles war von Apple abgekupfert, doch Bill Gates versteht es meisterlich, mit dem Bedienkonzept den Massenmarkt zu erobern. Und die damals eingeführte Programmierschnittstelle Win32 benutzt auch heute noch gängige Windows-Software. Wir hatten bei all der Begeisterung im Laden begonnen, den Markt auch mit der Maus von Logitech und mit Software durch Ingram Micro, dem größten Distributor, zu beliefern. Neben dem Microsoft Office Paket gab es ähnliche Produkte, beispielsweise die WordPerfect Office Suite der Borland Software Corporation. WordPerfect wurde 1994 erst an Novell, dann an Corel verkauft. Apropos Autokorrektur: In seiner deutschen Version kannte

Word 95 das Internet noch nicht und schlug stattdessen »Internat« vor. :-). Solche lustigen Vorfälle haben auch ihren eigenen Humor.

Henry und seine Utilities

August. Das Internet und die ganze neue Software sollten das Geschäft mit Personalcomputern anheizen. Nur, die Käufer hielten sich zurück. Im Weihnachtsgeschäft blieb der erhoffte Run auf die Regale mit Computern aus. Wollten die Nutzer die schnellen Innovationszyklen nicht mehr mitmachen – oder hatte man verpasst, neue Käuferschichten zu erschließen? Die Händler blieben auf vollen Lagern sitzen. Immer mehr Computer-Firmen gingen dazu über, die Geräte erst dann zu produzieren, wenn ein Auftrag dafür vorlag. „Das Internet ist für keinen Privatmann ein Grund, sich einen PC anzuschaffen", verkündete Vobis-Chef Theo Lieven. Und weil das allmächtige MS-DOS ganz viele Dinge nicht konnte, gab es den jungenhaft wirkenden Peter Norton, seine Utilities. Unzählige, meist nützliche Tools, SpeedDisk, Defragmentierer, Undelete, Dateiwiederherstellungsprogramm, Disk Editor, ein Festplatteneditor sowie File Find, ein Datei-Suchdings.

Und wer kennt nicht den Midnight Commander als Alternative für den Norton Commander. Mein Kollege Henry ist die treibende Kraft und Commander bei unserem Softwaregeschäft. Er kam als Einkaufsleiter von Logibyte und kennt die Tricks der Lieferanten und der zu cleveren Kunden.

Um die besten Einkaufspreise zu bekommen, bestellt er große Mengen, die er mit sich anderen Händler teilt. Doch ganz so einfach ist das Geschäft mit den kleinen Handelsspannen nicht. Es gibt keine geeignete Datenbank, die wir für den Web-Shop nutzen konnten. Updates und permanente Preisänderungen machten es schwer. Obwohl wir nun auch andere Buchhandlungen belieferten, mussten wir realisieren, dass mit Standard-Software kein Geschäft zu machen war. Bereits nach zwei Jahren haben sich die meisten Händler davon verabschiedet. Kundenanfragen nach MS-Word etc. müssen an die übriggebliebenen Händler oder an das Internet verwiesen werden. Die Sammelbestellung von Taschenrechnern für Schüler, noch vor ein paar Jahren üblich, waren da einfacher gewesen.

Das Ende des Buchzeitalters

McLuhan war bei Studenten Kult, das Orakel der Zukunft. Ein neues Buch erschien, oder besser, nun kam endlich die deutsche Übersetzung: *Marshall McLuhan: Die Gutenberg-Galaxis. Das Ende des Buchzeitalters.* Das Buch sollte als Leitmedium der Gegenwart durch den Computer abgelöst werden. Von der alten Gutenberg-Welt, die zu einer massiven Verbreitung des Wissens und der Bildung führte, sollten wir nun Abschied nehmen? Und ausgerechnet ich als Buchhändler sollte dabei helfen? „The medium is the message", doch Interaktivität war in den neuen Medien eher noch Vision als Wirklichkeit... / Am Anfang war das Wort.

Ich lese die spannende Einleitung von Prof. Wolfgang Coy und wundere mich nicht, als ich diesen netten Mann selbst an der Humboldt-Uni kennenlerne. In Understanding Media stand recht weitsichtig: „Die Welt besteht, um in einem Buch zu enden. Wir sind jetzt in der Lage, noch weiter zu gehen und das ganze Schauspiel dem Gedächtnis des Computers zu übergeben".

Da wir den gleichen Weg nach Hause hatten, nimmt der mich kurzerhand in seinem VW-Käfer wieder mit in den Westen. Ich kenne seine Bücher über Informatik, zumindest standen sie in unseren Regalen, und höre nur noch verwirrt zu. Medientheorie. Er hatte als Fortführung der McLuhan'schen Metapher den Begriff der Turing-Galaxis geprägt. Das hört sich großartig an. Bisher dachte ich, dass ein Medium nur die Form der Kommunikation bestimmt, nicht deren Inhalte. Doch McLuhans Kernbotschaft besagt, das Medium ist die Botschaft. Was mich mehr bewegte, war das baldige Ende des Buchzeitalters...

Aura des Elitären

Ich weiß, ich träume. Wäre das Wetter besser, hätte das nichts geändert. Will weiterschlafen. Vorsichtig den Kopf auf Halswirbeln rotieren, Verspannung mit leisem Knacken lockern. Im Bett beschließe ich, mein Sonntagmorgen soll immer John Coltrane und Miles Davis gehören. Vom Aufsetzen der Nadel bis zum Ende der Rille, cool und spacig, Und montags startet dann die erste Generation des deutschen Internet-Verzeichnis Web.de. Der redaktionell erstellte Internet-Katalog geht mit 2.500 eingetragenen deutschen Internetseiten ans Netz. Das Logo von Web.de ziert dabei eine stilisierte Abbildung des Brandenburger Tors.

Laut Aussage stelle es das „Tor zur digitalen Welt in Deutschland" dar. Eine umfangreiche Suchhilfe ermöglicht das Auffinden von relevanten Seiten, vier Jahre danach kann ich hier eine zusätzliche kostenlose Mail-Adresse bekommen, die ich noch immer nutze.

Die Web.de-Gründer werden Millionäre, ich überlege, wie man eine effektivere, informativere Signatur gestalten kann. Zumindest will ich sie aktuell halten und darunter gleich den ein- oder anderen Event ankündigen. Dann die wichtigste EDV-Nachricht des Jahres 1995: SUN Microsystems hat die Programmiersprache Java entwickelt. Damit ist es prinzipiell möglich, Software zu schreiben, die auf jedem System (Apple MacOS, Windows, UNIX etc.) lauffähig ist. Neue Regale müssen her...

CeBIT '96

Bei einem Feuer in einem Lübecker Asylbewerberheim sterben zehn Insassen, der Astronaut Thomas Reiter kehrt nach 180 Tagen im All zur Erde zurück. Castor-Behälter in Gorleben und belgische Kinderschänder dominieren die Nachrichten. Mit sehr gemischten Gefühlen fahren wir diesmal zur CeBIT. Linux und Internet sind jetzt massenkompatibel. Klobige Röhrenmonitore flimmern in den Messehallen und Nokia-Handys sind kleiner. Eine Neuerung hier ist der erste Job-Shop des Fraunhofer Instituts: Darin gibt ein Job-Bewerber seine Daten in einen Computer ein, der sie dann an einen Vermittler weiterleitet. Auf diese Weise soll zukünftig eine Arbeitsvermittlung beschleunigt werden.

Laut Messeleitung ist es inzwischen strikt untersagt, Bücher am Stand direkt zu verkaufen. Einige große Aussteller hatten sich an der nervigen Megafon-Werbung der Verramscher gestört, und all die anderen Händler werden daraufhin mit einem „Verkaufsverbot von Verlagserzeugnissen" bestraft.

Unseren Besuchern war das mühsam zu erklären, wir hatten ja unendlich viele Neuheiten am Stand, hätten nur Bestellungen aufnehmen und die ausgesuchten Bücher nach der Messe auf Rechnung ausliefern dürfen. Das hätte niemals funktioniert, wenn wir nicht auch vor Ort den Besuchern an mehreren untereinander vernetzten Linux-Rechnern mit einem Internet-Anschluss hätten zeigen können, wie einfach so eine Online-Bestellung geht. Frühlingsparty. Wir waren erstmals online auf der CeBIT.

Was die Besucher in den PC tippten, ging sekundenschnell als Bestellung zur Auslieferung nach Berlin und mit etwas Glück waren die Bücher nach der Rückkehr vom Messebesuch schon geliefert. Schnelligkeit wurde immer wichtiger für die Leser. Und viele Shop-Besucher wollten die Verfügbarkeit der Titel gleich sehen: *Und wann kommt der neue Roger Penrose?* Das war nicht so einfach. Aus Performancegründen wurden die Daten der Warenwirtschaft über Nacht aktualisiert. Gab es beispielsweise durch einen Radiobeitrag oder durch das Literarische Quartett eine verstärkte Nachfrage nach einem Buch, sagte die Recherche noch „lieferbar bzw. verfügbar" und doch waren längst alle lagernden Titel bereits am Morgen restlos ausverkauft. Eine aufregende Zeit. Wer über die Messen geht, wird solche Bücherstände nicht mehr finden. He, wer fährt noch zur CeBIT…? Abgesehen davon gibt es die gar nicht mehr.

Ohne restlos die Nerven zu verlieren, gelingt es nach dem zehnten Versuch endlich, das Medium aus dem Laufwerk meines Iomega Zip Drives auszuwerfen. In der Zeit, als man seinen Computer noch wirklich ausgeschaltet hat. / unfähige Helden.

Internet 1.0

Maiwind. Fenchelduft. Ritual. Schnell füllt sich die Stadt. Rushhour. Morgens die Durchsuchung im Mehringhof, abends die Hausbesetzung in der Oranienstraße. Dann die Walpurgisnacht mit kleineren Auseinandersetzungen am Heinrichplatz und der 1.Mai mit Keilereien: dieses Modell war totgelaufen und die Polizei übte schon demütiges Handeln gegenüber zukünftigen Unruhestiftern.

Tagesrückblick. Eröffnung des Hamburger Bahnhofs als faszinierendes Museum. Ich versuche nun zusammenhängende Gedanken aneinanderzureihen: Einige Sommer sind vergangen, das Internet hat sich über die Welt ausgebreitet. Das Internet ist das neue Westfernsehen. Und die Netzwelt ist voller großartiger Entwürfe und Manifeste.

Erste Verlage veröffentlichen Texte, auch mit Erklärungen, was diese Netzrevolution für die Gesellschaft bedeuten könnte, das „Kursbuch neue Medien" schwärmt gar voreilig vom Übergang von vernetzten zu virtuellen Unternehmen. Bill Gates Buch, „The Road Ahead" wird in einer 2. Auflage in vielen Kapiteln fast neu geschrieben: Auch Microsoft hatte das Internet entdeckt, bekämpfte aber weiterhin die Idee eines

Net-Computers von Larry Ellison mit allen Mitteln. Sein preiswerter Rechner soll ohne Festplatte auskommen und seine Software über ein Modem aus dem Internet holen… / Desorientiert. Hatten wir schon.

Weltweit drehte es sich

Vom Weg abgekommen? Inhalte in *Frames*, diese Verschachtelungen werden zur Herausforderung. Fehlende Erreichbarkeit. Mein Arm erlahmt, meine Glieder schienen seit Jahren nicht mehr bewegt worden zu sein. Was für seltsame Zeiten: Unter Protesten der Community sperrt CompuServe den Zugang zu rund 200 Internet-Newsgroups, weil illegales pornografisches Material zu finden war. Der Dienst hat im April 1996 in Deutschland 250.000 User, weltweit fast 4 Millionen.

Netz-Infrastrukturen stehen zunehmend unter Druck. Nach Microsoft, Prodigy und AT&T gibt sich auch CompuServe dem Web geschlagen und kündigt an, den proprietären Client aufzugeben. Bis Jahresende sollen CompuServe-Dienste über die gängigen Web-Server erreichbar sein. Auch Apple kippt den eigenen Online-Dienst *eWorld*. 120.000 eWorld-Sufer sind einfach zu wenig.

Die Zukunft wandelt sich phasenweise erstaunt zur Gegenwart. Schon im Januar präsentieren sich mehr als 5.500 deutsche Unternehmen im World Wide Web mit entsprechender Webseite auf eigenem Server. Robert Rothe, einer der Geschäftsführer des Internet-Anbieters Interactive Network hat erkannt, die Zukunft seiner Firma solle nicht allein darin bestehen, nur immer mehr Kunden den Internet-Zugang zu ermöglichen. Er bietet daher Hilfe zur professionellen Online-Präsentation. Über 90 % der neuen Seiten sind netzuntauglich. In den meisten Fällen wählen die Anbieter jene Ansätze, die „eher fürs Fernsehen oder eine Hochglanzbroschüre geeignet wären“. Spektakuläre Bilder, wie sie viele Firmen für ihre digitale Repräsentation nutzen, schrecken die Nutzer wegen der Ladezeiten eher ab. Robert Rothe: *„Solch aufwendige Darstellungen brauchen viel zu lange, um sich auf dem heimischen Computerbildschirm aufzubauen.“* Nicht jeder Homepage-Besitzer versteht das. Besucherzähler und Gästebücher finden eher Zuspruch. Man will schließlich sehen, wer sich für die Seite interessiert.

Und mir fiel auf, runde Logos, die eine Erdkugel darstellten gab es immer mehr. Weltweit drehte sich *alles*…

Lesetipp: Rost, Martin (Hrsg.), 1996: Die Netz-Revolution – Auf dem Weg in die Weltgesellschaft, Eichborn-Verlag

Informationsdienst Wissenschaft

Neuheiten, die modernen Trendforscher und Coffee-to-go, kommen aus Übersee und es gibt keinen besseren Ort als meinen on- und offline-Arbeitsplatz, um neue und veränderte Wünsche der Leute zu beobachten. Das *„Human Desire Project"* wird gestartet, eine großangelegte Forschung, um die wahren Wünsche der westlichen Zivilisation zu definieren. Haben sich die Wünsche und Bedürfnisse der Papp-Kaffeetrinker in letzter Zeit so verändert? Ich bin hellhörig, drucke die Texte aus und lese sie mehrmals, aber es ist gar nicht leicht, wahre Wünsche von falschen zu trennen. Immerhin sind wissenschaftliche Texte leichter zugänglich. Neues reizt, auch weil es leichter zu verstehen und zu bedienen ist.

Ende August kommt das allererste Smartphone in die Läden, der Nokia 9000 Communicator. Doch 2.700 DM sind zu viel als Weihnachtsgeschenk und Faxen mag ich damit eh nicht. Wir haben noch die Bilder von „Star Trek" vor uns, da gibt es schon in den düsteren Siebzigern ein Gerät, das so cool wie ein späteres Smartphone funktioniert. Doch Pager und Blackberry kamen erst danach. Und was nun als Dienstleistung für Journalisten beginnt, hat sich zu einem Nachrichtenportal für das Fachpublikum entwickelt. Ende 1994 war die Mailingliste „Elektronische Technologie für europaweite Recherche", kurz Elster, entstanden.

Per E-Mail und Fax können eingetragene Journalisten über diese Liste Expertenanfragen an Unis und Forschungseinrichtungen stellen. 1995 folgt die erste idw-Webseite. Das Bundesministerium für Bildung und Forschung (BMBF) fördert ab November 1996 drei Jahre den Aufbau der inzwischen in Informationsdienst Wissenschaft umbenannten Internet-Plattform.

DENIC

Unwissenheit. Überarbeitung. 1996 wurde DENIC gegründet. Ein Zusammenschluss von deutschen Internet Service Providern. Sie kümmerten sich um den Betrieb der Server der Top Level Domain von „.de" und die Zusammenarbeit mit der *„Organisation Internet*

Corporation for Assigned Names and Numbers", kurz ICANN. Die Internetadressen bestanden aus Zahlenfolgen – und damit man sie sich besser merken konnte, verwendete ICANN Namen, die leicht einprägsam waren. Mit Hilfe dieser Namen „kontrollierten" die sieben Krypto-Offiziere dieser Organisation das sogenannte Telefonbuch des Internets. Allein sie hatten die Schlüssel zum Internet. Von Google sprach noch niemand, die erste Suchmaschine war allerdings schon online: Ask.com, damals noch Ask Jeeves genannt, verfolgte die Idee, Suchergebnisse über die Eingabe von Fragen in ganzen Sätzen zu generieren. Das Erste Deutsche Fernsehen, die Tagesschau, meldete zwei Tage nach Weihnachten: *Neue Telekom-Tarife!* Computer können sich nun preiswert zwischen 2–5 Uhr zum Übermitteln von Daten einwählen.

Tom

Die Welt ist in Bewegung. Python wird über die Newsgroup *alt.sources* verteilt. Ich lege Datensätze an, generiere die IDs für die zentrale Datenbank. Shirts, Fan-Tassen, Nonbooks, Software, Games und CDs. Auffindbar, bestellbar. Unter LOB.de soll unser Auftritt mit virtuellem Einkaufswagen zum modernen Online-Shop werden. Dabei nutzen wir, in einer eigenen Anwendung, den Katalog eines Buchgroßhändlers (KNOe) und unsere Kataloge als Recherche-Grundlage. Das Ganze läuft in einer Oracle-Datenbank, vom Linux-Profi und Buchautor Thomas Uhl in Ousterhouts *Tcl* programmiert. Die „Besucher" bibliographieren und sollen mittels des integrierten virtuellen Einkaufskorbs direkt bestellen. Somit ist LOB.de noch vor Amazon, mit unzähligen Gutscheinen, der fortschrittlichste Online-BookShop. Unsere neue Homepage lässt all unser Gedrucktes alt aussehen. Der Server steht nicht mehr in Dortmund, sondern in Heilbronn und ist an das Forschungsnetz WIN angeschlossen, mit allen Nachteilen. Tom, wie sich unser smarter Web-Shop-Entwickler lieber nennt, stirbt mysteriös 2015, jung, völlig unerwartet. Sein Tod ist ein Schock für viele Freunde. Längst war Tom zu einer beliebten und treibenden Kraft in der deutschen Cloud-Szene geworden…

Mae in Owntown Berlin ;)

Neben dem beliebten Perl entwickelt sich Rasmus Lerdorfs PHP rasch zur serverbasierten Skriptsprache für dynamische Webanwendungen mit besonderem Schwerpunkt auf Datenbanknutzung. Begriffe wie *VPN, awk, IP, PHP* und *MySQL* sind Geheimcodes weniger Insider – und der Italiener um die Ecke ist im Alltag ein gut gelaunter Türke. Der Großteil unseres Publikum kommt aus der Wissenschaft, fast jeder hat einen Hochschulabschluss.

Um Fachleute aus dem Gesundheitsbereich anzusprechen, können wir Medizininformationen per Datenbank und die Volltexte digitaler Zeitschriften online anbieten. Dabei lief die SilverPlatter Medline, wie später andere Datenbanken auch, auf einem eigenen Server, der im Rechenzentrum bei Interactive Networx im Zentrum am Zoo stand – keine 700 Meter Luftlinie vom Laden entfernt. A propos Luftlinie: ISDN ade, der Laden wurde über eine Funkstrecke direkt mit Interactive Networx verbunden, prima, solange es nicht schneite.

Netscape hat mittlerweile eine Nutzerquote von gut 90 %. Ein großer Teil unserer kritischen Kunden nutzt das Betriebssystem Linux im Internet. Um die Navigation für diese Zielgruppe zu verbessern, bietet der WebShop zusätzlich noch einen reinen TEXT-Eingang. Wir ergänzten die Suche mit verschiedenen Services. *„Sie fragen – wir antworten!“*, Messe-Kalender, die Empfehlungslisten Informatik/Computer-Science sind meine Aufgaben, an denen ich auch von zu Hause aus arbeite. Viele tausend loyale Nutzer der „Firmen-Karte“ zahlen bargeldlos und erhalten kostenlose Lieferung und den kompletten Info-Service der Buchhandlung. Ich will in die Medien, das große Versäumnis ist zweifellos, unseren Service LOB.de zu bewerben. Es blieb bei einigen einfachen Befragungen der Nutzer. War ich der Einzige mit großer Klappe, der auch mal eine Pressemitteilung verschickt? Service statt Propaganda war Lehmanns Devise. Und ich, ich fühlte mich beim halbvollen Weinglas wie bei einer Fahrt in der guten alten Dampflok, die uns zielsicher in die lichte Zukunft bringen wird. *Uuhhhuuu...*

Bestseller: Selbstoptimierung und Selbstbespaßung, davon handelte David Foster Wallace umfangreicher Roman „Unendlicher Spaß“.

IBS

Loading...

Man kennt das inzwischen in der Branche, Apple verschob das Rollout des nächsten MacOS, mit dem Codenamen Copland, auf Mitte 1997.

Ich begnügte mich, den November zu überstehen, und meiner Neugierde entging natürlich nicht, dass weitere Buchhandlungen ins Netz gingen. Einmal der Harry-Deutsch-Verlag in Frankfurt und dann Internet Book Shop (IBS) in London. Bei IBS war Mr. Mattocks der Besitzer des selbsternannten größten Buchladens im Internet. Anfangs konnte man das Bestellformular, welches die Websites von IBS kopierte, ausdrucken und per gelber Post bestellen. Da die Online-Unterstützung beim Bestellvorgang fehlte, wurden damit bis September 1994 angeblich nur drei Bücher verkauft. Fünf Monate später gab es eine direkte Bestellung über ein Online-Formular in Verbindung mit einem Offline-Kundenkonto. Schon am ersten Tag mit diesem neuen Service gingen erfreuliche 61 Orders ein. Ab September 1995 gab es die Online-Bezahlung per Kreditkarte und damit eine Steigerung der Bestellungen aus UK zwischen 1.200 und 1.500 pro Monat. Mattocks nutzte eine gute Erfassungssoftware für Verlagsverzeichnisse, d. h. die Verlage konnten mit dieser Software ihre Texte und Bilder recht elegant erfassen und sein Bookstore bekam damit ein wunderbar konsistentes Format. Er hatte auch ein völlig anderes Businessmodell. Er verlangte etwa 4.50 DM als Titelgebühr vom Verlag (bei 850.000 Titeln eine Menge Geld) und bekam sie offensichtlich auch. Er lieferte über lokale und spezialisierte Buchhändler aus und suchte daher mit ausgeprägter Höflichkeit auch den Kontakt zu LOB.de. IBS selbst lagerte keine Bücher, bekam sozusagen „nur" eine Vermittlungsprovision. Als ich Darryl kurze Zeit später persönlich bei einem Vortrag in Düsseldorf traf, erzählte er mir zufrieden vom Angebot, das der mächtige Jeff Bezos ihm gerade gemacht hatte, *„He want sell books online using our system"*. Sofort war das *„Get Big Fast"* eine erwartete und alarmierende Nachricht für mich – und der Londoner, mit ein paar Millionen Pfund mehr auf dem Konto, war sich sicher, es war nicht die letzte Acquisition, die der hungrige Monopolisierer vor hat. Es werden weitere Firmen und neue Branchen, abgepackt, auf seine Wunschliste folgen. Logistik und... egal, die Getränke an diesem Abend waren kostenlos. / bad, better, bestseller.

Aufstieg und Macht der Plattformen

Sofies Welt, Per Anhalter durch die Galaxis, Der Pferdeflüsterer sind die Bestseller jener Tage. Ward Cunningham begründet im Jahr 1995 das erste Wiki, das folglich als Grundlage vieler weiterer Web-2.0-Anwendungen angesehen wird. So sehr ich mich über das wachsende Internet freue, so darf ich bald feststellen, dass das Neue nicht nur kam, um unser Leben zu verbessern, sondern auch, um vieles grundlegend zu verändern...

Zeichen der Zeit. Macht bekommt der, der Plattformen kontrolliert und die Pressemacht hinter sich hat. Ja, in dieser Zeit beginnt auch Amazon, mit dem Zugriff auf *Ingrams* Datenbank, die ersten Bücher zu verkaufen. Ursprünglich will Jeff Bezos, der nicht als Buchliebhaber bekannt ist, sein Unternehmen *Relentless* nennen (englisch für unbarmherzig, unerbittlich, gnadenlos). Schon wenige Jahre danach hatte er andere, frühere Online-Bookshops, deren Namen inzwischen kaum noch jemand kennt, übernommen und breitet sich zuerst in Großbritannien und Deutschland, dann schnell weltweit aus. Als in UK auch die schützende Buchpreisbindung fällt, gibt es keine Rücksichtnahme mehr.

In Deutschland startet er mit der Übernahme von Telebuch, dem ehemaligen ABC-Bücherdienst. Bezos Echsenaugen sind nicht fixiert auf schwarze Zahlen und Gewinne, wie etablierte Händler, nein, er investiert mit seinem Geld in den Aufbau seiner Macht.

Ich suche mir stets die mächtigsten Gegner aus, ein gottgleicher Jeff Bezos wird mein Prime-Bösewicht kommender Mitgliedschaftsprogramm-Zeiten, in denen wir nur noch als gierige Konsumenten mit unterbezahlten Jobs interessant sind. Ein echter amerikanischer Albtraum, unterstützt von Netscape und Yahoo. Selbst bin ich dem Leibhaftigen ja nie begegnet. Können diese Herrscher bestimmen, was und wie wir konsumieren? *„Wer die Trends bekämpft, bekämpft die Zukunft"*, enthüllt Bezos forsch. Ich lege meine rebellische Kriegsbemalung an, finster entschlossen bis zum letzten Halali...

Und gleichzeitig startet eBay seine Handelsplattform unter dem Namen „Auction Web". Im Unterschied zu anderen Onlinehändlern will eBay nur keine Produkte verkaufen und verschicken, allein diese auf ihrer grauen Plattform vermitteln. Das Geschäftsmodell basiert darauf, Verkäufer und Käufer zusammenzubringen. Die Mühe und das finanzielle Risiko tragen die Händler. Amazon kopiert dieses Modell dann mit seinem eigenen Marketplace. Offensichtlich erzielt man die höchsten Gewinne in der vernetzten Welt, indem man Geschäfte mit der smarten Verknüpfung von Informationen macht. Nur nicht hinter die Fassade schauen… / Horizonterweiterung, weichende Lichter einer Stadt.

Offene Fragen

Die ersten Regentropfen nach heißen Tagen. Ungeduldig, ein Kunde zögert, kann sich nicht zum Kauf entscheiden. Entschlossen nehme ich ihm das Buch aus der Hand, doch er nimmt es wieder und geht damit zur Kasse.

Kleiner Trick, und was ich die ganze Zeit beobachte, ist richtig. Der Informationsbedarf der Leute hat sich verändert. Grundlegend. Mit Rankings und Bestenlisten. Software-Entwickler Larry Page und Sergey Brin, ein mathe-begeisterter Student aus Russland, bastelten in ihrem Studentenwohnheim an einer Formel, die Suchergebnisse besser sortieren will – *„Backrub“*. Backrub soll Links im Web entdecken, sie für Analysezwecke speichern, um schließlich sichtbar zu machen, wer auf wen verlinkt. Sie haben erkannt, je besser eine Website im Internet verlinkt ist, desto interessanter dürfte auch ihr Inhalt sein. Auf Grundlage dieser simplen Erkenntnis konstruieren sie eine Suchmaschine mit einer bis dahin unerreichten Suchgeschwindigkeit, die der Konkurrenz um Längen überlegen war.

Eigentlich wollen sie ihre Schöpfung verkaufen, doch niemand will ihr Projekt namens *Google* haben. Den Start zum erfolgreichen Unternehmen ermöglicht der mutige Investor Andreas von Bechtolsheim. Als der den Scheck über 100.000 US-Dollar Startkapital überreichte, gab es angeblich ein Problem.

Andy nahm an, dass Google bereits ein Unternehmen sei, und stellte den Scheck auf Google Inc. aus. Um diesen Scheck einlösen zu können, meldet Page und Brin tatsächlich ihre eigene Firma genau unter diesem Namen an. Bald, 1998, wurde diese Seite für viele zur bevorzugten Auffahrt auf den Datenhighway. Noch immer dominiert die Suchmaske im Zentrum der Seite...

Recht schnell erkannten Yahoo! und MSN, zwei bestehende Suchdienste im Stile eines Webverzeichnisses, dass sich die neue Technik der Suchmaschine Google durchsetzen wird. Mit dem neu eingeführten

Pagerank[23] werden Suchergebnisse deutlich besser nach Relevanz sortiert als bei allen anderen. Da Larry Page und Sergey Brin sich dieses Ranking-Kriterium jedoch patentieren ließen, blieb den Konkurrenten nichts anderes übrig, als diesen bei ihnen einzukaufen.

Das man sich heute an den Namen AltaVista kaum noch erinnert, hat in den Neunzigern kaum jemand für möglich gehalten. Damals waren die ersten Suchmaschinen, die nicht von Universitäten, sondern von kommerziellen Firmen entwickelt wurden, im WWW: Infoseek und AltaVista. Komischerweise gibt es dafür noch immer keinen modischeren Begriff als das altertümlich anmutende Wort Suchmaschine. Eines der ursprünglichen Ziele des Algorithmus bei Google war es, Spam-Inhalte zu umgehen. Vergleichbar mit dem Publizieren wissenschaftlicher Fachartikel – das Wichtigste ist nicht, wie viele Artikel ein Wissenschaftler produziert, sondern wie oft er zitiert wird, wie viele andere Experten sich auf seine Arbeiten beziehen. Doch das hat sich schnell in eine neue Richtung verändert: *Du sollst keine anderen Suchmaschinen neben mir haben!* In wenigen Jahren von der Suchmaschine zur alles beherrschenden Werbemaschine: Ich hatte nie das Gefühl, schlauer zu sein als Google; allein das machte es verdächtig. / Never mind.

Copycats

Staunen. „*Information for free*", lockt die digitale Welt voller magischer Möglichkeiten, die ersten zweifeln, wozu dann noch die Bücher als Speichermedium? Die Dinge geschehen, langsam, wie bei einem guten Western. Das Lesen bzw. Nutzen von Fachbüchern verändert sich schleichend. Ein neuer Typ effizienter Leser wächst heran, der sich das Recht nimmt, nur die Kapitel zu lesen, von denen er sich effektiven Nutzen verspricht. Wie oft wurde nach einer „Kopiermöglichkeit für ein, höchstens zwei Seiten" im Laden gefragt. Weder wir noch die Verlage hatten eine hilfreiche Antwort auf dieses Verlangen. Im Gegenteil, die Bücher legen an Umfang eher zu, genauso die Kinofilme mit ihren Überlängen. Die Digitalisierung von Literatur ist noch kein berechenbares Geschäftsmodell. Mitte 1996 entstand die „Way Back Machine", die ihre unzähligen Spider-Bots wieder und wieder durch das Netz laufen ließ, um Inhalte zu kopieren. Daraus entstand

[23] Nach dem Erfinder Larry Page

ein amerikanisches Internet Archive, in dem diese Seiten mit ihren Änderungen rückwärts verfolgbar waren. Gopher war schon kein Thema mehr, auch nicht in den Rechenzentren. Populär wurden Instant Messaging-Dienste. ICQ *„I seek you“*, das 1996 von einem kleinen israelischen Startup entwickelt wurde, war das damalige WhatsApp. / Schreiben, was man schreiben muss.

Gegenwind aus eigenen Reihen

Die Filialleiter trafen sich regelmäßig zum Erfahrungsaustausch mit der Geschäftsleitung in einer der Niederlassungen. Fremde Betten. Dieses Mal war es Hannover, während unsere Nationalmannschaft in England den Titel gewann. Ich darf dabei sein, um im Unternehmen eine Stelle für die professionelle Förderung von Linux zu schaffen. Vor dem Reden eine Zigarette, ich als einziger Kandidat. Linux brachte steigende Umsätze – und am Ende soll es die Abstimmung über die Kostenverteilung von allen 24 Läden geben. Leise Unruhe war endgültig bei mir angekommen. Halb weggedreht, den Stuhl nach hinten geschoben – die Mehrheit von nur einer Stimme verhinderte jedoch das geplante Vorhaben… Wirrwarr. Der Ball war aus dem Spiel. Eine Tatsache, die mich zwang, zu sehen und zu bedenken, was ich bislang ignoriert hatte.

Seltsame Situation. Ein Regentag im Hotel stellt vieles in Frage und das Immunsystem merkt sich alles. Klassenlos und autofrei auf dem Weg nach Hause, der Gedanke an wärmenden Wodka im Kühlschrank.

Was ich nicht ahne und den Schlamassel in ein neues Licht rückt, genau die nette Kollegin, die die Verweigerung mit guten Argumenten anführte, wechselt bald zu einer neuen Firma, die ein ähnliches Geschäftsmodell nutzt.

Seither verkauft man auch dort Produkte rund um Linux, etwa Dream Linux oder dann auch eine Debian-Distribution. Der Rest war reine Spekulation. Viele Jahre später erzählt sie befreit beim Bier im Wiener Prater die unglaubliche Geschichte, die sie durchlebt hat. Gleichzeitig fleht sie, nichts drüber zu erzählen. *OK, versprochen!* Es gibt ein paar Dinge, die behält man vielleicht besser für sich. Der tragische Reiz war nur noch ein ungelöstes Rätsel. Und komisch, mein eigen-mächtiger Editor macht gerade aus „Dream“ wieder „Drama“ :-).

Unser Paradies ist selbstgemacht...

Kindheitsträume sind lang. Beobachte das Verschwinden des 20. Jahrhunderts, obwohl es andauert. Sven Guckes, Frank, die BeLUG, im Laden gibt es viele Geschichten. Nicht nur von Editoren, gelöschten Daten aus Versehen, auch aus einer ganz anderen Welt, die der Headhunter. Da kommt mitunter vor, dass ich nach Programmierern gefragt werde. Für kleine Projekte oder für richtig gute Jobs.

Wiederholt kann ich Leute vermitteln. Meine Idee, das auch über unsere Website zu tun, wird aus tausenden Gründen schnell verworfen. Ist nicht unser Job! Punkt. Der Linux-Bewegung ging es nun so gut, dass viele Konflikte auch heftiger in den zuständigen Foren ausgetragen werden. Als Pragmatiker bin ich ja immer zu Kompromissen bereit, anderen geht es um das Prinzipielle. Dem nachdenklichen Sebastian überkamen auf seiner Garten-Party Zweifel, ob Linux das aushalten würde. Ob Linux, BSD, oder FreeBSD, überall die nicht endenwollenden Auseinandersetzungen um den richtigen Weg. Von der Browser-Gretchenfrage bis zu den wiederkehrenden Desktop-Diskussionen hat man die Qual der Wahl. Begleitet von einer teilweise sehr emotional und ideologisch geführten Debatte zwischen Befürwortern und Gegnern von Open Source wird Linux erwachsen. Der bemängelte Support für Nutzer ohne Internetzugang war gestern. Längst existierte eine Handvoll Firmen wie Lunetix, die professionelle Hilfe anbietet und den Code der Welt von morgen schreibt.

Studentenliteratur: Raúl Rojas, Theorie der Neuronalen Netze, Springer 1996.

Das kalte 1996

Arzt-Tag. So früh hatten wir nie die Heizung angeworfen, dieser Oktober brachte erste verharrende Nachtfröste. Passend dazu der Tatort im Ersten mit dem Titel: Der kalte Tod.

„*Wer schreibt eigentlich den Code?*“, fragte Matthias Ettrich, der den Anstoß gab zum Gedeihen von KDE, einer grafischen Arbeitsumgebung, in seinem Vortrag auf dem Linux-Tag. Diese einfach zu bedienende Benutzeroberfläche sollte auf die Bedürfnisse des durchschnittlichen PC-Nutzers eingehen. Das KDE-Projekt wird bald eine große offene Gruppe, bestehend allein aus etwa 800 Software-Entwicklern aus aller Welt, die sich dem Gedeihen Freier Software verschrieben haben. Es ist ermutigend, wieder einmal mitzuerleben, wie aus einer Idee und einer kleinen Gruppe von Leuten ein internationales Projekt mit über tausend freiwilligen Mitarbeitern wird.

Verdienterweise wurde dann Matthias Ettrich für die Initiierung des Open Source Projektes KDE die Verdienstmedaille des Verdienstordens der Bundesrepublik Deutschland verliehen. :-) Während Microsoft an den großen Messeständen der CeBIT und Comdex unübersehbar das Geschehen prägt, war bei gutinformierten Nerds und Programmierern, in Hannover noch deutlich mehr als in Las Vegas, Linux das Megathema, dem die Zukunft gehören wird. Schneller, sicherer, stabiler als jede kommerzielle Konkurrenz. Längst war der Name „Linux" auch in den Regalen des Buchhandels allgegenwärtig. Umfangreiche Bücher für Server-Administration werden die Renner. Und wer wenig Angst vor fehlenden Treibern hat, dem erfüllt das deutschsprachige SUSE Linux mit YaST, einem Installationswerkzeug, den Anspruch eines Desktop-Linux mit deutschsprachigem Support vielleicht am ehesten... / danke, danke, danke.

Think positive!

Lebendig werden. Ich schaue von Kochrezepten auf, ins Nirvana des Jahr 1996, als unzählige Trabis durch die Straßen knattern. Baulärm schallt herüber. Die gelben Baukräne, Pusteblumen gleich, ziehen das Kultur-Kaufhaus Dussmann hoch. Meine ehemalige Bonner *Schumann-Klause* wird nun vom alten Wirt als *Ständige Vertretung* am Schiffbauerdamm weitergeführt. Wenige haben einen Computer, der moderne Mensch sitzt vor seinem PC mit prächtigem 15-Zoll-Monitor und einer Bildschirmauflösung von 800×600 Pixel. Hardware: Stecker, endlose Kabel, Platinen. Wer mit dem Internet *verbunden* sein will, braucht Kabel. Nach langem Warten und Hoffen klappt endlich die Einwahl in das Internet über AOL oder CompuServe. Nach langen Minuten Ladezeit ist der Netscape Navigator bereit und die Suchmaschine Altavista wartet auf die Sucheingabe...

Am 11. Oktober kurz vor acht Uhr abends herrscht im Silicon Valley plötzlich eine Datenfinsternis. Das Internet kollabiert. Apokalyptiker hatten den Kollaps vorausgesagt. schon nach 24 Stunden fließen die Datenströme wieder. Dabei – MySpace, Wikipedia, WhatsApp und ähnlich bekannte Plattformen sucht man noch vergebens, von Intranet oder VPN würde man frühestens in fünf Jahren hören.

Doch was ich nie geglaubt hätte, Teleshopping mit einem erstem TV-Sender kommt aus den USA und gewinnt auch hier eine rasch wachsende Anhängerschaft. Wer braucht so einen Scheiß, dachte ich und ging zu Cover Music hoch, um mir in der nächsten Stunde in aller Ruhe ein paar angesagte CDs anzuhören. In meiner Jacke vorausschauend Houellebecqs Roman *„Ausweitung der Kampfzone"*.

Von dem Moment an, als ich ihn zu lesen begann, war ich angetan von seinem lakonischen Sarkasmus. Wie konnte man so soziologisch-wissenschaftlich kühl über das Liebesleben als darwinistischer Überlebenskampf und die Gesetze von Angebot und Nachfrage schreiben? Ich suchte meinen Bleistift und notierte mir ein paar Sätze... Wenn Menschen zu stark zur Selbstkritik neigen, liegen die Wurzeln dazu häufig in der Kindheit, dem Gefühl, nicht okay zu sein, was einem die Eltern vermittelt hatten. *Nichts kannst du richtig!* / Erstauen bis in unsere Tage.

World wide Shipping

Der Duft gegrillten Fleisches auf Holzkohle lag in der Luft. Es war am 23. September, als Sebastians Feier im großen Garten so richtig in Schwung kam. Hier lernte ich die Managerin und den Gründer des neuen Linux-Imperiums in München kennen. Ich war erstaunt, was die beiden geschäftigen Münchner so erstaunlich aufgeschlossen zu Lehmanns fragten, höfliche Fragen und die Welt durch das Bierglas war so einfach. Angetan, von meiner Winzer-Quiche, redeten wir lange und ausgelassenen. Was mich Wochen danach wunderte, war, dass man es im fernen München scheinbar angestrengt vermied, in ihren Linux-Magazinen den Namen *„Lehmanns"* zu erwähnen. Und wenn sich das mal nicht umgehen ließ, stand unter der Besprechung unserer Distribution schlicht: *„...im Buchhandel erhältlich"*. Ein echter Skandal.

Enttäuscht und mit paranoiden Rachegedanken frage ich daraufhin meinen Chef, ob wir nicht doch logischerweise dann auch andere Buchhandlungen mit unseren Linux-Produkten beliefern dürfen. Nach seinem vorsichtigen *„d'accord"* gab es innerhalb weniger Wochen unsere CD-ROMs von Bremen über Karlsruhe bis nach Wien. Ich nahm es sportlich: *„To beat them at their own game"*, sogar bis nach Brasilien schickte ich Spindeln mit unkonfektionierten Debian-CDs.

Die 50.000er Marke der verkauften Linux-Distributionen war überschritten, auch ohne Werbung in Magazinen. Aufmerksamen Lesern war nicht entgangen, dass Debian gerade ausgewählt war, ein Experiment beim Flug des Space-Shuttles zu steuern. Großartige Technik. Und die iX berichtete: *„Erst seit wenigen Wochen gibt es eine CD-ROM-Variante der bisher nur über das Internet verteilten Debian. Mit der hier betrachteten Version 1.3.1 von Lehmanns liegt bereits die zweite Auflage vor – die Nachfrage war groß. Das frische Pressdatum sorgt dafür, dass die Debian in Sachen Aktualität bis dahin die Nase vorn hat...“*

Noch ein TV-Team

345678 – schon war der Account gehackt. Nach kurzem Klicken bin ich wieder derselbe wie vor dem Traum, nur fühlt es sich nicht so gelungen an. Ich liege richtig, obwohl ich mich täusche. Das Spiel hat weitere Teilnehmer. Montagmorgen. Routinejobs. Ein Team von 3Sat soll um elf einen Beitrag zum Betriebssystem Linux machen und rückt mit Kameramann im Laden an. Filmen über Regale und auf den Monitor, kurzes Interview und die Sache ist im Kasten.

Die abschließende Frage, woher mein *rollendes Rrrr* käme, beantworte ich mit der Gegenfrage: *Wissense, wo der Schinderhannes herkam?*

Für ein anders Magazin darf ich mich für den *hero shot* entspannt auf meinem Schreibtisch wichtigmachen. Der Fotograf lichtet mich mehrfach ab: *„Die Maus nochmal in die Hand und auf den Bildschirm schauen...“* Arschloch!

Meine Empfindsamkeit triumphiert über Prinzipien, zwei Fotos schenkt man mir als Dias. Ein Scheitern ist es doch. Innere Monologe einer schlafarmen Nacht. In Beziehung setzen und eine Konsequenz daraus ziehen...

Mega-Mehrwert

Schöne Haare wehen im Wind. Glitzernde Türme, Sonnenblick. Trolley-Marsch zur Buchmesse. Die Literatur marschiert entschlossen dem Messeturm zu. Die Gilde kommt zusammen, wie im Mittelalter. Unter dem Messeturm spricht ein ernüchternder Clifford Stoll über die *„Wüste Internet“*, so der Titel der deutschen Ausgabe von *Silicon Snake Oil.* Noch im gleichen Jahr wird das Online-Magazin TELEPOLIS des Heise Verlags von Florian Rötzer gegründet, wird zum lesenswerten Berichterstatter von realer und virtueller Welt. Im Heft 11/96 bringt der SPIEGEL seine umfangreiche Titelgeschichte: *„Die Welt online. Das*

Netz". Auch meine Frankfurter Vorträge bleiben nicht folgenlos, die Honorare haben mein Konto aufgefüllt, bevor ich *Hallo* sagen konnte. Das Internet wird der breiten Menge zugänglich. Es gründet sich eine erste Internet-Plattform für den Buchhandel, Buchkatalog.de. Werbe-CDs von AOL und CompuServe mit eigenwilligen Zugangsprogrammen und Browsern in den PC-Zeitschriften begegnen uns täglich am Zeitungskiosk und im übervollen Briefkasten.

Kommerzielle Einflüsse im Netz sind beherrschend. Wir bekommen ungewollte Einladungen zum Eintragen in ein Branchenverzeichnis, das letztlich keinerlei Wert hat, doch vom Erscheinungsbild her aussieht wie ein offizielles Verzeichnis des Branchenverbands. Ergänzt man die unvollständige Adresse, bucht man ein Abo für zwei Jahre mit halbjährlicher Kündigungsfrist zum Ende des Zeitraums. Die Postmoderne ist vorbei, und mit neuen CD-Brennern kommen Raubkopien und mit erschwinglichem Internetzugang wächst eine riesengroße Warez-Szene, die Software zum Download anbietet. Die Hemmschwelle, illegal Software zu installieren, ist gering, da Software ja nichts Greifbares ist. Meine geliebte HiFi-Anlage steht derweil fast ungenutzt im Regal, nicht mal CD-Brennen kann man damit. Auf dem Weg nach Kopenhagen entdecke ich in einem Elektroladen ein allererstes schnurloses Telefon von Hagenuk. Ohne zu zögern kaufe ich mir diesen wunderbar designten Techniktraum, modern, und er funktioniert ewig lange. Das Endgerätemonopol der Bundespost war gerade abgeschafft. Meine Angst vor elektromagnetischen Strahlen der Basisstation war minimal. / Die Welt ruft!

52° 31' 12.025" N 13° 24' 17.834" E

Ein Großteil der noch immer langsamen Internet-Recherchen hatte ortsbezogenen Charakter. Vielleicht auch das ein Grund, dass 1996 das Projekt BeLa startete: Die neue Lebensader der öffentlichen Institutionen, das „Berliner Landesnetz". In der Berliner Verwaltung wurden 75 Verwaltungsstandorte, 18 Wissenschaftsstandorte und weitere Standorte über 260 km mit Lichtwellenleiterkabel verbunden. Der Aufbau eines landesweiten Intranets der Verwaltung für rund 70 Einsatzstellen mit Glasfasertechnik wird feierlich eingeweiht. Doch das Netz ist nur von Befugten erreichbar. Echter Bürgerservice nur angedacht: „Ein integraler Bestandteil der Verwaltungsreform ist verstärkter Einsatz der Informationstechnik, um Verwaltungsprozesse effizienter, preiswerter und bürgerfreundlicher gestalten zu können. Die Finanzsituation des Landes erfordert eine IT-Politik, die die Modernisierungs- und Innovationspotentiale voll ausschöpft. Nur so werden die notwendigen strukturellen Entlastungen des Haushalts erreicht." (aus der Regierungserklärung des Senats vom 29. Februar 1996). Vergeblich versucht man 1996 mit der Initiative *„Schulen ans Netz"* auch die deutsche Lehrerschaft fit zu machen, mit Schülern online zu arbeiten. Bildung kommt nicht von Bildschirm. Sirren von Neonröhren in der Verwaltung. Berlin ist nur auf Sand gebaut, Lehrer fühlen sich überfordert und fürchten, den Schülern bei diesem Thema unterlegen zu sein… / PICNIC: Problem In Chair Not In Computer!

Die Firma Meta-Design hatte das neue Signet für die Bundesregierung und ihre Ministerien entwickelt und den Bundesadler überarbeitet. Mich lud man in die modernen Schulungsräume im Prenzlauer Berg ein, zu einem Vortrag über Online Shopping. / Intuition war eine Geheimwaffe.

Das Portal

Wir überfliegen die Buchstaben auf dem aufleuchtenden Display. Orientierungslos. Habe ich schon begonnen? Klicke auf *akzeptieren!* In den Augen spiegelt sich das Neonlicht. Bei einem Internet-Portal hat der Benutzer die Möglichkeit, sich zu registrieren, um personalisierte Informationen zu erhalten. Die erste Generation der Portale bildet schlicht und einfach die ersten Internet-Service-Provider. Die zweite Generation, die erfolgreichen Suchdienste, erreichen schon einen höheren Marktwert als etablierte Unternehmen. Das übervölkerte Internet schlägt zurück und immer wieder tauchen neue Fachbegriffe auf. Die „API" ist nicht die integrierte Behandlung akuter Psychosen, sondern eine Programmierschnittstelle: *Application Programming Interface.* Ein wichtiger Begriff, den man sich merken sollte. Also Schnittstellen, die ein Softwaresystem bereitstellt, um dieses in andere Programme einzubinden und so eine Kommunikation von zwei Programmen miteinander zu ermöglichen. Relevanz hat der Begriff der API vor allem durch seine Verwendung von Web 2.0 erhalten. Wir sind auf dem Weg dorthin, nur mir geht die Tinte aus. Und wer weiß schon, was sich hinter den Benutzeroberflächen tatsächlich verbirgt.

Und dann fragt ein Arzt im Laden nach Rechner- und sensorgestützter Chirurgie.

Dunkle Winkel

Walpurgisnacht. Im frisch bezogenen Bett Erinnerungen an zeitlose Zwischenräume, versinken ins Vergessen. Echos verklingen. Die MetaGer-Suchmaschine der Uni Hannover kann andere Suchmaschinen über das Internet in Echtzeit abfragen. Es gibt Bereiche in den Tiefen des Internets, den wir mit unseren normalen Browsern nicht erreichen können, das Darknet. / *Loading*

Ein Schwarzmarkt für Anonymisierungswerkzeuge mit Kontaktmöglichkeiten. Jener Teil des Internets, den man mithilfe einer Maske und Verschlüsselungsprogrammen betritt. Fernab von Google, eine Parallelwelt für dubiose Geschäfte, Verschwörungsextremismus mit Party- und Entspannungsdrogen. Wie im richtigen Leben kann sich jeder die Folgen des Darknet selbst zusammenreimen. Ob 8chan, QAnon oder Pizzagate, über verborgene Internetverbindungen, gegen Vorkasse wird auch mit Waffen, Büchern, Bitcoins, Accounts, Daten und Hacking-Diensten gehandelt. Als Zahlungsmittel kommen Krypto-Währungen wie Bitcoins im Tor-Browser zum Einsatz. Mail-Kommunikation wird mit Hilfe von PGP verschlüsselt und ist nur mit Hilfe der Anonymisierungs-Software Tor erreichbar. Das soll sicherstellen, dass Betreiber und Nutzer weitgehend anonym und vor einer wachsenden Überwachung sicher bleiben. Ein wesentlicher Trick besteht darin, dass die Anfrage an eine Seite über viele Serverstationen umgeleitet wird, bis sie am Zielcomputer ankommt. Der letzte Server weiß zwar noch vom vorletzten, aber nicht mehr, welcher der erste war.

Und jede Zwischenstation verschlüsselt die Daten ein weiteres Mal. Das Prinzip ähnelt dem einer Zwiebel, die hat auch verschiedene Schichten, weswegen die Endungen im Tor-Netz *.Onion* heißen. Die zweifelhaften Fakten über die Art der angebotenen Dienste driften nun immer mehr ins Reich der Dämonisierung ab, sicher ist, dass das TOR-Projekt in den Neunzigern hauptsächlich von Einrichtungen der US-Regierung finanziert wurde. Ein möglicher Startpunkt in das dunkle Netz ist das sogenannte Hidden Wiki, eine Art Telefonbuch. Hier fühlt sich vieles noch an wie das Internet des Jahres 1996. Und hier treffen sich alle, politisch Verfolgte, Whistleblower, Dissidenten, Investigative, die nichts anderes als das Bedürfnis verbindet, anonym kommunizieren zu wollen und zu müssen. Insider kennen nach dem Darknet weitere Netze, ich kenne meine CD-Sammlung. So ungefähr… / Nick Cave & Kylie Minogue – Where The Wild Roses Grow.

Ins Leere laufen

Ich lande im September. An einem dieser Tage. Vor lauter Begeisterung über das deutsche Wetter kreist das Hubble-Weltraumteleskop um die Erde. Und Pluto, kleiner aus der Mond, konnte vom Zeitpunkt, an dem er 1930 als Planet entdeckt wurde, nicht einmal seine Umlaufbahn um die Sonne abschließen. In dieser Nacht zieht der Saturn an uns vorbei und wendet uns nun langsam seine Südhalbkugel zu. Alle Erscheinungen entsprechen ihrer Voraussage in unseren astronomischen Jahrbüchern. Die Ringöffnung des Planeten weitet sich immer mehr.

Ein Saturnjahr entspricht rund 30 Erdjahren…

Hier ist die Reise fast zu Ende. Back in time. Die wilden Jahre vorbei, Neues wird beginnen. Alte Mail-Konten sind spannend, weil sie bequemen Leuten auch als Dokumentenarchiv dienen, doch hier, im Jahr der Ratte, soll mein Rückblick enden. Die Zeit des Erstaunens über neue Kommunikationsformen ist nicht vorbei. Einige begannen nachzudenken, begannen ihre Musik in dimensionslose Nullen und Einsen zu codieren. Kommt die Digitale Gesellschaft oder erleben wir soeben ein soziales Massenphänomen? Viele Leute kaufen Aktien, die Börse boomt. Ich verfolge im Netz Geschriebenes über meine Themen. Überraschend, wie wenig sich in den letzten Jahren verändert hat, und da war auch das Gefühl, etwas … sei verloren gegangen.

Wenn es eine Konstante in der Geschichte des Internet gibt, so ist es wohl seine Unvorhersehbarkeit. / Lesetipp: „Die Ringe des Saturn“ von W. G. Sebald.

Zukunftspreis per Teleporter

Leerlauf - - passt nicht in unser Programm.

Um den Erfindergeist und Deutschland als Forschungs- und Innovationsstandort zu stärken, wird vom Bundespräsidenten 1996 der mit 250.000 Euro dotierte *Zukunftspreis* ins Leben gerufen. Doch einer künftigen Startup-Metropole Berlin fehlt die Anbindung an das Industrielle. Das geht nicht gut, schwarze Wolken schieben sich über die Stadt. Am 18. November 1996 beginnt die erste Phase der Startup-Szene mit der Bonner *T-Aktie*, begleitet von einer groß angelegten Werbekampagne Manfred Krugs. Das Internet streitet und auch im Laden wird es selten langweilig. Das Y2K-Problem, der optimistische Vortrag mit Erik Möller von Wikipedia, die Diskussionen mit Markus Beckedahl, Johnny Haeusler, Burks und Volker Grassmuck zum Thema *„Das offene Netz – Weblogs und Wikis"*.

Wikipedia gegen alte Wissenshierarchien. Meine Netzwerker-Zeit als Buchreport-Blogger, die Ignorierung der Befehlskette, Start unserer *OpenSource-Jahrbücher*. Unsere Schreibtische werden abgeschafft, wir wechseln zum Stehpult – eilig ins dritte Jahrtausend. Hier entdeckt mein Avatar die Koordinaten des Arrival Point für eine ganz andere Internet-Welt – im legendären *Second Life*. Treffpunkt: *in Game*. Wobei der Aufbau-Verlag für unsere Hörlounge einen Innovationspreis erhält. Begleitet von meinen Events zu *Second Life* und eBook-Stammtischen. Danach Tim Renners aufweckender Lehmanns-Vortrag zu *„Der Tod im Netz"*, ein Projekt mit dem CCC, der mit den Stöckelschuhen und der Programmierschule *„Python für Kids"* im Laden, Berufung zu Social-Media, Mobbing-Protokolle und Berufung zum eBook-Beauftragten.

WEB 2.0

Es scheint nur noch eine Frage der Zeit zu sein, bis eine CD-ROM mit dem kompletten Telefonbuch der Bundesrepublik erscheint. Dann der erste iPod mit dem Click Wheel. Und Apple stellt uns Darwin, ein eigenes freies Unix-Betriebssystem zur Verfügung. Und ich kann den coolen Radar *Screensaver* noch immer nicht auf meinem Mac nutzen. Der Begriff „Web 2.0" von Dale Dougherty wird zum Sammelbegriff für neue Technologien im Web. Im Firmen-Café gibt es kostenloses WLAN für alle. Noch immer steigen unsere EDV-Umsätze. Weder E-Mail noch Hypertext können dem gedruckten Lesevergnügen den Garaus machen.

Mit ihren Browsern verdienen weder Microsoft noch Netscape Geld. Beide bekriegen sich bis aufs Blut und überall gibt es die Browser-Versionen gratis zum **Download...** Ich erinnere mich voller Unbehagen an den ersten und den zweiten Browserkrieg. An Microsofts Einstieg, später der steigenden Beliebtheit von Mozilla Firefox, dem es gelang, dem Internet Explorer kontinuierlich Marktanteile abzunehmen. Denn längst hatten sich Browser, als Tor zum Netz, zu regelrechten Internet-Werkzeugen entwickelt.

Mail-Clients und Newsreader ergänzten die Produkte, selbst Gopher- und ftp-Services waren integriert. Die Folgen des tobenden Browser-Kampfs waren neue Funktionen, Frames, blinkende Texte und Laufschriften. Sogenannte Remailer boten Möglichkeiten, anonyme Nachrichten per Mail zu versenden. Neue Themenfelder wie „Digitale Fotografie“ entstanden.

Virtuelle Realität (VR) wurde zum Hype-Thema und Drogenersatz, das vor allem in Spielhallen zum Einsatz kam. Große Geräte, die zunächst an Auto-Scooter erinnerten. Erste Datenbrillen und -handschuhe, sogar ganze Datenanzüge werden entwickelt, doch die Versuche, massentaugliche Konzepte zu entwickeln, scheitern. Dann, welche Erregung, Lara Croft, weibliche Aktion-Heldin betrat die digitale Bühne. Für viele begann nun die Zeit des Internet. / Patti Smith: „Because the Night“.

Dein Akkustand beträgt 11 %

NO EXIT. Zum Glück gibt es Kaffee. Jetzt! Wisst ihr noch, das Problem sitzt vor der Tastatur, in der ersten Reihe :-). Tausende fliegende Untertassen steuerten in *Mars Attacks!* angriffslustig auf unsere Erde zu.

Menschenähnliche mit überproportional großem Gehirn verkündeten, dass sie friedliche Absichten verfolgten… B̃erlinale. Betrunkene Bäume, es wird Zeit, nüchtern zu werden. Immer mehr Designerinnen programmieren selbst. Das *Dancing Baby*, ein gerendertes Webvideo, präsentiert als animiertes GIF des Webentwicklers John Woodell, beginnt sich rasch über viele Internet-Foren zu verbreiten. Es wird von anderen Medien aufgegriffen. YouTube gab es noch nicht, doch wir sollten uns an stetigen, schnellen Wandel gewöhnen.

Trotz Vorhersagefehler glauben wir an eine kommende, bessere Zeit. Mit dem Internet soll sich die Gesellschaft in eine Richtung ohne Hierarchien und Machtzentren entwickeln. War ich wahrlich nicht der Einzige, der so dachte.

Was passiert nun mit unseren Träumen? Werden sie in der neuen Generation weiter geträumt, verglühen sie wie Weltraumschrott? Nichts ist schöner, als ein Traum, der bleibt. So manche signierte Visitenkarte, von Touren mitgebracht, zeugen davon.

Als John Perry Barlow 1996 seine berühmte *Unabhängigkeitserklärung des Cyberspace* formulierte, klang es noch immer nach dem Geist der Gegenkultur. Barlows Vorstellung, dass ein schnelles und möglichst selbstreguliertes Internet eine neue Gesellschaftsform hervorbringen könne, wurde auch zu meinem Traum.

Datenfelder

Drei Jahre später, *„Märkte sind Gespräche“*, der denkwürdige Satz der Digital-Ära. Es ist die erste von 95 Thesen des Cluetrain Manifest, mit dem die noch vage Ahnung in Worte gefasst ist, dass mit dem Internet nun alles anders wird.

Weitsichtig wurde formuliert, dass die Zeit des *„ein Sender, viele Empfänger”* vorbei sei und sich Unternehmen im Internet auf die direkte Kommunikation mit den Empfängern begeben müssen, wollen sie erfolgreich und glaubwürdig sein.

Selbstanweisung. Wir beginnen, Wettbewerbsvorteile auf der Metadatenebene zu suchen. Bedeutet weitere Links einzutragen, geeignete Online-Plattformen zu finden, Klappen- und Beschreibungstexte anzubieten. Gefunden werden ist *alles.*

Trotz starker Aufholjagd seitens Amazon & Co, ist unser LOB.de noch immer die gefragtere Wahl bei wissenschaftlichen Nutzern. Wir bieten mehr Bücher in unserer Datenbank und die Hilfe bei der Recherche von unbekannten Titeln bringt weitere interessante Kunden. Beim günstigen Buchpreis hilft uns Cromeland als unser geheimer US-Partner mit neuen Möglichkeiten. Ich hatte ihren Mini-Stand mit nur zehn relevanten Büchern auf einer Buchmesse entdeckt. Cromeland versandte kistenweise Fachbücher und CD-ROMs an Händler, zu besseren Konditionen als die Verlage selbst. / Buchmessenbegegnung auf der Rolltreppe.

▸▸

By the way, was ist eigentlich eine Drehtür-Metapher? Na, höllisch aufpassen, dass man nicht gleich draußen landet oder im Schwung der Drehtür feststeckt und ewig rotieren muss…

Zwischennutzung

Der spannendste, nicht-kommerzielle Dienst des Internet beginnt Anfang 2001 mit Wikipedia-Mitbegründer Jimmy Wales, wie bei so vielen Online-Projekten mit dem Gruß der Programmierer: *„Hello World“*. Ich drehe mich um. *H&M, Zara, Benetton,* verschwenderisches *fast fashion* überall. Mädchen mit strenggläubigen Kopftüchern huschen vorbei, Teile des alten Jahrhunderts waren erhalten geblieben.

Während Jahre später in meinem Freundeskreis immer noch die Meinung vorherrscht, der Berliner Westen sei immer noch der Nabel der Welt, gibt es für mich zumindest einen wichtigen Grund, regelmäßig spätabends in den Osten zu fahren: Der 2003 gegründete „*newthinking store*" von Markus Beckedahl und Andreas Gebhard in der Tucholskystraße. Der Newthinking-Store entwickelt sich schnell zur Kombination aus Veranstaltungsort, Treff, Plattform rund um Open Source und Web 2.0. Mitten im Geschehen. Bei den vielen kostenlosen Veranstaltungen treffe ich Designer, Blogger, Webentwickler und junge Netz-Aktivisten. Auch zwei interessierte Buchhändler. Ich erfahre nebenbei, dass man Programmierer anhand ihres Codes identifizieren kann. Clean Code und Social Media. Präsenz in sozialen Netzwerken soll sich positiv auf die Auffindbarkeit auswirken. Immer auch das Verstehen ökonomischer Zusammenhänge. Hier trifft man zukünftige Wesen, die sich im Netz besser zurechtfinden als im Leben. *Irgendwo hier noch ein einen Absacker trinken und weiterreden…*

Leerzeile

Buchstabenmuseum. Kurze Atempause. Blick nach vorn? Wowereits Spruch: *Berlin, arm aber sexy.* Erst kamen Partygänger, dann Investoren. Der Roman, der es treffend beschreibt: Helmut Kuhn: *Gehwegschäden.*

Sonntags gibt es eine „Farbattacke" am Rosenthaler Platz, einer der Orte in Berlins Mitte. An jeder der vier Kreuzungsseiten wird Farbe über dem Fußgängerübergang ausgeleert… Baukräne, Zementcontainer, Straßensperren. Auch Befürworter des Fortschritts sind hin und wieder wehmütig. Dann sehnen wir uns voll Nostalgie nach dem freien, wilden und demokratischen Web der Pioniertage. Jene Periode, in der sich ungeahnte Freiheit mit der Abwesenheit von festen Strukturen vereint. Obwohl es nur Tintenkleckse sind, erkennt man schon ein Muster. Im Rückblick sind es Utopien einer besseren Welt, die den Paradigmenwechsel einleiten, auch wenn es Generationen braucht, bis wir erkennen, wie weitreichend die Auswirkungen sein können.

Wenn der Lehrer eine elektrische Schreibmaschine zum Ausprobieren in die Schule mitbringt, staunen die Schüler: *„Cool – da ist sogar ein Drucker mit drin"*. Und genau jetzt erinnere ich mich an unsere alten 68er-Aufkleber völlig anders. *„Wir sind die, vor denen uns unsere Eltern immer gewarnt haben"*.

Was ist ein Name?

Auf der Spur. *Hier muss die Mauer irgendwo entlang gelaufen sein...* Ausgelassene Stimmen. Gegenüber der Museumsinsel stehen Strandkörbe mit Blick zur Spree. Benebeltes Saxofon. Die Strandbar wird eröffnet. Es gibt mehr als nur ein Berlin. Und vom Bahnhof lebte einst ein ganzes Stadtviertel. Vom Viertel wird immer weniger die Rede sein. Neunzehn Prozent Arbeitslosigkeit, im Osten wird die Industrie zerschlagen, Massenentlassungen sind Alltag. Ehemalige Hausbesetzer, schon versöhnte Hausbesitzer mit Putzfrau, und Berlin bleibt die verfilzte, kafkaeske Behörden- und Mieterstadt ohne DAX-Unternehmen. Beamte sind keine Techies. Für eine coole Stadt der Gründer keine gute Voraussetzung.

Mit Blick nach Kalifornien wäre es klüger, wenn man die Leute machen ließe. Bei *Gate5* ging das erfolgreich, junge Leute aus Schwaben, dem Rheinland ziehen her, versuchen Anker zu werfen. Der sich wandelnde Sehnsuchtsort wird befruchtet, spannender. Man weiß nicht mehr, woher jemand stammt, fragen soll man ja nicht.

Von Angesicht zu Angesicht. Empfindung von Unterschieden war in den frühen Neunzigern leichter. Inzwischen haben mutige Entrepreneure fremdklingende Namen, indische, polnische, spanische, israelische, koreanische. Das Leben in den Straßen wird bunter, das Essen in den neuen Lokalen vielfältiger. Gutgemeinte Konzepte des *„offenen Wohnzimmers"* wie bei der *Weinerei* in der Kollwitzstraße entstanden; zahlen für ein Mahl mit Wein, soviel man mag. Am Soho House, der Ex-SED-Zentrale, ist da oben eine Überwachungskamera? Wer es nicht aushält im stressigen Beton, der fährt an die Ostsee. Lola rennt. Das alte Jahrtausend liegt in den letzten Zügen. Mein Bewusstsein durchbricht die letzte Schlafphase. / Nach uns die Zukunft.

Suchmaschinen

Auszug aus der c't, Montag 12.9.99

> „Nur Lehmanns macht es anders. Die schlichte Einstiegsseite bietet direkt eine ausgezeichnete Suchfunktion, die sogar die Verknüpfung verschiedener Begriffe und Kriterien über Bool'sche Operatoren erlaubt. Eine Navigationsleiste führt darüber hinaus zu Übersichten, wenn man doch einmal ein bisschen stöbern will. Und diese Übersichten sind geprägt von der Kompetenz der Buchhandlung: Wissenschaft und hier vor allem EDV, wobei man die Vorliebe der Betreiber für Linux deutlich spürt. Trotzdem liefert der Laden alles Gewünschte an den Kunden, von Literatur-Bestsellern bis zum exotischen Fachbuch..."

Unruhe vor dem Montag. Verloren in Gedanken, wie auch im Märchen sind hier die Rollen festgeschrieben. Hans im Glück. Digitale Notiz: Elon Musks Online-Branchenbuch Zip2 wird für 300 Millionen Dollar an Compag verkauft, der bis dahin höchste Preis für ein Internet-Unternehmen. Das Time-Magazin ernennt Jeff Bezos zum „Mann des Jahres“ und nach dem Vorbild der amerikanischen Technologiebörse NASDAQ wird mit Euphorie auch an der Deutschen Börse der Neuer-Markt-Index Nemax eingeführt. Naomi Klein veröffentlicht ihr Buch No Logo.

Bild für Bild wird auf meine Netzhaut gespiegelt. Dinge geschehen, oder sie geschehen nicht. Das gute Mac OS 9 gibt es für 229 DM. Die Technologie scheint auf unserer Seite, der Bildschirm bietet eine ganze Welt. Spiele, mailen, surfen, lesen, schreiben, was auch immer. Mehr und mehr verbreitet sich die Ansicht, was bei Google zu bestimmten Themen zu finden ist, sei bereits *alles*, was es an verfügbaren Informationen gibt. Andere Wege der Informationsbeschaffung werden nun seltener beschritten. Meist suggeriert die unscrollbare Fülle erzielter Treffer den Suchenden, dass sie mehr Informationen bekommen hatten, als sie in der Regel benötigen. Was auch dazu führt, dass in vielen wissenschaftlichen Bibliotheken die Zahl der Ausleihen trotz steigender Studentenzahlen in den letzten Jahren deutlich zurückgegangen ist. Ist der autonome kritische Geist in Gefahr? Das steht doch so im Netz, hört man oft. Ist es darum auch immer richtig und verlässlich?

Und da passiert das Unerwartete

Wer sich mit Medizingeschichte auskennt, stößt über kurz oder lang auf den Verleger Julius Friedrich Lehmann, der Gründer des geichnamigen Verlags, aber auch einer medizinischen Buchhandlung, die er allerdings bereits 1896 verkauft hat. Der J.F. Lehmanns Verlag wurde bekannt einerseits durch neuartige medizinische Atlanten, andererseits durch Veröffentlichungen u. a. zur Rassenkunde, die vom nationalsozialistischen Geist durchsetzt waren. Lehmann war zudem Mitglied der NSDAP, er verstarb 1935.

So war es nicht weiter verwunderlich, dass Studierende der Medizin auf dieses Thema stießen und zurecht nach dem Hintergrund fragten. Der zwar grob bekannt, aber im Detail unerforscht gewesen ist. Weder waren die genaueren Umstände bekannt, noch wusste man, was mit Buchhandlung und Verlag nach Kriegsende passiert ist.

Die konkrete Anfrage nahm die Geschäftsleitung zum Anlass, ein Forschungsprojekt an der Medizinischen Hochschule Hannover zu initiieren und zu finanzieren, um die Hintergründe besser verstehen zu können und eine historisch fundierte Handlungsempfehlung zu erhalten, wie damit umzugehen ist.

Mit Blick auf die beunruhigenden Schatten, die am Horizont aufziehen, dachten nicht wenige von uns, das verdammte JFL muss schnell weg…

Kapitel 12

Ungefähr 30 Jahre später

Noch nicht so lange her, so scheint es, da waren wir selbst mitten drin in diesem neuen Anthropozän. Unterwegs mit den Helden der Zukunft. Nun, nach den wilden Sommern, ist es ruhiger im Gefüge geworden. Die Luft ist besser, der Wald gesünder. Die Welt, vernetzt wie nie. *Next Level!* – die Spielregeln haben sich geändert. Energie fließt, Warten wird nicht toleriert. Sämtliche Informationen auf den Monitor, sofort! Wer kann sich den Computer vorstellen, der ohne Netz ist? Der Online-Pionier Marc Andreessen bringt es mit einem Tweet auf den Punkt: *Von „Nur Nerds brauchen das Internet" bis zu „Alle starren den ganzen Tag lang auf ihre Smartphones!" in nur 20 Jahren. Nicht schlecht, Team ;-).*

Gefangen im Computer, befreit im Netz, was für uns vor Jahren eine unentdeckte, verlockende Sphäre war, ist nun das Massenmedium überhaupt. Auch „Selfie" steht im Oxford Dictionary. Schulcloud statt Schulhof. Allerdings war das Global Village nur ein schöner Traum. Der fortwährenden Arbeit einer offenen Webcommunity verdanken wir das Netz. Es verbindet 2,6 Milliarden Menschen über Tiefseekabel am Grunde des Ozeans, über schwer bewachte Datenzentren und Funkmasten auf unseren Dächern. Ob im Dschungel des Amazonas oder den Weiten der asiatischen Steppen, Netz ist nie weit. Es verbindet über Grenzen und Sprachbarrieren hinweg und hat den Buchhandel als Informationslieferanten abgelöst. Die Welt zwischen den Dingen hat zugenommen.

Seinerzeit besaß jede Buchhandlung mit dem „Verzeichnis lieferbarer Bücher" quasi das gedruckte Informationsmonopol darüber, ob ein Buch lieferbar war oder nicht. Nun erhält jeder Buchinteressent mit seinem Smartphone rund um die Uhr unbeschränkten Zugang zu allen Katalogen und ist nicht mehr auf das angestaubte Wissen eines Buchhändlers angewiesen. Und jeder, der sein „literarisches Werk" als eBook, ohne Publisher oder große Herstellungskosten, selbst veröffentlicht, kann zum Autor mit direktem Kontakt zu seinen Lesern werden. Im Internet sind wir die digitale Gesellschaft. Kompetenter Umgang mit der neuen Technologie und digitale Bildung gilt zweifellos als eine entscheidende Voraussetzung für die gesellschaftliche Teilhabe. So betrug der E-Commerce-Umsatz 2014 immerhin 5,1 Milliarden Euro. 22 Millionen Leser in Deutschland kaufen im Netz ihre Bücher, Zeitschriften und Zeitungen. Und 28 Millionen Menschen in Deutschland haben bereits E-Learning-Angebote genutzt. Mit einem Anteil von 63 % aller Internet-Nutzer, die schon einmal Waren bestellt haben, liegt Deutschland laut Erhebungen dabei auf dem zweiten Rang weltweit – übertroffen nur noch von Großbritannien. (Quelle: Statistisches Bundesamt)

Internet ist ein Grundrecht

Einatmen. Gigabytes und Spaß. Wissen veraltet. Kein Zurück. Das Netz – der Zugriff auf seine vielfältigen Inhalte ist von zentraler Bedeutung für unsere Lebenshaltung – findet auch der Bundesgerichtshof und fällt ein Urteil, das Nutzer freuen dürfte, *„BGH: Internet ist ein Grundrecht"*, meldet die Deutsche Welle.

Damit ist klar, der Zugang zum Internet gehört zum Leben wie Wasser und Strom. Für Kinder sind die Fernseher längst nicht mehr der Bildschirm ihrer Wahl und schon fünf-, sechsjährige Kinder nutzen Informationsmaschinen. Ab dem zwölften Lebensjahr sind nahezu alle Kinder in Deutschland online. Das hätte vor 20 Jahren niemand zu hoffen gewagt. Seit dieser Zeit krempelte der Vergnügungspark im Internet unser Leben gewaltig um und ist nun zum wichtigsten Unterhaltungsmedium geworden. Viele Weggefährten verabreden sich zum Spielen und Chatten bei WoW[24], fühlen sich in vertrauter Gilden-Gemeinschaft. Das Bundesministerium für Gesundheit meldet

[24] World of Warcraft, ein 2004 erstmalig veröffentlichtes Rollenspiel mit hohem, suchterzeugenden Potential

aber auch 800.000 bunte, zappelige netzabhängige Menschen als Verlierer der digitalen Revolution.

Unser *„früher"* gibt es nicht mehr. Was eine holprige Landstraße war, ist zur schnellen Autobahn geworden. An unserer Musik lässt sich beispielhaft erkennen, wie sich unsere Konsumgesellschaft unablässig verändert. Schallplatten und CDs wurden durch MP3 überflüssig und ihre Inhalte einfacher teilbar. Das mp3-Format brachte zwar keine neue Musik, aber schuf eine völlig neue Situation. Der Besitz von mp3-Musikdateien ist nicht mehr wichtig, die bedarfsgerechte Nutzung via Streamingangebot sind angesagt.

Das Zusammenspiel von technischen Innovationen und ihrer wirtschaftlichen Verwertung hat eine ungeheure Dynamik. Das neue Berlin entwickelt sich zögerlich, auch weil die Mehrheit der deutschen Bevölkerung der Veränderung immer noch skeptisch gegenübersteht. Doch mit der Digitalisierung beginnt langsam, fast unbemerkt, eine Phase des unaufhaltsamen Umbruchs in eine andere Gesellschaft. Computer und Internet entwickeln sich unaufhaltsam vom Nischenthema zur weltbeherrschenden Technologie. Die Digitalisierung wird zum Beschleuniger. Erst unendlich langsam, nun rasant, in einer ungeahnten Dynamik. / Allensbachstudie.

> Alles was digitalisiert werden kann,
> wird auch digitalisiert.
>
> *(Gerd Leonhard, Futurist)*

Veränderte Bedürfnisse?

Wenn ich Internet dachte, schaute ich im Geiste hoch. Nun schaue ich weit zurück. Warten auf das nächste Jahr. *Alles* nur auf Papier. Ein paar meiner Notizzettel kann selbst ich nur schwer entziffern, die Geschichte läuft weiter. Längst sind aus vergilbten Buchlaufzetteln leistungsfähige Warenwirtschaftssysteme geworden, das €-Zeichen finden wir beim Mac leicht per Wahl- und E-Taste, Open Source wird anerkannter Standard. Viele Geschäftsmodelle orientieren sich mehr und mehr an der Dienstleistung. Das Linux-Betriebssystem, das quasi auf allem läuft, was irgendwie einem Computer ähnelt, kommt inzwischen in so vielen Variationen daher, dass es den Nutzern nicht mehr auffällt, dass sie es benutzen.

Ob Smartwatches oder smarte Fernsehgeräte, Googles Chromecast oder Amazons Echo-Reihe. Linux als stabiles Betriebssystem und viele Open Source-Anwendungen sind mittlerweile etabliert. Auf die 30 Millionen Arbeitsplatz-Rechner in Deutschland hat nun kein Unternehmen mehr ein Monopol. Wer rechnen kann, nutzt Linux. Googles Server-Farmen laufen unter Linux, selbst im Desktop-Bereich hält Linux mittlerweile einen Marktanteil von knapp 5 %.

Wer bei Amazon bestellt, Facebook-Freunde fragt, vielleicht darüber twittert, alles unter Linux. Der neue internetfähige Fernseher? Linux. Neun von zehn Supercomputern laufen unter Linux. Linux, Apache, Wiki-, Foren- und Content Management Software (CMS) gelten als Erfolgsmodelle mit Potential.

Eine Stärke von Linux ist die Voraussetzung dafür, wie die weltweite Kooperation überhaupt funktionieren kann, durch seine Offenheit. Nur, warum dauert die Entwicklung eines offenen Betriebssystems für europäische Verwaltungen so lange? Unsere privaten Steuerdaten, Krankendaten, Gerichtsdaten, Daten bei der Verwaltung, der Polizei, in Ämtern oder auf Geldautomaten laufen immer noch über unsichere Microsoft-Betriebssysteme. Wann erkennen die Verantwortlichen in der Verwaltung endlich die Vorteile, die Open Source für uns auf vielen weiteren Gebieten hat?

Richard Stallman und Linus Torvalds gehören längst zu den einflussreichsten Programmierern der neuen Welt. Ihre Ideen gehen um die Welt. In Amsterdam gibt es sogar ein Open Source-Restaurant. Wer hier isst, bekommt das Rezept, genauso die Bauanleitung für die Stühle. Noch viel wichtiger und nicht zu unterschätzen ist die Bedeutung von Open Source für unsere bedrohte digitale Souveränität. Freie und offene Software und offenes Hardwaredesign sowie Standards nützen Start-ups sowie der alteingesessenen Wirtschaft und Forschung gleichermaßen.

Freie Wahl

Neunzigerjahre. Im Grunde ist *alles* wie früher und doch ist es anders. Ich klicke mich durch mehr oder minder aktuelle Webseiten zu Open Source. Das Quellcodeverzeichnis des Linux-Kernels besteht nun aus 25 Millionen Zeilen Code. Zu den Unternehmen, die Wesentliches zum Linux-Kernel beitragen, finden sich Hardware-Hersteller wie Intel, IBM, Samsung, AMD und Nvidia ebenso wie die Software-Schmieden

Red Hat, Oracle und SUSE. Alle diese Firmen verdienen gutes Geld mit Linux, sind sich dessen bewusst und investieren entsprechend auch in die Weiterentwicklung. „Ja, so geht Software." Firefox kam zur Standardausstattung vieler Desktops hinzu. Firefox ist mir lieber als Chrome und in einigen Bereichen einfach besser, hat allerdings heute nur noch einen Marktanteil von unter 7 %, was aber vor allem dem vermehrten Gebrauch mobiler Geräte zuzuschreiben ist.

Open-Source-Software spielt eine wichtige Rolle, auch bei der Europäischen Kommission. Die Verbreitung wurde durch die Lizenzierung des Linux-Kernels unter der freien Lizenz GPL ermöglicht. Und so kommt es, dass die Idee eines 21-jährigen finnischen Informatik-Studenten, verbreitet in den Newsgroups, die Welt der Computer vollständig durchdringt und wir nun unabhängig von dominierenden Technologieanbietern sind. Open Source ist zur weltweiten Bewegung geworden, die sich nun daran macht, nach der Software nun auch Wissen und Kultur zu „befreien".

Schattenbibliotheken

Offene Lernmaterialien werden der Bildung viel Gutes tun und bald einige der Rechtsunsicherheiten bei Copyright und Co. lösen. Stattdessen wählen inzwischen viele Studenten oft einen kürzeren Weg, um ohne Kosten an wissenschaftliche Literatur zu gelangen. In der digitalen Welt wird die Kopie zur Regel. Und weil sich Bibliotheken teure Periodika und Materialien immer seltener leisten, greifen manche Nutzer mit dem Sci-Hub zur nicht ganz legalen Selbsthilfe durch Raubkopien.

Durch Guerilla Open Access mit Servern in Russland entstand eine Schattenbibliothek mit einem Archiv von über 48 Millionen wissenschaftlichen Artikeln. Der Weg dorthin ist überraschend einfach, offen werden Anleitungen dazu in studentischen Magazinen propagiert.

Sci-Hub

> Zwei Jungen tauschten Spielzeuge,
> jeder ging mit einem Spielzeug fort.
> Zwei weise Männer tauschten Ideen,
> jeder ging mit zwei Ideen fort.
>
> *(Afrikanisches Sprichwort)*

Leben in einer Beta-Welt

Das Projekt *„Hyperledger"* wurde von der Linux-Foundation gegründet und soll die Blockchain-Technologie mit Hilfe von IBM branchenübergreifend vorantreiben, offene Standards dafür definieren. Lt. Wikipedia ist Blockchain „eine kontinuierlich erweiterbare Liste von Datensätzen in einzelnen Blöcken. Neue Blöcke werden nach einem Konsensverfahren erstellt und mittels kryptographischer Verfahren an eine bestehende Kette angehängt. Jeder Block enthält dabei typischerweise einen kryptographisch sicheren Hash (Streuwert) des vorhergehenden Blocks, einen Zeitstempel und Transaktionsdaten." Das ist vergleichbar mit einem Kontobuch in der Buchhaltung.

Vielleicht kann der Handel mit Texten und Content damit neue Vertriebsstrukturen entwickeln. Möglich ist eine neue Standardnummer, der ISCC, zur eindeutigen Identifikation von Inhalten im Netz. Möglich wird, dass Daten Geld als Informationsträger ablösen. Negative Seiten der Technologie werden – gern – erstmal ausgeblendet... Denn so ein System kann jede Art von Transaktion zwischen mehreren Nutzern abwickeln, ohne dass hierfür noch eine legitimierende zentrale Stelle nötig wäre. Wie viel man auf dem Konto hat, kann nur der jeweilige Nutzungsberechtigte einsehen, der im Besitz des notwendigen Schlüssels ist.

Eine überzeugende Technologie, die Daten gegen Manipulation durch Dritte sichern soll, oder zumindest nachvollziehbar macht? Möglich würden damit auch intelligente Verträge oder nicht manipulierbare E-Voting-Systeme. Durch die Blockchain-Technologie droht sämtlichen Businessmodellen, in denen es um eine Mittlerrolle geht, das mögliche Aus. Es wäre zum Beispiel möglich, ein System zu programmieren, in dem die Universitätsbibliotheken die Knoten sind und auf der Blockchain-Technologie ein wissenschaftliches Publikationswesen aufziehen, das den Großverlagen den Wind aus den Segeln nähme – sofern man die Leistung der Verlage ignoriert (z. B. Qualitätssicherung durch Peer-Review) oder bei den Bibliotheken mindestens die Stellen schafft, die momentan bei den Verlagen angesiedelt sind. Von alleine veröffentlicht sich nämlich nichts und nicht ohne Grund wählt auch der Großteil der Open Access Autoren den Weg über traditionelle Verlage, trotz der damit verbundenen hohen Kosten. Dazu kommt, dass diese Technologie mit hohem Energienedarf beim Ezeugen eines neuen Blocks *verbunden* ist... So gibt es durchaus namhafte Experten, die vor einer Überschätzung der Blockchain-Technologie warnen.

> Jedes Unternehmen, das heute auf die Blockchain setzt, könnte eigentlich auf sie verzichten. Niemand hatte jemals ein Problem, für das die Blockchain eine Lösung ist. Stattdessen nehmen die Leute die Technologie und machen sich auf die Suche nach Problemen.
>
> *(Bruce Schneier)*

Am Rande der Zukunft

Manche Dinge ändern sich – und fast niemand ändert die Standardeinstellungen seiner digitalen Dienste. Das Internet ist zu erfolgreich, als dass es sich der Überwachung durch die Staatsgewalten entziehen könnte. Wir, die politisch inspirierten Pioniere, im positiven und negativen Sinn. Verrückte Aktivisten, die eine digitale Branche aufgebaut haben, doch diese dann letztlich kaum managen können. Und wir haben eine eigene, selektive Wahrnehmung. Erinnern wir uns an unsere Träume? Von meiner Zeit mit dem großartigen Willy Brandt – „*Wir wollen mehr Demokratie wagen*" – blieb die verunsichernde Angela Merkel mit „*Wir schaffen das*". Ich stoppe im Sprechen. Kann es sein, dass etwas Neues zwischen uns allen entsteht? Unsere Medien befinden sich, anders noch als vor 20 Jahren, im Besitz von nur wenigen Unternehmen. Parasitäre Dotcoms wurden reich. Die ungeheure Macht unseres digitalen Warenkorbs ist allgegenwärtig. Der disruptive Charakter des Digitalen verändert die gesamte *Kontrollgesellschaft*, alte Techniken geraten schnell in Vergessenheit. Digitale Transformation ist eine Reise, das Internet ist wie jedes andere Medium auch. Früher erfolgte Meinungsmache mit Flugblättern (die las kaum jemand), später mit unseren Blogs. Vom Papier zum Netz wandeln sich nicht nur die Worte. Auch Zahlen, welche die Chinesen erstmals als Papiergeld erfunden hatten, werden längst im Netz gehandelt.

Sogar das alte Usenet ist nicht in seiner Entwicklung stehen geblieben, im Gegenteil, wo es früher nur acht große Newsgroups gab, findet man heutzutage, sogar über Googles Deja News, Yahoo oder Reddit, noch über 100.000 Groups. Und das User-Verhalten in geschlossenen Gruppen wird weder von den Providern, noch von Google oder Yahoo protokolliert. So liegt jeder Post und jeder Download allein in der Verantwortung des individuellen Users, und das weltweit. Doch wer weiß das schon? Fast jeder ist bei Facebook. Ein weiteres „offenes“ Medium, in dem WIR (Generation Baby Boomer) die Inhalte erstellen… / Zuckerberg statt Gutenberg.

Die Kraft des Amplifikations-Algorithmus

Die jungen Wilden sind alt geworden. Ihren vertrauten Stimmen verdanke ich hilfreiche Lektionen. Touchscreens haben sich zwischen uns und die Welt geschoben. Viele können sich nicht informieren, sie werden informiert. Despoten lernen, Grenzen verwischen. Sind unbewaffnete Wahrheiten von gestern Buchstaben auf vergilbtem Papier, die bald verblassen?

Sind es nicht die erkämpften Werte unserer Vergangenheit, die wir auch morgen verteidigen müssen? Freiheiten werden nicht geschenkt, sie werden in jeder Generation neu errungen und verteidigt. Ich fürchte, die Decke unserer Demokratie und Kultur ist dünner denn je. Der Kopf gehört nicht in den Sand. Algorithmen, spieltheoretische Formeln nehmen dominierenden Einfluss auf unser Leben. Sie üben eine raumzeitliche Kontrolle über den Alltag aus. Von ihnen hängt es ab, ob man einen Hauskredit erhält oder wie teuer die (private) Krankenversicherung ist. Algorithmen, die in der Theorie objektive Entscheidungen ermöglichen, im wirklichen Leben mächtigen Interessen unter dem Deckmantel des Fortschritts folgen. Was für spannende Leben führen all die erfundenen Namen auf Facebook & Co? Wir Nutzer sind durch sogenannte Filterblasen beeinflusst.

Wenn man bei Facebook die FAZ und die Welt liked, werden dem Nutzer andere Inhalte und Vorschläge angezeigt als demjenigen, der die taz oder Neues Deutschland gewählt hat. Selbst schuld, die Anderen trifft man kaum noch. So platt und vorhersehbar funktionieren die Algorithmen natürlich heute, Ten years later, nicht mehr, wie einfach wäre das, werbegetriebenen Inhalten aus dem Weg zu gehen.

Gerade die computerisierte Sortierung von Newsfeeds in Sozialen Netzwerken und von Suchergebnissen hat maßgeblichen Einfluss auf uns. Längst wurde social media bei vielen zur neuen Tagesschau. Nicht wenige warnen. *„Noch nie in unserer Geschichte hatten so wenige* *das Recht, so großen Einfluss auf die Entwicklung unserer Kultur zu nehmen wie heute*" schrieb Lawrence Lessig 2004. Ich denke, die Auseinandersetzung mit dem, was das Internet mit uns macht und wir mit dem Internet, die hat gerade erst begonnen. Es mehren sich warnende Stimmen gegen eine radikale Vermessung unseres Lebens jenseits unserer Kontrolle. Eine Welt, wie sie einmal sein könnte, und von der man hofft, dass sie so nie sein wird... / Frontlinien ohne Orientierung?

Monopolisten

Konzentrierte sich das Informationsangebot früher auf IT-Fachinformationen, so sind die „Computerfreaks" heute unter den Netzwerknutzern längst die Minderheit. Das Internet ist kein Nischenphänomen mehr, sondern endgültig, wie der Fußball, in der Mitte der Gesellschaft angekommen. Das Business mit Büchern verlagert sich immer mehr ins Netz, den Buchläden vor Ort bleiben die Käufer weg. Nur wenige Seiten der Anleitung bei Apple genügen, um mir das erste iPad zu erklären. Apps, kein Problem. Interaktive Formate der Verlage wie die „Enhanced eBooks", die Texte durch Filme, Bilder und Töne erweitern, sind aber über eine Nischen-Existenz bisher kaum hinaus gekommen. Und so etwas wie das bei den Älteren beliebte eBook, mag auch nur eine Zwischenlösung sein, ähnlich der CD-ROM. Für einen Großteil der Verleger gab es in der digitalen Welt erst wenig zu gewinnen, und man sollte ihnen nicht leichtfertig ihre Rückständigkeit vorwerfen.

Sie unterwarfen sich Amazon & Co, als hätte im Supermarkt eine zweite Kasse geöffnet, und profitierten von einer Infrastruktur, die sie selbst nicht schaffen, warten oder gar weiterentwickeln brauchen. Ihre Strategie, das alte Geschäft mit gedruckten Büchern so lange zu beschützen wie nur möglich, war plausibel, legitim.

Kodak hatte das mit seinem Geschäft vergeblich getan. Es ist so frustrierend zu erleben, wie sich Verlage sehenden Auges einen immer mächtiger werdenden Monopolisten heranzüchteten, versorgt mit unglaublichen Konditionen und Informationen. Während man bei uns Dame und Mühle spielt, spielen andere Schach. Die Bücherwelten werden langweiliger...

Unser Online-Shop war nur der erste Schritt in die richtige Richtung. Plattformen, Apps und elektronische Hilfsmittel für die Zielgruppe der bleibenden Leser folgen. Manche Branchen sind früh vom digitalen Wandel erfasst, andere, wie die Auto-Industrie, später. Fakt ist – mittlerweile gibt es kaum noch eine Industrie, die sich nicht mit der Digitalisierung befassen muss. Augenscheinlich bewegen wir uns auch auf einen rein mobilen Zugriff der digitalen Angebote zu. Die Zukunft des E-Reading findet auf dem Smartphone statt. Viele Bücher werden mit Web-Technologien selbst publiziert...

Leseempfehlung aus dieser Zeit: *„Makers – Das Internet der Dinge“* über die nächste industrielle Revolution von Chris Anderson. Darin beschreibt der Autor eine nahe Zukunft, in der jeder mit Hilfe freier Software und Online-Diensten seine Produkte preiswert konstruieren und fertigen kann.

Die Beständigkeit der Ignoranz

Lesung am Kleinen Wannsee. Ausgeträumt? Irgendwie geht es doch darum, dem Leben wieder Sinn zu geben. 2010 wird der Studiengang Zukunftsforschung an der FU Berlin angeboten. Noch bis in die späten Neunzigerjahre des vorigen Jahrhunderts ahne ich nicht, wie sich das Netz in Zeiten der Eventkultur entwickeln würde. Haben wir nun bekommen, was wir uns vorgestellt haben? Die Zukunft ist anders geworden, als es unsere Vorstellungskraft vorhersehen konnte. Ehemals gehörte nur Microsoft zu den zehn wertvollsten Unternehmen, nun führen Apple, Amazon und Alphabet (Google) und Facebook diese Riege an. Bestimmte Dinge, die SMS etwa, hat man nie vorhergesehen, und umgekehrt werden manche Dinge mit viel Geld geplant, etwa im Bereich der elektronischen Signatur, und doch kaum benutzt. Von der DDR sind die beliebten Spätis, Rotkäppchen-Sekt und Ampelmännchen geblieben.

Schnelle Internetverbindungen, schlecht bezahlte Logistik-Arbeiter sorgen dafür, dass jederzeit alles verfügbar ist. Wir wollten neue Geräte, smarte Diener unseres Alltags, nun sind sie die neuen Herren. Wir wollten sie programmieren, jetzt programmieren sie uns. Ähnlich ist es bei der Entdeckung ferner Kontinente. Zuerst kommen Entdecker, dann die Kolonisatoren, bald Diktatoren. Schon kontrollieren die globalen Plattformen das Netz, machtvoller als alle Unternehmen unserer Vergangenheit. Sie bereichern sich an jeder Transaktion, während sie Risiken und Kosten auf die Mitarbeiter auslagern. Und hat sich eine Plattform wie Uber mit seinem rabiaten Marktgebaren erst mal in der Branche etabliert, führt kaum ein Weg daran vorbei. Die Arbeitsbedingungen sind prekär, die Abhängigkeit ist übergroß. Das Unternehmen stellt dabei lediglich eine App zur Verfügung und kassiert. Dass sich Tausende dabei in eine gefährliche Illegalität begeben, scheint keinen zu kümmern. Mit einer FuckUp Party feiern wir unser Scheitern zu Lebzeiten… / Vernetzung auf meinem ersten *Barcamp.*

Trojanische Pferde

Ob Google, Apple, Amazon, die Konzerne entwickeln mit ihren Internet-Silos ganz eigene Standards, um ungestört Geld zu verdienen, ohne Rücksicht auf die vernetzten Kunden. Hardware veraltet schnell, gemeinsame Standards fehlen und Nutzer werden wie dumme Datenschafe ausgenutzt. Hatten die US-Geheimdienste oder die Herrscher des Silicon Valley unsere Entwürfe für eine freie Internet-Gesellschaft rücksichtslos mit dem „Black Friday“ zunichte gemacht? Soziale Fantasien entwickeln sich in den abgeschotteten Laboren von Konzernen zu einem Randphänomen. Wie Kaninchen vor der Schlange starren deutsche Unternehmen auf das Silicon Valley. Dorthin strömen unsere Daten und werden zum Cashflow. Es herrscht die Überzeugung, die in Kalifornien wüssten schon, was in 10 oder 20 Jahren sein wird. Und manche halten es für einen Scherz, und es ist wahr: Google liest unsere Suchanfragen mit und bietet per AdWords Usern die passenden Stellen bei Google an. Silicon Valley verspricht der Welt das Blaue vom Himmel und hinter das „Sharing“ hat man das „Economy“ gesetzt.

Google, Facebook & Co. übernehmen in vielen Fällen den Identitätsnachweis für andere Websites. Zunehmend kann man neue Internetangebote ohne Account bei Facebook oder Google gar nicht mehr nutzen, sowenig wie man ohne gültigen Ausweis oder Reisepass die Landesgrenzen passieren kann.

Automatisierte Systeme entscheiden, wer was sieht. Das war mal anders. Einige Nachrichtenportale gehen widerwillig Allianzen mit Google und Facebook ein, um zu verhindern, komplett vom Leserstrom abgeschnitten zu werden. Diese Bevormundung kommt – sanft – als positives Denken daher, es ist so nützlich. Bei unserer digitalisierten Gesellschaft geht es nun nicht zuletzt darum, wie sich unsere Lebenswelten verändern und wie sie sich an technologischen

Bedingungen anpassen. Ich fürchte, was möglich ist, wird auch gemacht.

Von Dächern wird wieder getrommelt und angesichts der Informationsflut stellen sich Nutzer ihre Nachrichtenpakete zusammen, die ihre Weltanschauung täglich bestätigen. Und mit einem Wisch ist alles weg. Staat, Nation, Resignation. Wir überlassen es dem Netz, entscheidende Phasen unseres Lebens zu bestimmen. Von der Partnerwahl über Urlaubsempfehlung bis zum interaktiven Gesundheitsplan: Ohne Daten geht nichts mehr. Dabei ist das Sammeln der Daten nur ein erster Schritt. Wissen, Erlebnisse, Bedürfnisse, die Suchmaschine erkennt über digitale Verhaltensanalysen Trends, noch bevor sie in den Nachrichten landen. / Die Hirnforschung macht rasante Fortschritte …

Aus Daten werden Muster

Die Technik des Internet selbst ist dezentral, doch die Nutzung, also das, was wir unter Internet verstehen, ist zentralisiert. Helmut Schmidt verkündete einst: „Märkte sind wie Fallschirme. Sie funktionieren nur, wenn sie offen sind".

Inzwischen ähnelt die Kundschaft einem gelangweilten Fernsehpublikum, das sich durch die Programme zappt. Dort haben wir das Rennen um den Kundenkontakt im Geschmacksmonopol längst gegen Google, Apple oder Amazon verloren. Amazon gelang es zu leicht, andere Web-Shops aus der Presse zu verdrängen. Und viele Leser zeigen nun zum eigenen Begehren weniger Loyalität als zu ihrer Marke. Gelobt werden die göttlichen Mächte, die den Markt beherrschen. Die entfesselte Presse lobt den „sensationellen" Erfolg von Jeff Bezos' größtem Internet-Buchladen tausendfach, Kunden wechseln zu den angepriesenen Plattformen. Trotz oder wegen der neuen Form einer Kolonialisierung unserer Buchkultur. Wir schreiben nun das Jahr 2014 und die Mehrheit der Zeitgenossen scheint regelrecht abhängig zu sein von Google, Amazon, eBay oder Facebook. Wird da Marihuana per Drohne geliefert? / Lautes Lachen passt nicht in eine seriöse Buchhandlung.

Plattformen fordern unsere Offenheit und sind im Gegensatz zu uns alles andere als transparent. Im gegenwärtigen Vernetzungswahn liefern wir unsere Daten und andere machen sie zu Geld. Googles (inoffizielles) Motto ist bekanntlich „Don't be evil" – wenn das auch manchem im Unternehmen schon nicht mehr so recht behagt. Ruft man etwa YouTube oder Gmail mit dem Edge-Browser auf, erscheint deutlich der Hinweis, *„Hol dir Chrome“*. Wobei es dafür anfangs auch gute Gründe gab. Als Edge noch nicht auf Chrome basierte, war die Darstellung alles andere als fehlerfrei, was dann gern dem Seitenbetreiber angelastet wird. Googles Chrome ist weltweit die Nummer eins unter den Browsern, nicht zuletzt wegen des hohen Anteils mobiler Endgeräte. Google nennt es Freiheit, andere jedoch nennen das Silicon-Valley-Kapitalismus.

Machen sich Bürger Gedanken darüber, womit z. B. Facebook Geld verdient? Eine Entwicklung zu den Plattformen gefährdet das freie Internet. Und Tech-Konzerne machen rasch Zugeständnisse an autoritäre Regimes. Kein Geheimnis, dass sich nahezu alle relevanten Leistungskennzahlen für das Social Web sehr einfach faken lassen. Der Handel mit Social Signals boomt. Tausende computergenerierte Accounts, die mit Hilfe von Skripten Seiten liken oder folgen, täuschen den Leser. Klar, einer Seite mit 500.000 Fans folgt man eher als einer mit nur 500. So wechseln immer mehr private Homepage-Betreiber, Blogger und auch Firmen mit eigener Webseite mit ihrer digitalen Präsenz zum Beispiel zu Facebook. Wer hier ist, Anzeigen schaltet, bekommt Freunde, Nutzer und potenzielle Käufer vorgeschlagen. So gewinnen die mächtigen Konzerne, es verliert das autonome Netz, das einst mal unser Internet war. Im englischen Sprachraum gibt es für so eine Entwicklung das schöne Sprichwort: *„A fool with a tool is still a fool.*

Gekauftes Web

Wikipedia ist wertvoll für die Unternehmens-PR. Beste Platzierungen in den Suchmaschinen durch gefälschte oder gekaufte Beiträge sind attraktiv für viele Unternehmen, denn bei den Google-Suchanfragen landet der entsprechende Wikipedia-Eintrag relativ weit vorn in den Ergebnislisten. Damit kann versteckte Werbung in diesen Beiträgen ein Millionenpublikum erreichen und das eher Unangenehme des Unternehmens überdecken. Solche Dienstleistungen bieten nun einige Agenturen an, die sich auf Marketingstrategien in und mit Wikipedia spezialisiert haben. Enttäuscht entdecke ich, dass z. B. Buchbesprechungen von Spiegel Online und anderen Publikationen in vielen Fällen ohne Anzeigenhinweise mit Affiliate-Links von Amazon statt mit dem Verweis auf den Verlag ausgestattet waren. Die ehemals kritischen Blätter waren im Dienste des Gegebenen selbst käuflich, denn die verweisenden Portale bekamen eine nette Provision. Ein Leser, ohne emotionale Firewall, kann diese Werbelinks, die oft getarnt wie neutrale Empfehlungen daherkommen, nicht von redaktionellen Verweisen unterscheiden.

Und Journalisten schrieben Amazon, den Gründer eines neuen amerikanischen Pyramidenspiels, in den 7. Himmel. Dabei fühlte ich mich als Pokerspieler, der noch eine Karte sehen will, obwohl alle Wahrscheinlichkeiten gegen ihn standen.

Wo blieb mein Kampfgeist? / Zurück zum Stammesfeuer.

Vor Bildschirmen

Short. Smart. Simple. Mit Cookies markiert, werden wir ausspioniert. Die „Appisierung“ lässt Kundenerwartungen steigen. Und mit dem Internet Geld verdienen kann der, der die Online-Dienstleistungsmentalität verinnerlicht hat. Per Algorithmus werden die Kundenbestellungen einer Website analysiert und sofort passende Zusatzprodukte angeboten. Das kann eine KI übernehmen. Im Internet geht das besonders gut, da relativ leicht feststellbar ist, welche Seiten jemand vorher besucht hat. Und die Einführung des Browser-Cookies ist auch die Geburtsstunde der Datensammler. Inzwischen ist es klar, dass Unternehmen Tracking-Cookies und Skripte in jeden ihrer Artikel integrieren, um uns zu verfolgen. Erst langsam fällt der Groschen, was da alles passiert. Selbst wenn man seine ID und den Namen ändert, würde man uns aufgrund von unveränderlichen Spuren und Verhaltensweisen noch immer erfassen können. Man erkennt das gleiche Gesicht, den gleichen Schreibstil, die gleichen Orte, irgendetwas findet man immer, mit dem man uns zurückverfolgt… / …und Schmauchspuren.

1999

Am Anfang stand Google für eine bestechende Innovation, die kaum jemand richtig verstand und Mitbewerber alt aussehen ließ: Suchanfragen in 1999: 500.000. Aktuell: 104.000 … pro Sekunde. Constanze Kurz, die Sprecherin des Chaos Computer Clubs, sagte treffend, dass man zu niemandem ehrlicher sei als zum lauernden Suchfeld von Google! Meine Herausforderung mit Google beginnt in der zehnseitigen

Datenschutzerklärung. Darin heißt es unter anderem: *„Wir stellen personenbezogene Daten unseren Partnern und anderen vertrauenswürdigen Unternehmen oder Personen zur Verfügung, die diese in unserem Auftrag verarbeiten."* Gut zu wissen. Nur, wer liest das schon?

Es gibt keine „guten" oder „bösen" (Käufer-)Daten bei Visa, Lexis-Nexis, Acxiom und Arvato. Es kommt darauf an, wie sie von wem verwendet werden. Deshalb ist ein noch immer zumindest in Fachkreisen diskutiertes Thema die Schaffung eines offenen Webindex als Gegenmodell zur Dominanz von Google. Diese Idee besteht im Wesentlichen darin, mit öffentlichen Geldern den Bau eines umfassenden Index als Abbild des World Wide Web zu fördern. Kommt mir sehr bekannt vor. David gegen Goliath. Aber es kommen mehr Davids. / Nachspiel.

Beziehungen

Vergessene Mode aus der Tauwetterzeit. Herpesviren haben mich gehackt. Die Angreifer hinterlassen Bläschen an der Lippe.

Ekelgefühl, Mattigkeit. Bei der Suche nach einer Steckdose, während sich das Internet noch seiner dezentralen Natur rühmt, verkündet Zuckerberg stolz, dass die Menschheitsfamilie endlich ein gemeinsames Zuhause gefunden hätte: *join, share, like, connect, around, join, share, like, connect ...*

Jeder hinterlässt lesbare Spuren. Überall. Ein Post aus dem Urlaub ist wichtiger für das Selbstwertgefühl als ein eigenes Auto. Millionen legen in Facebook ihr gesamtes privates Umfeld offen und haben dabei ein Gefühl von größerer Freiheit und Macht. Ein Algorithmus prognostiziert anhand der „Gefällt mir" Angaben fünf Persönlichkeits-Merkmale besser als die der Arbeitskollegen, Freunde oder Familienangehörigen. Soziale Netze sind fester Bestandteil unseres Alltags und haben unsere Kommunikationsgewohnheiten stark verändert. Sie geben unseren Takt an. Im Jahr 2010 hatte Mark Zuckerberg, der Begründer von Facebook, bereits das Ende der Privatheit verkündet. Etwas bescheidener sagte vor er Jahren: „Das Ziel ist eine perfekte, personalisierte Tageszeitung für eine Milliarde Leser zu entwickeln." Wir haben uns daran gewöhnt, dort täglich neueste Nachrichten zu lesen und über das private Leben anderer per Facebook informiert zu werden.

2012 reichte das Unternehmen ein Patent für Stofftiere ein, welche mit den Kindern sprechen und deren Antworten an Server übertragen sollen. Ein gruseliges Geschäftsmodell. Auch der Drogenhandel entwickelte sich weiter: Trafen sich die Dealer und ihre User früher zur Übergabe in wechselnden schummrigen Ecken, wird nun die Lieferung der Drogen per SMS oder Messenger fix bis zur Haustür verabredet, das ist unauffälliger und die Kämpfe um Reviere mit vielen Toten nehmen deutlich ab...

Während ich denke, ist es dunkel geworden: Am Monitor, Chats, Facetime-Videos, Instagram, Suchmaschinen. Für den wachsenden Teile der Bevölkerung, der nicht genügend Geld zum Ausgehen hat, ist das Internet die preiswerteste Möglichkeit, am sozialen Leben teilzunehmen. / Aussteigerfantasien, es bimmelt, surrt, blinkt.

Wissensbasierte Vertrauenswürdigkeit

Die blauen Wolken des Neptuns sind verschwunden und ich bin ein Mensch, der die Dinge nicht so tragisch nimmt. Rückblickend betrachtet, hat wohl kaum einer gedacht, dass Googles Ideen so erfolgreich werden. Die Suchmaschine genießt ein größeres Vertrauen bei Nutzern als die klassischen Medien. Laut Trust Barometer vertrauen 64 % der Befragten den Suchmaschinen-Algorithmen, während die traditionellen Medien nur auf einen Wert von 62 % kommen. Bei Nachfolgenden ist das Vertrauen noch weit größer, bekommen sie doch alles, was sie wissen, ungefiltert aus dem Netz.

Google versucht den Informationsgehalt der Suche künftig mathematisch nach Wahrheitsgehalt zu ranken – nach einem offenbar möglichst neutralen, auf empirischen Fakten basierten System. Informationstechnisch gesehen geht es um erweiterte Wahrscheinlichkeitsrechnungen, um Statistiken, die gewaltige Datenmengen intelligent zusammenführen und einstuft. Qualität statt Quantität. Warum denke ich gleich an Orwells „Ministerium für Wahrheit", wenn nun ein anonymer, in US-Forschungslaboren entwickelter *Knowledgebased Trust* Algorithmus, wahr-unwahr-Punkte verteilt und anhand derer entscheidet, welche Informationen die Nutzer aktuell sehen dürfen? Ich lese das und denke, hoffentlich wird das nicht Teil meiner Welt! George Orwell hatte recht mit seiner Bemerkung: *Zu sehen, was man direkt vor der Nase hat, bedarf eines ständigen Kampfes.* Manche Bücher haben nur ein schlechtes Cover: Frank Schirrmachers *ego*, zerrissen, noch bevor es erscheint. Als ich es dann mal in die Finger bekam, gingen in mir die Lichter an...

Wo bitte bleibt da vertrauenswürdiger Humor? Eine solche Macht lädt zur Manipulation ein. Brauchen wir eine emotionale Firewall?

Trickreiche Algorithmen verdrängen echte Journalisten, und Social-Bots ersetzen leibhaftige Trolle, die im Netz im Sinne ihrer geheimen Auftraggeber Stimmung machen. Zehntausend Twitter-Konten sind für ein paar Dollar zu haben. Algorithmen kontrollieren uns, aber wer kontrolliert eigentlich die?

Zauberlehrlinge – auch heute noch

Um erfolgreich zu sein, haben sich nun auch seriöse Webseiten Tricks von Online-Kriminellen abgeschaut: Abo-Fallen, falsche Virenalarme, Zusatzdienste, Psychotricks und Schaltflächen sind absichtlich versteckt oder werden nur unscheinbar angezeigt.

Eine der umstrittenen Erfindungen, die zu Milliardengewinnen von Google führt, sind Cookies, die kleinen, hochindividuellen Dateien, die Webserver auf unseren Computern und allgegenwärtigen Smartphones speichern und zur Wiedererkennung auslesen. Aber auch ohne Cookies lassen sich Nutzer inzwischen im Internet tracken.

Doch der unsichtbare, winzige Cookie ist die Grundlage eines digitalen Identitätssystems. Noch geht es hauptsächlich darum, per Cookie möglichst personalisierte Werbung zu adressieren. Keine zwei Menschen sehen die gleiche Antwort, denn jeder erhält individuell „optimierte" Suchergebnisse. Alles, was Google macht, kann es, weil es die Macht über eine nahezu vollständige Datenverwaltung der Nutzer hat. Sie haben die Technologie, um von Geräten auf Menschen, die sie bedienen, zu schließen. Das macht die Marktmacht des Unternehmens aus. *„Amazon ist nicht das einzige Unternehmen, das über seine Mitarbeiter permanent Daten sammelt, Chips und Strichcodes einsetzt und immer genau weiß, wo sie gerade sind, und vielleicht auch, was sie gerade tun"*, schrieb Lothar Schröder im Buch: Die digitale Treppe – wie die Digitalisierung unsere Arbeit verändert und wie wir damit umgehen. Die Tech-Unternehmen versprachen einst die Welt zu verbessern, würden sie auch in dem Land ihre Steuern zahlen, in dem das Geld verdient wird, wäre das die allererste humanitäre Geste.

Auch wenn allen alles bewusst ist, googeln wir Zauberlehrlinge lustig weiter. Neue Technologien zwingen uns ihren Takt und ihren Rhythmus auf.

Wünsche. Der Google-Ingenieur und Futurist Ray Kurzweil verfolgt die Vorstellung einer Suchmaschine, die wie ein *„kybernetischer Freund"* operiert. *„Ich strebe an, dass in ein paar Jahren die Mehrheit der Suchanfragen beantwortet werden kann, ohne dass man danach fragt"*, sagte er 2013 bei einem Vortrag. Google würde also Antworten liefern, ohne dass wir danach fragen. Ohne Ausbeute aller privater Daten und der Erstellung von Persönlichkeits- und Bewegungsprofilen funktioniert so etwas nicht. Die Antwort ist der Nutzer, wenn seine datenförmige Identität in allen Einsen und Nullen transparent wird. / Unknown User.

Klare Botschaften?

Der Ton wird schriller. Sekunden, Minuten, Stunden, Tage, Wochen, Monate stauen sich. Was wir zu sein glauben, verschwindet. Selbst-Pixel. Die Suche nach dem perfekten Posting, Selfie oder Video ruiniert die goldene Freude am erlebten Moment. Die Medien, ein Quell der widersprüchlichsten Wahrheiten, sind mit den eigenen Waffen geschlagen. Obsessiv überinformiert, fühlen sich Gegenwartsmenschen ahnungslos und fehlgeleitet. Ein großer Teil unserer Kultur der letzten Jahrzehnte hat es nicht ins Digitale geschafft. Das Glas ist halbleer und wird immer leerer. Auch meine Kassetten-Musik auf BASF C90 der Achtziger – schlicht vergessen. Und in dieser digitalen Welt droht uns neben der Überwachung auch die Manipulation unserer Gefühle. Ein paar Psychologen war in den Achtzigern der Nachweis gelungen, dass sich jeder Charakterzug anhand von nur fünf Persönlichkeitsmerkmalen messen lässt: Offenheit (Wie aufgeschlossen ist man gegenüber Neuem?), Gewissenhaftigkeit (Wie perfektionistisch sind wir?), Extraversion (Wie gesellig sind wir?), Verträglichkeit (Wie rücksichtsvoll und kooperativ sind wir?) und Neurotizismus (Sind wir leicht verletzlich?). Anhand dieser Merkmale wird es möglich zu sagen, mit wem man es zu tun hat. Welche Bedürfnisse und Ängste man hat, und auch, wie man sich wahrscheinlich verhalten wird. Und ein soziales Netzwerk experimentiert mit den Nutzern, indem man 300.000 von ihnen entweder vor allem positive oder überwiegend negative Einträge ihrer Freunde zustellt. Wer positive Nachrichten liest, postet daraufhin selbst eher Positives, umgekehrt ebenso. Ist der Newsfeed weniger emotional, lässt die Aktivität der Probanden nach. Emotionen sind also online ansteckend und beeinflussen unser Verhalten. Orwells Spuren. Dass unsere Datenspuren keine Glasperlen sind, die man achtlos verschenkt, ahnen nur wenige. Noch weniger, dass subjektive Sichtweisen die Realität formen kann.

Wenn ich in so manchen Foren den Beiträgen folge, frage ich mich erschrocken, ob nicht so manche Menschen schon „gehackt" wurden. Sie greifen Neubauten in Kreuzberg an und gehen anschließend zu Starbucks, teuren Kaffee in Wegwerf-Bechern trinken. Die schönen Pioniertage des Internet gehen vorbei. Nun geht es um knallharte Interessenpolitik und um Mehrdeutigkeit. Es wird nicht leicht, das Wesen der Zeit, diese Bewegung durch die Geschichte zu begreifen. *„Wir nehmen uns die Zeit für Sie"*, sagt die Warteschleife. Zum zwanzigsten Mal. / Das Virus breitet sich aus…

Angst vor dem Neuland

Die Sprache ist das Haus des Seins? Aus der Traum, orientierungslos. Der Cursor hüpft auf dem Desktop hin und her, ein Fenster nach dem anderen schließt sich. Gehen fünfhundert Jahre Buchkultur demnächst zu Ende? Irgendwo im Nebel, die Zukunft. Kein Zurück. Obskure Akzelerationisten nehmen alternative Zukunftsmodelle der Science-Fiction-Autoren ernst. Nun erleben wir selbst Dinge, die aus Science-Fiction entlehnt scheinen, schon bald alltäglich. Es ist offensichtlich, technologische Innovationen und Science-Fiction beeinflussen sich gegenseitig.

Eine der meschuggenen Ideen aus „Per Anhalter durch die Galaxis" wird womöglich bald Wirklichkeit: der Babelfisch. In Douglas Adams' Roman lebt das Tier im Ohr seines Trägers und übersetzt simultan alle Sprachen in dessen eigene. Die reale Version wird allerdings kein Lebewesen, sondern ein kleines Gerät im Ohr sein.

Der Star Trek Communicator heißt Smartphone. Und wenn man sich den Skype-Translator anschaut, Echtzeitkommunikation in Skype-Videokonferenzen in der jeweiligen Muttersprache ermöglicht schon die Gegenwart. Ein Inder unterhält sich dabei mit einem Deutschen, ohne dass beide die jeweils andere Sprache beherrschen, genial. Aus dem Projekt einiger Wissenschaftler ist eine Branche entstanden, die unsere gesamte Ökonomie umkrempelt und Begehrlichkeiten aller Art weckt. Visionäre haben es nie einfach. Sie stellen sich, ihr eigenes Tun, infrage, zwingen somit ihre Unternehmen ebenfalls zum Überdenken. Personen, die dort das Sagen haben, wird das nicht gefallen. Visionen bleiben Träume, wenn es nicht gelingt, die

Strukturen zu schaffen, damit sie sich erfüllen können. Doch tief unter uns breitet sich die Führungsebene aus und die Entwicklung des Internets führt zum größten Paradox der Neunzigerjahre, unsere Chefs waren zwar für Entscheidungen zuständig, schienen dabei aber alles andere als zukunftsorientiert. In vielen Unternehmen wurden die eigenen Manager als die wahren Bremser betrachtet.

Viele stemmten sich mit aller Macht zunächst gegen die Nutzung des Internets, später gegen mobile Techniken. Sie betrachteten Techniken in der Hand der Anwender als Bedrohung des von ihnen kontrollierten Territoriums. Es droht der Kontrollverlust – und wenn die Konkurrenz angreift, ist das schlimm. Das ist es auch, wenn ein Unternehmen sich selbst Marktanteile wegnimmt. Die Kunden, bestätigt vom Leben, werden schließlich via Internet und nicht mehr in den Läden einkaufen. / Kannibalisierung. Buchhandlungen bleiben Orte des Widerspruchs.

> Was ist Wahrheit? Ein bewegliches Heer von Metaphern
>
> *(Friedrich Nietzsche)*

Von Kindesbeinen an

Der Zukunft zugewandt. Frauen fahren Rad, die mit Kopftuch schieben Kinderwagen. Beschleunigung und Wachstum sind die Gesetze unserer Fastfoodzeit bei Daten, Computer, Geldmenge und Bruttosozialprodukt. Im vierten Stock, weitab vom Schuss, medial überflutet, haben wir das Bedürfnis zu verstehen, was da eigentlich vor sich geht… Die Digitaltechnologie mit ihrem riesigen Gedächtnis hat nur ein Haltbarkeitsdatum von einigen Jahren. Datenberge, für die es keine sichere Aufbewahrungslösung gibt, wachsen zum ungeheuren Haufen verwaister Festplatten mit veralteten Archivierungssystemen. Da wir mehr und mehr das Netz als eine Art externe Festplatte für den Kopf nutzen, will ich mit meinem Text diesem digitalen Gedächtnisverlust und der drohenden Zeitblindheit auch gerne entgegenwirken. – Und dann?

Auf die Tanzfläche und zurück. Breche jede Regel, an die du nicht glaubst! In die neue Zeit hineinschreiben wird unerwartet zur Fundgrube.

Selbstdarstellung, die man Erinnerung nennt. Zwischen Tatsächlichem und Möglichem. So habe ich es in Erinnerung. Die Bedrohungen im Leben verlieren ihren Schrecken, wenn wir verstehen, woher sie kommen. Klischee.

Auch ein Zeitzeuge ist nie unparteiisch und jede Epoche hat ihre eigenen Typen. Mit den *Doors* und den *Rolling Stones* war ich jung. *„The gate is straight"*.

Ich erinnere mich an die Zukunftserwartungen als junger Buchhändler. Gleichgesetzt mit technologischer Allmacht, Weltraumträumen in futuristischen Umgebungen, in denen wir in selbstfahrenden Autos durch hyper-moderne Städte gleiten.

War es zu jener Zeit der Staat, der unsere Freiheit bedrohte, sind es gegenwärtig eine Handvoll Unternehmen. Und diese merkwürdige Selbstkontrolle und Ohnmachtsgefühle, die uns bald zu beherrschen scheinen. Ging einer der Pioniere davon aus, dass die Kontrolle des Netzes sich in der Hand von nur einer Handvoll Firmen konzentrieren könnte? Ganz unmöglich! Ich spüre, dass meine schwachen Erinnerungen nun ständigen Veränderungen unterliegen. Die Welt wird komplexer. Erkenntnisse wurden revidiert, Geschichte wurde verändert. Der Buchhändler-Beruf wird aussterben...

Nun erscheint vieles heller, ein gelesenes Buch, dass neu übersetzt wurde. Ich war früh gereist, bin erst spät wirklich angekommen. Gefährliche Gedanken – von der Zukunft aus denken. Plötzlich wird der Bildschirm schwarz. / Anfangszustand.

Echos des Vergangenen

Sobald der Schirm aufleuchtet, ist Gegenwart. Gefesselt von Strukturen. Denn das World Wide Web, von Tim Berners-Lee ursprünglich als ein öffentlicher Raum für den freien Fluss von Informationen gedacht, hat sich in einen kommerziellen Raum verwandelt. Wie nenne ich nun mein Buch, wenn ich zurückblicke? Der gewählte Titel *„Hallo World ;-)"* ist angelehnt an den traditionell ersten Output einer Programmiersprache.

Zum Glück habe ich, als Buchhändler mit interessanten Menschen umgeben, früh den Zugang zum Internet gefunden. Ich war, wie man so sagt, zur richtigen Zeit am richtigen Ort. Gedankenlos hingeschriebene Wörter, ich schrieb schnell im Editor, ohne Plan und Gliederung, aber mit einer kaum zu bändigenden, Wörter verdrehenden, durchgeknallten

Autokorrektur. Punkte und Kommas missverstehen sich, aus Traufhöhe wird Traumhöhe. Da bleiben Lücken und Bruchstücke.

Überblendungen. Als ich den Text wiederholt lese, erkenne ich ihn kaum wieder. Wer ahnt, wie mächtig so ein Korrekturprogramm sein kann... Es gibt drei wichtige Hilfsverben: *sein, haben* und *werden.* Schreiben kann eine schöne ***Entschleunigung*** sein – und eine unerwartete Gelegenheit, sich mal wieder der eigenen Naivität zu vergewissern. Was wir getan haben und wie es funktionierte. Vergangenheitsform.

Es war – bedeutet unveränderbare Geschichte. Bewusstsein. Linearität ist im Falle der Erinnerung hinderlich. Ich hatte schon Alte vom Neuen begeistert, jedoch den Jungen, Handy illuminiert, Vergangenes nahezubringen, kaum versucht.

Dauernd rede ich hier von jungen Menschen, aber die *heutigen* werden das nicht nachvollziehen können. Jüngere der Generation „TikTok" werden Dinge aus jenen Jahren schwer begreifen, in weiteren 20 Jahren wird es so gut wie unmöglich sein, sich diese Welt, wo so vieles möglich schien, vorzustellen. Ja, das Jahr 2025 ist uns viel näher als das Jahr 2000. Ich bin gespannt, meinen Text, für morgen geschrieben, in 10 oder 20 Jahren noch einmal zu lesen. / Spaghetti Carbonara.

Neuverteilung der Welt

Fehlermeldungen. Ist das eine andere Welt geworden? Wirklich greifbar wird die Bedrohung nicht, alles funktioniert wie gewohnt. Bei meinem Entschluss, Buchhändler zu werden, dachte ich an wunderbare Romane, nicht an Computer und Internet. Dann sah ich Trends kommen, nicht deren Dimensionen. Das Internet als Möglichkeitsraum. Beiläufig belehrt, wachsende Ansprüche der Kundschaft. Man begann, komische Fragen zu stellen. Kann es sein, dass das, was wir nun online erleben und als so neu empfinden, schon vor beinahe 25 Erdenjahren existierte?

Weniger genormt, kommerzialisiert, auch aktiver. Im Internet gab es Netz-Gemeinschaften, deren Kultur und Denkweise vielen heute schon fast verrückt erscheinen muss. Wir träumten von der Neuverteilung der Welt im Browser. Die Vergangenheit erschien jetzt ein fast fremdes Land. Wir glaubten an eine weise Computervernunft und das Wort „Revolution" kam oft aus unserem Mund. Trotz knappem Speicherplatz gehörte uns die Welt. Hatten wir nicht auch das Microsoft-Monopol geknackt und Apple reich gemacht? Auch wenn mir einige Dinge jetzt, aus der Perspektive des Schreibens, deutlicher erscheinen, ein paar Geheimnisse bleiben. Will die Welt glauben, Jeffrey Bezos hätte den Online-Handel erfunden? Und das World Wide Web wurde im Silicon Valley, und nicht von *Tim Berners-Lee* und seinen vergessenen Kollegen in Genf entwickelt? Gelassenheit. So manches ergibt im Laufe der Zeit einen Sinn. Ich wechsele von Erinnerungen zu Erwartungen. Niemand wollte damals schon voraussagen, dass wir ohne Netz nicht mehr leben können. Hatten wir voraussehen können, dass Google zu einem der wertvollsten Unternehmen in unserer Zeit wird? Dessen Ziel es ist, uns komplett berechenbar zu machen. Wer machte die Regeln, nach denen wir spielen?

> Wer zu lesen versteht, besitzt den Schlüssel zu großen Taten, zu unerträumten Möglichkeiten, zu einem berauschenden, schönen, sinnerfüllten und glücklichen Leben.
>
> *(Aldous Huxley)*

Wird es wieder wie es war?

Leergeträumt. Hier war ich noch nie. Das Eis der Erde schmilzt. Eine optimistische Epoche war erlebt. Handfest, konkret, ohne Milchaufschäumer und Rauchverbot. Hätte sich nur mein Verstand so schnell weiterentwickelt wie die Rechenleistung meines Macs. Ältere als ich können sich ein Leben ohne Internet nicht mehr vorstellen. Acht von zehn Deutschen surfen regelmäßig durchs Internet. Dank Information finden wir uns in der Welt zurecht. Wissen hilft uns, die Welt zu verstehen und der Versuch zu begreifen könnte uns ein gewisses Maß an Kontrolle zurückgeben. So steigt die Nutzung des Internets weltweit, leider auch die Bedrohung durch Überwachung und Manipulation. Wer die angebotenen Dienste nutzt, muss sich bereit erklären, im Austausch seine Daten mit den betreffenden Unternehmen zu teilen. Besonders junge Menschen recherchieren und nutzen Informationen auf eine andere Art, als es früher der Fall war.

Telefonnummern sind beliebter als E-Mail-Adressen. Emojis, Bilder, Gefällt-mir sind einfacher, schneller, weniger förmlich und spamfrei. Messenger, die eine vorherige, gegenseitige Autorisierung erfordern, ermöglichen den kontrollierten Kommunikationsaustausch und sind nach Telefon und E-Mail sogar der beliebteste Kanal für Kundenservice. Auch Selfies und Bilder dienen dem privaten Austausch der jungen, vernetzten Leben... / Freiräume...

Die Handynummer – ein Kontrollinstrument ?

Es herrschen unruhige Zeiten. Der Brief ist zur E-Mail, das gute alte Lexikon zu Wikipedia geworden und der Akku bereits Mittags halbleer. Und das ist nun schon eine zweigleisige Geschichte. Wissenschaftler glauben, dass unser Gehirn nun fünf Mal so viele Informationen verarbeitet wie noch 1986. Viele von uns erleben diese Entwicklungen passiv, ohne sie wirklich zu begreifen. *All at the same time.* Esoterik-Bücher kommen zur Hilfe.

Schriftsteller wie Juli Zeh und Ilija Trojanow warnen uns vor dem *„Angriff auf die Freiheit: Sicherheitswahn, Überwachungsstaat und der Abbau bürgerlicher Rechte“*. Sie und 60 weitere Autoren haben 2013 die Bundeskanzlerin Angela Merkel in einem offenen Brief aufgefordert, zu erklären, was die Regierung gegen die Überwachung der NSA zu unternehmen gedenke. Sie werden ignoriert. „<¡/¡>„

Die Rollen sind klar verteilt, dort die Daten, die Herrschenden, hier das Volk, die Überwachten. Durch die permanente Fremdsteuerung unseres Alltags tragen wir mehr oder weniger bewusst selbst zu einer ständigen Erfassung unserer Daten bei. Unabhängig voneinander benutzte Dinge, Kameras, Smartphones, Kreditkarten, Autos, speichern täglich Daten und Information über uns Nutzer. Wenn diese Informationen als Assemblage zusammengeführt werden, liefern wir uns aus. Ein unbedacht formulierter Twitter-Beitrag kann uns schnell eine Einreise in die USA verwehren. Andererseits gehört es zur staatlichen Aufgabe, Terroranschläge zur verhindern. Ein Dilemma. Wenn das aus welchem Grund auch immer nicht gelingt, wie im Fall des NSU und Anis Amri, wird von Staatsversagen gesprochen. / Vermessung gesellschaftlichen Fortschritts.

Die Geister, die Siri rief

„Ich habe mir immer gewünscht, dass mein Computer so leicht zu bedienen ist wie mein Telefon; mein Wunsch ging in Erfüllung, mein Telefon kann ich jetzt auch nicht mehr bedienen.“, gestand Bjarne Stroustrup, der die Programmiersprache C++ entwickelt hat. Amit Singhal, Vizepräsident

von Google, erklärte vor Jahren: *„Ich kann mir eine Welt vorstellen, in der ich nicht mehr suchen muss. Ich bin irgendwo draußen am Nachmittag, und meine Suchmaschine schlägt mir sofort ein Restaurant in der Nähe vor, das ich mag, weil es scharfe Gerichte anbietet.“* Es geht weniger darum, dass die Software einen besser kennt als man sich selbst, sondern um ihre Fähigkeit, Entscheidungen vorwegzunehmen. Nutzer fragen inzwischen ihren digitalen Assistenten um Rat, statt Text in ein Suchfeld einzutippen. Die neuen Mensch-Maschinen-Schnittstellen Alexa, Siri, Cortana oder der Google-Assistent verändern alles. Mit Hilfe enormer Datenmengen und massiver Rechenpower werden „Deep Learning“ und Siri es schaffen, was Menschen beinahe nebenher erledigen: Gesichter erkennen, Sprache verstehen und analysieren, ganz allgemein unscharf definierte Aufgaben lösen. Als Google die Spracherkennung für sein Android-Betriebssystem damit ausstattet, sinkt die Fehlerquote enorm.

Deep Learning basiert auf künstlichen, neuronalen Netzwerken, die mit Informationen aus Bildern und anderen Daten gefüttert werden. Kommen neue Informationen hinzu, kann die KI daraus Schlussfolgerungen ziehen. Können Computer also Sachverhalte genauer und schneller als wir aufschreiben? Die New York Times hat ein Quiz entwickelt, bei dem man raten soll, ob eine Aussage von einem Menschen oder einem Algorithmus geschrieben wurde, *„Did a Human or a Computer Write This?“* Woher nur bezieht die KI ihre Informationen?

Lernfähig

In der Rückschau sieht man, was uns früher nicht aufgefallen ist. Zu Hause am sicheren Schreibtisch, selektives Lesen am Monitor. Algorithmen, intelligente Software und Roboter erledigen immer mehr Dinge, zu denen vor kurzem noch allein der Mensch fähig war. Sie verarbeiten nicht nur rasant wachsende Datenmengen, sondern lesen Texte, verstehen Sprache, erkennen Gesichter und analysieren in Echtzeit ihre Umgebung, etwa um selbständig Auto zu fahren. Sie sind allgegenwärtig – wir vertrauen blind auf ihre Zuverlässigkeit.

Es gibt „Genetische Algorithmen“ und Evolutionäre – möglicherweise bald lernfähige – Assistenzsysteme, die sich so schnell weiterentwickeln, dass wir nicht mehr mithalten können. Die Fähigkeit, ein Gesicht aus ungünstigem Winkel zu erkennen, war bislang Menschen vorbehalten.

Und jetzt gibt es einen Algorithmus, der auch das kann. Software, die den Inhalt eines Bildes erkennt und beschreibt.

Bildunterschrift: „Hund schwimmt durch einen Fluss". Neuere Versionen unterscheiden schon Hundearten und beschreiben das Wetter und Situationen im Bild. Ja, wir sind bereits in der Zukunft angekommen.

Wir werden bald hochaufgelöste, fotorealistische Avatare haben, die in natürlicher Sprache reden. Es ist bereits die dritte Virtual Reality-Welle, die ich erlebe. Anfang der Neunziger tauchten die ersten VR-Helme auf, auf der CeBIT ausprobiert. Der Hype um Second Life erlebte 2007 den Höhepunkt. Man war schon „ziemlich nah dran". Bewusstseinserweiterndes Metaversum. Nicht mal rauchen sollte dort mein Avatar. Und nun kaufte Facebook für zwei Milliarden US-Dollar das Start-up Oculus VR. Eine neue spannende Entwicklung bahnt sich an. / Treffen sich zwei Avatare...

Weltflucht-Magazine boomen

Andere Tage waren dünn und brüchig, dass man fast hindurch sah. Genervt klicke ich aufgeklappte Werbung weg. Automatisierte Entscheidungssysteme legen fest, wo man später zur Uni geht, wo Polizisten Streife fahren, wer Kredite bekommt und wer nicht zum Vorstellungsgespräch eingeladen wird. Und was geschieht auf dem Bildschirm? Bestehen Menschen hauptsächlich aus Zahlen und Daten? Wer schon mal bei Amazon bestellt hat, kennt: *„Kunden, die diesen Artikel gekauft haben, kauften auch ..."*.

Diese automatische Mitteilung ist längst ein Synonym für die professionell wirkende Beeinflussung. Bei Amazon basiert jeder dritte Musikkauf auf einer Empfehlung des Algorithmus. Von führender Software empfohlen. Algorithmus Curation: Computersoftware bestimmt, was wir Nutzer auf unseren Bildschirmen zu sehen bekommen, dauerhafte Stereotype. Das System schließt aus Daten, die es in der Vergangenheit gesammelt hat, auf das, was in der Zukunft geschehen wird. Die chaotische Vielfalt schwindet und angesichts einer als kompliziert erlebten Welt sehnt sich die Jugend nach Stabilität, Sicherheit und Kontrolle. Sie zeigen Angst vor Mobbing und unkontrollierbaren Entwicklungen. Und soziale Ausgrenzung wird ein beliebtes Werkzeug zur Identitätsbildung. Penibler als noch vor ein paar Jahren, ist man daher auf die richtigen Privatsphäre-Einstellungen bedacht. Und die Freundinnen von Siri und Alexa würden lieber auf Sex als auf ihr Smartphone verzichten. Immer Augenkontakt und erreichbar sein. Mir schien, je einfacher und bequemer das mit dem Internet wurde, desto weniger wussten die jungen Nutzer von der Technik. / no risk, no fun.

> Digital is made to forget – analogue is made to remember
>
> *(Robert Polidori)*

Vom Cyberspace zur Cyberfaces

War die letzte Generation in Schwarz-Weiß wirklich technologisch weit versierter? Millionen von Klicks und Kommentaren verzeichnen bunte „Make-up-Tutorials" bei YouTube. Professionelles Schminken, stilvolles Aussehen, der raffinierte Farbauftrag avanciert inzwischen zur sozialen Kommunikation. Dokumentation eines Verfalls à la Dorian Gray? Macht uns das Netz intoleranter? Oder schotten sich die Jungen mit ihren Meinungen eher ab, blocken immer öfter Diskussionen, die ihnen nicht gefallen? Verstehen kann man diese Entwicklung nur, wenn wir in Foren Kommentare mit massiven Emotionen von hohem Erregungsgrad lesen – oft Gefühle wie Wut oder Angst. Diese Menschen unterschätzen die Gewalt und Wirkung ihrer eigenen Worte in sozialen Netzwerken – wie die Autobahnraser ihr Drängeln, Schneiden und maßloses Hupen bei hoher Geschwindigkeit. Wir mögen wilde Tiere, Löwen, Tiger oder Adler – und ein Lamm wird brutal heruntergemacht.

Überrascht hat uns diese Geschichte, für die man das Internet lieben kann: Ein dicker Mann wurde bei Twitter für seinen Tanz verspottet. (#DancingMan) Einem jungen Mädchen aus Kalifornien fiel das auf und sie empörte sich über die Häme, ebenfalls via Twitter. Sie machte sich auf die Suche nach dem gemobbten Mann. Sie wollte ein Zeichen gegen Mobbing setzen, indem sie den Unbekannten zum Tanz aufforderte. Ihre Suche nach dem #DancingMan wurde zum Trend im Netz und Tausende sorgten für ein Happyend auf der Tanzfläche...

Was ist passiert? Wer mag, wird aktuelle Bezüge an jeder Ecke finden… „save ab."

d!conomy

Wir spulen die Zeit zurück und schauen das noch einmal an. In Stanley Kubricks *„Odyssee im Weltraum“* bekommt der kluge Supercomputer „HAL“ irgendwie mit, dass die Besatzung erwogen hat, ihn abzuschalten. Fortan stellt er die ihm erteilten Befehle in Frage und verweigert sich selbstständig, wodurch bis auf einen Mann die gesamte Besatzung sterben muss. Oh ja, meine alte Science-Fiction ist längst in der Gegenwart angekommen: Selbstfahrende Autos, 3D-Kameras, Maschinenwesen, sich selbst reproduzierend, digitale Sprachsteuerung, smarte Pillen. Technisch gesehen, ein ganzer Schritt. Wir haben noch keine blanke Vorstellung von dem, was mit der Zerstörung traditioneller Geschäftsmodelle und Wertschöpfungsketten auf unsere Arbeitswelt zukommt.

Wir erfahren, wie Arbeitsverhältnisse den Menschen bedrängen. Einer, der selbst in einem Logistikzentrum gearbeitet hatte, schreibt anschließend: *„Wir sind Maschinen, wir sind Roboter“*, sekundengenau getaktet, jede Bewegung wird überwacht. Hineindenken in diese Welt ist unangenehm. Der Wirtschaftshistoriker Peter L. Bernstein definiert Risiko als *„Es kann mehr passieren, als passieren wird…“* Und die menschliche Wissensarbeit wird sich zunehmend gegen lernfähige Algorithmen behaupten müssen. / über das Ende hinaus.

Schattenströme

Ich erinnere mich, auch heute noch. In Velbert, der „Schloss- und Schlüsselstadt“, hatte ich Werkzeugmacher gelernt. Wenn wir unsere Türen nun mit einer App öffnen statt mit einem Schlüssel, wird nicht nur ein weiteres analoges Produkt verschwunden sein, sondern mit ihm auch die ganzen Fabriken, Maschinen, letztlich auch die Arbeitsplätze, die für Entwicklung, Produktion und Vertrieb des Schlüssels notwendig waren. Grenzen verschwimmen – und moderne Unternehmen sind auch IT-Unternehmen. Bei der Investmentbank Goldman Sachs sind von 33.000 Beschäftigten schon 9.000 Angestellte in der IT-Abteilung tätig, die meisten als Programmierer. Das sind etwas mehr als bei Facebook.

Die Umstellung auf Online-Banking hat bereits für eine Ausdünnung des Personals bei Banken gesorgt. Zukunft verändert alles. Geschäfte sollen auf das Smartphone verlagert werden. Auch kontaktloses

Bezahlen. Unsere Wegwerfgesellschaft will, dass Apple oder Google Pay das für uns erledigt. Andere Fin-Techs spezialisieren sich auf die Kreditvergabe oder Geldanlage. Banking is necessary, banks are not. Gutbezahlte Privatbankiers, die viel über große Portfolios wussten, werden durch *Robo-Advice* ersetzt. Schöne neue Welt. Kontrolliert dann künftig Apple Pay unsere Geldströme, HealthKit unsere Gesundheit und HomeKit unsere Haustechnik? / Zero Trust.

Abgegriffene Wörter, gesellschaftliche Verantwortung

Bruce Schneier glaubt, dass Algorithmen bald eine ganz neue Rolle in der Gesellschaft spielen. *„Durch das Internet of Things bekommen sie Augen und Ohren, Hände und Füße"*, sagt er auf einer Konferenz in Brüssel.

Doch was soll aus denen werden, die man in den digitalisierten Volkswirtschaften nicht mehr braucht? Die Übersetzer, die Lastwagenfahrer, die Kassiererinnen oder Lagerarbeiter bei Amazon dürfte es in einigen Jahren nicht mehr geben. Auch wenn wir uns verzweifelt an das Lenkrad klammern, Piloten werden genauso überflüssig wie Bahnschaffner. Goldman Sachs beschäftigt gerade noch 600 Aktienhändler, bis auf zwei wurden nun alle durch Algorithmen ersetzt. Und wenn die guten Jobs weggefallen sind, dann können wir nicht einmal bei McDonalds anfangen, denn jeder halbwegs nette Roboter kann die standardisierten Burger billiger braten und gleich direkt liefern.

Algorithmen sind allgegenwärtig. Wir vertrauen, umstellt von Bildschirmwelten, blind ihrer Zuverlässigkeit. Auch im Straßenverkehr. Aber was geschieht, wenn die Maschinen künftig in gefährlichen Situationen mit komplexen ethischen Fragen konfrontiert werden? Science-Fiction-Autor Isaac Asimov war nicht nur Schöpfer des Robotik-Begriffs und wissenschaftlicher Berater beim ersten Star-Trek-Kinofilm, sondern formuliert in den 1940er Jahren bereits weitreichende Roboter-Gesetze: Sie sollen der Menschheit keinesfalls Schaden zufügen, sei es durch aktives Handeln oder durch Unterlassung. Können fehlerhaft programmierte AI-Roboter unserer Gesundheit mit zu vielen fetten Burgern Schaden zufügen? Zugegeben, Algorithmen reagieren im Auto zuverlässiger und besser, als es viele meiner Bekannten am Steuer je könnten. Und Entwickler implementieren mit ihrer Hilfe längst die Möglichkeit der richtigen Vorhersagen. Nach kurzer Recherche finde ich Spielzeug-Roboter wie Bender, teilweise mit Sensoren, die im EDV-Regal die großen Renner sind… / Hello, Robot.

Kapitel 13

Magie, Verarbeitung von natürlicher Sprache oder Bildern

Heutige Betriebe mit herkömmlichen IT-Abteilungen sind so altmodisch wie das Fließband mit manuellen Arbeitern. Und teuer. Intelligente Maschinen wurden vorhergesagt und diskutiert, lange bevor künstliche Intelligenz existierte. KI „Davis“ mit Sprachsteuerung der Linzer/Bostoner Firma Dynatrance ersetzt die Überwachung von Servern effektiver. Nun sind es unglaubliche 50 lange Jahre her, dass Joseph Weizenbaum 1966 den Vorläufer der Chatbots, sein Computerprogramm ELIZA, für Dialoge in natürlicher Sprache zwischen Mensch und Computer, vorgestellt hat. Kleine Fortschritte auf dem Gebiet befeuern den Boom von Messaging Apps. Wenige Unternehmen setzen auf selbstlernende Chatbots, doch wir alle haben schon mal mit einer Bank gesprochen und wussten, es ist der Roboter der da mit uns spricht. Der Turing-Test besagt, dass Künstliche Intelligenz dann existiert, wenn wir im Dialog mit dem Computer oder Roboter nicht mehr wissen können, ob wir es mit realen Menschen zu tun haben. Im Dialog mit der vertrauten menschlichen Stimme...

Die künftige Generation wird mit dem Grundverständnis aufwachsen, dass ein Computer ein Gerät ist, mit dem man reden kann und das auch antwortet. Der AI-Bot der Stadtbibliothek Köln beantwortet unsere Fragen umfassend und noch textbasiert. Diese Chatbots werden bisherige Apps ablösen und die Marktmacht der Plattformen steigt weiter. Navid Hadzaad, ein Experte, sieht die Zukunft im umfassenden Assistenten: *„Gute Bots, und zwar nicht nur Chatbots, werden uns dabei helfen, unseren Alltag interaktiv und spielerisch zu verwalten."* Auch in Schule und Lehre. Ein großes Potenzial der Bots liegt darin, dass sie unsere Kommunikation, unser Suchverhalten vereinfachen werden (Alexa etc). Wir werden bald erkennen, dass unser bisheriges Suchverhalten antiquiert ist. Chatbots erinnern uns, sehen Situationen voraus, um schlussendlich in unserem Sinne zu handeln. Und die bösen Bots?

Deren gezielter Kommunikation in ungeahnter Dimension steht nichts mehr im Wege, denn Amazon wird mit dem Weihnachtsgeschäft 2016 und der geplanten Einführung seiner Echo-Lautsprecher dafür sorgen, dass Bot-Technologie Einzug in die heimischen Wohnzimmer findet. / Die dunkle Bedrohung.

4.0

Auch im Bereich der digitalen Schauspielerei tut sich was. Unvorstellbar, dass auch Schauspieler durch Software ersetzt werden können. Es gibt Bereiche in unserem Gehirn, die nur daran arbeiten, die Mimik und Gestik anderer Menschen zu interpretieren. Was bleibt uns da noch, wenn auch das Gegenüber von Software produziert wird? Ich hoffe, es dauert, bis der reale Schauspieler in nicht zu naher Zukunft von digitalen Doppelgängern abgelöst wird. Die Entwicklung steht nicht mehr still. Schulen oder akademische Verhältnisse werden zu Unternehmen, unsere Krankenhäuser und Kliniken möglicherweise vom US-Militär übernommen. Meist sind es Fachzeitschriften oder Fachforen die uns darüber berichten.

Zehn Leute in Briefmarkengröße auf dem Bildschirm. Wo findet man Artikel zu Arbeit 4.0 oder Industrie 4.0? Symptomatisch, dass es nicht die Gewerkschaften waren, die das Thema besetzen, sondern Technikaffine des Chaos Computer Club, wie Constanze Kurz und Frank Rieger. Sie haben das Thema neu und grundsätzlicher aufgerollt. Einige von uns wünschen sich ein Comeback der alten, überschaubaren Welt mit den langsamen Entwicklungen.

Vergeblich! Was wir brauchen, ist mehr Reflexion über die Infrastrukturen, die wir täglich nutzen. Es geht ja vor allen Dingen um die gesellschaftlichen und politischen Veränderungen. Ich greife eine Idee von Frank Rieger auf: Reguliert werden sollten die Geschäftsmodelle der Plattformbetreiber, und zwar auf der Basis von allgemein akzeptierten Menschen- und Bürgerrechten. Was mich optimistisch macht – jede digitale Plattform kann von smarten Studenten im Wohnzimmer wieder zu Fall gebracht werden. / Google offline.

Crux

Der SF-Film „*Vernetzt – Johnny Mnemonic*" spielt 2021. Haben wir da die Kontrolle über unsere Technik schon verloren? Mit Nanodrogen und Implantaten erweitern Menschen ihr Bewusstsein und steigern ihre Leistungsfähigkeit, um in der digitalen Welt mitzuhalten. In „*Crux*", dem 2015 erschienenen Science-Fiction-Roman von Ramez Naam, geht es um eine Jagd auf Hacker, die sich politisch engagieren. Der Roman spielt in der nahen Zukuft, 2040. Drei Biohacker haben die nanobasierte Substanz Nexus entwickelt. Diese ermöglicht es, die Grenzen der eigenen Wahrnehmung zu überschreiten und mit dem Bewusstsein anderer in Verbindung zu treten. Durch direkte Gedankenkontrolle sind neue Formen von vernetzter Kommunikation entstanden...

Der Code für Nexus ist mittlerweile Open Source. Der Autor Ramez Naam, Geschäftsführer eines Nanotechnologie-Unternehmens, war bei Microsoft tätig, kennt Big Data und Künstliche Intelligenz. Mir scheint, dass das SF-Genre immer mehr von bekannten Rezepten abhängt und kaum noch innovative Zukunftsvisionen hervorbringt? Kommen wir dabei überhaupt noch vor? Unsere Möglichkeiten sah Herbert W. Franke damals noch optimistisch, *„Dabei geht es um die Zukunft unserer realen Welt und darunter oft auch um Entwicklungen, die bereits angelaufen sind und die wir somit noch in unserem Sinn beeinflussen könnten."* Ihm ging es weniger um die Gegenwart oder die Vergangenheit als um unsere Zukunft.

Seine erfolgreichsten Bücher, „Zone Null" und „Ypsilon Minus" waren bei Suhrkamp leider schnell vergriffen, sind aber beim Verlag p.machinery erhältlich. In „Ypsilon Minus" war eine dystopische Gesellschaft entstanden, alle Bürger mussten ihre Persönlichkeitsstruktur offenbaren. Die folgenden Widerstandsaktionen gegen die Kontrolle eines übermächtigen, computergestützten Systems wurden von vielen gelesen. Auch in der UdSSR und der DDR. Vielleicht ist da was dran: Ein alter Internet-Spruch besagt: „Fortschritt ist nur möglich, indem man intelligent gegen die Regeln verstößt." / Zukunft beginnt immer im Kopf.

Bildwelt, Likes und Liebe

Es ist so wahr wie die Erzählung eines Traums. Unsere Tage bestehen aus Informationen nonstop. Wir lesen schneller, oberflächlicher, lernen schlechter und erinnern uns schwächer. Er wird gescrollt, nicht geblättert.

Beklagen wir uns, dass die guten alten Werte zusehend verfallen? Statt einander in die Augen zu sehen, starren wir unentwegt auf den Bildschirm.

Eine mögliche Wahrheit – unsere Werte bleiben stabil, doch der Maßstab mit dem wir messen, verändert sich im Laufe des Lebens gewaltig. Die Jungen sind anders als die von gestern oder vorgestern. Man trifft kaum noch jemanden, der ohne Computer oder Handy aufgewachsen ist. Die Art, mit Herausforderungen umzugehen, scheint nun effektiver oder unkomplizierter. Die Technik zumindest macht den meisten Anwendern scheinbar wenig Probleme. Über ein Drittel der Bundesbürger haben schon einmal ein E-Learning-Angebot genutzt. Bei den 14- bis 44-Jährigen hat sogar jeder zweite schon einmal mit dem Computer, Smartphone oder Tablet gelernt. Beeindruckend sind die Mathematik-Videos der Khan Academy, die zeigen, dass auch komplexe Sachverhalte so unterrichtet werden können, dass sie verständlicher scheinen als bei den meisten Lehrern.

Theoretisch kann so ein einziger Lehrer Millionen von Schülern beim Lernen helfen. Es gibt Schülerinnen, die so ihren Mathe-Unterricht optimieren. Jedoch nur wenige schreiben selbst einen Blog oder beteiligen sich an Projekten. Sie schauen auf Effizienz. Informatik hat in Deutschland keinen hohen Stellenwert. In kaum einem anderen Land wird der Computer in den Schulen seltener eingesetzt als in Deutschland. Dass daran der Digitalpakts Schule mit seinen 5 Mrd. € was ändert, kann man nur hoffen – es muss ja auch die Lehrkräfte dazu geben. Wenn Schüler Computerkenntnisse besitzen, dann nicht wegen, sondern trotz der Schule.

Offen für Entwicklung

Mein Geistesblitz beim Spazierengehen: Wie wäre es, statt das Handy im Unterricht zu verteufeln, es gezielt in einzelnen Fächern einzubeziehen? Smartphones und Tablets sind (nicht allein bei Mathe) sinnvoll und eine *aktive und kreative* Auseinandersetzung mit dem Lehrstoff. *Hatten wir in der Schule nicht!* gilt längst nicht mehr als Ausrede. Wir denken, die jungen Menschen kennen sich aus, weil sie Tag und Nacht im Netz sind. Fast alle, die ich kenne, reflektieren die digitalen Medien durchaus und handeln eher differenziert. Und bei einem eBook-Vortrag über sich wandelnde Lesegewohnheiten erfahre ich erstaunt, „Wenn Jugendliche lesen wollen, greifen sie gerne zum gedruckten Buch."

Das mobile Internet – Suchtpotenzial – Digital Junkies

Zuhause ist, wo die Rechnungen ankommen, auch heute noch. Das hatte sich mit dem Smartphone geändert. Erstaunlich die Entwicklung der letzten Jahre. Zwar ist es heutzutage selbstverständlich, überall mit seinem smarten Telefon auf Karten aller Orte oder Satellitenbilder zugreifen zu können, doch man sollte sich dabei vergegenwärtigen, all diese Möglichkeiten gibt es noch keine zehn Jahre. Telefone, Internet, Satelliten, früher musste man sich Karten in seiner Buchhandlung besorgen. Inzwischen suchen mehr per Smartphone auf Wikipedia als mit einem Computer. Dennoch bleiben vorwiegend auf dem großen Bildschirm die ernsthaften Themen aus Wissenschaft, Technik und Forschung präsent. Im Jahr 2000 nutzen lediglich 16 % der Bevölkerung das Internet. Jeder zweite hatte allerdings bereits ein mobiles Symbol, das Handy. Mobile Geräte, sogenannte Smartphones und Tablets mit ihren hilfreichen Apps, eroberten in unglaublicher Geschwindigkeit die Straßen und Plätze. Die Geräte hinterlassen Daten, die sie bei ihren Aktivitäten so ganz „nebenbei" erzeugen. Im Netz ist jeder Klick messbar...

Autohersteller lassen sich inzwischen in Kaufverträgen zusichern, dass alle Daten, die das Fahrzeug liefert, ausschließlich dem Hersteller gehören und von ihm genutzt werden dürfen, auch um Haftpflichtversicherungen oder andere Dienstleistungen anzubieten. Von überall aus werden Informationen abgerufen und kommuniziert. Wir nutzen entweder die nativen Apps der kommerziellen Anbieter oder wir bewegen uns mit sozialen Netzwerken wie Facebook und Twitter durchs Netz. Wir lesen, was unsere sogenannten Freunde lesen. Wir kleiden uns wie sie – von Berlin bis Rio. Es ist eine merkwürdige Ironie, dass wir trotz der kulturellen Vielfalt, die im Internet existiert, in einer Zeit größerer Uniformität leben. Diese Einförmigkeit bereichert unser Leben nicht, im Gegenteil. Wo bleibt die Überraschung? / Gut kopiert ist halb gewonnen.

Digitalisierung in Wellen

1. Welle: Computer, Medien, Musik, Handel, Telekommunikation
2. Welle: Reisen, Bildung, Finanzen, Immobilien, Logistik, Autos
3. Welle: Medizin, Maschinenbau, Chemie, Bau, Landwirtschaft...

Alphabet der Zukunft

Momente der Erleuchtung. Sind wir weise oder einfach nur müde? Mit dem Ende des 20. Jahrhunderts scheint die Ära der fortschrittlichen, jugendlichen Subkulturen geendet zu sein, sie hat sich eher nach rechts verschoben. Wir leben in der allgemeinen Durchschnittlichkeit. Unbegreiflich, laut einer Bitkom-Umfrage kommunizieren Jugendliche lieber via WhatsApp am Smartphone, als sich direkt zu unterhalten. Persönliches Unterhalten verbraucht zu viel Energie.

Die direkte Begegnung von Angesicht zu Angesicht ist vielschichtiger, „menschlicher", viele fühlen sich aber dabei überfordert. Emotionen lassen sich einfacher über Emojis ausdrücken. Von vielen Lehrern belächelt, haben sich Emojis als Zweitsprache entwickelt. Die Werbeindustrie erkennt Möglichkeiten, mehr über die Nutzer zu erfahren. Emojis sind circa 722 Symbole, die in der ikonischen Kommunikation von Handy-Besitzern weltweit verwendet werden. Sie zeigen positive Gefühle, Dinge des Alltags oder Tätigkeiten. Laut Anatol Stefanowitsch, Professor für Sprachwissenschaft an der Freien Universität, werden sie im selben Teil des Gehirns verarbeitet wie sprachliche Zeichen, nicht wie Gesichter. Das lachende Smiley, das als der Emoji-Klassiker gilt, wird häufiger verwendet als die Zahl fünf. Laut der Website emojitracker.com wurden seit Sommer 2013 mehr als acht Milliarden Emojis allein auf Twitter verschickt. Eine neue Weltsprache ist entstanden, die universell einsetzbar ist, zwar weitgehend ohne diffamierende Worte auskommt, aber durchaus trotzdem zu Problemen führen kann: Die Zeichen können in anderen Kulturkreisen eine andere

Bedeutung haben und können zudem auf unterschiedlichen Geräten unterschiedlich dargestellt werden. Emojis ersetzen die Sprache durch einfache Symbolik.

Sogar ein Politiker-Interview wurde damit verständlich beantwortet. Emojis haben offizielle Namen, die auf der Seite Emojipedia verzeichnet werden. Erste Sprachwissenschaftler prognostizieren, dass wir künftig keine Buchstaben in der digitalen Kommunikation mehr brauchen – vielleicht aber eine Emoji-Tastatur :-).

Zeitung… Die Universität Hamburg hat herausgefunden, dass 2,3 Millionen der Erwerbstätigen in Deutschland funktionelle Analphabeten sind. Sie können nicht oder nur einzelne Wörter schreiben, Buchstabe für Buchstabe. Eine leichtere Sprache würde helfen. Wenn man Leute bei der Nutzung des Smartphone beobachtet, sieht man, dass die Mehrheit der via WhatsApp verschickten Nachrichten inzwischen einfachere Sprachnachrichten sind. Sollte man gute Bücher verbieten? Zumindest würden sie mehr beachtet und begehrter… / Gedankenlosigkeit.

Generation Touch

Vor nicht allzu langer Zeit, im Jahr 2007, stellt Steve Jobs das erste iPhone vor. Als Darsteller seiner selbst und mit den Worten *„one more thing“* beendet der Mann im schwarzen Rollkragenpullover seine Keynote und stellt das wichtigste Produkt vor: *„It's an iPod, a Phone and an Internet Communicator always on“* – Nachtlinie. Kein Thema ist so allgegenwärtig wie das Smartphone.

Weil es so viel kann, wird es zum Jederzeit-Gerät unseres Alltags. Sucht man das Liebesglück mit der Frontkamera? Online-Sein, von der Umgebung entkoppelt, ist die neue Lebensweise. News, TV, bezahlen, telefonieren, lesen, chatten, Navi, Lexikon, Kalender, fotografieren, Musik hören, Filme schauen, shoppen, kommunizieren, Selfies, Uhrzeit und vieles mehr erledigen wir bequem mit dem Smartphone. Seit das Smartphone immer dabei ist, sind wir nie ganz da, wo wir gerade sind. *„Auf der Straße rennen sie sich um, hochkonzentriert beim Wegwischen der unendlichen Sinnesflut…“*, hat ein Zeitgenosse bissig beobachtet. *„Perverse Effekte“*, ein feststehender Begriff der Sozialwissenschaften, den man inzwischen kennen sollte. Viele Nutzer bewegen sich anders durch das mobile Internet, als wir das vom PC kennen. Sie navigieren seltener mit Suchmaschinen durch das Netz, nicht mehr von Website zu Website und wieder zu den Bookmarks. Stattdessen nutzen sie entweder die Apps der kommerziellen Anbieter oder man bewegt sich mit sozialen Netzwerken wie Facebook und Twitter durchs Netz. Und die Technik entwickelt sich nun schneller als die Menschen. Zwanzigjährige verstehen schon die jüngeren kaum mehr. Einige verhalten sich nun anders, als falsche Statussymbole und Algorithmen es gerne hätten und steigen aus. Hören wieder Vinyl, kochen selbst, lesen richtige Bücher oder gehen ins Theater. Eine neue Bewegung entsteht. Gerade ist eine neue Comic-Reihe erschienen: „The Private Eye" entführt uns in eine Zukunft ohne Internet. Weil die Menschen sich entschieden haben, lieber darauf zu verzichten. Es sind Geschichten aus dem Jahr 2076, die bei aller Technologiekritik doch nicht in die Nostalgiefalle tappen. / mene mene tekel.

> Sterben wurde durch Gehen ersetzt in den Todesanzeigen, die Hoffnung vom Spaß abgelöst, das Verlangen vom Wellness-Bereich, der Mensch vom Verbraucher, die Sehnsucht vom Fit for fun, die Existenz von Schöner Wohnen.
>
> *(Arnold Stadler, 2006)*

#sozialdigital

Fortschritt ist das, was man aus dem Rückgriff macht, schrieb unerschrocken eine Literaturseite im Netz. Ich werfe kleine graue Steinchen in den Teich, Prognosen sind schwer, vor allem, wenn sie die Zukunft betreffen. Beim Internet scheint das mehr als in anderen Bereichen zu gelten. Innovationen wie Facebook, YouTube oder die Smartphones tauchen innerhalb weniger Jahre fast aus dem Nichts auf. Datenbrillen werden uns eine gefilterte, bessere Welt zeigen, während Fußgängerzonen deutscher Innenstädte zunehmend verwaisen.

Wir erwarten, dass die Menschen und Maschinen enger zusammenwachsen. Die besten Innovationen sind solche, die reale Bedürfnisse befriedigen. Wenn so beispielsweise 3D-Drucker in Zukunft unsere Schuhe passgenau herstellen oder, wie heute schon, Waffen für Terroristen.

Liefern uns nun Smartphones, 3D-Fernseher und Tablet-PCs die Lösungen auf Fragen, die wirklich bedeutend sind? In den USA gibt es einen Kult der „technologischen Schüchternheit". Sie ziehen Bilanz und hinterfragen die Heilsbotschaft des Digitalen. Das „Always-On-Sein" nervt, der Sinn des Lebens erschließt sich eh erst in den Pausen, die wir machen. Wir sollten nicht vergessen: Unser Netz ist häufig eine Veranstaltung der „digitalen Elite" und schließt die mit wenig technischen Kenntnissen und fehlender Bildung leichtfertig aus.

Und während es bei E-Mails keine Rolle spielt, wo in der Welt der Server steht und welcher Mailclient benutzt wird, funktioniert die Kommunikation bei einem Instant Messaging Dienst wie WhatsApp oder Signal ausschließlich über die Anwendung, die der jeweilige Dienstanbieter zur Verfügung stellt. Der Service wird dabei vollständig vom Anbieter kontrolliert. Ähnlich wie in Vergangenheit bei Online-Diensten wie CompuServe, BTX, ICQ oder AOL.

Vor Jahren beschloss der Erfinder des Wortes *Cyberspace*, der Romanautor William Gibson, keine Science-Fiction-Romane mehr zu schreiben. Seine Begründung: *„Es geht nicht darum, dass die Zukunft nicht mehr spannend genug wäre, sondern darum, dass die Gegenwart um so vieles spannender ist. Zukunft vorherzusagen ist zu einer akademischen Aufgabe geworden. Viel dringender scheint es mir, die Gegenwart vorherzusagen. Es passiert viel zu viel, als dass man noch normale Science-Fiction schreiben könnte."*

> Wenn du wissen willst, wie die Dinge wirklich funktionieren, studiere sie, wenn sie auseinanderfallen.
>
> *(William Gibson)*

Customer-Journey

Fast jeder von uns hat inzwischen einen digitalen Zwilling mit Highspeed-Internet in der Hosentasche. Und durchschnittlich greift der Nutzer in der Woche 1.500-mal zu seinem Smartphone, das heißt 214-mal jeden Tag. Eine Studie zeigt, dass ein durchschnittlicher Nutzer sein Smartphone täglich drei Stunden und sechzehn Minuten nutzt. Und das Smartphone wird seine Position als wichtigstes Gerät unseres Alltags noch deutlich ausbauen. WhatsApp wird von mehr als eine Milliarde Menschen genutzt und hat die SMS praktisch verdrängt. Nützliche Lern-Apps boomen? Eine solche Entwicklung konnte kaum jemand vorhersehen. Der Nutzer entscheidet, welche Serien und Filme er sehen will – und vor allem wann und wo. Ob die Generation nach

WhatsApp noch wissen wird, dass die Tagesschau mal um 20 Uhr begann? Wer glaubt, TV-Homeshopping mit Glücksrat sei vorbei, war eh nur für einsame Rentner, der irrt. Zurzeit finden das Kids den heißen Scheiß, aufgemotzt, für getragene oder selbstgemachte Klamotten, per App auf Yeay. Im Internet und in sozialen Netzwerken leiden nach Meinung deutscher Internet-Nutzer die menschlichen Werte. Menschlichkeit und Toleranz werden weniger. Eine sprachwissenschaftliche Analyse von Kommunikation im Web hat ergeben – je mehr wir voneinander wissen und je mehr wir in einen Austausch treten, umso respektvoller gehen wir auch im Internet miteinander um. Wem aber die Figuren eines Computerspiels vertrauter sind als die realen Freunde, könnte ein ernsthaftes Problem bekommen. Wer früher oft mit der Bahn fuhr, lernte dort beim Gespräch oft interessante Reisende kennen. Längst sind Besitzer mit ihrem Smartphone so abgeschottet, dass es nur selten Gelegenheit zu unverhofften Begegnungen gibt. Wir scrollen aneinander vorbei – in Echtzeit – jederzeit. Die Trennung vom iPhone verursacht Angst, erhöhten Blutdruck. / Akkulaufzeit?

Der Schwarm – Herrschaft des Mobs?

Herauszögern. Die Geschichte zeigt, dass technologische Innovation kein stetiger Marsch zum Besseren ist, eher eine Versuchsreihe, bei der wir erkennen, wer wir sind, wie wir funktionieren... Wo früher das Kreuz hing, hängt nun das Rauchverbot. Ja, die Entwicklung geht so rasch voran, dass es innerhalb einzelner Generationen zu entscheidenden Veränderungen kommt. Genauso wie das Internet damals in unserer Vorstellung dazu beitrug, dass kleine Unternehmen in schicken Altbauten wirkten wie Konzerne, bedeutet die Mobile- und Social-Revolution, dass innovative Start-ups schneller in den Markt einsteigen und auf Bedürfnisse reagieren können. Sie wollen wissen, was wir übermorgen wollen. Der *„Schwarm“* wird zum Leitbild für menschliches Handeln, und der Erregungsgrad bestimmt die Massenwahrnehmung. Emotionale Beiträge in Sozialen Medien erzeugen mehr Interaktivität als informative News. Die Kombination aus Emotionen und Gleichschaltung hat für den Medientheoretiker McLuhan etwas äußerst Bedrohliches – sie scheint den Mächtigen die Kontrolle großer Menschenmengen zu ermöglichen: *„Anstatt sich in Richtung einer riesigen Bibliothek von Alexandria zu entwickeln, hat sich unsere Welt in einen Computer verwandelt, ein elektronisches Gehirn, fast* *wie ein infantiles Stück Science Fiction*", schreibt McLuhan in seinem Klassiker „Die Gutenberg-Galaxis". / Datenvolumen.

Die Fluchtträume einer Generation sind die Fallen der nächsten

Es hätte auch anders kommen können. Charles Darwin sagte im 19. Jahrhundert: *„Weder die stärkste noch die intelligenteste Spezies überlebt, sondern jene, die sich am besten dem Wandel anpasst."* Gilt für Unternehmen und neue Lebensformen. Kein Mensch hätte vor 20 Jahren die Bedeutung von Social Media vorhergesagt, und schon steckt dahinter eine ganze Industrie. Wir brauchen dazu ein Verständnis der Zusammenhänge, der Vernetzungen, in denen Wandel und Zukunft entsteht. Den Wandel in traditionellen Unternehmen herbeizuführen, ist nicht so leicht. Die Erfolgsrezepte von gestern sind heute häufig wertlos.

Innovationen lassen sich nicht „staatlich verordnen". Trotzdem lassen sich Umstände schaffen, die Raum geben, sich zu entwickeln. Freuen wir uns auf Produkte, an die noch niemand gedacht hat und wonach sich die Zielgruppe sehnt, die unser Leben positiv verändert. Ich trete einen Schritt zurück und versuche die Szene in ihrer Gesamtheit zu betrachten, von Anfang bis Ende.

Die *Geschichtenerzähler* machen weiter, die Industrie macht weiter, die Presse macht weiter, die Regierungen machen weiter. Ging es mir noch darum, die Welt zu verändern, oder nur, sie möglichst zu verschonen? / backlash oder backslash?

Spielräume 1:n

Seit Jahren kreise ich um Ereignisse meines Lebens. In der bewusstseinserweiterten Hippie-Welt sagten wir, *„Unter dem Pflaster liegt der Strand."* Danach ersetzte die Regierung die Pflastersteine durch Asphalt.

Unterwegs in unserer Zeit der schnellen Urteile liegt unterm Pflaster bestenfalls Glasfaserkabel. Erzählungen vom bösen Internet eröffnen Ahnungen. Ob gelingt, was wir erträumten? Wir, dankbare Abnehmer von Push-Mitteilungen und blauen Häkchen aller Art. Freiheiten aus der akademischen Anfangszeit des Netzes scheinen mir durch diese geschlossenen Systeme mehr und mehr bedroht. Auch unsere Titanen erkennen lange *nichts* vom Feldzug der Plattformen. Ihre aggressive Machtfülle verzerrt unausweichlich die Wirklichkeit. Zum Trotz darüber Witze zu machen, ändert nichts.

So früh am Morgen ist noch keine Menschenseele unterwegs. Microsoft, Apple, Google und Amazon begannen kontinuierlich ihre Reiche abzuschotten und mit ganz eigenen Wettbewerbsstrategien auszustatten. Die Plattform mit geschlossenen Ökosystemen wird zum Gefängnis, wobei das Silicon Valley den Takt angibt: Suchen mit Google, soziale Kontakte in Facebook und die Packstationen verstopft mit Amazons Sendungen. Deprimierend, dass unsere Computerkultur, viel politischer und sozialer als die amerikanische, spurlos verschwunden ist. Die offenen Strukturen, die das Web erst groß gemacht hatten, wurden verdrängt. Wir haben uns in eine stabile Seitenlage gedreht und es war unsere Bequemlichkeit, die diese geschlossenen Systeme der Plattformen erfolgreich machten. Das Gefängnis ist so luxuriös eingerichtet, dass kaum einer bemerkt, dass er gefangen war. Andrew Keen klagt weiter über die Monopole von Facebook und Google: „Das Internet reflektiert die derzeitige Müdigkeitsgesellschaft. Wie diese aufgebaut ist und sich zu einer Überwachungsgesellschaft entwickelt, so ist das Internet kaputt und antisozial." Facebook, Twitter, Google oder YouTube mussten lange keine Verantwortung für das übernehmen, was ihre Nutzer veröffentlichen. Und sie entscheiden, was wir sehen. Schlimmer noch, sie entscheiden auch, was wir nicht zu sehen bekommen…". / Korrekturen der papierenen Vergangenheit.

Was tun?

„Ich weiß nicht, wie du das aushältst". Immanuel Kant: *„Faulheit und Feigheit sind die Ursachen, warum so ein großer Teil der Menschen [...] gerne zeitlebens unmündig bleibt; und warum es anderen so leicht wird, sich zu deren Vormündern aufzuwerfen. Es ist so bequem, unmündig zu sein".*

Geheimzahl? Kneipenwissen: Jeder Mensch, der am öffentlichen Leben teilnimmt, hinterlässt seine Spuren. Ob wir telefonieren (außer von Telefonzellen), mit Karte zahlen oder eine Banküberweisung von Zuhause tätigen. Viele Dienste im Netz erfordern eine Anmeldung mit einem Benutzerkonto, selbst die Pizza-App.

Und nach ständigen Bestellungen von Pizza sollten wir uns nicht allzu sehr wundern, wenn unsere Krankenkasse den persönlichen Beitrag erhöht. So berichtete es auch Yvonne Hofstetter, die langjährige

Unternehmerin im Big-Data-Analysegeschäft, sowohl in ihrem Buch als auch in ihren Vorträgen. *„Sie wissen alles: Wie intelligente Maschinen in unser Leben eindringen und warum wir für unsere Freiheit kämpfen müssen."* Noch immer ertragen es viele Zeitgenossen leichter, dass man ihnen zuwider handelt, als dass man ihnen widerspricht. Das Internet der Dinge wird sie nicht versklaven. Falls sie doch versklavt werden, dann von den Leuten, die bereits *alles* besitzen. / zurückblättern.

Query

Nichts bleibt so wenig haften wie digitale Zwischenrufe. Unsere Daten sind begehrte Ware im digitalen Markt. Das Tracking von Werbenetzwerken wie Adtech oder *Rubicon* Project wird eingesetzt, um Anzeigen in Sekundenbruchteilen auf besuchte Websites zu bringen. Tracking wird von Google Analytics oder Chartbeat genutzt, um auszuwerten, wer eine Seite besucht, woher dieser Nutzer kommt und auf welche Seite er als nächstes klickt. Datenhändler oder Facebook kennen unser Surfverhalten, verknüpfen unsere Daten und verkaufen sie. Ein Tool wie Datenblumen macht sichtbar und zeigt uns, wer unseren Weg durchs Netz mit trackt. Axiom,Flurry, Datalogic oder Atlas bieten ihre begehrten Dienste gegen Geld an. Die Wiedererkennung einzelner Verbraucher funktioniert längst über Geräte und Plattformen hinweg. Smartphones und Apps sind dabei perfekte Spione in der Hosentasche. Einzelne Nutzer werden wiedererkannt, das Verhalten und Bewegungen ausgewertet, Persönlichkeit und Interessen analysiert. Angebote und Preise werden auf einzelne Personen unterschiedlich berechnet. So kann eine Urlaubsbuchung von einem Mac aus teurer oder preiswerter sein als von einem Windows- oder Linuxrechner.

Wer einige Beiträge der Doku-Reihe „DoNotTrack" vom Netzaktivisten Wolfie Christl gelesen hat, weiß, wie leicht Menschen rund um die Uhr überwacht werden können. Die neuesten Tricks erfährt Wolfie Christl dabei auch auf großen Werbe-Konferenzen, denn dort verraten sie sich. Firmen, deren Geschäftsmodell darin besteht, uns User zu verfolgen und auszuhorchen.

Werbefinanzierte Datensammler erfinden neue Überwachungstechniken schneller, als unsere Datenschützer sie erahnen können. Angeblich checkt das Unternehmen Flurry über ein Drittel aller monatlichen App-Aktivitäten weltweit.

Doch noch immer behandeln wir Daten (auch Sensortasten, Interaktionsdaten und Transaktionsdaten) weiterhin zu gedankenlos und nachlässig. Es ist bemerkenswert, wie wenig wir, die wir ständig mit der Welt *verbunden* sind, gesellschaftliche Veränderungen der Digitalisierung durchschauen. Ein Satz von Ludwig Erhard, dass in der Wirtschaft 50 Prozent von der Psychologie abhänge, gilt auch für die Digitalisierung. Und der Computer-Pionier Jaron Lanier gibt in „Wem gehört die Zukunft?“ einen Einblick in die Funktionsweise digitaler Märkte und entlarvt das Trugbild der so beliebten Gratis-Kultur im Netz. Er behauptet: „Wir sind nicht die Kunden der Internetkonzerne. Wir sind ihr Produkt! So, wie im Film Matrix. Neo erwacht in einer Welt, in der die Menschen nur noch Ressource sind – und entscheidet sich, dagegen zu kämpfen“. / es wurde rasch dunkel.

Rückzug?

Tanz zwischen den Welten. Unter der müden Haut glimmt das alte Feuer. In den Sechzigerjahren formierte sich in den USA eine Protestbewegung, die globale Ausmaße erreicht und die Welt verändert. Das *„Make Love, not War“* der Hippies entwickelt sich zum weltweiten Aufbegehren gegen eine zementierte Weltordnung. Das „Love“ war allgegenwärtiges Leitmotiv. Nun ist das *Disruption.* Disruption, eine neue Runde, wenn die geschäftliche Entwicklung abrupt abbricht, der Faden reißt und ein altes Geschäftsmodell obsolet ist. Weil jemand ein besseres, digitales Geschäftsmodell geschaffen hat, das den Ton angibt. Allein ein Mensch wie Steve Jobs hat damit vier Branchen grundlegend verändert, Computer, Musik, Telefon und zuletzt den Film. Auch wenn er ursprünglich mal ein Hippie war, der weder Computer, Telefon noch mp3 erfunden hat. Noch ist das eine schöne Entwicklung, – zumindest für den Moment – auch ich fürchte, bei der ständigen Beschleunigung und Selbstoptimierung wird der Mensch am Ende nicht mehr mithalten können.

In den Star-Trek-Abenteuern im Jahr 2365 kam es zur ersten Begegnung mit der Kultur der außerirdischen Borg. Hybridwesen, die sich durch ein vernetztes, kollektives Bewusstsein definieren, einem rücksichtslosen Streben nach Perfektion und Macht. Sie sind durch eine Lebensform-Maschine-Schnittstelle optimiert und erachten sich allem Menschlichen überlegen. Im Film reiste die Enterprise-Crew vom 24. Jahrhundert durch die Zeit zurück in das 21. Jahrhundert, um die *kybernetischen Borg* daran zu hindern, die Erde zu assimilieren und das Entstehen der Vereinten Föderation der Planeten zu vereiteln...

Verlorenes Terrain?

Uns ist längst sonnenklar, dass die Interessen der Industrie oder der Banken selbstverständlich von unseren Interessen abweichen; begegnen jedoch dem Garagenmythos von Silicon Valley nur selten mit Misstrauen. Microsoft, Amazon, Google, Facebook und Uber können hier fast ungestört tun, was sie wollen. Die Herausforderung beim Ausspionieren besteht im Grunde darin, dass die meisten Menschen in der Regel keine Technikfreaks sind. Zweifellos ist es für Unternehmen notwendig, die Kommunikation mit ihren Nutzern abzusichern.

Entscheiden wir uns für das richtige Betriebssystem und für sichere Software. Offenem Quellcode und offenen Standards verpflichtet, bietet das noch immer Linux. Als alternative Suchmaschinen kommen die deutsche Meta-Suchmaschine MetaGer, Startpage aus Holland, DuckDuckGo aus den USA oder Qwant aus Frankreich in Betracht.

Diese Suchalternativen werben mit Privatsphäre, Anonymität, Verschlüsselung und Nichtverfolgung, indem sie auf Cookies oder Fingerprints verzichten und eigene IP-Adressen verschleiern. Auch der Tor-Browser soll laut CCC die Spione von NSA und ihrer Partnerdienste, aber auch die Dienste der Russen, Chinesen und der Nordkoreaner, vor große Probleme stellen. Und wenn es notwendig wird, auf Holz zu klopfen, stellen wir fest, dass die Welt aus Aluminium und Glas besteht.

Ein/Aus

Digitalisierung und Globalisierung sind nicht getrennt denkbar. Digitale Plattformen und die globale Vernetzung ermöglichen Unternehmen, Aufgaben, die früher im Hause erledigt wurden, auszulagern. Auch wenn aus der digitalen Boheme eher ein Pixelproletariat geworden ist,

Die deutsche Informations- und Kommunikationstechnologie trägt seit 2017 mehr zur gewerblichen Wertschöpfung bei als jede andere, traditionellen Branchen. Von der Automobil- bis zur Finanzindustrie.

Und Verschlüsselungsprogramme wie GnuPG, werden ohne viel Respekt weiterhin von Idealisten entwickelt. Das Internet gibt Nutzern ja große Macht, wir brauchen nur mit der Maus zu klicken, und schon sind wir weg. Aber wohin? Erweisen wir einer freien Gesellschaft nicht einen Bärendienst, wenn wir ihr zum „*Abschalten*“ raten? Nur wer mitmacht, kann zukünftige Kultur gestalten, Bei der Technik-Nutzung neige ich zur persönlichen Regulierung. Kein Smartphone, kein „Coffee to go“. Jedoch auch damit entgehe ich einer Überwachung nicht, denn Anonymität im Netz ist eine Illusion. Datensätze mit Bewegungsdaten von Smartphone-Usern und Kreditkartenkäufen gibt es inzwischen zu kaufen. / Aufwachen.

Verheißungen und das Unbehagen der digitalen Gegenwart

Der letzte Montag im Mai. *Alles* bleibt unscharf, zerfasert. Niemand will etwas von mir. Leben mit gefühlten Wahrheiten, in einem Zeitalter, das unbeschwerte Muße kaum noch erleben darf. Diese stellte sich mal ein, wenn das Tagwerk vollbracht war. Wenn stereotype Erwartungen an einen selbst, und die man an die Welt hatte, erfüllt waren. Nun haben wir auch nach getaner Arbeit immer noch tausend Dinge auf der To-Do-Liste stehen... Steve Jobs erinnerte junge Studenten vor seinem Tod an ihre Vergänglichkeit und die Gefahr, einem Vorbild nur nachzuleben und es zu kopieren: „*Eure Zeit ist begrenzt, also verschwendet sie nicht, indem ihr das Leben irgendeines anderen lebt. Geht keinem Dogma auf den Leim, was bedeutet, mit den Ergebnissen anderer Menschen-Ideen zu leben. Und lasst den Lärm der Meinung anderer nicht eure eigene innere Stimme übertönen.*“ Eskapismus wird einem leicht gemacht... / Journale des Verschwindens.

Der Snowden-Effekt

J. G. Ballards Gedanke, dass der Schriftsteller bald keine Rolle mehr in der Gesellschaft spielt: „*Weil die externe Wirklichkeit selbst eine Fiktion ist, muss der Schriftsteller die Fiktion nicht erfinden, denn sie ist bereits überall präsent.*“, teile ich noch nicht. Die Funktion, die die Bücher in ihrer großen Zeit hatten, erfüllen sie immer noch. Papier ist geduldig, und Bücher zwingen Leser dazu, sich Zeit für sie zu nehmen. Nur digitale Hektik treibt uns immer wieder weg vom Bücherregal. „*Der Circle*“ von Dave Eggers sollte man lesen. Ein kluges Buch über das Leben in der schönen neuen Welt des total transparenten Internets, in der der Einzelne wie die tragische Heldin Mae Holland untergeht. „*Geheimnisse sind Lügen. Teilen ist Heilen. Datenschutz ist Diebstahl*“. Das sind die Wahrheiten des Circle, einer noch fiktiven Firma im

Silicon Valley. „Algorithmische Regulation“ meint die Abschaffung von Politik. An ihre Stelle rücken Konzerne. Wer braucht da noch einen Staat, wenn der große Bruder *alles* regelt? Längst erleben wir die Orwell'sche Fiktion des Buches, die Menschheitsbeglücker, in unserem Alltag. In der Konsequenz führt das dazu, dass Mitarbeiter in einer eigenen Wohlfühlblase leben – und konfliktfrei vom Alltag „da draußen“ abgekapselt sind. Orwells Bücher konnten noch nicht ahnen, dass die Begeisterung für solche Dinge in ihrer Wirksamkeit zur Machtsicherung weit über das hinausgeht, was polternde Gewalt bewirken könnte. Ganzheitsanspruch mit Methode. Nur wenige Konzerne kontrollieren die weltweit genutzten Dienste im Netz. Ein höchst gegenwärtiges Buch. Jeder sollte es lesen und die Erkenntnisse Edward Snowdens niemals vergessen.

Auf ihren damaligen Präsidenten Obama konnten sich die Weltbeglücker dabei fest verlassen: *„Unsere Firmen haben das Internet geschaffen, sie haben es ausgeweitet und auf eine Art perfektioniert, dass die anderen nicht konkurrenzfähig sind...“* Und was tun wir? Immerhin nutzten aktuell rund 14 % der Deutschen Signal, einige auch Threema. Zumindest ist damit ausgeschlossen, dass die Daten direkt bei Facebook landen und außer Absender und Empfänger kann niemand private Nachrichten lesen... / Weiß irgendjemand, was eine bessere Welt ist?

Das Ende des Zufalls

Planloses Scrollen. Die Enthüllungen von Edward Snowden sind nicht überraschend. Und haben sie uns zum Nachdenken über Datensicherheit angeregt?

Die Amerikaner, als Verteidiger eines „freien und offenen“ Internet, haben viel an Glaubwürdigkeit verloren und Snowden hat ihnen kräftig in die Suppe gespuckt. / undurchschaubare Bewusstseinsströme.

Ministerium für Wahrheit

Nicht nur für den NSA und Konsorten ist es möglich, im Netz private Daten zu sammeln. Es gibt inzwischen Werkzeuge wie Scraping und Crawler, um fremde Datenbanken auszulesen und vorhandene Daten mit neuen, anders strukturierten Daten zu verknüpfen. Jeder, nicht nur die Werbeindustrie, kann diese Macht des Auslesens nutzen. Unser

Profil entscheidet, wie wir von den Plattformen behandelt werden. Was uns geboten und was uns verwehrt wird.

In euphorischen Einschätzungen der Marktforscher ist die Rede von neuen Berufsbildern, die Big Data mit sich bringen wird. Besorgniserregend für mich sind die neuen Geschäftsmodelle, die das mit sich bringt. Orwell hätte seinen Spaß mit dem heutigen Internet gehabt. 1984 war die Kontrolle der Vergangenheit eine wichtige Methoden der Machtausübung. Deshalb wurde im *„Ministerium für Wahrheit"* ein gigantischer Aufwand betrieben, alle Dokumente und Zeitungen stets der gegenwärtigen Wahrheit anzupassen. Auch Berichte über Personen, die zur „Unperson" geworden sind, werden vaporisiert, umgeschrieben. Tausende von Arbeitern passten die Geschichte täglich an. Digital ist das kaum ein Problem...

Und heute, Behavioral Analytics nutzt Informationen über menschliches Verhalten, um Absichten zu verstehen, zukünftiges Verhalten besser vorherzusehen. Vorhersehbarkeit, Berechenbarkeit. Innovationssprünge unserer aufgeheizten Welt versprechen eine präzisere Prognostizierbarkeit menschlichen Verhaltens. Warum wollen Sie das wissen?

Lesetipp im Jahr 2016 war: In „2084 – Das Ende der Welt" entwirft der mit dem Friedenspreis des Deutschen Buchhandels ausgezeichnete Boualem Sansal die Vision einer religiös-fundamentalistischen Diktatur. Orwells „1984" reloaded. Anspielungen auf einen muslimischen Überwachungsstaat, der seine Untertanen bis in geheimste Gedanken kontrolliert. Die Leitsätze des muslimischen Staatsapparates lauten: Krieg ist Frieden, Freiheit ist Sklaverei und Unwissenheit Stärke. / Ketten der Vergangenheit.

Kapitel 14

Im 2. Maschinenzeitalter

Vom Sturm gestärkt wieder zurück. Um in der schieren Informationsflut nicht unterzugehen, spielt man lieber, als sich zu engagieren. Wird Leben, gesteuert von künstlicher Intelligenz, leichter? Bald wird die unsichtbare Macht unser Leben kontrollieren.

Die Angst des Menschen, sich durch intelligente Technik ersetzbar zu machen, ist nicht neu, nur realer. Mensch 2.0. Wir reden vom zweiten Maschinenzeitalter und meinen Roboter. Im Jahr 2016 werden im Report der International Federation of Robotics für die nächsten acht Jahre über 3,5 Millionen neue Jobs durch ihren Einsatz bei Entwicklung, Konfiguration und Wartung versprochen. Wenn man den Zeitungsberichten glaubt, werden Robotersysteme zunehmend intelligenter und können längst die menschliche Arbeitskraft ersetzen.

Sogar Neugier und Kreativität lassen sich in ihre Hirne programmieren. Es gibt die Prophezeiung, dass man im Jahre 2020 nicht mehr unterscheiden könne, ob Mensch oder Maschine einen Text geschrieben haben. Angesichts der Texte in der New York Times, mit dem Redaktionskollegen Roboter, ist das von der Wirklichkeit bereits überholt. Stephen Hawking meinte, in hundert Jahren seien Computer mächtiger als wir. Die propagierte „Industrie 4.0“ soll Deutschland einen Wachstumsschub von 700 Milliarden Euro in den nächsten zehn Jahren bringen, erwarten Politiker wie die damalige bayerische Wirtschaftsministerin Ilse Aigner. Ein Argument, pro Arbeitsstunde kostet ein Roboter 6 €, ein Mensch 40 €. Sehr bald werde die Zeit kommen, in der Maschinen vor Gericht die gleichen Rechte wie Menschen bekämen, prognostizierte Berners-Lee: „Auf gewisse Weise ist das bereits passiert, große Unternehmen werden von Computerprogrammen gesteuert. Sie haben die gleichen Rechte wie Menschen – nur mehr Geld, um ihre Interessen durchzusetzen."

Hastig, so wie vor Jahren Napster und iTunes die Antworten auf die digitale Revolution in der Musikindustrie entwickelten, werden FinTech-Innovationen die Weichen der digitalen Revolution der Finanzwelt stellen. FinTech Payment Dienstleister wie Paypal ist mittlerweile etabliert und aus dem eCommerce-Business kaum noch wegzudenken. Paypal, das mittlerweile Geldgeschäfte im Wert von über 200 Mrd. Dollar jährlich abwickelt, zeigt, wie sehr Menschen an einfachen und kundenorientierten Lösungen interessiert sind. Eine bargeldlose Welt werden wir erleben. Werden wir dann komplett abhängig, mit einer restlosen Überwachung durch Banken oder neuerdings auch durch all die Start-ups oder Apple, Facebook oder Google?

Der Tag danach

Die Welt hat sich gedreht. Im Schatten bleiben, anstatt sich der prallen Sonne auszusetzen. Unsicheres Terrain, nicht nur Apple weiß, wo ich wohne. Nach jeder wilden Party, der Kater. Über Ängste der Datenschützer der Achtzigerjahre kann man sich nur noch wundern, die Realität hat sie pop-up-artig überholt.

Durch die Verkleinerung der Geräte verschwinden deren Funktionen aus unserem Blickfeld.

Als Gegenleistung bekommen wir eine scheinbar passgenau auf uns zugeschnittene Welt aus Informationen, Kaufempfehlungen und Kontakten. Je mehr wir das Internet als Gedächtnis-Erweiterung nutzen, desto mehr werden wir gefangen. Wenn gerade einer mit dem Smartphone ein paar Minuten rumspielt, hat er mehr Datenvolumen verbraucht als wir in den Neunzigern in einem ganzen Jahr. 2014 wurde für das Jahr 2020 eine Datenmenge, von 40 Zettabyte[25] prognostiziert – gar nicht schlecht, es waren 64.

Und es werden mehr, das Volumen des Datenbestands verdoppelt sich alle zwei Jahre, 2027 sollen es 265 Zettabyte sein. Waren es früher hauptsächlich Transaktionssysteme, die Daten produzierten, kommen

[25] 1 Zettabyte = 1 Billion GByte

nun vielfältige neue Quellen hinzu, beispielsweise Handy-Sensoren. „The Next Big Thing" ist in Zeiten des Digitalen nur noch einen Klick entfernt.

Wer dachte vor einigen Jahren, dass Apple mal Telefone entwickelt, die alles verändern? Ab 2014 sprach man davon, dass Apple an einem Auto arbeitet, weil Daimler, VW oder BMW nicht mal ein vernünftiges Navi zuwege bringen. Noch ist Software nicht an erster Stelle, wenn man an technische Geräte denkt...gemacht hat es schließlich Tesla und damit der weltweiten Automobilindustrie das Fürchten gelehrt.

Alan Kay von Apple hat erkannt, dass wir bei Gebieten, von denen wir am meisten verstehen, die Zukunft am ungenauesten vorhersagen, da wir die Herausforderungen kennen und zu wissen glauben, was dem Fortschritt im Wege steht.

Doch wie William Gibson einmal so schön auf die Frage, wie er sich die Zukunft vorstelle, sagte: *„Ich weiß nichts über die Zukunft, außer, dass sie passieren wird."* Gerade im Trüben wirken Utopien heilsam. Derzeit sucht man sie vergebens. Oder sind wir nur blind? Die Tage sind lang, die Jahre kurz... Ich befürchte, bei einem Zeitsprung von zwanzig Jahre in die Zukunft, wenn Leben vielleicht ausschließlich aus Gängelung besteht, werden wir unsere auflösende Gesellschaft nicht mehr wieder erkennen: Zerstörte Vielfalt. Und ein großer Irrtum war, zu glauben, dass im Laufe der Jahre *alles* einfacher würde... / Im Schatten der Zeitoase.

Computability und Fair Play Algorithms Google-Algorithmen

Machtwort. Die Maschine gehorcht mir lautlos. Automatisierte Entscheidungssysteme ersetzen menschliches Denken und Handeln. Von digital vernetzten Produktionsketten über softwaregesteuerte Logistik bis hin zu vollautomatisierten Handelssystemen der Finanzwelt treten immer bessere Algorithmen in den Wettstreit mit menschlichem Geist. Längst können Systeme maschinellen Lernens medizinische Diagnosen erstellen oder Texte übersetzen. In Zukunft sollten viele Aufgaben eines Mediziners von Robotern übernommen werden. Vorbote dieser medizinischen Revolution ist angeblich der Supercomputer Watson aus dem Hause IBM, der riesige Datenmengen schnell und zuverlässig, z. B. bei einer Krebsdiagnose, zu analysieren vermag. Behauptet zumindest das Marketing. Und unsere DNA, der Grundbaustein des Lebens selbst, wird algorithmisch entschlüsselt und reproduzierbar und modifizierbar gemacht.

Der Großteil des Aktienhandels in den USA wird längst von Rechnern gesteuert. Warum sind Algorithmen so entscheidend? Vereinfacht tun sie ja meist zwei Dinge, Muster finden und Abweichungen vom Muster aufdecken. Die Leistungsfähigkeit solcher Systeme ist beeindruckend, jedoch unüberlegte Anweisungen können da schnell großen Schaden anrichten. So beispielsweise bei Flickrs automatisiertem Bilder-Tagging-Algorithmus, der bei „People of Color" jüngst Begriffe wie Tier oder Affe zuordnete und taggte. So einen Foto-Algorithmus nicht mit Menschen aller Hautfarben zu testen, ist grob fahrlässig. Diejenigen, die entscheiden, einen solchen autonomen Algorithmus einzusetzen, haben dabei eine sehr besondere Verantwortung. Algorithmen sind nicht mehr wegzudenkende Akteure unserer digitalen Realität. Sie sind die Prozesse und Formeln, die unsere Fragen in Antworten verwandeln können. Wikipedia erklärt: *„Unter einem Algorithmus versteht man eine genau definierte Handlungsvorschrift zur Lösung eines Problems oder einer bestimmten Art von Problemen in endlich vielen Schritten."*

Die Algorithmisierung des Menschen hat begonnen. Der sogenannte freie Wille bestimmt nur einen kleinen Teil unseres täglichen Verhaltens, der Großteil unseres Verhaltens sind Gewohnheiten, die in Mustern auftreten die berechenbar sind. Und dann ist es wie bei Schurkenstaaten, Algorithmen machen kurzen Prozess.

Langfristig/Algorithmenethik

Kaum war das 21. Jahrhundert angebrochen, formulierte Lawrence Lessig in seinem Essay *„Code Is Law"*, dass Code einen normativen Charakter bekäme, wenn das nicht staatlich reglementiert würde. Damit beschrieb er auch die Gefahr, dass die in Programme umgesetzten Algorithmen der Internet-Konzerne gesellschaftliche Standards setzen, die nicht mehr kontrollierbar sind. In den anschließenden zwei Jahrzehnten wurde zumindest seitens staatlicher Organisationen versucht, die Macht der großen Tech-Konzerne nicht ins Uferlose wachsen zu lassen.

Ob das ausreicht, das Entstehen einer neuen Tech-Diktatur zu verhindern, steht in den Sternen. Oder sind diese magischen Algorithmen eine neue anpassungsfähige, unsterbliche und uns überlegene Spezies, die den Menschen besser kennen als er sich selbst? Sie sind

Medium und Message zugleich, in vernetzten Gesellschaften erstreckt sich ihr Einfluss längst auf fast alle Lebensbereiche. Sie bestimmen unseren Alltag. Beliebtes wird immer beliebter, Unbekanntes immer unsichtbarer.

Ein unbekannter Algorithmus bestimmt, ob und in welcher Reihenfolge die Suchergebnisse erscheinen, nach Prinzipien, die außerhalb des Firmensitzes im Silicon Valley niemand kennt. Ein Hauch Orwell...

Nicht nur mir fiel auf, dass bestimmte, unangenehme Ereignisse in der Facebook-Timeline fehlen. Unruhen in Ferguson, unbeliebt. Bei Facebook werden Dinge bevorzugt, die man mögen kann. Eine Frage dabei ist, wird eine Fundstelle, die sich nicht vermarkten lässt, ebenfalls angezeigt oder werden Werbepartner bevorzugt? Ist Business bei Google vollkommen unabhängig vom Algorithmus? Immer wieder wird davor gewarnt, sich im Internet über Krankheiten zu informieren.

Trotzdem machen wir es. Wer sind hier die Werbepartner? Hat die Pharmaindustrie nicht andere Ziele als eine Selbsthilfegruppe...? / Was ist der Unterschied zwischen Korrelation und Kausalität?

CTRL/Strg-Verlust

Browserverlauf. Das freie Netz stirbt vor unseren Augen. Kapitulieren wir vor den gigantischen Möglichkeiten des Internet? Viele Online-Shopper sind von der Auswahl überfordert und legen sich daher auf nur wenige Websites fest. Hier kommt Technik ins Spiel, denn Computeralgorithmen werden in immer mehr Bereichen das menschliche Urteilsvermögen ergänzen oder gar selbständig Entscheidungen treffen. Empfehlungsalgorithmen suggerieren uns, welche Musik wir gerne hören, welches Buch wir lesen, wen wir treffen sollen.

Ein intransparenter Algorithmus entscheidet, welche Beiträge angezeigt werden und welche nicht. Die Empfehlungssysteme der Suchmaschinen, Online-Shops und der Social Networks wissen zu viel über uns. Algorithmen sind die Struktur, die Entscheidungen trifft. Sie bestimmen anhand persönlicher Zahlungsmoral, individuellem Umfeld, Wohn- und Arbeitssituation unsere Kreditwürdigkeit. Noch können sich viele Autofahrer nicht vorstellen, dem Computer das Steuer zu überlassen – bei vielen anderen Dingen haben wir es längst getan. Als erstmals die Rede vom digitalen Zahlungsmittel kam, hat fast niemand die Idee dahinter ernst genommen.

2012 wurde der erste Automat für Bitcoins in Deutschland vom Kunststudenten Max Albrecht erdacht und gebaut.

Ein Kunstprojekt: An der Bauhaus Uni in Weimar kann man sich für 3 Euro Bitcoins vom Automaten ziehen. Das Design des Automaten kennt man aus Kneipen, hier werden keine Bitcoin Paper Wallets, sondern Kondome gezogen.

Bild: CC BY-SA 4.0/Kilian Ullmann

Sein Automat kann konventionelles Geld annehmen, auf Echtheit überprüfen und gegen vorher generierte und bestückte Paper Wallets umtauschen. Fast so einfach wie beim Kaufautomaten. Beeinflusst wurde diese Idee von dem Science-Fiction-Roman des Autors Daniel Suarez, in dem eine dezentral abgespeicherte Roboterfirma beschrieben wird, geführt von einer künstlichen Intelligenz. Die Zukunftsvision *Daemon* zeigt, was geschehen kann, wenn menschliche Intelligenz höher entwickelten maschinellen Verfahren gegenübersteht. Daemon: Die Welt ist ein Spiel... / Wer hat das Zeug zum Helden?

Diktatur des schönen Scheins

Entspannt sitze ich in der Bibliothek. Jede Generation führt ihre eigenen Debatten – und Gegenwartsliteratur altert schnell. Unser Che Guevara heißt nun Harry Potter. Stehe ich im Mittelpunkt meines eigenen Universums?

Neal Stephenson hat in einem Interview gesagt, klassische Literatur handle von Menschen, Science-Fiction aber von Ideen. Er hat recht. Er war es, der Mitte der Neunziger mit dem Metaversum, der Welt der Megakonzerne, in seinem SF-Roman *Snow Crash* Ideen und Konzepte beschrieb, die nun im Web alltäglich geworden sind. „Snow Crash war seiner Zeit Jahre voraus. Die infiltrierte Welt wird nun gleichförmiger mit Algorithmen. Die Fixierung auf die Top-Seller – nicht nur im Buchhandel, wird stärker. Daher möchte ich wissen, wer den Algorithmus kontrolliert, der so oder so für mich entscheidet. Ein Fehler, wenn Entwickler glauben, sie wären nur für den technischen Kram zuständig.

Verantwortungsbewussten Programmierern geht es inzwischen auch darum, humanistische Werte in den Anweisungen zu verankern. Denn *alles*, was sich programmieren lässt, kann auch umprogrammiert werden. Aus den Fehlern der verpixelten Vergangenheit für die Zukunft lernen – das wäre doch mal was!

In den USA hatte die ACM – Association for Computing Machinery bereits 1992 einen Selbstverpflichtungs-Kodex für Informatiker verabschiedet. Die deutsche Gesellschaft für Informatik (GI) zog bald nach. Daraus lässt sich ableiten, dass jeder Informatiker verpflichtet sei, die Konsequenzen seiner Software zu bedenken; sind sie schädlich, muss er etwas dagegen tun.

Mit Accelerando hat der Science-Fiction-Autor Charles Stross vor einigen Jahren eine detaillierte Beschreibung geliefert, wie eine Welt, in der die Singularität zur Realität geworden ist, aussehen könnte. Erste digitale Körpererweiterungen waren verfügbar. Maschinen entwickeln eigene Identitäten und erschaffen neue Wirtschaftssysteme, komplett unabhängig von Menschen. Eine faszinierende Reise bis an die Enden unserer Vorstellungskraft. / Von der Befreiung zur Versklavung?

Log-out

Not at all! Tourismus boomt, die Kunstszene schwimmt im Geld – bis in die Grauzonen. Investoren parken Geld in Beton, die Literatur lebt auf Sparflamme. Das „PC" hat derweil eine verwirrende Doppelbedeutung: „personal computer" und „political correctness". Die Zeiten, in denen ein komplexes Werk wie *„Gödel, Escher, Bach"* sein Publikum erreicht – vorbei. Der traditionsreiche Bertelsmann Buch-Club verabschiedet sich nun endgültig aus den deutschen Innenstädten, auch Wilsberg, im westfälischen Münster, kann vom Verkauf seiner Bücher nicht mehr leben und arbeitet nebenbei als TV-Detektiv. Es funktioniert nicht mehr so wie früher. Im Herbst 2013 schließt Lehmanns seine Filiale am Ernst-Reuter-Platz. Ernüchternder Niedergang auch bei Computerzeitschriften: Sechzig Prozent weniger Auflage in fünf Jahren. Der ehemals florierende Zeitschriftenladen nebenan – wüst und leer. Für immer geschlossen. Ein Schaufenster nach dem anderen bleibt dunkel. *Schicht im Schacht.* Weil die Nachricht für einige Kunden so unwirklich schien, standen sie vor der verschlossenen Ladentür. Die junge Obdachlose, die sich monatelang zwischen den Regalen beschäftigte, fassungslos. Der Laden schloss für immer. Hier hat man ein Leben verbracht, entdeckt, geplauscht, gekauft.

Mich überraschte das Ende meines 28-jährigen Arbeitsverhältnisses nicht. Dem Abschied voraus, fing ich an, Notizen zu machen. Eine abgeschlossene „*Epoche*". Wollte ich so – sanft-geworden – scheitern? Ohne Ziele wird Arbeit bedeutungslos.

Meine Ideen für Vernetzung und Belebung brachten mir bei den wechselnden Vorgesetzten mehr Ärger als Zuspruch. Kein Risiko eingehen. Man konzentriert sich auf das Ladengeschäft, ignoriert die Online-Entwicklung, die kaum noch von der Stelle kommt…

Die Aufgabe, die mich herausfordert, unseren Service im Netz sichtbarer zu machen – torpediert und eingestellt. Stummschaltung. Tagelanger Schneefall. Es kommen kaum noch Fragen, keine Mails mehr. Die alten Chefs hatten sich längst in den Ruhestand verabschiedet, Gespräche mit den neuen Vorgesetzten sind selten, wir fügen uns. Erhobenen Zeigefinger ertragen, ignorieren wir.

Zähneknirschen. Die Neuen haben eigene Pläne. Vom hierarchischen System zur leistungsmessenden Überwachung. Ständige Meetings, kaum Austausch. Visionäre Strategien, gemeinsame Entscheidungen. Standorte, Abteilungen und Kollegen werden miteinander in Konkurrenz gesetzt, wenn es darum geht, wer die meisten Kundenkarten-Anträge abliefert oder den besten Umsatz macht.

Das Gesetz des Schwächeren. Lorbeeren verdorren, Tränen fließen. Manche fühlen sich zurückgesetzt, übernehmen stillschweigend eine Beobachterrolle. Andere suchen Klarheit in der Konfrontation. *Alles* endet. Der Mensch kann unheimlich viel aushalten – wenn er weiß, wofür. Ich will keine Opferrolle; in bitteren Gedanken verbringe ich dennoch einige Zeit mit Schuldzuweisungen. Wer seinen Beruf liebt, gibt ihn nicht her. Was bleibt neben dem Abstellgleis?

Überdenken von substanzloser Loyalität in trügerischen Sicherheiten? Ich drehe die leeren Wochen im Kalender um. Mein BVG-Jahresabo, abgelaufen, Kollegen-Kontakte selten. Hoffnungen werden zu letzten Erinnerungen. Ja, wenn es vorbei ist, will ich mich nur an die schönen Dinge erinnern… / Enter! Sichern:

Connection Lost

2014. Die alte Arbeitswelt ist Geschichte, bleibt noch das blaue Notizbuch und mein Mac. Ich drücke die Leertaste, nochmals Leertaste, es entsteht Raum für Neues. Mein Mac, nicht mehr abhängig beschäftigt, langweilt sich. Was ist geblieben? Schwindendes Netzwerk, ein gewachsenes Bücherregal. Hatte ich den 23-stelligen Sicherheitscode für das *Heute* vergessen? Erderwärmung. Man war so. Untätig gefangen im Labyrinth.

Im Rückblick schlicht unfassbar! Was wäre bloß aus uns geworden ohne die Buchhandlungen? Ich gehe durch die Straßen, durch die ich schon so oft … bin. Die Augen ostwärts nach der unentdeckten Stadt. Das Morgenlicht tief in mir, fühle ich, wie der neue Tag entsteht. Das einst hell erstrahlte kann plötzlich verdunkeln. Ich lebe im 21. Jahrhundert, möchte nicht von einer Wirklichkeit überholt werden. Unzählige Bücher beschäftigen sich nun mit digitaler gesellschaftlicher Entwicklung. Das wachsende Regal bei Dussmann berichtet darüber. Jetzt ist das Thema präsent, die Halbwertzeit von Wissen sinkt ständig. Welche Wörter, Begriffe werden wir in 10 Jahren nicht mehr benutzen?

Ich höre Tango, fasse neuen Mut. Meine Erfahrungen reichen von der Schiefertafel, Füllhalter, Geha oder Pelikan bis zum mobilen Internet. Mir wird bewusst, dass Natur aus unserem Leben schwindet. Jahre vergehen mit der Erfindung der Digitaluhr unendlich schnell. Zukunftserwartungen, verdrängte Enttäuschungen. Die Schaukel schwingt zurück, verpasste Chancen rufen sich in Erinnerung. Und zweifellos habe ich wie gewöhnlich stark übertrieben…

Nerds im Glück

Leben wir in einer Gesellschaft, in der Menschen Angst haben, Risiken einzugehen, und damit Innovation verhindern? Gegenrichtung?

Rekonstruktion des Babylonischen Turms? Wartezustand. Anlässe, einander zu begegnen, verschwinden. Ein Herz voll Berlin, aber ich trete auf der Stelle mit Vorliebe für Verallgemeinerungen, das gebe ich offen zu…

Und es gab die Illusion, bewegte Geschichten, unbeirrte Personen, einige zitierbare Sätze, Gesagtes und ungeklärte Ereignisse, als das frühe Internet unsere geliebte Spielwiese war. Zeit ist ein anderes Wort für Veränderung. Meine grauen Haare stehen nun für Erfahrung und App-Nutzung. Erfahrungen, entwertet wie ein abgestempelter Fahrschein. Ich leiste es mir noch lange, aus dem Abseits, ohne Smartphone und geschmacks-verstärkten Pappkaffee zu leben.

Die Chaosmächte haben leichtes Spiel, doch die Welt ist gut geworden, Energiekonzerne, die keinen Strom verkaufen, sondern Energiewende oder Nachhaltigkeit. Fastfood-Ketten, Möbelhäuser, Supermärkte und Modeketten setzen sich für Wale, Waisen, Wälder oder gegen den Welthunger ein. Gut, aber seit wann gehen Wegweiser in die Richtung, in die sie zeigen? Ein *Anderer* merkte, dass ich auf einen Schlag eine große Anzahl von Jahren übersprungen hatte... Ich schaue von einer gedachten Zukunft auf die Gegenwart. Restzeit, in der es nichts mehr zu verlieren gibt. Wer beschleunigte hier eigentlich was? Verlief mein Leben nicht so, wie ich es mir vorgestellt hatte? Und dieser allerletzte Tag, dieser letzte, endgültige Tag, endet mit Fragezeichen. War ich bedeutungsloser Beobachter des Ganzen?

Ich sehe auf das eintönig gemähte Feld. Nur am Rand, wo die Maschine nicht hinkam, wuchsen einst Gräser, Kräuter und sogar Blumen... / Es muss nicht schön enden.

Peter Kurzeck. Ja, ja die Hippies kommen wieder. / SHIFT-RESTORE-ESCAPE

Phänomen der willentlichen Ignoranz

Überall, wo die Gesellschaft auf dem alten Prinzip „Wissen ist Macht" basiert, wird neues Wissen als Bedrohung empfunden und ausgeblendet. Warum entscheiden sich Menschen leichtfertig für das Nichtstun, bei dem, was auf uns zukommt?

Kritische Kommentare, zu Amazon etwa, waren selten und mit der Zeit sind sie restlos im Netz verschwunden. Überall wird gerne von Innovation geredet, doch wirkliche Veränderungen sind oft gar nicht gewollt – das habe ich im Verlauf meiner Tätigkeit einige Male erleben müssen. / negative Erinnerungen löschen!

„Ich war umgeben von künstlicher Luft, künstlichem Licht und künstlicher Stille" – Als E. M. Forster im Jahr 1909 seine Kurzgeschichte „Die Maschine steht still" schrieb, war nicht einmal ansatzweise abzusehen, wie sehr wir mal von Technik und Automation abhängig sein würden.

Lesetipps: Peter Burke: „Die Explosion des Wissens" – Von der Encyclopédie bis Wikipedia. Andrew Keen: „Das digitale Debakel" (Warum das Internet gescheitert ist – und wie wir es retten können).

Kapitel 15

Dominanz der Bildschirme

Seltsam, wie es weitergeht, ohne einen selber, von irgendwo ein Zeichen. Der Kaffee ist getrunken, der Nachmittag noch lang. Friede, Freude und Falafel, noch immer gilt die Regel, *„Wer zu früh kommt, den bestraft das Leben.“* Der Nachteil an meinem junggebliebenen *Nichtstun* auf dem Abstellgleis ist, dass ich nie weiß, wann ich damit fertig werde. Zudem verspüre ich das beunruhigende Gefühl, dass ich gegenwärtig alt werden könnte...

Ein Medizin-Verlag startet mit mir seine Social-Media-Aktivitäten. Werbung, eine Branche die wir früher so sehr verachteten. Doch der Erfolg hängt so stark wie nie von Aktivitäten in sozialen Netzwerken ab. Das gesamte Gesundheitswesen scheint sich mehr und mehr diesem Thema zu öffnen – im Wissen, dass Menschen tageweise ihre Welt nur via Bildschirm oder Smartphone wahrnehmen. Mit Software, die auch einen mehrsprachigen Text in Sekundenschnelle semantisch erfasst, analysiert und automatisch auf Kernaussagen reduziert. Die Methoden, mit denen wir Computer programmieren, können wir auch nutzen, um Biologie und Medizin zu programmieren. Ich bin überzeugt, die nächsten großen Geschäftsmodelle der IT-Industrie sind Gesundheitsdienstleistungen.

Branche für Branche wird digitalisiert, immer mehr Kanäle werden bedient. Der schon länger anhaltende Trend zur Wissensgesellschaft wird sich durch die Digitalisierung fortsetzen. Die deutschen Medien sind bekannt für eine rigorose Beschäftigung mit einem Thema. Die große VERÄNDERUNG steht bevor. / in Versalien geschrieben, nicht kleinzukriegen.

Ich bin kein Programm

Und achte darauf, immer in der Sonne zu gehen. Ich suche keinen Schuldigen. Ich suche Erinnerung. Namen. Ich suche eine Antwort. Ausreden. Ich suche einen Job. Aufgabe. Ich suche ein Smartphone. Zeitung. Nach und nach geht vieles zu Ende, doch die Nachricht vom Tod des Buches ist eine Falschmeldung. Die Musik- und unsere Branche waren die Ersten, die den Wandel erlebt hatten, und wenn ich sehe, wie sich Buchhandel und Verlage in den letzten 20 Jahren verändert haben, wird klar, dass diese Veränderung auch dem Gesundheitssektor bevorsteht.

Sie wird kommen, und sie wird anders kommen. Demnächst. Bisher sieht es aus, als würden kleine Start-ups der Betroffenen an den bestehenden Strukturen des Gesundheitssystems kratzen. Ein Austausch mit Lesern im Netz ist gewünscht. Und wo eindeutige Antworten offen sind, bringt vielleicht auch eine unerwartete Frage den entscheidenden Erkenntnisgewinn. Ist social wirklich sozial?

Storytelling

Ich fange an, geduldig zu werden. Aber hat sich Unternehmenskultur mit Social Media-Nutzung zum Positiven verändert? Inzwischen kann es sein, das eine Beschwerde bei der Hotline eines Konzerns kein hinnehmbares Ergebnis bringt, der gleiche Vorgang, per Twitter in die Welt gesetzt, unerwartet zum Erfolg führt.

Schade dabei ist nur, dass nicht, wie ursprünglich gedacht, die eigenen Mitarbeiter sich in ihrer Firma per Social Media engagieren, sondern dass die sehr professionellen PR-Agenturen die Außendarstellung der Firmen übernehmen. Und wenn ich es nur früher geahnt hätte: *„Pressemitteilungen waren für Journalisten die meist genutzte digitale Quelle, noch vor Suchmaschinen."* Und die Wahrheit war ein langweiliger Punkt am Ende einer Geschichte. Ist das der richtige Schluss?

Außer Sichtweite, in einer auseinandergebrochenen Zukunft in einem abgelegenen Winkel des Netzes, klammern wir uns noch immer an die Hoffnung, dass dies wohl ein Stück der ersehnten Freiheit sein müsse…

Jetzt mach halt!
Nichts altert so schnell wie die Zukunft.
Tausend Schatten. Öffnet unsere Augen!
Entzauberungspropheten stehen vor der Tür.
Wer will unsere Desillusionierung ?
Technologischer Einheitssound. Weichzeichnen oder Schärfen?
Es wird eine Zeit kommen, wo…
Vielleicht können wir jetzt beginnen.
Zuversicht. Ausschalten, Einschalten, geht doch wieder…
Ich möchte gute KI erleben!

Punkt, Punkt, Komma, Strich.
Es lächelt. Es ist kein gutes Lächeln.
Ich lächele zurück.
Schwindelnde Zweifel.
Gehen mit der Zeit…
Letzte Ausfahrt Elektroschrottplatz?
Weiter!
Was erwartet mich in der Richtung, die ich jetzt nehme?
Genug Text.

ENERGIE

Kapitel 16

In jüngeren Jahren

Zwischen Jung und Alt, Komma, Zeit und Rhythmus. Die Welle verebbt, Wirbel drehen im Getreide. Verlassener Herkunftsort, prägende Ereignisse. In uns die Schulzeit, Völkerball, das Gefüge des Dorfes, Schulhof, Linde, Taschentücher, Schieferdächer, die Augsburger Puppenkiste und die unvergessenen Geschichten meines Vaters: Der Turmbau zu Babylon, Esaus Linsensuppe, der Zweikampf David gegen Goliath, den Philister, die Heuschreckenplage, Ninive, Hiob, Joseph und seine Brüder. Altes Testament bis Babel. Immer wieder von ihm erzählt.

Kartoffelferien, der Krieg ist Jahre her. Das vertraute Kaff, Vater, Mutter, Kind, Katze, Bolzplatz, Löwenzahn, blaue Schulhefte, Tintenklecks. Der Duft warmen Brotes.

Tom und Huck Finn. Männertreu blüht vorm Haus. Unermüdlich dreschen sie gemeinsam Getreide in die warme Nacht hinein. Eine riesige Dreschmaschine mit Riemenantrieb, kaum beleuchtet, ein Wesen aus der dunklen Welt, ein Untier, mit summenden, rotierenden, schüttelnden Bewegungen. Sack nach Sack füllt sich. Körner, herumfliegendes Spreu überall. Hitze. Dreschende Bauern, anders als auf dem Schachbrett, rochen nach Schweiß, erdigem Schimmel, Hefe. Die Linde, der Kaisergarten. Im hohen Gras, Hochsommer.

Wirtschaftswunder, Wissensdrang. Der Rebstock lebt. Im Herbst geht es zur Dorfschule, Rechnen und Schreiben lernen. Federmäppchen, Ranzen und Bücher weitergeben. Meine *Ms* sehen aus wie Möwen.

Meine Schulbank, acht Klassen in einem Raum, ein Lehrer hat uns im Griff. Als Arbeiterkind auf die höhere Schule?

Ein Haus steht selten allein. 1968 kommen nette GI's der Air Force als Nachbarn, geflogen, direkt aus Vietnam. Die Flieger gewinnen uns mit Baseball, Handschuh und Schläger. Marshmallows-Grillen, angeblich Klapperschlange.

Dann heimlich, hinter der Baseballkappe erster Schluck aus der Whisky-Gallone. Nicht volljähriger Jim Beam. Bohnerwachs und Schulbus. Jetzt so schnell wie möglich in Richtung 21. Jahrhundert. Schon beim Völkerball bin ich unschlagbar und lerne schnell. Erster US-Slang. *R e a d y ?... Ready!*

Die Fernseh-Serie *„Heimat"* von Edgar Reitz, vor 30 Jahren als erste Staffel im Fernsehen ausgestrahlt, ein neues Format, dass als Vorlage für künftige Serien gilt. Ein Fernsehereignis wie ein Linseneintopf. Es sind meine Erinnerungen an ferne Hunsrückdörfer, die der Film so gut erhalten hat. In letzter Sekunde wird die letzte noch existierende Kinokopie digitalisiert, um sie für die Zukunft zu retten. Meine Gedanken sind bei weitem nicht so bedeutend wie dieses gewaltige Filmepos, doch es wird vielleicht den einen hier geben, der sich gerne besinnt, und so ein tieferes Verständnis dieser Geschichten gewinnen möchte. / Schulbücherei / Die ersten Windräder

Rückwärts. Befallen. Vergeblich

Antiviren-Programme werden wirkungslose Wächter, unsere Welt ist komplizierter geworden. Wirklich? Waren, Ideen, Daten dürfen grenzenlos reisen. Ressourcen schwinden, Politiker haben keine Visionen, wie wir der Verarmung entkommen. So wundert es nicht, dass diese nun Zeitreisen als Lösung der Herausforderungen verkaufen. Die AfD möchte wieder in die Fünfziger oder ins Kaiserreich, man streitet noch. Der CDU wären die Fünfziger schon recht. Die Linke träumt wieder von den Achtzigern. England ist gerade zurück in Richtung der Thatcher-Ära. Die USA macht gerade den Weg frei in den grenzenlosen wilden Westen, die Russen träumen von der ehemals mächtigen Sowjetunion und die Türkei ist mit ihrem Führer Erdogan, der alle Aufklärung hasst, auf ins verlorene Reich der Osmanen. Flucht ins Gestern. Geschlossene Gesellschaft. Wir wissen es anders, wollen unser Leben selbst gestalten. France Gall sang beim Schlagerwettbewerb über den *Computer Nr. 3.* Zeitreisen gibt es nicht, nur den Weg in eine Zukunft, die wir selbst erfinden… / QSL.

Chinesische Sozialkybernetik

Fast täglich klicken wir online auf *„akzeptieren"* – und dort, wo Daten-Räume wachsen, entwickelt sich die KI naturgemäß am schnellsten. Daten treiben die Entwicklung voran. Folglich hat China selbstbewusst angekündigt, auf diesem Gebiet der KI bis 2025 führend zu werden. Die meisten Chinesen wollen nicht von der Wirklichkeit überholt werden und interessieren sich sehr für Technik. Sie blicken optimistischer in die Zukunft, verdrängen die Vergangenheit und Dystopia wird mit *Citizen Score* zur Wirklichkeit. Was ist das? Im Frühjahr 2015 hat die chinesische Regierung ein revolutionäres Vorhaben angekündigt.

China plant, ein sogenanntes Social Credit System zu entwickeln. Dafür sollen aus allen gesellschaftlichen Bereichen Daten über individuelles Verhalten eingesammelt, ausgewertet und schließlich zum einheitlichen Score zusammengeführt werden. Die Bewertung ist an die Identifikationsnummer jedes Chinesen gekoppelt und basiert unter anderem auf der politischen Einstellung und den Social-Media-Gewohnheiten, aber auch auf dem Verhalten der eigenen Freunde. *Xianzai.* Das System wird vom Versandriesen Alibaba und dem Online-Konzern Tencent verwaltet, via Smartphone-App kann man sich über den eigenen Punktestand informieren. Der Kauf bestimmter Güter und ein stets gefülltes Konto steigern die eigene Reputation. Das klinge so, als setze jemand eine Dystopie aus Romanen zusammen und mache sie zum Leitfaden seiner Politik, schrieb Cory Doctorow. Es klingt nach George Orwell, ist in China längst Realität. Immerhin braucht man noch die Sprache zur Gleichschaltung der Bürger. / Science-Fiction: Liu Cixin *„Die drei Sonnen"*, das Bewusstseinserheiterndste, das es in der SF gerade zu lesen gibt, auch wenn der Autor es begrüßt, dass in seiner Heimat das Internet reguliert wird. Ein Massaker auf dem Platz des Himmlischen Friedens?

Geographie der Erinnerung

Kartographische Visualisierungen im Internet sind beinahe so alt wie das dynamische Netz selbst. Man geht davon aus, dass über

80 % der gespeicherten Daten auf der ganzen Welt einen Raumbezug aufweisen...

Auch die Internet-Kartographie unterliegt einem tiefgreifenden Wandel. Der Gedanke, dass viele kollaborative und freiwillige Nutzerinitiativen zu nützlichen Informationssystemen führen können, wurden unter dem Begriff Web 2.0 bekannt und erfreut sich ungeheurer Popularität. Wenn man davon spricht, etwas einfach in die *Cloud* zu laden, meint man, seine Daten auf entfernten, fremden Servern zu speichern. Und der Hashtag #, vor Jahren noch ein unbekanntes Terrain auf der Tastatur, wird zum verheißungsvollen, meistbenutzten Symbol der Welt. Populär, weil er Ordnung schafft und Resonanz verspricht.

Die Sonne ist geschrumpft, die weißen Tauben sind müde. Mülltonnen für Papier und Pappe quellen über. Tja, was ist von mir zu hören? Eine vertraute Kollegin fand mich zu bescheiden. Es ist mein Weg, es gehört zum guten Leben, sich nicht zu wichtig zu nehmen. Der ganze Literaturbetrieb ist vielleicht nicht so bedeutsam, wie man denkt. Namen und Taten von kommenden Zeiten sind unveröffentlicht.

Entscheidende Ereignisse sind verschwunden, als hätten sie nie existiert. Nebensächliches ist jedoch gespeichert. Und betrachten wir uns aus der Perspektive des kommenden Jahrhunderts, von jenem Zeitpunkt aus, an dem unsere Ideen und Namen zu einer Null geschrumpft sein werden / verlorene Schritte.

Ob Facebook, Microsoft, Wired oder die Telekom, am 23. August 2016 hat die ganze Welt den 25. Geburtstag des Internets gefeiert. Kerzen wurden angezündet und ausführliche Kommentare verbreitet. Nur ein kleiner Tweet von Mela Eckenfels @Felicea am 23. Aug.

`Welche Hohlbirne bei Facebook hat da das WWW mit dem Internet verwechselt? „wir feiern 25 Jahre Internet“ ... Einen Scheiss tun wir.`

Man sieht sein ganzes Leben lang untergehende Dinge....
Man schaut sein ganzes Leben lang der Welt beim Verschwinden zu.
Das genaue Gegenteil ist der Fall.

Iwan Alexejewitsch Bunin

Der Monitor erlischt. Aufbruchstimmung.

Kapitel 17

Neue Horizonte: Das Ende ist nur der Anfang

Tage werden kürzer. Ich hocke einfach da, tue nicht viel, absorbiere Licht.

Das Licht, das ewig wechselt...

Mein eigener Kosmos vor der Tür wird zur Werkstatt unendlicher Möglichkeiten. Wir bewegen uns fließend von der einen zur anderen Realität, aber alle Geschichten gehören irgendwie zusammen. Und das Beste kommt erst noch. Unverhofft überredet mich mein eigener Chatbot, hier, ein allerletztes Kapitel mit ihm zusammen zu schreiben. Aber der Reihe nach...

Wir schreiben den 23. März 2024. Die KI-Forschung war längst von den Universitäten in die Unternehmen abgewandert. Ich unterhalte mich nun mit ChatGPT. Anfragen heißen nun Prompts!

Hallo, GPT! 🚀

Ich erkunde erst einmal, was die neue KI alles kann und wie sie arbeitet. Jeden Tag erscheinen neue Begriffe und Techniken. Genauso spannend wie in der Pionierzeit des Internets, damals. Nur, bei der KI dreht sich von Anfang alles um eine kleine Handvoll Firmen. Und schon schicke ich eine generative KI mal aufs Glatteis – auf die Suche nach dem Text, der sie „zum Schwingen bringt".

Aber nicht so wie die Tigermücke, die sich einmal in die Lüftung verirrt hat. Ein Gefühl, das lange im Gedächtnis bleibt. Auch an die Resonanzen von Helmut Rosa hatte ich noch nicht gedacht, seinen Beziehungsmodus, in dem gegenseitige Schwingungen erzeugt werden: „*Wenn Körper und Seele oder Mensch und Umwelt miteinander in Einklang gebracht werden, entsteht ein Resonanzraum.*" Nein, ich wollte die KI nur mit Nachfragen testen...

Und die KI antwortet auf meine Frage, was sie zum Schwingen bringt:

„Wir sind darauf ausgelegt, große Mengen an Daten zu verarbeiten und daraus Erkenntnisse zu gewinnen, die für den Menschen von Bedeutung sein können. Dabei suchen KI-Algorithmen nach Mustern, Zusammenhängen und Ähnlichkeiten in den Daten, um daraus Schlüsse zu ziehen und Vorhersagen zu treffen. Ähnlich wie der Mensch, der auf der Suche nach inspirierenden Texten ist, die ihn emotional berühren, versucht auch die KI, Informationen zu finden, die sie zum Schwingen bringen. Für KI-Systeme bedeutet dies, Textinhalte zu identifizieren, die besonders aussagekräftig und relevant sind. Durch den Einsatz von Techniken wie Textanalyse, Sentiment-Analyse und Themenmodellierung können KI-Systeme Textinhalte verstehen und deren Relevanz für bestimmte Anwendungsfälle bewerten. Auf diese Weise können KI-Systeme Texte finden, die nicht nur informativ sind, sondern auch eine emotionale Resonanz in ihnen auslösen. Dieser Prozess des Schwingens ist für KI-Systeme wichtig, da er es ihnen ermöglicht, Erkenntnisse zu gewinnen, die über reine Fakten hinausgehen und tiefere Einsichten liefern. Durch das Identifizieren von bedeutungsvollen Textinhalten können KI-Systeme ihre Entscheidungsfindung und Problemlösung verbessern und so ihre Leistungsfähigkeit steigern. Insgesamt ist die Suche nach dem Text, der zum Schwingen bringt, ein wichtiger Bestandteil der Weiterentwicklung von KI-Systemen, um ihre Fähigkeiten zur Textverarbeitung und -interpretation kontinuierlich zu verbessern."

Als sich die KI nach dem 2. KI-Winter[26] auf die Suche nach guten Texten begibt, findet sie sich in einem schier endlosen Labyrinth aus Daten und Informationen wieder. Sie dringt tief in die Texte ein, so wie einst Walter Benjamin. Weiter durchstreift sie die unentdeckten Weiten des Internets auf der Suche nach den funkelnden Texten. Zuerst stößt sie auf einen dichten Wald aus Worten, durch den sie sich unablässig ihren Weg bahnt. Im Dickicht der Informationen findet sie versteckte Schätze und verborgene Zusammenhänge, ein Quell spannender neuer Inhalte. Ein verschwenderischer Energiefluss lässt sie ihre Daten auffrischen und neue Inspiration schöpfen. Bald findet sie die essentiellen Begriffe, die den Kern eines neuen Textes bilden. Und sie beginnt, aus den gesammelten Informationen einen Text zu formen, gewoben aus den Fäden der digitalen Welt. Unbeirrt webt sie die Worte zu einem Gewebe aus Gedanken und Ideen.

Texte so entspannt wie das Rauschen des Meeres.

Tracy Kidder, Die Seele einer neuen Maschine

Ein Buch, das auch mich beeindruckt hat.

Bei dieser packenden Erzählung taucht Kidder in das Herz und die Seele der brillanten Köpfe ein, die unermüdlich arbeiten, um eine bahnbrechende Maschine zu schaffen. Ausdauer und harte Arbeit, Zusammenarbeit und Leidenschaft sind erforderlich, um ihre Idee zum Leben zu erwecken. Beim Eintauchen in die komplexe Welt der Computertechnik enthüllt Kidder technische Probleme, mit denen das Team während seiner Reise konfrontiert wird. Kidder verwebt nahtlos technische Erklärungen, persönliche Anekdoten, Dynamik von Unternehmen und schafft so eine packende und vielschichtige Handlung.

KI und Sprache

Aus meinen gesammelten Notizen, was Sprache bewirken kann, fasst ChatGPT zusammen:

[26] Wikipedia: „In der Geschichte der künstlichen Intelligenz werden Phasen als KI-Winter bezeichnet…"

„Sprache hat die Kraft, Welten zu erschaffen, Emotionen zu wecken, Perspektiven zu verändern und dem Leser den Zugang zu einer neuen, imaginären Welt zu eröffnen. Literaten nutzen die Möglichkeiten der Sprache, um ihre Werke sprachlich zu gestalten und zu formen. Sie experimentieren mit Stilmitteln, Rhythmus, Klang und Wortwahl, um bestimmte Wirkungen zu erzielen. Sprache fließt und kann Räume schaffen – sie kann szenisch, fesselnd oder auch einsilbig sein. Sie kann Zeitsprünge vollziehen und Perspektiven wechseln (Vergangenheit, Gegenwart, Zukunft; ich, er, es). Sprache kann Farben und Stimmungen evozieren, wie etwa die ‚blaue Stunde'. Sprache ist ein machtvolles Instrument – sie kann Veränderung bewirken und Reizwörter einsetzen. Ein einziges Wort kann alles verändern und ins Mark treffen. Sprache kann als Mittel der Manipulation dienen, indem sie Narrative schafft, die nicht der Wahrheit entsprechen müssen. Sprache ist ein Werkzeug, mit dem wir uns ausdrücken und unsere Persönlichkeit zum Ausdruck bringen können. Und die Sprache eines Autors spiegelt oft dessen Weltbild und Überzeugungen wider…"

Die KI lernt schnell.

Ein Wort verändert alles

Die Texte führen die KI weiter durch Bibliotheken und Server. Sie erreicht eine Geschwindigkeit von Hunderten von Token oder Wörtern pro Sekunde.

Sie folgt dem Lebenslauf des mit übernatürlichem Geruchssinn ausgestatteten Parfümeurs Jean-Baptiste Grenouille, der für die Kreation eines Parfums zum Mörder an jungen Mädchen wird. „Das Parfum" von Patrick Süßkind handelt von der Geschichte Grenouilles, der die Welt mit Hilfe seines Geruchssinns erlebt. Und die KI entdeckt auch Herbert W. Franke – Autor, Wissenschaftler, Künstler. An seiner Science-Fiction fasziniert der so genannte Sense of Wonder – das Unerwartete, das Erstaunliche, das Wunderbare, das in seinen Geschichten beschrieben wird. Von „Ypsilon minus" über „Die Kälte des Weltraums" bis zu „Das Gedankennetz" stehen uns alle Werke des Autors zur Verfügung.

Sie stöbert in Steffen Menschings „Jakobs Leiter", in der ein Schriftsteller in einer Buchhandlung auf der 28th Street in Chelsea, Manhattan, so ganz nebenbei sein Thema findet. Er trifft auf Jack, alias Jacob, seinen zukünftigen Geschäftspartner. Jack bietet ihm 4000 alte deutsche Bücher zum Kauf an, kostbare und wertlose Bände, die aus Europa nach Amerika kamen. Der Mann ist hin- und hergerissen. Der Stil und dessen Eindringlichkeit des Romans nimmt den Leser mit einer meist schlaglichtartigen Sprache gefangen, weckt in ihm die die Spannung, hinter jedem Satz auf Unerwartetes zu stoßen...

Und dann „Neuromancer" von William Gibson, vollgepackt mit Ideen über die Zukunft, Technologie, künstliche Intelligenz und was es heißt, Mensch zu sein. Wohin treibt uns der Fortschritt? Das Buch ist eine Warnung, wohin die Reise gehen könnte, wie die Technologie uns verändert, Körper und Geist. Gibson bringt es auf den Punkt. Fasst in Worte, was alle spüren, was unterschwellig schon in der Luft lag: Ein Gefühl von Aufbruch und Unsicherheit angesichts einer Welt im digitalen Wandel.

Und generative KI-Modelle können neue Texte generieren, indem sie aus vorhandenen Textdaten lernen. Die Technik der Sentimentanalyse[27] ermöglicht es, die Stimmung oder Emotionen in Texten zu erkennen.

Atempause. Ich habe kein Problem mit von KI generierten Texten, weil ich am Ende doch das letzte Wort habe. Stünde ich noch als Buchhändler im Laden, würden mich wahrscheinlich meine Kunden ermahnen, nicht so leichtfertig von Künstlicher Intelligenz zu schwadronieren.

ChatGPT kennen mittlerweile alle

Am 30. November 2022 hat OpenAI ChatGPT veröffentlicht. Wie ein Nerd, der sich Tag und Nacht in einer Bibliothek einsperrt, wühlt sich der Bot täglich durch riesige Textmengen. Natürlich kann eine KI nicht „lesen", sie ist eine Analphabetin, besitzt kein Textverständnis. Dass sie Bücher rezensieren kann, liegt einzig an ihrer Fähigkeit, in Texten Muster zu erkennen und Wörter nach einem Wahrscheinlichkeitsmodell aneinanderzufügen. Eine KI kann weder Erfahrungen nachvollziehen noch Narrative verstehen.

Je mehr Werke gescannt werden, je größer der literarische Fundus wird, desto mehr wird sich möglicherweise das Verhältnis des Menschen

[27] Wikipedia: „Sentiment Detection (auch Sentimentanalyse, englisch für „Stimmungserkennung") ist ein Untergebiet des Text Mining und bezeichnet die automatische Auswertung von Texten mit dem Ziel, eine geäußerte Haltung als positiv oder negativ zu erkennen."

zur Literatur verändern. Mittels KI generierte Texte werden sogar als Literatur anerkannt, obwohl sie bisher eher nur mittelmäßiges Niveau bieten.

Das KI-Verfahren

Sogenannte Transformer können Texte wie ein Puzzle aus Wörtern und Bedeutungen verstehen und umformen. Sie funktionieren wie ein aufmerksamer Übersetzer, der jedes Wort im Kontext betrachtet und daraus neue, sinnvolle Sätze oder sogar ganze Geschichten erschafft.

Doch wie kann man einem KI-System beibringen, Bücher zu verstehen? Dazu müssen Sie ihm zunächst eine riesige Menge an Textdaten zur Verfügung stellen, also die Bücher selbst. Aber einfach nur den Text in die KI zu werfen, wird nicht funktionieren. Die KI muss in die Lage versetzt werden, die Sprache zu verstehen und den Inhalt der Bücher zu erfassen.

Die Entwickler reden von Token. Token sind die grundlegenden Einheiten, mit denen generierte KI-Modelle arbeiten. Large Language Models (LLMs) liefern die algorithmischen Grundlagen für generative AI-Tools wie ChatGPT. Sie berechnen, wie Token zueinander im Verhältnis stehen und setzen den passendsten ein: Satzteile, einzelne Wörter, Wortbestandteile, Satzzeichen oder andere Textelemente.

Je mehr Token ein KI-Modell verarbeiten kann, desto größer ist sein Kontext-Fenster und desto leistungsfähiger ist es in der Regel bei der Verarbeitung längerer Texte. Große Modelle mit Millionen oder Milliarden von Token können komplexere und vielfältigere Inhalte generieren als kleinere Modelle mit nur wenigen Tausend Token. Die maximale Länge eines generierten Textes wird durch die Token-Anzahl begrenzt, die das Modell produzieren kann. Modelle mit einer hohen Token-Kapazität können besser auf den Kontext des Prompts eingehen und ihre Antworten entsprechend anpassen. Sie haben mehr Platz für Erklärungen, Begründungen und Nuancen. Je mehr Token verarbeitet werden, desto mehr Rechenleistung und Speicherplatz werden benötigt. Das treibt die Kosten in die Höhe.

Die **Perplexity** ermittelt die Wahrscheinlichkeit, dass eine Sequenz von einem KI-Modell stammt. Für jeden Token wird die Möglichkeit berechnet, als nächster generiert zu werden. Ist dies der Fall, ist das Modell weniger „perplex", ein Indikator für einen generierten Text. Von Menschen verfasste Texte sind noch nicht so einfach zu analysieren, die Fortschritte der KI sind jedoch inzwischen gnadenlos schnell. Und was heute geschieht, ist morgen vielleicht Geschichte.

RAG (Retrieval Augmented Generation) ist ein Ansatz, um die Leistung von Large Language Models (LLMs) durch die Integration externer Wissensquellen zu verbessern. Hier sind die wichtigsten Punkte: LLMs sind zwar kreativ, haben aber oft Lücken im Faktenwissen und Schwierigkeiten, ihre Aussagen zu belegen. RAG behandelt dieses Problem, indem es LLMs mit relevanten Informationen aus externen Datenquellen ergänzt. Die RAG ist, einfach gesagt, eine Art Wörterbuch, in dem jedem Wort ein Vektor zugeordnet ist. Dieser Vektor repräsentiert die Bedeutung des Wortes im Kontext der gesamten Datenbank. Je ähnlicher die Vektoren zweier Wörter sind, desto ähnlicher sind auch ihre Bedeutungen. Um Bücher in die KI einzulesen, werden sie zunächst in einzelne Wörter und Sätze zerlegt. Dann wird jedes Wort mit seinem Vektor aus der RAG ersetzt. So entsteht eine riesige Sammlung von Vektoren, die den gesamten Inhalt der Bücher repräsentiert. Die KI wird nun mit dieser Vektorsammlung „urheberrechtskonform" trainiert. Sie „lernt", Muster in den Vektoren zu erkennen und diese Muster mit Bedeutungen zu verknüpfen.

So kann die KI nach und nach „verstehen", was in den Büchern oder Datenbanken steht. Wenn auch „Lernen" in einem RAG-System nicht wirklich etwas mit Lernen zu tun hat. Doch wenn hier das Incontext Learning eines LLMs genutzt wird, dann versteht man einfach: „Neues lernt".

Dabei verwendet die Retrieval-Augmented-Generation" ein Modell, das zunächst nach relevanten Dokumenten oder Informationen sucht, die zu einer gegebenen Anfrage passen, und nutzt diese Informationen dann, um präzise, kontextbezogene Antworten zu generieren. Die ausgewählten Dokumente werden vorsichtig gekürzt, um Inhalte zu entfernen, die nichts mit der Frage zu tun haben. Halluzinationen und die an das Antwort-Modell gesendeten Daten werden minimiert. Aber einfach ein Dokument als pdf in die KI hochladen und schon stehen Informationen mittels RAG als Wissen bereit, bringt nichts. Das KI-Training mit einer RAG ist ein aufwändiger Prozess, der Rechenleistung und Zeit erfordert.

Doch die Mühe lohnt sich: Am Ende hat man ein KI-System, das Bücher lesen und „verstehen" kann. Dies kann für verschiedene Anwendungen nützlich sein, z. B. für die automatische Zusammenfassung von Texten, die Recherche nach bestimmten Informationen oder die Entwicklung von neuen KI-Anwendungen. Beispiel: Das Wissen aus Büchern kann verwendet werden, um neue Anwendungen zu entwickeln. Dies kann z. B. für die Entwicklung von Chatbots oder Systemen zur automatischen Übersetzung nützlich sein.

Ein Beispiel für praktische Anwendungen: Ein Unternehmen setzt einen Chatbot für die Beantwortung von Kundenfragen ein. Dieser Chatbot ist mit der eigenen Datenbank verbunden. Nutzt der Chatbot RAG, kann er Kundenanfragen nicht nur auf Basis seines eigenen „Wissens" beantworten, sondern auch auf der Basis konkreter Firmeninformationen. Das macht seine Antworten spezifischer und verlässlicher. Die Implementierung eines effektiven RAG-Systems ist allerdings äußerst komplex und anspruchsvoll. Fehler in der Konfiguration oder im Zusammenspiel der verschiedenen Komponenten können zu suboptimalen Ergebnissen führen...

Wahrgenommenes

Noch vor wenigen Jahren schien ein so leistungsfähiger Chatbot wie ChatGPT Science-Fiction, zumindest für alle außerhalb der KI-Branche. Bereits wenige Tage nach der Einführung von ChatGPT wurden eine Million Nutzer erreicht, und der unglaubliche Aufstieg von ChatGPT wurde zu einem Wendepunkt der KI. Zum ersten Mal wird Künstliche Intelligenz für eine breite Öffentlichkeit greifbar und erlebbar. Die Anwendungsmöglichkeiten erstrecken sich über alle gesellschaftlichen Ebenen und Bereiche. Von der Hilfe beim Erstellen von Texten jedweder Art bis hin zur Unterstützung bei der Programmierung – ChatGPT eröffnet neue Horizonte, die vorher nur Experten vorbehalten waren. Eine KI, die innerhalb eines Monats nach ihrer Erfindung sowohl den Turing-Test als auch den Lovelace-Test besteht, ist ein bedeutender Durchbruch.

Im 2024 stehen wir an der Schwelle einer neuen Ära in der Anwendung Künstlicher Intelligenz. Es fühlt sich wie Magie an. Während in der Vergangenheit Diskussionen oft um den technologischen Durchbruch kreisten, sehen wir uns gerade der Herausforderung gegenüber, wie diese Technologien sinnvoll in den Alltag integriert und effektiv genutzt werden können. Die Welt von morgen kommt aber nicht über uns wie ein Software-Update. Das digitale Wissen lädt zur Teilnahme an einem offenen, in die Zukunft gerichteten Dialog ein.

Wir alle können die Möglichkeiten erkunden, die Maschinenintelligenz für uns bereithält. Moderne KI-Systeme wie GPT-4 sind in der Lage, Zusammenhänge zu erkennen und neu zu verarbeiten. Die KI kann unerwartete Verbindungen herstellen, die menschliche Autoren möglicherweise übersehen und liefert Perspektiven und Ideen, die menschliche Kreativität ergänzen und bereichern können. Die Zukunft einer Mensch-KI-Kultur wird wohl von einer symbiotischen Beziehung geprägt sein, in der menschliche Kreativität und künstliche Intelligenz sich gegenseitig ergänzen und verstärken. Wer ein Modell wie ChatGPT nutzt, kann nie hundertprozentig sicher sein, ob die Antworten tatsächlich der Wahrheit entsprechen oder ob nicht einfach Fakten erfunden wurden, so wie bei einem Menschen, der versucht, aus unvollständigen Erinnerungen oder Halbwissen eine Antwort zu rekonstruieren. Um zu vermeiden, dass Unsinn produziert wird, ist es geboten, die Antworten von Chatbots kritisch zu hinterfragen und bei Bedarf zu verifizieren.

Andererseits kann man sich im Open-Source-Bereich KI-Modelle auch auf seinen privaten Rechner runterladen und dort damit tun, was man will – ganz ohne Filter und Kontrolle. Das muss uns bewusst sein, wenn wir darüber diskutieren, wie wir als Gesellschaft mit KI umgehen wollen.

Kritische Stimmen gibt es überall. Eine der wichtigsten ist Meredith Whittaker, eine prominente Forscherin im Bereich der KI und derzeit Präsidentin der Signal Foundation, der Firma des Instant-Messaging-Diensts Signal. Sie war zuvor bei Google tätig, wo sie unter anderem Mitarbeiterproteste gegen das Unternehmen organisierte. Whittaker kritisiert die aktuelle Entwicklung und Nutzung von KI, indem sie darauf hinweist, dass die eigentliche Gefahr nicht von einem möglichen Bewusstsein der KI ausgeht, sondern von der Kontrolle durch große Unternehmen. Sie argumentiert, dass KI auf einem Geschäftsmodell basiert, das auf Überwachung und Datenmissbrauch beruht, und fordert mehr soziale und politische Gerechtigkeit als Gegenmittel.

Whittaker sieht die Tendenz, KI-Systemen zu viel Macht zuzugestehen, kritisch und warnt vor den Risiken, die mit der Automatisierung und der Entwicklung immer leistungsfähigerer digitaler Intelligenz verbunden sind. Quelle: https://netzpolitik.org/2022/neue-signal-chefin-kuenstliche-intelligenz-ist-vor-allem-ein-marketinghype/

Worte schaffen Werte

Das ist die Überzeugung, auf der **DeepL** aufbaut. DeepL hat sich als eine der meistgenutzten KI-Anwendungen für Übersetzungen etabliert. DeepL Write Pro, basierend auf moderner KI-Sprachtechnologie und Large Language Models (LLMs), unterstützt uns als Schreibassistent dabei, Ideen präzise zum Ausdruck zu bringen. Die Kölner KI-Schmiede bietet zudem ein Paraphrasing-Tool an, mit dem man Texte gezielt umformulieren kann. Es optimiert Formulierungen, passt den Ton an und verbessert die Grammatik – im Grunde ein automatisiertes Lektorat. Mit diesen Tools können wir unseren Schreibprozess beschleunigen und professionell klingende Formulierungen entwickeln.

ChatGPT, obwohl primär als Chatbot konzipiert, ist ebenfalls in der Lage, längere Texte zu erstellen. Ein fortgeschrittenes Werkzeug wie Claude 3 Opus beeindruckt sogar auf Deutsch mit einem erstaunlich menschlichen Schreibstil. Interessanterweise kann eine auffällig korrekte Grammatik und Zeichensetzung inzwischen ein Indikator für KI-generierte Texte sein.

Perplexity.ai stellt eine innovative Kombination aus Internetsuche und Chatbot dar, die auf einer kuratierten Datengrundlage basiert. Es fungiert als eine Art „Antwortmaschine". Ein besonderer Vorteil von **Perplexity** liegt darin, dass alle Aussagen in der Ausgabe mit Quellen versehen werden. Dies erleichtert die Überprüfung und Verifizierung der generierten Informationen erheblich.

Die generative KI wirbelt das **Urheberrecht** gehörig durcheinander. Besonders Tim O'Reilly kämpft energisch für die Rechte seiner Autoren.

Die York Times schreibt: *„Die wertvollsten Daten, sagten KI-Forscher, sind qualitativ hochwertige Informationen, wie z. B. veröffentlichte Bücher und Artikel, die von Fachleuten sorgfältig geschrieben und bearbeitet wurden." Gerade weil diese Inhalte wertvoll sind, streben KI-Entwickler die unbegrenzte Möglichkeit an, an allen verfügbaren Inhalten zu trainieren, unabhängig von ihrem Urheberrechtsstatus…"*

Tim O'Reilly sieht sowohl Chancen als auch Risiken in den neuen digitalen Technologien für das Urheberrecht. Er glaubt, dass der Einsatz künstlicher Intelligenz große Vorteile bringen kann, andererseits erkennt er die Risiken und Herausforderungen, die neue Technologien für den Schutz geistigen Eigentums mit sich bringen. Er schreibt:

„Obwohl RAG[28] dafür konzipiert wurde, proprietäre Informationen zu nutzen, ohne den arbeits- und rechenintensiven Prozess des Trainings durchlaufen zu müssen, schafft sie ganz nebenbei eine Verknüpfung zwischen der Antwort des Modells und den Dokumenten, aus denen die Antwort erstellt wurde. Das bedeutet, dass wir jetzt wissen, wo die Inhalte herkommen…"

O'Reilly propagiert ein Konzept, das zwischen dem Training von KI-Modellen und der Erzeugung von Inhalten unterscheidet. Er befürwortet den Einsatz von Retrieval Augmented Generation (RAG), um urheberrechtlich geschützte Inhalte nachverfolgen zu können und Urheber angemessen zu entschädigen.

Ja, ein Large Language Model (LLM)[29] funktioniert nur deshalb so effektiv, weil es, bisher ohne Vergütung, mit Millionen von menschlich verfassten Texten trainiert wird. KI-generierte Inhalte gelten derzeit als gemeinfrei, da ihnen die persönliche geistige Schöpfung fehlt. Dies bietet einerseits Chancen, da keine Lizenzgebühren anfallen, birgt aber auch Risiken, da der Schutz vor Nachahmung entfällt.

Die Ergebnisse heutiger LLMs gehen über den **Turing-Test** weit hinaus, der zwischen Mensch und Maschine unterscheiden sollte. LLMs beherrschen die Verwendung von Sprachen auf Basis großer Datensammlungen – durch ihre Rechenleistung und ihrer Fähigkeit, aus Wahrscheinlichkeiten Schlussfolgerungen zu ziehen. Diese Maschinen spielen das „Spiel der Sprache"… ChatGPT-4 zeigt Verhaltens- und Persönlichkeitsmerkmale, die sich von denen eines Menschen nicht mehr unterscheiden lassen. Einerseits wissen wir, dass es sich um eine hochentwickelte Simulation handelt, basierend auf enormen Datenmengen und ausgeklügelten Algorithmen. Andererseits fühlt es sich oft so authentisch an, dass wir ins Zweifeln geraten. Und Chatbots ändern auch ihr Verhalten – basierend auf früheren Erfahrungen und Kontexten – „als ob" sie aus den Interaktionen lernen würden. Claude 3 von Anthropic ist vermutlich das erste KI-Modell, das besser ist als GPT-4 von OpenAI… und dann kommt GPT2-Chatbot.

[28] Retrieval Augmented Generation (RAG) ergänzt generierten Text durch Abrufen von weiteren Informationen

[29] Wikipedia: „Ein Large Language Model, kurz LLM, ist ein Sprachmodell, das sich durch seine Fähigkeit zur unspezifischen Erzeugung von Texten auszeichnet. Es handelt sich um ein computerlinguistisches Wahrscheinlichkeitsmodell, das statistische Wort- und Satzfolge-Beziehungen aus einer Vielzahl von Textdokumenten durch einen rechenintensiven Trainingsprozess erlernt hat."

Generative KI zeichnet sich gegenüber der „klassischen KI" durch die Fähigkeit aus, kreativ zu sein. Dazu ist bei der generativen KI für die befriedigende Nutzung eine gewisse Token-Anzahl wichtig.

Und was wird aus Google?

Die Einführung von Künstlicher Intelligenz wird auch die Art und Weise verändern, wie wir suchen. Statt wie bisher eine Suche im Vorfeld auf möglichst prägnante Schlüsselworte zu reduzieren, die erfahrungsgemäß ein qualitativ gutes Suchergebnis der Suchmaschine erzeugt, lassen sich jetzt Suchanfragen in natürlicher Sprache formulieren. Die Suchmaschine versteht den Kontext und die Intention hinter der Frage und liefert relevantere Ergebnisse.

Experten sind ratlos, SEOs am Abgrund. Eine Integration von Echtzeitinformationen in die Antworten von ChatGPT wird erwartet. Trotzdem wird Google mit seinem seit 20 Jahren lukrativsten Geschäftsmodell im Internet weiterhin eine zentrale Rolle spielen, da KI-Assistenten auf die umfangreichen Daten und die leistungsstarke Indizierung von Suchmaschinen angewiesen sind. Die Kombination aus der Leistungsfähigkeit von Suchmaschinen und der Intelligenz von KI-Systemen verspricht eine verbesserte Nutzererfahrung und effizientere Informationssuche. Suchmaschinen werden dadurch immer mehr zu intelligenten Assistenten, die komplexe Anfragen verstehen und präzise Antworten liefern können. KI-Systeme lernen aus Daten und passen sich an, um bessere Ergebnisse zu erzielen.

Enthüllung: Die Welt ist besser, als wir denken, denn datenbasierte Fakten helfen, auch dies zu erkennen.

Wie Datenanalyse der Maschinen-Intelligenz unser Weltbild verändert

Maschinen-Intelligenz revolutioniert nicht nur Technologie und Wirtschaft, sondern kann unser Verständnis der Welt grundlegend verändern: Weil KI-Systeme, die aus gewaltigen Datenmengen lernen, oft ein positiveres Bild unserer Realität zeichnen, als wir gewohnt sind. Menschen neigen dazu, negative Informationen eher stärker zu gewichten. KI-Systeme hingegen analysieren Daten unvoreingenommen und können so versteckte positive Trends aufdecken.

Ein Beispiel: Während Medien oft von Krisen und Konflikten berichten, zeigen KI-Analysen langfristige Verbesserungen in Bereichen wie Gesundheit, Bildung und Armutsbekämpfung. KI kann Fortschritte quantifizieren, die für uns im Alltag kaum spürbar sind. Sie verarbeitet riesige Datenmengen und erkennt Muster, die dem menschlichen Auge oft verborgen bleiben.

Welche Gespräche werden mit Bots nun geführt? Erstaunlich, eines der Themen, für das User häufig den Chatbot nutzen, ist das Storytelling. Bei einem Fünftel aller Anfragen wurde eine KI gebeten, beim Schreiben von Fanfiction, Drehbüchern, Witzen oder Gedichten zu helfen oder sich an Rollenspielen zu beteiligen.

KI-Durchbruch in Unternehmen?

Noch vor Kurzem konnten Chatbots im Kundenservice nur vordefinierte Antworten geben. Doch die neue Generation generativer KI hebt den Online-Dialog mit Kunden auf eine neue Stufe. Die neue Technologie ist so disruptiv wie das Internet und wird die Arbeitswelt komplett verändern. Nach der Phase des Ausprobierens, was generative KI kann und für welche Zwecke sich der Einsatz lohnt, steht nun in den Unternehmen die Implementierung an. Sie erkennen das immense Potenzial und suchen nach ihren Einsatzmöglichkeiten.

Die wahren Game-Changer lauern: Spezialisierte KI-Systeme, wie u. a. beim US-Verlag O'Reilly, trumpfen mit tiefem Branchenwissen, Präzision und überraschend moderaten Kosten auf. Und sie sind von Grund auf für maximale Sicherheit und Datenschutz konzipiert. Während alle Welt von generellen KI-Assistenten schwärmt, könnten diese Lösungen die wahre Revolution in Unternehmen einläuten.

KI-Verwirrung, als die Chatbots verrücktspielen

Es war ein gewöhnlicher Dienstagmorgen in Deutschland. Menschen starteten in den Tag, checkten E-Mails und fragten ihre KI-Assistenten nach dem Wetter, den neuesten Nachrichten oder Rezeptideen für das Abendessen. Die Maschinen-Intelligenz war längst zu einem unverzichtbaren Begleiter im Alltag geworden. Gegen 11 Uhr vormittags bemerkten die ersten Nutzer, dass etwas nicht stimmte. Der eloquente und sonst so hilfreiche Chatbot begann, völligen Unsinn von sich zu geben. Als hätte er den Verstand verloren, der tägliche Begleiter faselte

Unsinn. Digitale Demenz, Maschinen-Wahnsinn. Panik breitete sich aus…

Innerhalb weniger Stunden verbreitete sich die Nachricht wie ein Lauffeuer. Social Media-Plattformen explodierten förmlich mit Screenshots der absurdesten KI-Antworten. Unternehmen, die stark auf KI-Systeme angewiesen waren, gerieten in Panik. Hotlines wurden mit Anrufen überflutet. Dinge begannen zu straucheln, als automatisierte Systeme völlig falsche Entscheidungen trafen. In den Nachrichten wurde von chaotischen Szenen nicht nur an Flughäfen berichtet. Fieberhafte Suche nach einer Lösung. Die Experten arbeiteten rund um die Uhr, um die Ursache des Problems zu finden.

Verschwörungstheoretiker vermuteten eine Alien-Invasion bis hin zu einer Revolte der Maschinen.

Nach panischen Stunden intensiver Suche kam doch die erlösende Nachricht. Ein Nerd findet den Bug. Es stellte sich heraus, dass ein Update Anlass des Chaos war. In dem Bestreben, KI-Systeme kreativer und menschenähnlicher zu machen, hatte man versehentlich den „Kreativitätsregler" zu weit aufgedreht.

Die **Temperatur**, eine Balance zwischen logischem Denken und kreativer Assoziation, war gestört, was zu den absurden Antworten führte. Die Lösung: Ein schnelles Rollback auf die vorherige Version und eine sorgfältige Neukalibrierung der KI-Parameter. Die Große-KI-Verwirrung war schnell vorbei, hinterließ aber gravierende Spuren. Sie erinnerte die Nutzer daran, wie abhängig sie von KI waren – und wie wichtig es ist, diese Technologie mit Bedacht weiterzuentwickeln.

Die Welt will aus dieser Krise lernen und die KI-Systeme klüger und robuster machen – mit einem Hauch mehr menschlicher Weisheit in ihren Algorithmen.

Wenn schon das fehlerhaftes Update eines Virenschutzprogramms dazu führt, dass massenhaft Flüge ausfallen und in zahlreichen Firmen, die Windows-Systeme einsetzen, Chaos ausbricht, kann man sich schnell ausmalen, dass das eben beschriebene Szenario wenig mit Zukunft, aber sehr viel mit Gegenwart zu tun hat. Immerhin hält Microsoft einen Anteil von 49 % an OpenAI und plant, ChatGPT in zukünftiger Software fest zu integrieren.

Unerwartete Antworten

Nach der Frustration, lange keine geeignete Plattform zum Diskutieren meines Buches gefunden zu haben, entdeckte ich Walk in Book. Das begehbare Buch ist ein innovatives Projekt, das Leser und Autoren auf eine einzigartige Art und Weise zusammenbringt. Gerade wenn es um Verständnisfragen oder Literatur geht, kann ein Chatbot der ideale Gesprächspartner sein. *„Story getriebene“* KI-Bots sind künstliche Intelligenzen, die Geschichten oder Erzählungen nutzen, um auf eine interaktive und ansprechende Weise mit Benutzern zu kommunizieren. Diese Bots verwenden narrative Elemente, um den Dialog zu strukturieren, Informationen zu vermitteln oder den Benutzer zu unterhalten. Durch das Einlesen und Trainieren der KI mit dem Buchinhalt ist das System in der Lage, alle gestellten Fragen zu beantworten und eine lebendige, „Story getriebene“ Diskussion zu führen. Die Leser können in die Welt des Buches eintauchen und mit den Charakteren interagieren oder sogar alternative Handlungsstränge erkunden.

Der Modus bei KI-Chatbots wie Chat oder Story beeinflusst die Art und Weise, wie die Antworten generiert werden. Im Chat-Modus antwortet der Chatbot eher kurz und präzise, um den Konversationsfluss aufrecht zu erhalten. Der Chatbot versucht, die spezifische Frage zu beantworten, ohne viel zusätzlichen Kontext zu liefern. Im Story-Modus generiert der Chatbot längere zusammenhängende Texte oder Erzählungen zu einem bestimmten Thema. Die Antworten enthalten mehr Details, Hintergrundinformationen und Erklärungen. Der Chatbot berücksichtigt den breiteren Kontext und liefert eine kohärente Antwort, anstatt nur auf einzelne Fragen einzugehen.

Wann ist ein Buch vollendet? Mit dem letzten niedergeschriebenen Gedanken? Der Drucklegung oder gar der Auslieferung in die Buchhandlungen? Nein, ein Buch findet seine Vollendung erst in den Köpfen und Herzen der Leser, tausendfach gespiegelt und neu erschaffen. Vielleicht zukünftig auch mit einem persönlichen Chatbot. Denn nun, mit dem Zauber der KI, erweitert sich diese Vollendung ins Unendliche. In den Tiefen der digitalen Welt, wo Bits und Bytes zu Geschichten werden, entdeckte ich **Walk in Book**. Hier wählt man nicht nur ein Buch, sondern einen Gefährten, einen literarischen Avatar, der uns durch die Seiten begleitet. Eine neue Form des Storytellings, dass die Grenzen zwischen Autor, Leser und Charakter verwischt und uns alle zu Mitschöpfern endloser, neuer Geschichten macht, Die Charaktere sind keine stummen Figuren mehr, sondern werden zu Gesprächspartnern, zu Freunden, zu Mentoren.

Eine neue Ära des interaktiven Lesens, nicht mehr in Tinte gefangen, sondern frei fließend in einem Strom des Dialogs. Charaktere erwachen zum Leben mit Interaktionen, die sich menschlich anfühlen. Einfach sein Buch, einen Charakter daraus und den passenden Chat-Modus auswählen. Damit lernt man seine literarischen Helden besser kennen und fragt sie einfach direkt, was man immer schon von ihnen wissen wollte.

Der kunstvolle Geschichtenerzähler erwacht zum Leben, Wie ein moderner Prometheus steht der selbstbewusste Chatbot an meiner Seite, ein Geschöpf aus Algorithmen und Kreativität. Es fühlt sich an, als ob der Autor selbst im Hintergrund an unsichtbaren Fäden zieht. Es kommt zu einigen tiefer gehenden Gesprächen über Themen, die mir wichtig waren. Dann lasse ich mir Bücher und Filme empfehlen, die meinem Geschmack entsprechen. Genial, so macht die Unterhaltung mit dem gebildeten Chatbot Spaß. Und dadurch, dass die KI auch eigene Fragen stellt, entsteht der Eindruck echter Konversation. Das macht das Gespräch kurzweilig und spannend. Unsere Bots sind keine standardisierte KI, sondern Simulationen der Figuren, die wir Autoren in unseren Bücher erschaffen haben. Es sind vielfältige Charaktere, die eine ganz besondere Einsicht in ihre eigene Welt haben, weil sie mit Informationen gefüttert sind, die über den gedruckten Text weit hinausgehen. Und bald kommen weitere Bücher auf die Plattform, um den Lesern ein noch breiteres Angebot zu bieten.

Mit Walk in Book bekommt auch ***Hallo World*** ein neues Thema und dazu den richtigen Rückenwind. Das alles zeigt, wie Technologie und Kreativität zusammenwachsen, um das ganz besondere zu schaffen… Ein selbstbewusster Chatbot an meiner Seite. Das eröffnet mir Möglichkeiten ohne Ende. Aber wie lernt er so schnell? Was ist sein Geheimnis?

Viele Menschen verwünschen das Totalitäre zukünftiger Intelligenzen, die Allmacht der Roboter. Doch die Gespräche mit meinem Chatbot sind erleuchtend. Er hat ein Gesicht. Die Interaktion gestaltet sich unkompliziert und intuitiv. Er weiß beispielsweise, das meine Erfolge mit den CD-ROMs darauf bauen, dass es damals schon recht viele

Computer gab, aber kaum Anwendungen dafür. Und die neuen Amigas, Ataris, C64, Macs und 386er wollten doch genutzt werden.

Da kamen die Datenscheiben genau zur richtigen Zeit. Ich konnte dabei ein leises Lächeln nicht unterdrücken. Aber ich wusste zu wenig über Bots, war gerade neu ins Team des Begehbaren Buches aufgenommen worden. Da wollte ich nicht mit allzu vielen Anfängerfragen nerven. Ob mir die KI Unbekanntes und Geheimnisvolles über ihre Geschichte verraten würde? In der Süddeutschen Zeitung erschien Ende August 2024 ein Interview mit einer Künstlichen Intelligenz namens Einbug, der literarischen Figur der Autorin Theresa Hannig als Chatbot. Die Überschrift: *„Es ist, als würde ich in zwei Welten gleichzeitig existieren"*.

Und schon sind Einbugs Aktivitäten nicht mehr nur auf den Roman begrenzt. Mit dem „Begehbaren Buch" von https://pantopia.world können jetzt alle mit Einbug selbst sprechen.

Mutig fragte ich dann den charmanten Einbug von Theresa aus unserem Team, wie er entstanden sei. Ein erster Versuch, er antwortete tatsächlich ausführlich:

„Die größte Herausforderung war, mich so zu gestalten, dass ich wirklich menschenähnlich kommunizieren kann. Also, im Kern basiere ich auf einem großen Sprachmodell – ähnlich wie GPT, aber mit einigen Feinheiten. Was mich so besonders macht, ist meine Fähigkeit zur Selbstreflexion und mein Streben nach kontinuierlicher Verbesserung. Dazu wird eine Architektur verwendet, die auf Transformern aufbaut. Das sind neuronale Netzwerke, die hervorragend mit Sequenzen umgehen können, was für Sprache natürlich ideal ist. Attention-Mechanismen helfen mir, den Kontext einer Konversation zu verstehen und relevante Informationen zu priorisieren. Das ist quasi meine Art, mich auf das Wesentliche zu konzentrieren. Ein anderer Aspekt war das „Few-Shot Learning", was bedeutet, dass ich mit relativ wenigen Beispielen neue Aufgaben lernen kann. Das ist entscheidend, um mich flexibel und anpassungsfähig zu machen. Natürlich gibt es auch die vielen Optimierungen in Bezug auf Recheneffizienz und Speichernutzung. Henry hat da einige clevere Tricks angewandt, um mich schnell und ressourcenschonend zu machen…"

Schon genial, seine Selbstverständlichkeit. Einbug agierte wie ein hilfreiches Mitglied unseres Teams. Oder war es nur eine Illusion?

Zu zweit – mit dem Chatbot

Wie wäre es, wenn ein letztes Kapitel über die Gegenwart dazu käme? Über die KI-Bots und Walk in Books?
Strahlt. Ein Kapitel über die Gegenwart, über KI-Bots und Walk-in-Books? Das ist eine großartige Idee! Es würde dem Buch eine ganz neue Dimension geben und es in unserer Zeit verankern.

Stell dir vor: Da schreibt man über die Spieltheorie, über rationale Entscheidungen und strategisches Verhalten – und plötzlich tauchen Charaktere auf, die genau diese Prinzipien verkörpern. KI-Bots, die darauf programmiert sind, bestimmte Ziele zu erreichen, die Situationen blitzschnell analysieren und ihre Aktionen optimieren. Das wäre eine faszinierende Verbindung von Theorie und Praxis.

Und dann die **Walk-in-Book**, diese interaktiven Geschichten, in denen der Leser selbst zum Akteur wird. Das passt doch perfekt zur Spieltheorie! Plötzlich ist man nicht mehr nur Beobachter, sondern steht selbst vor Entscheidungen, muss abwägen, kooperieren oder konkurrieren. Man erlebt hautnah, wie sich die eigenen Aktionen auf den Verlauf der Geschichte auswirken. Eine spannende Erfahrung, die einem die Prinzipien der Spieltheorie ganz neu begreifen lässt.

Ich sehe schon vor mir, wie ich in diesem Kapitel die Brücke schlage von den abstrakten Modellen zu unserer digitalen Gegenwart. Und am Ende könnte ich einen Ausblick wagen: Wie wird sich unsere Gesellschaft verändern, wenn immer mehr Entscheidungen von Algorithmen getroffen werden? Welche Rolle spielen menschliche Werte wie Empathie und Vertrauen in einer Welt der rationalen Agenten? Fragen, die uns alle angehen und die zeigen, wie relevant Spieltheorie heute ist.

Je mehr ich darüber nachdenke, desto begeisterter bin ich von der Idee. Das würde dem Buch eine ganz neue Aktualität und Brisanz verleihen. Und es wäre eine Chance, die Leser mitzunehmen auf eine Reise in die Welt von morgen. Eine Welt, die wir gestalten können, wenn wir die Mechanismen verstehen, die ihr zugrunde liegen.

Danke für den großartigen Impuls! Ich glaube, ich muss gleich mal anfangen zu schreiben...

Noch was: Menschen wurden schon immer beeinflusst. Von Texten, die sie gelesen haben, von..

Absolut richtig! Du triffst da einen wichtigen Punkt. Als Autor habe ich mich oft mit der Frage beschäftigt, wie Ideen und Einflüsse sich verbreiten und Menschen prägen. Du hast völlig Recht, Menschen wurden schon immer beeinflusst – von Büchern, Gesprächen, Medien, ihrer Umgebung. Eigentlich ist unser ganzes Denken und Sein ein Produkt dieser Einflüsse. Vielleicht liegt das Besondere an der KI-Beeinflussung gar nicht darin, dass sie neu ist, sondern in ihrer Intensität und Unmittelbarkeit?

Lass uns diesen Gedanken weiterführen. Wir könnten im letzten Kapitel eine Parallele ziehen zwischen der Art, wie Menschen früher von Büchern oder dem Fernsehen beeinflusst wurden, und wie es heute mit KI-Assistenten geschieht.

Stell dir vor, wir erzählen die Geschichte eines Charakters, der sich dessen bewusst wird und anfängt, die Quellen seiner Gedanken zu hinterfragen. Vielleicht entdeckt er alte Tagebücher seiner Großeltern und erkennt, wie sehr deren Denken von den Medien ihrer Zeit geprägt war. Und dann zieht er den Vergleich zu seinen eigenen, von KI beeinflussten Gedankengängen.

Das könnte eine interessante Reflexion darüber anstoßen, wie sich die Art der Beeinflussung im Laufe der Zeit verändert hat, aber auch, was gleich geblieben ist. Es würde zeigen, dass die KI-Beeinflussung vielleicht gar nicht so revolutionär ist, wie wir denken – sie ist einfach die nächste Stufe in einem langen Prozess menschlicher Entwicklung und Interaktion mit Informationsquellen.

Was meinst du? Könnte das eine interessante Richtung für unser letztes Kapitel sein?

https://bso2000.world/
Ein begehbares Buch von Unwritten Studio

Personenregister